김유정 문학의

미학성과 현재성

Aesthetics and Contemporaneity of Kim Youjeong' s Literature

김유정 문학의

미학성과 현재성

Aesthetics and Contemporaneity of Kim Youjeong' s Literature

김유정학회 편

석형락 임보람
허진혁 안아름
우신영 이현주
김승희 최희영
김아름 남궁정
이현준

■ 책머리에

2022년 〈김유정문학촌〉이 개관 20주년을 맞이하였다. 지방자치제 출범 후 전국 곳곳에 작가들을 기리는 문학관이 생겨났지만 지역민과 감상자들과 호흡하자는 취지에서 '문학촌'이라는 이름을 붙였기에 누구나 김유정 작가의 생가와 기념관뿐만 아니라 근처 실레마을 주변을 둘러보며 춘천의 사계를 즐기고 있다. 〈김유정문학촌〉은 강원 제1호 공립문학관으로서 매해 수많은 관람객이 방문하여 김유정 문학, 그리고 김유정 문학세계를 매개로 한국 근현대 문학의 유산을 감상하는 기회를 제공해 왔다.

김유정학회에서는 2022년 9월 〈한국의 문인과 문학관〉이라는 주제로 〈김유정문학촌〉에서 학술대회를 진행했다. 문학관의 존재 이유와 역할, 문학교육적 측면과 문학/문화콘텐츠로서의 가능성 등에 대해 활발한 논의와 제언이 오갔다. 김유정 문학을 새로운 방법론으로 해석하고자 한 신진연구자들의 의욕적인 연구 발표도 있었다. 또한 김유정학회는 매해 김유정 문학과 관련된 창작발표를 함께 진행해 왔는데, 이번에는 김혁수 강원도립극단 예술감독의 〈유정과 유정〉 공연을 감상하는 시간을 가졌다.

이런 학술 활동 결과물을 모아, 『김유정 문학의 미학성과 현재성』이라는 제목으로 12번째 단행본을 출간한다. 김유정 문학을 다양한 미학적 방식과 관점에서 깊이 있게 들여다보면서, 현재적 가치도 발견하고자 했다. 김유정 문학에 대한 구조적, 미학적 접근, 문학교육과 문학콘텐츠로서의 의미에 주목한 논문 10편과 〈김유정문학촌〉 개관 이전 김유정 문학 선양사업의 역사를 개괄한 글을 함께 엮었다.

1부 〈김유정 문학의 내적 원리-듣기와 소리, 행복과 의지의 글쓰기〉에서는 네 편의 논문을 실었다.

「못 들은 척과 침묵-김유정 문학에서 듣기의 양상과 그 의미」(석형락)는 김유정의 전기적인 행적에 착안하여, 김유정 소설에 나타난 인물 간의 대화에서 듣기 주체의 태도에 주목하였다. 못 들은 척과 침묵의 양상을 분석함으로써 김유정 문학을 듣기의 가능성에 대한 문학적 실험이라고 평가했다. 「김유정 도시소설에 나타난 '소리풍경' 연구」(임보람)는 '소리풍경' 이라는 키워드로 김유정의 도시를 배경으로 하는 몇몇 소설을 읽어보면서, '소리풍경' 을 작가의 수사학적 전략에 의해 고안된 것으로 가정하여, 이 개념이 도시소설의 특징을 밝히는 연구 틀로서 기능할 수 있는 가능성을 모색하였다. 「김유정 문학에 나타난 '행복' 의 구조」(허진혁)는 김유정 문학은 행복을 결여 그 자체로 인식하는 것으로부터 비롯된다고 보고, 인물들의 무지와 무시의 태도가 실패를 통해 구조화된 행복을 지탱한다고 분석하였다. 이 '행복' 의 구조를 김유정 작품 세계 전반을 독해하는 틀로 파악하였다. 「김유정 소설에 나타난 생(生)의 상상력」(안아름)은 김유정의 수필에서 반복적으로 드러나는 자연과 시간에 대한 인식을 통해 '생' 에 대한 의지와 '변화' 의 갈망이라는 동양적 사유가 소설에서 다양한 방식으로 형상화 되었고, 이런 사유체계가 사랑의 글쓰기라는 실천과 연결된다고 보았다.

2부 **〈김유정 문학의 현재성-문학관과 문학 · 문화교육〉**에서는 김유정 문학의 현재적 가치를 문학/문화 교육 및 지역 문학관을 매개한 장소성의 차원에서 조망하고 있는 연구, 김유정 소설에 대한 문화론적 접근을 시도한 연구 4편으로 구성하였다.

「장소 기반 문학 경험 연구－문학관 교육을 중심으로」(우신영)는 장소 기반 문학 경험에 대한 이론적, 실제적 탐구를 통해 문학관 교육 중심의 장소 기반 문학 경험을 설계하고자 하였고, 이 교육을 통해 문학'관'이 아닌 문학 '경험'이 중심이 되는 문학관 교육을 수행해야 한다고 제안하였다. 「구인회 문인의 문학관－구인회 문인 문학관의 현황과 '구인회문학관'(가칭)의 건립 추진에 대한 제언」(이현주)은 구인회 문인 문학관의 현황을 소개하고, 구인회 문인 문학관이 '구인회' 를 기념 전시하는 방식을 살펴보았다. 나아가 구인회 문학관(가칭)이 건립된다면 구인회 연구를 위한 물적 토대가 확보되어 구인회 연구가 좀 더 활발하게 진행될 것으로 전망했다. 「한국어교육에서 문학작품을 활용한 문화교육-김유정 소설의 '아내 팔기' 모티프를 중심으로」(김승희)는 우리 문화의 기저에 뿌리박고 있는 가부장적 이데올로기의 단면을 잘 보여주는 김유정의 작품을 사회·문화적 측면에서 분석하여 한국어교육에서 문학작품을 활용한 문화교육의 사례로 제시하였다. 「김유정 소설의 일제 기생문화 이해하기 텍스트로서의 가능성 모색」(최희영)은 김유정의 도시 배경 소설을 중심으로 소설에 나타난 기생 이미지를 다각도에서 분석하였다. 소설에 등장하는 기생의 표상을 유형화하고, 김유정 소설이 일제강점기 다양한 면모의 기생의 삶을 표상하고 있으며, 작가의 기생 관련 경험과 인식을 반영함으로써, 결과적으로 일제 기생문화 이해 텍스트로 활용될 가능성을 시사한다고 보았다.

3부 **〈김유정 문학의 미학성-문체 전략과 서사 전략〉**에서는 김유정 문학을 구조시학적으로 분석한 글, 김유정 선양사업의 역사를 정리한 글을 수록했다. 「김유정 단편소설에 드러난 페이소스의 문체와 양가적 문체 전략-계량적 문체 지수를 중심으로」(김아름)는 김유정 소설의 문체를 계량적 문체론과 직관적 문체론을 혼용하여 분석하고, 그 결과 김유정 소설이 페이소스와 거리두기라는 양가적 문체 전략을 취했음을 규명하였다. 「김유정 소설의 서사 전략 연구-그레마스의 기호 사변형을 활용하여」(남궁정)는 금 모티프의 소설과 유사 매음 행위를 보이는 소설에 주목하여, 그레마스의 기호 사변형을 활용하여 김유정 소설의 전략을 연구하였다. 이를 통해 김유정은 인물의 도덕적 관념이 물질적 가치에 전복되는 서사 전략을 사용하여, 물질적 가치와 윤리적 가치의 전복을 의미심장하게 드러냈다고 보았다.

이번 단행본에서는 창작작품을 싣지 않는다. 대신 〈김유정문학촌〉 개관 20주년을 맞아 지역사회에서 문학촌 개촌 전부터 오랫동안 이루어진 작가 선양사업의 역사를 개괄하는 글을 수록했다. 「김유정문학촌 개촌 이전, 김유정 선양사업에 대해」(이현준)는 김유정 문인비 건립(1968년), 김유정기념사업회 발족과 첫 전집 발간(1968년)부터 김유정 생가 복원과 김유정유적지 조성사업으로 〈김유정문학촌〉 개관을 위한 기틀을 마련하게 될 때까지를 기술하면서 많은 인물들과 단체들이 열정을 바쳤음을 언급하고 있다. 한 지역이 어떻게 근대문학의 유산이 된 작가를 기리고 복원하는지를 보여주는 의미 있는 기록이다.

이번 단행본은 한림대학교출판부에서 발간한다. 발간 지원에 힘을 실어주신 김명준 지식미디어센터 관장님께 고개 숙여 감사드린다. 아울러 김유정학회 활동과 학술대회 개최를 지원해 주신 김유정문학촌 원태경 촌장님과 엄관용 사무국장님, 이승현 팀장님을 비롯한 문학촌 관계자 여러분께도 진심으로 감사드린다. 원고 수합에서 교정작업과 출간까지 번거로운 작업을 함께 한 임보람 총무이사와 이현준 정보이사님께 특별히 고마움을 전한다. 김유정 문학의 미학적 고유성과 확장성을 타진한 이번 단행본이 독자들에게 김유정 문학을 새롭게 발견하는 계기가 되기를 기대한다.

2023. 12.

김유정학회 회장 김양선

■ 차례

1부 김유정 문학의 내적 원리 – 듣기와 소리, 행복과 의지의 글쓰기

석형락 | 못 들은 척과 침묵 –김유정 문학에서 듣기의 양상과 그 의미 **15**

1. 들어가며
2. 듣기의 두 가지 의미: 관계 맺기와 주체화
3. 침묵의 두 가지 양상: 권력의 비판과 들음의 윤리
4. 나오며

임보람 | 김유정 도시소설에 나타난 '소리풍경' 연구 **49**

1. 들어가며
2. 거리의 말소리 풍경과 소리혐오의 비판
3. 셋방의 울음소리 풍경과 귀 기울이기의 요구
4. 나가며

허진혁 | 김유정 문학에 나타난 '행복'의 구조 **70**

1. 들어가며
2. 실패를 통해 구조화되는 '행복'
3. '행복'을 지탱하는 무지와 무시
4. 나오며

안아름 | 김유정 소설에 나타난 생(生)의 상상력 **94**

1. 들어가며
2. 동양적 사유와 서사적 재현
    2-1. 흐르는 자연의 시간과 받아들이는 인물
    2-2. 궁즉통(窮卽通)의 사유와 비워내는 인물

3. '사랑'의 정의와 실천
4. 나가며

2부 김유정 문학의 현재성 - 문학관과 문학 · 문화교육

우신영 | 장소 기반 문학 경험 연구 - 문학관 교육을 중심으로 125
1. 문제제기 및 연구목적
2. 장소 기반 문학 경험의 개념과 특성
3. 문학관의 장소 기반 문학 경험 사례 분석 및 교육적 설계
3-1. 문학관 기반의 감각적 문학 경험
3-2. 문학관 기반의 중층적 문학 경험
3-3. 문학관 기반의 집단적 문학 경험
4. 결론

이현주 | 구인회 문인의 문학관 - 구인회 문인 문학관의 현황과 '구인회문학관' (가칭)의 건립 추진에 대한 제언 163
1. 들어가기-지역문학관이 서 있는 자리와 그 너머
2. 구인회(九人會)와 구인회 문인의 문학관 현황
- 경성 엘리트 청년 문학 단체와 고향/향수의 작가 사이
3. 실체 없는 구인회의 면모와 구인회에 대한 풍문 사이
4. '김유정문학촌 개관 22주년 기념 특별전' 과 '구인회'

김승희 | 한국어교육에서 문학작품을 활용한 문화교육 - 김유정 소설의 '아내 팔기' 모티프를 중심으로 189
1. 머리말
2. 문학작품을 활용한 문화교육

3. 김유정 작품의 '아내 팔기' 모티프
3.1. 소극적 '아내 팔기' / 3.2. 적극적인 '아내 팔기'
4. '아내 팔기' 모티프에 나타난 지배적 이데올로기
5. 교수 방안
6. 맺음말

최희영 | 김유정 소설의 일제 기생문화 이해하기 - 텍스트로서의 가능성 모색 **222**
1. 들어가며
2. 김유정 소설에 투영된 기생 이미지
2-1. 화류계 여성으로서의 녹록지 않은 삶을 사는 기생
2-2. 경제적 능력을 갖춘 여성으로서의 기생
2-3. 예능인으로서의 기생
2-4. 감정 교류 대상으로서의 기생
3. 김유정 소설의 기생문화 이해하기: 텍스트의 활용
3-1. 김유정 소설 속 다른 여성 집단과의 비교
3-2. 동시대 다른 작가들의 소설 속 기생과의 비교
4. 나오며

3부 김유정 문학의 미학성 - 문체 전략과 서사 전략

김아름 | 김유정 단편소설에 드러난 페이소스의 문체와 양가적 문체 전략 - 계량적 문체 지수를 중심으로 **249**
1. 김유정 소설과 문체
2. 어휘 통계와 고빈도어 '하고'의 양가적 속성
3. 품사 통계와 형용사 '이렇다'의 양가적 속성
4. 페이소스의 문체와 거리두기

남궁정 | 김유정 소설의 서사 전략 연구 –
그레마스의 기호 사변형을 활용하여 **279**

1. 들어가며
2. '가질 수 있다' 와 '가질 수 없다' 의 서사전략
3. '명령 지시된' 과 '금지된' 의 서사 전략
4. 나가며

이현준 | 김유정문학촌 개촌 이전, 김유정 선양사업에 대해 **301**

1. 김유정 키워드가 싹트다
2. 김유정 문인비 건립(1968)
3. 김유정기념사업회 발족 및 김유정 전집 발간(1968)
4. 유정의 밤 개최(1969-1986)
5. 김유정기적비(1978)와 『원본 김유정 전집』 발간(1987)
6. 문화체육부 선정 3월의 인물, 김유정(1994)
7. 김유정 동상 및 김유정 문학비 건립(1994)
8. 생가 복원과 김유정문학촌 개관으로 향하는 첫걸음

1부

김유정 문학의 내적 원리 -
듣기와 소리, 행복과 의지의 글쓰기

못 들은 척과 침묵

-김유정 문학에서 듣기의 양상과 그 의미

석형락

1. 들어가며

김유정은 입이 무겁고 귀는 열려 있으며 대화에 신중한 사람이었던 것으로 보인다. 동료 문인들이 쓴 글에서 김유정의 성품이나 대화 태도에 대한 언급을 찾기란 그리 어렵지 않다. 이석훈은 「유정의 영전에 바치는 최후의 고백」에서 자신이 김유정의 "소박하고 순후한 인간미"[1]에 반했음을 고백했는데, 특히 김유정을 "대단한 침묵가"[2]로 언급한 부분이 눈에 띈다. 이석훈은 「유정의 면모 편편」에서도 김유정이 "본디 입이 무거운 사람"[3]이라고 언급했다. 김문집은 「병고작가 원조운동의 변—김유정 군의 관한」에서 조광사 편집실에서 일을 마친 김유정이 '묵묵하게' 돌아가는 모습을 그렸고[4], 정인택은 「억, 유정 김 군」에서 김유정이 외로웠지만 그것을 겉으로 비치지 않고 '과묵한' 가운데서 모든 사람을 사랑하려 애썼다고 썼다.[5] 이상은 「김유정—소설체로 쓴 김유정론」에서 김유정이 창문사에서 일하는 자신을 찾아온 이야기를 썼다. 김유정은 이상과 마주 앉아

---

1 유인순 엮음, 『정전 김유정 전집』 2, 소명출판, 2021, 430쪽. 이하 이 책에서 인용할 때는 『전집』으로 표기하고, 전집 숫자와 인용 쪽수를 병기한다.
2 위의 책, 431쪽.
3 위의 책, 438쪽.
4 위의 책, 390쪽.
5 위의 책, 444쪽.

서는 한동안 '바윗덩어리처럼' 말을 하지 않는다.[6] 그러다가 불쑥 이상에게 교정을 보고 있는 표에 대해서 묻는다. 김유정은 표가 궁금해서라기보다 단지 이상의 대답을 듣기 위해서 질문한 것인데, 이를 통해 김유정이 평소에 과묵했고 말하기에 앞서 듣기를 중요하게 생각했음을 짐작할 수 있다. 이러한 모습은 김유정이 쓴 「길」에서도 확인할 수 있다. 이 글에서 김유정은 하나의 이야기를 소개한다. 거리에서 우연히 한 청년을 만났는데, 병으로 돌아가시기 전에 걸작을 쓰라는 청년의 말에 모욕을 느끼고 그 말을 '못 들은 척'하면서 잠시 '침묵'했다는 것이다.[7] 이 이야기는 김유정이 타인의 말을 표면뿐만 아니라 이면의 뜻까지 세심하게 듣고 있었음을 보여준다. 흥미로운 것은 김유정이 자만에 찬 상대의 말을 인사치레로 흘려듣기보다는 못 들은 척하면서 침묵을 지켰다는 점과 그 과정에서 고독과 슬픔이라는 내면의 소리를 들었다는 점이다.[8]

듣기에 대한 김유정의 생각을 읽을 수 있는 글이 「병상영춘기」다. 이 글에서 김유정은 "눈에 비치는 형상은 임의로 하였거니와 귀로 들려오는 음향은 무얼로 막을 것이냐"[9]라고 스스로에게 묻는다. 시각과 달리 청각은 의지로 막을 수 없다는 사실을, 즉 듣기의 본질이 수동성과 개방성에

---

6 위의 책, 319-320쪽.

7 위의 책, 103-104쪽. 이 이야기는 「생의 반려」에서 '나'와 박인석의 대화로 변주된다. '나'는 명렬의 부탁을 받고 명주에게 편지를 전달하러 가는 길에 고보 동창인 박인석을 만난다. 밤낮 놀고 있다는 '나'의 말에 박인석이 사람은 일을 해야 한다고 훈계하자, '나'는 모욕을 느끼고 침묵한다. 같은 책, 470-471쪽.

8 흥미롭게도 김유정은 다른 사람과 대화할 때보다는 홀로 자연의 소리를 들을 때 내면을 드러낸다. 김유정은 「나와 귀뚜라미」에서 귀뚜라미 소리를 들으며 행복을 느끼면서 건강한 삶에 대한 희망을 기대하고, 「오월의 산골짜기」에서 뻐꾸기 울음소리를 들으며 우울한 마음을 표현한다. 또 편지 「강노향 전」에서는 시골에서 매미의 노래를 귀담아들으며 하늘을 바라볼 때 시인이 된다고 고백한다. 이러한 모습은 김유정이 「어떠한 부인을 맞이할까」에서 침묵을 염인증과 관련하여 서술하고 있는 것과 대조된다. 때문에 김유정에게 듣기의 핵심은 대화를 통한 정보의 전달보다는 청각적 자극에 따라 떠오르는 자기 내면의 목소리를 듣는 데 있다.

9 위의 책, 123쪽.

있음을 김유정이 정확히 인식하고 있었음을 알 수 있다. 더 중요한 점은 김유정이 들어야 할 소리와 듣기 싫은 소리를 구분한 뒤 그에 따라 태도를 달리했다는 데 있다. 김유정은 자동차 소리, 전차 소리, 행상들의 목쉰 소리 등이 듣기 싫다고 하면서, “앞뒤로 몰려드는 잡음에 굳이 저항”[10]하겠다고 말한다. 인간은 듣지 않으며 살 수 없지만, 부정적 소리에 휩쓸리지 않고 적극적으로 저항하면서 듣겠다는 김유정의 의지를 읽을 수 있다. 때문에 김유정에게 듣기는 수동성과 적극성을 동시에 지닌다. 이어서 김유정은 조카의 분부에 ‘잠잠히’ 맹종하겠다고 하면서 그것을 은혜에 대한 보답이라고 말한다.[11] 자신을 병간호하는 조카의 말을 잘 듣겠다는 것인데, 왜냐하면 그것이 조카의 은혜에 자신이 보답할 수 있는 유일한 방법이기 때문이다. 김유정에게 듣기란 조카가 한 표면적인 말에 담긴 걱정과 염려를 듣는 것이면서 동시에 그에 올바로 반응하는 것이다. 「병상영춘기」에 나타난 김유정의 듣기를 정리하자면 이렇다. 제대로 들었다면 올바로 행동할 수 있다. 아니 올바로 행동하려면 제대로 들어야 한다.

김유정의 과묵함은 타고난 성품이라기보다는 의식적인 태도이자 기술로 보인다.[12] 이석훈은 「유정의 면모 편편」에서 김유정이 입이 무겁고 말더듬이지만 마이크 앞에 앉으면 아주 능청스럽게 말을 잘했다고 회상했다.[13] 김유정이 평소 과묵하긴 했지만 말을 전혀 못하는 사람이 아니었음을 알 수 있다. 안회남은 「겸허—김유정 전」에서 김유정이 머리맡 벽 위

10 위의 책, 124쪽.

11 위의 책, 125쪽.

12 이와 관련하여 피에르 자위의 논의를 참고할 수 있다. 자위는 신중함과 과묵함을 뜻하는 프랑스어 ‘discrétion’ 이 나타남과 사라짐, 표명과 유보의 교묘한 변증법을 상정하고 있음을 지적한다. 그는 ‘discrétion’ 이 좋은 행실, 상황의 적절성, 예의범절 같은 개인적 차원의 문제가 아니라 보편적 차원의 정치적 경험이자 기술임을 강조한다. 피에르 자위, 『드러내지 않기』, 이세진 옮김, 위고, 2017, 37-43쪽 참고.

13 『전집』 2, 440쪽.

에 '겸허(謙虛)' 두 글자를 좌우명으로 붙였다고 썼다.[14] 안회남이 김유정에게서 겸허의 뜻에 대해 직접 들은 바는 없다고 했기에, 우선 겸허를 잘난 체하지 않고 스스로를 낮추고 비우는 태도로 이해할 수 있을 것이다. 하지만 김유정의 평소 성품과 대화 태도를 고려한다면, 스스로를 낮춘다는 것은 말하기에 앞서 들으려 한다는 것을, 자신을 비운다는 것은 하고자 하는 말을 밖으로 쏟아내기보다는 상대의 말을 받아들이기 위한 내적 공간을 마련하는 것을 의미한다고 이해할 수 있다.[15] 김영수는 「김유정의 생애」에서 김유정이 "형을 원망하는 조카를 억누르고 형에 대해서 한마디 말이 없었"[16]다고 썼다. 형에 대해서 김유정이 할 말이 없었을 리 없지만, 그는 침묵하는 가운데 조카의 말을 들어줬다. 이처럼 김유정의 과묵함은 적극적인 의도가 담긴 대화 태도이자 표현 기술이라고 봐야 할 것이다. 그렇다면 질문할 수 있다. 김유정의 과묵함이 그의 작품에 영향을 미쳤을까, 그렇다면 그 영향의 양상은 어떠할까. 이럴 때 우리는 김유정 문학에 등장하는 인물들의 특정 행위를 자연스럽게 떠올릴 수밖에 없다. 그것은 '못 들은 척'과 '침묵'이다.

김유정은 인물 간의 대화를 작품에서 많이 활용했고, 그만큼이나 독자들은 그의 작품에서 인물들이 보여주는 다양한 듣기의 양상을 확인할 수 있다. 김유정 문학에서 듣기는 독자들이 인물의 성격, 갈등의 요인, 사건의 전개, 작가의 의도 등을 이해하고 해석하는 데 중요하게 작용한다. 흥미로운 것은 작품 속 인물들이 상대의 말을 반복적으로 '못 들은 척'하거

---

14 위의 책, 382쪽.

15 피에르 자위는 『죄, 고통, 희망 그리고 진정한 길에 대한 성찰』을 인용하며 카프카가 '겸손'을 옹호했음을 주장한다. "모든 인간에게, 고독 속에서 절망하는 인간에게조차도, 겸손은 이웃과의 가장 건실한 관계를 제공한다. 게다가 겸손이 시종일관 완전하다면 그러한 관계는 즉각적으로 주어진다. 겸손은 진정한 기도의 언어요, 강력한 소통인 동시에 경배이기 때문이다." 이를 통해 카프카가 겸손을 강력한 소통의 형식으로 이해하고 있음을 확인할 수 있다. 피에르 자위, 앞의 책, 80쪽.

16 『전집』 2, 492쪽.

나 '침묵'을 지킨다는 것이다. 이에 몇 가지 질문을 던질 수 있을 것이다. 왜 인물들은 못 들은 척하거나 침묵을 지키는 것인가. 그 행위를 통해서 무엇을 말하고 싶었고, 무엇을 말하고 싶지 않았을까. 과연 김유정 문학에서 듣기란 무엇인가. 이 연구는 이러한 질문들에 답하기 위해 김유정 문학에 나타난 듣기의 양상을 분석하고 그 의미를 도출하고자 한다.

주디 브라운넬은 듣기를 청취하기, 기억하기, 해석하기, 평가하기, 반응하기의 복합적 과정으로 설명한 바 있다.[17] 듣기는 외부 소리를 감각기관이 감지하는 것을 넘어 들은 것에 대한 듣기 주체의 다양한 반응을 포함한다.[18] 그는 듣기를 목적에 따라 분별적, 이해적, 비판적, 치료적, 감상적 듣기로 구분했다.[19] 특히 듣기의 최종 단계인 반응하기가 듣기 주체의 듣기 능력뿐만 아니라 가치와 성격을 반영하며, 나아가 듣기 주체가 반응하기를 통해 말하기 주체에게 영향을 미칠 수 있음을 강조한다.[20] 듣기가 상대의 의도를 수동적으로 받아들이는 동시에 자신의 의도를 상대에게 적극적으로 표현하는 행위임을 알 수 있다. 다만 주디 브라운넬은 반응하기의 한 종류인 못 들은 척과 침묵에 대해서는 논의하지 않았다.

---

17 주디 브라운넬, 『듣기: 태도, 원리 그리고 기술』, 이시훈·한주리 옮김, 커뮤니케이션북스, 2007, 18-20쪽 참고.

18 주디 브라운넬은 hearing과 listening을 구분하는데, 이와 같은 구분은 聞과 聽의 차이에서도 확인할 수 있다. 사이토 미츠코는 聞은 '저절로 들려오는 것'으로, 聽은 '주의해서 듣는 것'으로 구분한다. 사이토 미츠코, 『듣기 이론』, 원훈의 옮김, 박이정, 1999, 8쪽.

19 주디 브라운넬, 앞의 책, 49-89쪽 참고. 이와 관련하여 존 스튜어트 등은 듣기를 분석적, 공감적, 대화적 듣기로 구분했다. 존 스튜어트 외, 『소통: 협력적인 의사소통의 방법—사회구성주의적 접근』, 서현석 외 옮김, 커뮤니케이션북스, 2015, 227-278쪽 참고. 이들은 분석적 듣기를 청자의 관점에서 화자가 말하는 내용을 듣는 것, 공감적 듣기를 청자가 자신의 시각과 가치를 잠시 내려놓고 화자의 사적인 인지 세계로 들어가는 것, 대화적 듣기를 화자와 청자가 함께 의미의 형성에 참여하는 것으로 설명한다. 대화적 듣기에 참여하는 사람은 대화를 전적으로 통제할 수 없고, 상대에게 자신이 열려 있음을 인정해야 한다. 이들이 대화하는 목적은 동의를 요구하는 것이 아니라 지지를 얻는 것이다.

20 위의 책, 377쪽.

침묵과 관련해서는 김인택의 논의를 참고할 수 있다. 침묵은 말이 없는 상태를 이르는 것으로, 김인택은 침묵을 발생환경에 따라 '화자의 발화 내에서 발생하는 침묵'과 '화자 교체에 따른 침묵'으로, 의도성에 따라 '의도적 침묵'과 '비의도적 침묵'으로 구분했다.[21] 그에 따르면 침묵은 비언어적 소통행위로서 의미를 해석하는 가운데 필연적으로 애매함이 발생할 수밖에 없다.[22] 때문에 담화가 일어나는 문맥이나 담화의 바탕이 되는 문화에 대한 이해가 필수적이다. 김인택은 침묵의 기능을 '회피', '은폐', '유보', '무시'로 구분하면서 대화 참여자 사이의 사회적 관계, 지위, 성별, 나이 등이 침묵 행위에 영향을 끼칠 수 있음을 강조한다. 이런 시각에서 보자면, 침묵 역시 하나의 발화 행위로서 기능하며, 특히 권력과 관련되어 있음이 특징적이다. 침묵이 의미하는 바를 이해하기 위해서는 대화 참여자가 맺고 있는 권력관계, 침묵이 권력에 종속되어 표현되는 양상, 침묵이 권력을 부정하는 행위로 기능할 수 있는 가능성 등에 대한 세심한 주의가 필요하다.

듣기와 침묵의 중요성에 대한 논의는 일찍이 고대 서구에서부터 있어왔다. 플루타르코스는 「수다에 관하여」에서 수다를 병, 즉 치료해야 할 것으로 인식했다. 그는 "수다의 치료약은 말이고, 말은 듣는 사람이 있어야 하는데, 수다쟁이들은 계속 지껄이느라 어느 누구의 말도 듣지 않기 때문"[23]이라고 말했다. 수다쟁이들이 단순히 말이 많아서 문제가 아니라 말을 많이 함으로써 상대의 말을 들으려 하지 않기에 문제라는 것이다. 달리 말하자면 수다쟁이들은 상대의 말을 듣지 않으려고 말을 하며, 그래서 그것은 병이다. 플루타르코스는 대화에서 듣기를 태도의 문제가 아니

---

21 김인택, 「의사소통 과정에서 '침묵' 행위의 사회 · 문화론적 해석」, 『코기토』 69호, 부산대학교 인문학연구소, 2011, 451쪽.

22 위의 논문, 454-455쪽.

23 플루타르코스, 「수다에 관하여」, 『그리스로마 에세이』, 천병희 옮김, 도서출판 숲, 2011, 532쪽.

라 철학이 떠맡아야 하는 과제로 인식했다. 그는 듣기와 침묵을 관련지어 사유했다. 침묵의 이점을 "내가 듣는 것과 남이 들어주는 것"[24]으로 본 것, "말을 하지 않아 이득이 된 경우는 많아도, 말을 해서 이득이 된 경우는 그리 많지 않다는 것"[25], "진실로 고상하고 왕에 걸맞은 교육을 받은 사람들은 먼저 침묵하는 법을 배우고 나서 말하는 법을 배운다"[26]는 것, "침묵에 대한 찬사를 귀담아듣고, 침묵의 엄숙하고 성스럽고 신비스러운 성격을 마음속에 떠올려야 한다"[27]는 것, 수다쟁이들은 자기보다 더 나은 연장자와 교류하는 것이 바람직한데, 왜냐하면 그들이 연장자의 "의견을 존중해 침묵하는 습관을 들일 것"[28]이기 때문이라는 것 등에서 교육의 척도가 대화의 태도에 있다는 것, 대화에서 중요한 것은 말하기에 앞서 듣기라는 것, 수다를 떨기 전에 침묵해야 한다는 것 등의 생각을 읽을 수 있다.[29]

듣기와 침묵의 중요성에 대한 사유는 고대 동아시아에서도 확인할 수 있다. 이희재는 『논어』를 중심으로, 공자가 경청과 침묵으로 소통했음을 논의한 바 있다. 그에 따르면 공자는 제자와 대화하기를 좋아했는데, 말하기보다 듣는 것을 더 좋아했고, 귀신이나 죽음 등의 형이상학적인 문제에 대해서 제자가 물으면 알지 못함을 인정하면서 침묵했다고 한다.[30] 공

---

24 앞의 책, 534쪽.
25 위의 책, 545쪽.
26 위의 책, 547쪽.
27 위의 책, 561쪽.
28 위의 책, 572쪽.
29 듣기의 중요성에 대한 논의는 플루타르코스의 또 다른 글 「귀 기울여 듣는 법」에서도 확인할 수 있다. 이 글에서 플루타르코스는 듣기가 신체 기관과 관련되어 있다는 점, 경청의 시작과 끝이 잘 듣기와 적절히 대답하기라는 점, 경청이 교양의 정도를 드러내며 교육을 통해 습관을 들일 수 있다는 점, 경청은 무조건 듣는 것이 아니라 가려서 듣는 것이라는 점 등을 강조한다. 특히 그가 듣기를 올바로 사는 태도와 관련하여 생각하고 있는 점 등은 주목할 만하다. 플루타르코스, 「귀 기울여 듣는 법」, 『마음의 평온을 얻는 법』, 임희근 옮김, 유유, 2020 참고.
30 이희재, 「공자의 문답법과 개성존중의 소통방식」, 『철학연구』 제115집, 대한철

자가 마음을 열고 대화하는 자세의 핵심이 듣기임을, 사무(四無), 즉 무의(毋意), 무필(毋必), 무고(毋固), 무아(毋我)에서 말하는 선입견, 자신만이 옳다는 강박관념, 완고함, 아집을 버리는 태도가 듣기의 기본적인 바탕임을 확인할 수 있다. 특히 듣기는 단순히 대화의 태도만을 말하는 것은 아닌데, "인이라는 것은 말을 참는 것"[31]이라는 언급과 "하늘이 무엇을 말하는가"[32] 등의 언급에서 듣기에 앞서 말을 참기, 즉 침묵하는 것이 인간의 도리이며 자연의 섭리임을 이해할 수 있다.[33]

듣기에 대한 고전적 이해를 현대적으로 계승한 것이 푸코와 하이데거의 철학이다. 김성도는 『주체의 해석학』과 『자기의 통치와 타자들의 통치』를 중심으로, 푸코 사상에서 경청의 문제를 정리한 바 있다. 그에 따르면, 푸코는 '자기 기술', '조언과 자문', '아스케시스(고행)'의 세 가지 주제에서 경청을 문제 삼았는데[34], 스토아학파에서 확인할 수 있는 침묵의 문화와 경청의 기술에 주목했다.[35] 푸코는 경청을 아스케시스의 출발점으로 보았는데, 이때 아스케시스는 자기 스스로를 구성하는 과정, 달리 말해 자기와의 관계 형성에 도달하는 과정을 말한다. 참된 담론을 자기 것으로 만드는 과정은 자신이 경청한 담론을 자기 것으로 삼는 것으로[36],

학회, 2010, 307-308쪽.

31 위의 논문, 316쪽.

32 위의 논문, 318쪽.

33 이와 관련하여 유가철학에서 '말 없음' 의 미덕에 대해 논의한 고은강의 논문을 참고할 수 있다. 그의 논의를 빌려오면 다음과 같다. 유가철학에서는 말을 무겁게 여긴다. 말을 삼가라는 내용이 없는 경전이 없을 정도인데, 왜냐하면 언행일치가 중요하기 때문이다. 유가철학에서 말은 곧 맹세이므로 말은 반드시 행동으로 실현되어야 하고, 이를 전제로 말에 기초를 둔 예, 예에 기초를 둔 법이 만들어진다. 고은강, 「유가철학에서 과묵함은 미덕인가?」, 『인문연구』 97, 영남대학교 인문과학연구소, 2021, 109쪽. 하지만 고은강은 유가철학이 중요하게 보는 언행일치가 단지 말을 삼가고 말수를 적게 하여 언행일치를 이루라는 것은 아님을 강조한다. 말을 적게 하는 것보다 중요한 것은 말에 일치하는 행동을 과감하게 하는 것이다. 같은 논문, 115쪽.

34 김성도, 「푸코 사상에서 경청의 문제: 경청의 인간학 수립을 위한 모색」, 『인문언어』 19권 1호, 국제언어인문학회, 2017, 104-105쪽.

35 위의 논문, 112쪽.

경청은 참된 것에 대한 담론을 주제로 묵상할 수 있는 과정이 되며[37], 인간은 경청을 통해 비로소 진리와 접촉할 수 있다.[38] 경청을 실천하는 방법으로 피타고라스학파의 침묵이 참고된다. 푸코는 다른 사람의 말에 끼어들지 않고 오직 듣기만 하는 침묵의 실천[39], 신체적 태도와 주의력[40] 등을 요구함으로써 듣기의 능동적 태도를 강조한다.

송현아는 『존재와 시간』과 『횔덜린 시의 해명』을 중심으로, 하이데거 사상에서 경청의 문제를 정리했다. 그에 따르면, 하이데거 철학에서 들음은 전기에서 '불안', '염려'를 논할 때, 후기에서 '언어', '사유함', '거주함'을 논할 때 발견된다.[41] 현존재는 불안을 각오한 결단성이라는 근원적인 개별화 속에서 자기 자신으로 존재하는데, 그때 침묵한다.[42] 현존재의 존재방식이 시각[43]에서 청각으로 이동하고 있음을, 침묵은 불안을 각오하고 자신 자신을 존재하도록 하는 방법이라는 하이데거의 생각을 확인할 수 있다. 하이데거는 인간을 땅에 귀속해 있으면서 모든 사물들에게서 배움을 구하는 자로 규정했고, 이것이 들음으로서 인간이 존재하는 방식이라고 말했다.[44] 들음이 말함을 구성하고 다른 사람에게 열려 있음을 드러낸다는 점에서 하이데거의 철학은 듣기에 대한 고전적 이해를 계승한다. 하

---

36 앞의 논문, 114쪽.

37 위의 논문, 117쪽.

38 위의 논문, 120쪽.

39 위의 논문, 121쪽.

40 위의 논문, 121-122쪽.

41 송현아, 「들음의 인간학—하이데거 철학에서 인간 현존재의 본래적인 존재방식」, 『철학사상』 72, 서울대학교 철학사상연구소, 2019, 272쪽.

42 위의 논문, 124-125쪽.

43 그리스 이래로 서구 철학에서 가장 중요한 감각은 시각인데, 니체 및 베르그송 이후 형성된 '철학에서 반(反)시각적인 것을 추구하고자 하는 움직임' 속에서 듣기가 철학의 영역에서 중요하게 간주되기 시작했다. 송현아, 「하이데거 철학에서 들음에 관한 고찰: 들음과 기분을 중심으로」, 『서강인문논총』 58, 서강대학교 인문과학연구소, 2020, 271쪽.

44 송현아, 「들음의 인간학—하이데거 철학에서 인간 현존재의 본래적인 존재방식」, 앞의 논문, 130-131쪽.

지만 들음이 본질적으로 자기 자신의 목소리를 침묵 속에서, 불안을 견뎌내면서 들음으로써, 스스로 사유하고 자신을 구성한다는 점에서 차이를 보인다.

이상의 논의를 바탕으로 이 글은 김유정 문학에 나타난 듣기의 양상과 그 의미에 대해서 살펴보고자 한다. 이 과정을 통해 듣기의 다양한 양상과 그에 따른 여러 의미를 확인할 수 있을 것이고, 나아가 김유정 문학의 듣기가 듣기에 대한 기존의 논의를 넘어서는 지점에까지 가닿아 있음도 논의할 수 있을 것이다. 듣기의 시각에서 김유정 문학을 읽은 연구가 지금까지 없었기에[45], 이 연구는 그 첫 시도가 된다. 이 연구가 김유정 문학을 유의미하게 읽는 또 하나의 시각을 제공할 수 있을 것으로, 듣기의 본질에 대한 김유정의 생각을 읽어내고 이를 통해 김유정 문학의 윤리가 지향하는 바를 그릴 수 있을 것으로 기대한다.

2. 듣기의 두 가지 의미: 관계 맺기와 주체화

김유정은 첫 작품 「심청」에서부터 작품 활동 내내 듣기의 문제를 제기했다. 「심청」에서 거지가 '그'에게 적선을 요구하자 '그'는 못 들은 척하고 가던 길을 간다. '그'는 한 푼 달라는 거지의 말을 듣고 자기의 처지를 떠올리고 선웃음을 짓는다. 거지의 운수 없음이 거지가 돈이 없기 때문이기도 하지만 무엇보다도 많은 사람들 중에서 하필 돈을 요구한 사람이 꾀죄죄한 두루마기를 입은 자신이기 때문이다. '그'의 못 들은 척은 '그'

---

45 임보람은 「산골 나그네」에서 침묵이 나그네의 심리 상태를 반영하고 그의 존재를 형상화하는 소리임을 분석한 바 있다. 임보람, 「김유정의 「산골 나그네」에 나타난 소리의 수사학」, 『인문과학연구논총』 제42권 1호, 명지대학교 인문과학연구소, 2021, 23-28쪽 참고. 임보람의 글은 「산골 나그네」에 나타난 소리의 수사적 특징에 주목하고 있는 만큼, 덕돌이와 덕돌이 어머니가 나그네의 침묵을 어떻게 들었는지, 듣기의 실패가 무엇을 의미하는지에 대해서는 논의하지 않았다.

가 거지의 말뿐만 아니라 그 말에 반응한 자기 내면의 목소리를 들었기 때문에 나온 행위이다. 「심청」은 '듣기 주체는 무엇을 듣는가'에 대한 김유정의 첫 답변이다.

김유정의 전 작품에서 듣기는 크게 인물, 사건, 배경과 관련하여 기능한다. 가령, 「정조」에서 서방님과 「총각과 맹꽁이」에서 뭉태의 듣기는 인물의 성격을 제시하고, 「생의 반려」에서 안잠자기, 명렬, 그리고 명렬의 형의 듣기는 각 인물의 됨됨이를 보여준다. 「봄·봄」에서 '나'와 「옥토끼」에서 '나', 그리고 「만무방」에서 지주의 듣기는 사건 전개의 계기로 작용하고, 「산골 나그네」에서 덕돌이와 덕돌이 어머니, 「두포전」에서 칠태, 「형」에서 형의 듣기는 비극적 결말의 원인으로 기능한다. 「금」에서 덕순이의 듣기는 작품 내 분위기를 형성하고, 「산골」에서 도련님의 듣기는 대화 참여자 사이의 신분 차이를 보여준다. 이와 같은 근거는 김유정이 듣기를 소설 창작의 중요 기제로 활용했음을 보여준다. 이번 장에서는 구체적인 작품을 예로 들어 듣기의 양상과 그 의미를 살펴보고자 한다. 특히 김유정이 듣기를 통한 관계 맺기와 그 기능에 대해 질문했음에, 듣기를 삶의 지속 및 인물의 주체화의 핵심 요소로 인식했음에 주목하고자 한다.

① "그럼 와 그러는 게유? 우리 집이 굶을까봐 그리시유?"

"……"

"어머이도 사람은 좋아유…… 올에 잘만 하면 내년에는 소 한 바리 사 놀게구 농사만 해두 한 해에 쌀 넉 섬 조 엿 섬 그만하면 고만이지유…… 내가 싫은 게유?"

"……"

(중략)

여기서부터 사리에 맞도록 이 말 저 말을 주섬주섬 꺼내오다가 나의 며느리가 되어줌이 어떻겠냐고 꽉 토파를 지었다. 치마를 훔싸고 앉아 갸

웃이 듣고 있던 나그네는 치마끈을 깨물며 이마를 떨어뜨린다. 그러고는 두 볼이 발개진다. 젊은 계집이 나 시집가겠소 하고 누가 나서랴. 이만하면 합의한 거나 틀림없을 것이다.[46]

② 우리 장인님이 딸이 셋이 있는데 맏딸은 재작년 가을에 시집을 갔다. 정말로 시집을 간 것이 아니라 그 딸도 데릴사위를 해가지고 있다가 내보냈다. (중략) 셋째 딸이 인제 여섯 살, 적어도 열 살은 돼야 데릴사위를 할 터이므로 그동안은 죽도록 부려먹어야 한다. 그러니 인제는 속 좀 차리고 장가도 들여달라고 떼를 쓰고 나자빠져라, 이것이다.

나는 건으로 엉, 엉, 하며 귓등으로 들었다.[47]

③ 내가 아내를 갖든지 그렇잖으면 이놈의 신당리를 떠나든지, 이러는 수밖에 별도리 없으리라고 마음을 먹고는 내 방으로 뿌르르 들어와 이부자리며 옷가지를 거듬거듬 뭉치고 있는 것을 한옆에서 수상히 보고 서 있던 주인 노파가 눈을 찌긋이 그 왜 짐을 묶소, 하고 묻는 것까지도 내 맘을 제대로 몰라주는 듯하여 오직 야속한 생각만이 들 뿐이므로 난 오늘 떠납니다, 하고 투박한 한 마디로 끊어버렸다.[48]

①은 「산골 나그네」에서 덕돌이와 덕돌이 어머니가 나그네에게 함께 살 것을 제안하는 장면이다. 덕돌이의 제안에 나그네는 침묵한다. 나그네가 침묵하자 덕돌이는 자신의 형편이 굶지 않을 정도임을 덧붙여 설명한다. 왜냐하면 덕돌이가 나그네의 침묵, 즉 들리지 않는 말을 경제적 형편에 대한 염려로 들었기 때문이다. 하지만 덕돌이의 설명을 듣고도 나그네는 여전히 침묵한다. 이것은 덕돌이가 나그네가 듣고 싶어 하는 말을 하지 못했음을, 달리 말해 나그네의 침묵을 잘못 들었음을 의미한다. 아들에 이어 덕돌이의 어머니가 나그네를 다시 설득하려 하지만, 나그네는 치마끈을 깨물고 이마를 떨어뜨린다.

46 『전집』 1, 87쪽.
47 위의 책, 321쪽.
48 위의 책, 513쪽.

어머니는 이 침묵을 암묵적 합의로 듣는다. 침묵 역시 하나의 말이지만 들리지 않는 말이기에 세심히 들으려 노력해야 한다. 덕돌이와 덕돌이 어머니가 나그네를 끝내 잡지 못한 것은 두 사람이 나그네의 침묵을 잘못 들었기 때문이고, 더 정확히 말하자면 나그네의 침묵을 들으려 하기보다는 자신들이 듣고 싶은 말을 들으려 했기 때문이다. 늦은 나이에 꼭 결혼을 해야 하는 덕돌이의 다급한 처지, 아들이 빨리 짝을 찾길 바라는 어머니의 초조한 마음이 나그네의 침묵을 정확히 듣지 못하게 만들었고, 정확히 듣지 못했기에 이들은 침묵에 올바로 응답할 수 없었다.

②는 「봄·봄」의 한 장면이다. 뭉태는 '나'에게 장가를 들게 해주겠다는 장인의 말을 신뢰할 수 없는 이유를 설명한다. 그런데 '나'는 뭉태의 설명을 건성으로 듣는다. 왜냐하면 뭉태의 설명이 '내'가 듣고 싶어 하는 말이 아니기 때문이다. 「봄·봄」의 '나'를 비롯하여 김유정의 작품에 등장하는 일부 인물들의 어리숙함의 바탕에는 상대의 말을 제대로 듣지 않는 태도가 있다. 「봄·봄」에서 '나'와 장인이 갈등하는 원인은 서로가 원하는 것이 다르기 때문이지만, 더 큰 문제는 이들이 상대의 말을 듣지 않으려는 데 있다. '나'와 장인은 서로에게 하고 싶은 말만 하려 하고, 듣고 싶은 말만 들으려 한다. 「봄·봄」의 마지막 부분에서 장인이 '나'에게 성례를 약속하는 것은 단지 일하러 가겠다는 '나'의 말을 듣고 싶었기 때문이고, '내'가 그 말을 듣고 눈물까지 흘린 것은 듣고 싶은 말을 들었기 때문이다. 즉 장인은 '내'가 원하는 것을 들으려 하지 않으며, '나'는 장인의 말이 정확히 무엇을 의미하는지 들으려 하지 않았다. 그러니 두 사람 사이의 갈등은 일시적으로 봉합되었을 뿐 근본적으로 해결되지 못한다.[49] 두 사람은

49 이와 관련하여 우치다 타츠루의 설명을 참고할 수 있다. 우치다는 『에크리』 「서문」에 있는, "언어에서 우리 메시지는 대타자로부터 우리에게, 게다가 나머지 원리를 언명하자면, 전도된 형태로 온다" (자크 라캉, 『에크리』, 홍준기 · 이종영 · 조형준 · 김대진 옮김, 새물결, 2019, 10쪽)를 다음과 같이 읽는다. "발신자는 수신자로부터 자신이 발신한 메시지를 역으로 듣는다." 우치다 타츠루,

소통했지만, 동시에 전혀 소통하지 않았다. 더 정확히 말하자면, 이들은 소통하지 않으려고 소통한 것이다.[50]

③은 「슬픈 이야기」의 마지막 장면이다. '나'는 옆방에서 들리는 가정폭력 소리에 불안감을 느끼고 옆방 남자를 타이른다. 하지만 '나'의 충고로 인해 오히려 남자의 폭력이 더욱 심해진다. 심지어 '나'는 옆방 남자의 처남에게서 어린애 취급을 받고 주인 노파에게서 원치 않는 오해를 산다. 이에 '나'는 자신의 진의를 이해하려 듣지 않는 이들과의 대화를 포기하고 스스로 집을 나간다. 이 이야기가 '나'에게 슬픈 것은 옆집 아내가 부당한 폭력을 당해서이기도 하지만 무엇보다 '나'의 말을 제대로 들으려는 사람이 없기 때문이다. 옆방 남편과 그 처남, 주인 노파는 자신들이 처한 상황에 서서 '나'의 말을 오해한다. 소통이 불가능한 상황에서 '내'가 할 수 있는 일은 그 자리를 떠나는 것뿐이다. 말을 제대로 들어주는 사람이 없을 때 말의 주체는 존재 근거를 상실한다. 존재 근거를 상실한 주체는 존재의 자리를 비울 수밖에 없다. 「슬픈 이야기」는 제대로 듣지 않으려는 사람들 사이에서 제대로 말하려는 사람이 사라지는 슬픈 이야기다. 「봄·봄」은 외형적 소통의 허위를 우스꽝스럽게 그려내고, 「슬픈 이야기」는 듣지 않으려는 사람들에 의해 말하려는 사람이 내쫓기는 과정을 슬프게 그려낸다. 두 작품은 김유정이 완전한 소통이라는 환상을 버리고 듣기 행위 자체에 천착하는 이유를 보여준다는 점에서 의의가 있다.

『소통하는 신체』, 오오쿠사 미노루 · 현병호 옮김, 민들레, 2019, 261쪽. 우치다는 라캉이 기회가 있을 때마다 다음의 말을 반복했다고 한다. "당신이 듣고 있는 것은 당신이 듣고 싶은 것일 뿐 당신은 타자의 이야기를 조금도 듣고 있지 않다."

50 공자의 대화 태도는 경청과 침묵으로 요약되는데, 그 바탕에 사무(四無), 즉 무의(毋意), 무필(毋必), 무고(毋固), 무아(毋我)가 있다. 이희재, 앞의 논문, 312쪽. 말하기에 앞서 들으려 하지 않는다면, 대화는 불가능하다. 그것은 대화의 실패라기보다 대화의 거부이다. 또한 듣지 않으려고 말을 한다는 점에 주목한다면, 두 사람의 대화는 플루타르코스가 말한 수다, 즉 병이라 할 만하다. 플루타르코스, 「수다에 관하여」, 앞의 책, 532쪽.

④ 대뜸 붙들고 나서 아씨 한 푼 줍쇼 아씨 한 푼 줍쇼. 가는 아씨는 암만 불러도 귀가 먹은 듯. 혼자 풍월로 얼마를 따르다보니 이제는 하릴 없다. 그 다음 비상수단이 아니 나올 수 없는 노릇. 체면 불구하고 그 까마귀발로다 신성한 치맛자락을 덥석 잡아챈다. 홀로 가는 계집 쯤 어떻게 다루던 이쪽 생각. 한 번 더 채여라. 아씨 한 푼 줍쇼. 아씨도 여기에는 어이가 없는지 발을 멈추고 말뚱히 바라본다.[51]

⑤ 그래서 서울 가면 꼭 지켜야 할 필수조건을 아내에게 일일이 설명치 않을 수도 없었다.

첫째 사투리에 대한 주의부터 시작되었다. (중략) 아내는 그 끔찍한 설교를 귀담아들으며 모깃소리로 네, 네 하였다. (중략)

한참 신바람이 올라 주워 섬기다가 옆에서 새근새근, 소리가 들리므로 고개를 돌려보니 아내는 이미 고라져 잠이 깊었다.

"이런 망할 거. 남 말하는데 자빠져 잔담—"

남편은 혼자 중얼거리며 바른팔을 들어 이마 위로 흐트러진 아내의 머리칼을 뒤로 쓰다듬어 넘긴다. 세상에 귀한 것은 자기의 아내! 이 아내가 만약 없었던들 자기는 홀로 어떻게 살 수 있었으려는가![52]

④는 「봄과 따라지」의 한 장면이다. 거지가 한 아씨에게 돈을 구걸하지만 아씨는 못 들은 척하고 자기 갈 길을 간다. 아씨의 못 들은 척은 거지에게 적선하고 싶지 않다는 표현이면서 무엇보다 거지와 관계 맺고 싶지 않다는 표현이다. 거지는 아씨가 자기 말을 못 들은 척하자 아씨의 치맛자락을 덥석 잡아챈다. 이것은 거지가 아씨의 간접적 표현을 못 들은 척했음을 의미한다. 다시 말해 두 사람은 서로에게 못 들은 척하고 있는데, 그 이유는 이들이 서로가 말하고자 하는 바를 정확히 들었기 때문이다. 하지만 두 사람은 상대의 말을 들어줄 생각이 전혀 없다. 문제는, 들었지만 못 들은 척하는 사람과 대화할 수는 없다는 데 있다. 이것이 아씨

51 『전집』 1, 344쪽.
52 위의 책, 119-120쪽.

가 어이가 없어 거지를 멀뚱히 바라본 이유이기도 하다. 들었지만 못 들은 척하는 사람, 다시 말해 듣지 않으려는 사람을 상대로 대화할 수는 없기 때문이다. 결국 아씨는 거지를 집까지 데려와서 사람을 시켜 쫓아낸다. 「산골 나그네」, 「봄·봄」, 「슬픈 이야기」가 상대의 말을 제대로 듣지 않거나 듣지 못한 것이 관계가 파국을 맞는 원인임을 보여준다면, 「봄과 따라지」는 상대의 말을 제대로 들었음에도 불구하고 관계가 파국을 맞고 있음을 보여준다. 즉 김유정 문학에서 소통은 정보의 전달 여부보다는 소통을 통해 관계를 맺거나 재설정하려는 대화 주체의 태도에 핵심이 있다. 이럴 때 대화 주체의 듣기 태도가 어떻게 기능하는지 보여주는 작품이 「소낙비」다.

⑤는 「소낙비」에서 남편과 아내가 대화하는 장면이다. 남편이 서울에 가면 지켜야 할 것을 아내에게 설명하자 아내는 그 말을 귀담아듣는다. 아내가 자기 말을 귀담아듣자 남편은 신바람이 나서 더욱 열심히 설명한다. 하지만 아내는 남편의 말을 듣다가 잠에 빠지는데, 남편은 그런 아내의 모습을 보면서 새삼 아내의 소중함을 느낀다. 남편의 말은 '끔찍한 설교'이고, 그 내용은 허황된 전망을 담고 있을 뿐이다. 남편은 하고 싶은 말만 했을 뿐이고 아내는 잠들었기에, 두 사람 사이에 정보의 전달이라는 일반적인 의미의 의사소통이 이루어졌다고 볼 수 없다. 다만 남편의 말이 일방적 설교였음에도 불구하고 그 말을 귀담아들으려 한 아내의 듣기 태도에 주목할 필요가 있다. 이 장면에서 아내의 듣기는 남편의 말을 듣고 이해하는 일반적인 역할에 머물기보다는 남편과의 관계를 재설정하며 남편이 자기 내면의 목소리를 듣는 계기로 기능한다. 이렇게 보자면 이 작품에서 아내를 단순히 가부장적 폭력의 피해자로만 보기는 어렵다.[53] 오

---

53 신제원은 춘호 아내를 폭력에 의해 가부장의 욕망을 충실히 따르도록 길들여진 인물, 자발적으로 자신의 신체를 소외시키며 스스로를 상품화한 인물로 보았다. 춘호 아내에 대한 이러한 시각은 가부장적 지배구조 및 폭력에 대한 비판으로 이어진다. 신제원, 「김유정 소설의 가부장적 질서와 폭력에 대한 연구

히려 아내는 폭력을 행사하는 남편에게서 자신의 소중함을 느끼도록 만들었다. 아내를 때리다가 아내의 소중함을 깨닫기, 이 분열은 아내의 듣기가 가부장적 권력이라는 남편의 정체성에 균열을 내고 있음을 방증한다. 때문에 「소낙비」에서 듣기의 기능을 다음과 같이 정리할 수 있다. 상대의 말을 잘 들을수록 상대는 더 잘 말할 수 있고, 나아가 그 과정에서 자기 내면의 목소리를 들을 수 있다. '내' 듣기는 '네' 듣기를 경유하여 완성된다.

⑥ "사람 살류. 사람 살류."
그리고
"아무도 사람 없수."
그러자 어디선지
"칠태야"
하고, 자기를 부르는 소리가 났습니다. 두포의 음성입니다. 그러나 이상한 일도 많습니다. 부르는 소리만 나고 두포도 아무도 모양을 볼 수는 없습니다.
(중략)
그러나 노승은 잔잔히 듣고만 섰습니다. 그러더니 문득 입을 열어
"무해한 사람에게 해를 입히려 하면 도리어 자신이 해를 입게 되는 줄을 깨달을 수 있을까?"
하고, 노승은 엄한 얼굴로 칠태를 내려다봅니다. 하지만 칠태는 무슨 뜻으로 하는 말인지도 깨닫지 못하면서 그저
"그럴 줄 알다 말구요. 알다뿐이겠습니까."
"그렇다면 이후로는 마음을 고치어 행실을 착하게 가질 수 있을까?"

」, 『국어국문학』 175, 국어국문학회, 2016, 241쪽. 신제원의 논의는 동의할 만하지만 그가 주장의 설득력을 높이기 위해 춘호 아내의 행위에서 일면만 보는 것은 아닌지 의문스럽다. 춘호 아내를 수동적이거나 비주체적인 인물, 또는 폭력의 피해자가 아니라 능동적이면서 폭력에 균열을 내는 인물로 볼 수는 없는지 고민이 필요하다. 그 단서를 춘호 아내의 듣기 태도에서 찾을 수 있다고 본다.

"네, 고치고 말구요. 백 번이라도 고치겠습니다."

하고, 칠태는 엎드리어 맹세를 하는 것이로되 그 속은 그저 어떻게 이 자리를 모면할 생각밖에는 없습니다.[54]

⑦ 이쁜이는 되는 대로 한 편 구석에 치마를 도사리고 앉아서, 이것도 명색은 김매는 거겠지 호미로 흙 등만 닥작거리며 정작 정신은 어젯밤 종은 상전과 못 사는 법이라던 어머니의 말이 옳은지 그른지 그거만 일념으로 아로새기며 이리 씹고 저리 씹어본다. 그러나 이쁜이는 아무렇게도 나는 도련님과 꼭 살아보겠다 혼자 맹세하고 제가 아씨가 되면 어머니는 일테면 마님이 되련마는 왜 그리 극성인가 싶어서 좀 야속하였고 해가 한나절이 되어 목덜미를 확확 달일 때까지 이리저리 곰곰 생각하다가 고개를 들어봄에 밭은 여태 한 고랑도 다 끝이 못났으니 이놈의 밭이 하고 탓 안할 탓을 하며 저로도 하품이 나올만치 어지간히 기가 막혔다.[55]

⑥은 「두포전」의 한 장면이다. 두포를 해치려다 도끼로 자기 발을 찍은 칠태는 죽을 위기에 처한다. 아무도 없는 산골짜기에서 살려달라고 소리쳐도 대답하는 사람이 없다. 이때 칠태는 자기를 부르는 두포의 음성을 듣는다. 두포의 모습은 없고 소리만 들린다. 오로지 두포의 음성만이 그의 존재를 드러낸다.[56] 칠태를 부르는 두포의 음성은 살려달라는 칠태의 외침에 대한 응답이기에 중요하다. 말하자면 칠태는 자기 말을 들어준 사람이 있기 때문에 살아날 기회를 얻은 것이다. 이어 노승이 나타나 칠태에게 묻는다. 칠태는 노승의 말이 무슨 뜻인지 모르면서 안다고 대답한다. 노승의 거듭된 질문에 칠태는 자신의 행실을 고치겠다고 맹세한다.

---

54 위의 책, 549-550쪽.

55 위의 책, 284쪽.

56 "언어는 구획된 성역(templum), 다시 말해 존재의 집이다. 언어의 본질은 그것이 어떤 것을 뜻한다는 사실에서 모두 소진되는 것도 아니요, 또한 그것은 단지 상징적인 어떤 것이나 암호적인 어떤 것도 아니다. 언어는 존재의 집이기에, 우리는 언제나 이 집을 통과함으로써 존재자에 이르게 된다." 마르틴 하이데거, 「무엇을 위한 시인인가?」, 『숲길』, 신상희 옮김, 나남, 2008, 454-455쪽.

이 장면은 다가올 칠태의 운명을 예비하고 있기에 문제적이다. 칠태가 결국 비극적인 최후를 맞는 것은 두포의 영웅적 능력 때문이 아니다. 그가 노승의 말을 정확히 듣지 않았다는 데, 무엇보다 행실을 고치겠다는 스스로의 맹세에 올바로 응답하지 않았다는 데 이유가 있다. 칠태는 듣지 못해서, 들을 능력이 없어서, 결정적으로 들으려 하지 않아서 목숨을 잃었다. 이처럼 김유정은 인물의 운명을 그의 듣기 행위에서 찾는다. 그렇다면 듣는다는 것은 산다는 것에 다름없다. 듣지 않으면 죽는다. 「두포전」은 말이 존재의 집임을 보여주고 있다는 점, 상대의 말과 자기 내면의 말을 정확히 듣고 올바로 응답하는 것이 운명을 결머지는 길이라는 점 등을 보여주고 있어, 듣기에 대한 김유정의 생각을 읽을 수 있는 중요한 텍스트에 해당된다.

⑦은 「산골」에서 이뿐이가 어머니의 말을 되새기는 장면이다. 지난밤 이뿐이가 어머니에게 도련님과 함께 살고 싶다는 바람을 말하자 어머니는 반대한다. 이뿐이는 좋은 상전과 못 사는 법이라는 어머니의 말이 옳은지 그른지 거듭 되새긴다. 거듭된 듣기를 통해 이뿐이는 꼭 도련님과 살아보겠다고 혼자 맹세한다. 이뿐이는 반대하는 어머니의 말을 거듭해서 새겨듣고, 앞으로 어찌할 것인지 스스로에게 질문한 뒤, 그 질문에 응답한 것이다. 상대의 말을 자세히 듣는 가운데, 자기 내면의 목소리를 듣고, 이를 통해 삶의 방향을 스스로 결정하는 과정, 다시 말해 주체화 과정의 한 모습을 이뿐이에게서 확인할 수 있다.[57] 「산골」에서 김유정은 신분과 성별이라는 이중적 억압 아래 있는 인물이 굴레를 벗고 스스로 삶을 구성하는 과정을 듣기 행위를 통해 탁월하게 그려낸다. 듣는다는 것은 자기 삶을 책임지는 것에 다름없다. 이 작품의 결말이 아름답게 비극적인 이유

57 이뿐이의 새겨듣기를, 자기 스스로를 구성하는 과정으로 이해할 수 있다는 점에서 경청에 대한 푸코(김성도, 앞의 논문, 114쪽)와 하이데거(송현아, 「들음의 인간학—하이데거 철학에서 인간 현존재의 본래적인 존재방식」, 앞의 논문, 130-131쪽)의 논의를 참고할 수 있다.

도 여기에 기인한다. 「두포전」은 아기장수 설화를, 「산골」은 『춘향전』을 현대적으로 다시 쓴 작품인데, 「두포전」이 듣지 않으려는 인간의 비극적 최후를, 「산골」이 올바로 들으려는 인간의 주체화 과정을 그리고 있다는 점에서 두 작품은 인간 듣기에 대한 두 가지 버전에 해당된다.

3. 침묵의 두 가지 양상: 권력의 비판과 들음의 윤리

이번 장에서는 김유정 문학에 나타난 침묵의 양상과 그 의미를 살펴보고자 한다. 침묵은 듣기의 한 과정이자 들은 것에 대한 다양한 반응 중 하나이다. 김유정 문학에서 침묵은 다양한 양상으로 나타나는데, 함의하는 의미도 다양하다. 가령, 「야앵」에서 딸의 이름을 묻는 정숙이의 질문에 대한 사나이의 침묵이나 「옥토끼」에서 토끼를 잡아먹었냐는 '나'의 질문에 대한 숙이의 침묵, 「생의 반려」에서 병원에 가서 진료를 받으라는 '나'의 충고에 대한 명렬의 침묵은 모두 들은 말에 대한 암묵적 동의를 의미한다. 이에 비해 「가을」에서 복만이 간 곳을 알려달라는 소장수의 말에 대한 '나'의 침묵은 불쾌감을, 「두꺼비」에서 두꺼비를 찾아온 '나'를 보고 보인 안잠자기의 침묵은 무시를, 「형」에서 용서를 비는 형에 대한 아버지의 침묵은 분노와 슬픔을 의미한다. 이 글에서는 김유정 문학에서 특히 주목해야 하는 침묵[58]의 중요한 양상을 권력의 비판과 들음의 윤리[59]로 정리하려고 한다. 구체적으로 권력의 비판을 무능한 권력에 대한

58 김인택은 침묵을 선행발화 내용에 대한 태도에 따라, 그리고 선행화자에 대한 배려 여부에 대한 침묵행위 주체의 태도에 따라 '회피, 은폐, 유보, 무시' 로 구분한 바 있다. 김인택, 앞의 논문, 468쪽. 그러나 이 글에서는 침묵이 듣기 주체의 의도가 담긴 표현이라는 점에 주목하여 침묵을 적극적 의도를 담은 침묵과 소극적 의도를 담은 침묵으로 구분하고자 한다. 이렇게 하면 김유정 문학에 나타난 침묵의 양상을 섬세히 읽어낼 수 있다. 그것은 바로 권력의 비판과 들음의 윤리이다.

59 주디 브라운넬은 의사소통을 통해 어떤 결과가 도출되면 듣는 사람에게도 상호 책임이 있다고 보아 듣는 사람도 말하는 사람만큼 윤리적 책임을 지는 것

조롱과 억압적 권력에 대한 폭로로, 들음의 윤리를 살림의 듣기와 처벌의 듣기로 구분하여 살펴볼 것이다.

김유정 문학을 권력의 시각에서 읽은 대표적인 연구로 신제원[60]과 권창규[61]의 논의를 들 수 있다. 두 사람의 논의는 가부장 권력과 자본주의 권력의 결탁을 문제 삼았다는 점에서, 여성 인물이 두 가지 지배체제의 억압을 동시에 받고 있다는 점을 구체적인 작품 분석을 통해 논증했다는 점에서 의의가 있다. 다만 김유정 소설이 가부장적 지배질서에 대한 조롱과 식민지 자본 권력에 대한 비판을 시도했다는 점, 여성 인물이 지배질서의 피해자이기만 한 것이 아니라 지배질서에 균열을 내고 있다는 점 등을 적극적으로 읽지 않은 측면이 있다.[62] 이러한 선행 논의와 관련하여 「정조」와 「만무방」을 중심으로 김유정 문학에 나타난 침묵의 기능에 대해서 살펴보고자 한다.

이 이치에 맞다고 보았다. 주디 브라운넬, 앞의 책, 530쪽. 그는 윤리적 듣기를 위한 방법으로 '이치에 맞는 회의론'과 '적절한 피드백'을 제안한다. 특히 침묵을 지키는 것이 피드백의 거부가 아니라 그 자체로 하나의 윤리적 판단임을 강조한다. 그렇다면 반응으로서의 침묵은 김유정 문학의 윤리를 읽기 위한 훌륭한 시각이 될 수 있다.

60 신제원은 김유정 소설이 가부장적 지배구조와 남성중심주의적 힘의 논리를 은폐하는 동시에 노출시키는 모순을 안고 있음을 문제 삼는다. 이어 소설 속 인물들이 겪는 폭력과 고립이 가부장이 행사하는 처벌이자 통제와 구속을 강화하는 지배기제임을 논증했다. 신제원, 앞의 논문, 229-230쪽. 그는 이러한 논증을 통해 김유정의 소설이 자본주의 체제 및 가부장제 가족제도의 억압을 극복하는 방법을 제시하지 못하지만 억압적 지배질서에 대한 발견과 반성적 사유를 이끌어내고 있다고 결론 낸다. 같은 논문, 256쪽.

61 권창규는 김유정 소설에 등장하는 농민들이 식민지 자본주의 권력에 수탈당하는 양상과 더불어 성 위계와 연령 위계에 바탕을 둔 가부장제에서 남성 가부장이 가족 성원을 착취하는 양상에 주목한다. 권창규, 「가부장 권력과 화폐 권력의 결탁과 경합: 김유정 소설을 중심으로」, 『여성문학연구』 제42호, 한국여성문학학회, 2017, 161쪽. 그는 김유정 소설 속 아내 매매의 양상을 인신매매와 성매매로 구분하고, 종래의 가부장 권력이 화폐 권력과 결합한 새로운 여성 매매 형태가 드러났음을 논증했다. 같은 논문, 179쪽.

62 이경은 김유정 문학에 등장하는 인물들을 자본주의적 병폐의 피해자로만 보지 않고, 인물들의 능동성에 주목하여 저항, 염치, 도리 등의 윤리적 가능성을 읽었다. 이경, 「자본주의보다 먼저 온 실패의 예후와 대안적 윤리」, 『코기토』 73, 부산대학교 인문학연구소, 2013, 495쪽.

① 그렇게 따지고 보면 벌써부터 칠팔십 원이면 사줄 그 신식 의걸이 하나 사달라고 그리 졸랐건만 못 들은 척하던 그가 어멈은 하상 뭐길래 이백 원씩 히떱게 내주나 싶어서 곧 분하고 원통하였다.

아씨는 새빨간 눈을 뜨고 안방으로 부르르 들어와서

"그년에게 돈 이백 원 주었수?" 하고 날카로운 소리를 내었다. 그러나 서방님은 암말 없이 드러누워서 입맛만 다시니 아씨는 더욱 더 열에 떠서

"글쎄 이백 원이 얼마란 말이요? 그년에게 왜 주는 거요. 그런 돈 나에겐 못 주?"

이렇게 포악을 쏟아 놓다가 급기야엔 눈에 눈물이 맺힌다.

그래도 서방님은 입을 꽉 다물고는 대답 대신

"끙! 끙!" 하고 신음하는 소리만 낼 뿐이다.[63]

② 그는 여러 곳 물을 마신 만치 어지간히 속이 틘 건달이었다. 지주를 만나 까놓고 썩 좋은 소리로 의론하였다. 올 농사는 반실이니 도지도 좀 감해주는 게 어떠냐고. 그러나 지주는 암말 없이 고개를 모로 흔들었다. 정 이러면 하여튼 일 년 품은 빼야 할 테니 나는 그 논에다 불을 지르겠수, 하여도 잠자코 응하지 않는다. 지주로 보면 자기로도 그 벼는 넉넉히 걷어드릴 수 있다. 마는 한번 버릇을 잘못해 놓으면 여느 작인까지 행실을 버릴까 염려하여 겉으로 독촉만 하고 있는 터였다. 실상이야 고까짓 벼쯤 있어도 고만 없어도 고만— 그 심보를 눈치채고 응칠이는 화를 벌컥 낸 것만은 좋으나, 저도 모르게 대뜸 주먹뺨이 들어갔던 것이다.[64]

③ 그것은 무서운 침묵이었다. 살똥맞은 바람만 공중에서 북새를 논다.

한참을 신음하다 도적은 일어나더니

"성님까지 이렇게 못살게 굴기유?"

제법 눈을 부라리며 몸을 홱 돌린다. 그리고 느끼며 울음이 복받친다. 봇짐도 내버린 채.

"내 것 내가 먹는데 누가 뭐래?"

하고 되퉁스러히 내뱉고는 비틀비틀 논 저쪽으로 없어진다.

---

63 『전집』 1, 501-502쪽.

64 위의 책, 169-170쪽.

형은 너무 꿈속 같아서 멍허니 섰을 뿐이다. 그런 얼마 지나서 한 손으로 그 봇짐을 들어본다. 가쁜하니 끽 말가웃이나 될는지. 이까진 걸 요렇게까지 해가려는 그 심정은 실로 알 수 없다.[65]

①은 「정조」의 한 장면이다. 술에 취해 집에 돌아온 서방님은 행랑방으로 잡아끄는 어멈에 이끌려 어멈과 잠자리를 같이 한다. 이 사실을 스스로도 이해할 수 없고 부끄러워 아내의 추궁에 못 들은 척으로 일관한다. 서방님이 할 수 있는 일은 자기가 저지른 일을 회피하는 것뿐이고, 이것은 그의 무능력을 의미한다. 어멈은 서방님과 아씨의 말을 점차 듣지 않고, 두 내외는 어멈을 통제하지 못해 끙끙댄다. 결국 서방님은 어멈 내외에게 돈을 주고 일을 무마한다. 많은 돈을 주고 일을 무마한 것은 서방님이 지닌 힘의 크기와 동시에 그 힘의 하찮음을 보여준다. 어멈에게 왜 큰돈을 줬냐고 추궁하는 아씨에게 서방님은 침묵할 수밖에 없다. 원하는 대로 향락을 누릴 수 있는 가부장이지만[66], 그가 취할 수밖에 없는 침묵은 그의 무능력의 또 다른 표현이다. 이 작품에서 김유정은 못 들은 척과 침묵을 통해 무능한 가부장 권력을 조롱한다.

②는 「만무방」에서 응칠이 지주와 대화하다가 폭력을 행사한 과정을 서술하고 있다. 이 부분은 작품 내에서 특히 주목할 만한데, 왜냐하면 두 가지 폭력을 대조하고 있기 때문이다. 표면적으로는 협박에 주먹질을 한 응칠이 지주에게 폭력을 행사한 것이지만, 실상은 다르다. 농민들은 한 해 농사를 지어도 도지에 장리쌀에 색조를 제하면 남는 것이 없는데, 여기에 흉작마저 겹쳤다. 이에 응칠은 지주를 찾아가 도지를 감해달라고 요

---

65 위의 책, 192-193쪽.

66 지금까지 선행 연구들은 김유정 문학에 나타난 부부간의 위계적 관계를 가부장인 남편의 폭력과 폭언을 근거로 논증해왔다. 그러나 가부장의 '못 들은 척'이 그의 권력을 나타냄과 동시에 권력의 한계를 드러내고 있음을 논의한 적은 없다. 김유정 문학은 듣지 않으려 하거나 못 들은 척하는 가부장을 통해 권력의 양면성을 드러냈다는 점에서 1930년대 문학의 한 개성을 보여준다.

청하기도 하고 논에 불을 지르겠다고 협박하기도 한다. 왜곡된 방식으로나마 농민과 지주 사이의 계약을 충실히 이행하려 한 것이다. 하지만 지주는 침묵으로 일관하며 응칠의 말을 들어주지 않는다. 여기에는 이미 지주와 소작인 사이의 권력관계가 작동하고 있다.[67] 견고한 권력관계 때문에 지주는 소작인들이 결국에는 자신의 독촉에 따를 수밖에 없음을 잘 알고 있다. 패배는 이미 예정되어 있는 셈이다. 때문에 1930년대 지주 권력은 농민들을 폭언으로 억압하기보다는 농민의 말에 침묵함으로써 폭력을 행사한다.

③은 도둑을 잡으려고 숨어 있던 응칠이 뜻밖에 동생 응오를 만나는 장면이다. 예기치 않게 만난 두 사람 사이에 침묵이 감돈다. 자기가 농사지은 벼를 훔쳐야 하는 상황 앞에서 뱉을 수 있는 말은 없다.[68] 응오는 응칠의 질문에 침묵으로 일관한다. 자신의 상황에 대해서, 그 상황을 타개할 방법에 대해서 응오가 할 수 있는 말은 없다. 이것은 응오로 하여금 말을 할 수 없도록 하는 것이 이 세계가 폭력을 행사하는 방법임을 보여준다. 「만무방」에서 폭력은 두 가지 얼굴을 지닌다. 말하지 못하도록 만들기, 말하면 그에 침묵함으로써 그 말을 무력화하기가 그것이다. 응오의

---

67 김재훈은 1920년대 이후 일제의 산미증식계획과 지주제의 존재가 중간 이하 농민들에게 재앙을 가져다 주었으며, 생산 증대에 따른 쌀값 하락이 결국 소작농민에 대한 지주의 관리 · 감독 강화와 착취 강화로 이어졌음을 논증했다. 김재훈, 「1925-1931년 쌀값하락과 부채불황의 구조」, 『한국경제연구』 15, 한국경제연구학회, 2005, 252-253쪽.

68 이와 관련하여 다음의 언급을 참고할 수 있다. "폭정은 각 사람이 공적인 삶에서 물러나 드러나지 않게 행동하지 않을 수 없도록 강요하지만 전체주의는 드러내지 않기의 가능성 자체를 파괴한다. 이것이 한나 아렌트가 말하는 '고립(loneliness)', 다시 말해 출구의 가능성조차 없는 심원한 고독이다." 피에르 자위, 앞의 책, 132쪽. 응오가 원하는 것은 자신이 농사지은 것을 먹으며 조용히 사는 것이다. 하지만 1930년대 식민 농정 아래에서 응오의 바람은 실현될 수 없다. 결국 응오는 자신이 농사지은 것을 훔칠 수밖에 없었고, 그 사실은 곧 동네에 퍼진다. 아렌트의 지적을 「만무방」에 대입한다면, 1930년대 식민 농정은 응오에게 '고립'의 폭력을 가한 것이고, 응오의 침묵은 출구의 가능성조차 없는 심원한 고독을 의미한다.

말은 발화될 수 없기에 누구도 그 말을 들을 수 없다. 하지만 응칠은 응오의 심정이 실로 들을 수 없는 것임을 인지한다. 달리 말하자면 응칠은 들을 수 없음 자체를 듣는다. 왜냐하면 들을 수 없음에도 불구하고 그 말을 들으려 했기 때문이다. 그 말을 듣기 위해 응칠도 함께 침묵한다. 침묵은 들을 수 없는 말을 듣는 과정이다. 응칠은 쓰러진 아우를 등에 업고 묵묵히 고개를 내려온다. 「만무방」은 침묵을 통해, 1930년대 자본주의 식민 농정의 폭력을 폭로하고 윤리적 듣기의 방향성을 제시한다.

김유정 문학을 윤리의 시각에서 읽은 연구로 최용성·정혜경[69], 이경[70], 임정연[71], 정연희[72]의 논의를 들 수 있다. 이들의 논의에 동의할 수 있지만, 침묵을 키워드로 한다면 김유정 문학의 윤리를 들음의 윤리로 정리할 수 있다. 윤리는 타자와의 관계 맺음, 특히 타자를 향한 열림의

---

69 최용성 · 정혜경은 1930년대 식민지 조선을 절대적 빈곤의 시대로 규정하고, 김유정의 소설이 처참한 기아의 현실을 그렸으며, 김유정 소설 속 인물들의 생존지향적 윤리, 달리 말해 '탈윤리'의 바탕에 굶주림이 있음을 논의했다. 최용성 · 정혜경, 「한국 소설에 나타난 1930년대 성 · 가족 · 모성의 윤리의식에 관한 연구」, 『한국시민윤리학회보』 제23집 1호, 한국시민윤리학회, 2010, 145쪽.

70 이경은 김유정 소설에 나타난 실패의 모티프를 자본주의적 병폐와 이에 대항하는 작중인물이 능동적 가능성을 드러내는 계기로 읽고, 피해사화에 고착되지 않는 작중인물의 능동성에서 저항, 염치, 도리 등의 윤리적 가능성을 발견했다. 이경, 앞의 논문, 495쪽. 특히 「만무방」이 등가성과 교환의 외부를 상정한다는 데 윤리의 가능성이 자리하고 있음을(같은 논문, 509쪽), 「땡볕」이 이해관계에 앞서 타자에 대한 염치를 보여주고 있음을(같은 논문, 514쪽) 논의하고 있어 주목할 만하다.

71 임정연은 김유정의 자기서사의 저변에 슬픔의 정서가 있는데 이것이 자기와 타자를 결부시키고 상호 의존하는 원리로 작용하고 있음을 논증했다. 임정연, 「김유정 자기서사의 말하기 방식과 슬픔의 윤리」, 『현대소설연구』 56, 한국현대소설학회, 2014, 474쪽. 그는 김유정 소설의 인물들이 결코 스스로 말하는 법이 없으며 생각과 내면을 온전히 드러내지 않음을 지적하면서, 이들을 '불투명한 주체'로 명명한다. 같은 논문, 475쪽. 인물들의 소극적 침묵에서 윤리의 가능성을 읽는 임정연의 논의는 동의할 만하지만 차라리 이들이 보여주는 적극적 듣기, 즉 타자를 향한 열림에서 윤리를 읽는 것이 김유정 문학을 이해하는 데 더욱 효과적이라고 본다.

72 정연희는 김유정 소설의 인물들을 윤리적 주체와 정념적 주체로 구분한 뒤, 정념적 주체가 어떠한 형태의 상징적 타자에도 의지하지 않는 실재의 윤리를 보여주고 있음을 밝혔다. 정연희, 「김유정 소설의 실재의 윤리와 윤리의 정치화」, 『현대문학이론연구』 제60집, 현대문학이론학회, 2015, 531쪽.

태도에서 발생한다.[73] 관계 맺음의 최전선은 의사소통이고, 의사소통에서 습득 순서가 가장 빠르고 사용 빈도가 가장 높은 것은 듣기다.[74] 어찌 보면 듣기는 타자와의 관계 맺음과 윤리의 발원지에 다름없다. 김유정 문학의 윤리를 다룬 지금까지의 논의들은 윤리의 발원지인 듣기를 전혀 다루지 않았다. 듣기의 마지막 과정인 반응, 특히 침묵에 주목할 때 김유정 문학에서 들음의 윤리가 지향하는 방향을 확인할 수 있다. 「생의 반려」와 「형」을 통해 침묵에 대한 기존의 논의를 초과하는, 들음의 윤리를 살펴보고자 한다.

> ④ 그리고 문 닫힌 건넌방을 향하여
> "어디 굶어 좀 보지, 사람이 배가 쪼로록 소리를 해야 정신이 나는 거야!"
> 이렇게 또 시작되었다.
> 건넌방에선 물론 아무 대꾸도 없었다.[75]
>
> ⑤ 그러나 제일 호되게 경을 친 것은 역시 둘째 누님이었다. 허리를 못 쓰고 드러누워 느끼며 냉수 한 그릇을 나에게 청할 제 나는 애매한 누님을 주리를 틀은 형님이 극히 야속하였다. 실상은 삼촌댁이나 셋째 누이나 그들 중에 그 돈을 건넌방 다락 보꼬깨를 뚫고 넣었으리라, 고 생각은 하였다. 마는 나는 입을 다물었다. 만약에 토설을 하는 나절에는 그들은 형님 손에 당장 늘어질 것을 염려하여서이다.[76]

④는 「생의 반려」에서 명렬의 누님이 명렬을 비난하는 장면이다. 명렬의 형은 주색에 빠져 많은 재산을 탕진한다. 형이 시골로 내려가면서 명

73 "그 원리에서부터 윤리란 타자에 대한 윤리입니다. 윤리란 기본적으로 타자에 대한 열림이지요." 알랭 바디우, 『윤리학』, 이종영 옮김, 동문선, 2001, 25쪽.
74 주디 브라운넬, 앞의 책, 8쪽.
75 『전집』 1, 480쪽.
76 위의 책, 580쪽.

렬은 누님에게 맡겨진다. 서른 초반의 젊은 과부인 누님은 경무과 분실 양복부에서 직공으로 일하면서 사람이 점차 변한다. 공장에서 받은 설움과 분노를 집에 돌아와 동생에게 쏟아낸다. 누님이 동생을 들볶을 때마다 동생은 침묵한다. 중요한 것은 이 침묵이 듣기의 과정이라는 데 있다. 이것은 가족들의 말을 전혀 듣지 않았던 형의 모습과 비교된다. 형은 아이들이 신이 없다 하여도 신 한 켤레 순순히 사주지 않고[77], 명렬에게 분재를 해주라는 먼 촌 일가의 말도 무시한다.[78] 이 작품에서 형은 술꾼, 난봉꾼, 폭군으로 그려지고 있지만 그의 가장 큰 문제점은 그가 가족이 하는 말을 전혀 듣지 않는다는 데 있다. 이에 비해 명렬은 말하기에 앞서 듣는다. 명렬의 침묵은 빌붙어 사는 사람으로서 어쩔 수 없이 취할 수밖에 없는 견딤의 듣기이면서, 누님의 설움과 분노에 대한 공감의 듣기이다. 명렬은 누님이 자신에게 행패를 부릴 때마다 누님을 용서하고 묵묵히 대문 밖으로 나가며[79], 누님에게 악의를 품은 자신을 부끄러워하면서 마음이 성치 못한 누님을 자신이 돌봐야 함을 상기한다.[80] 이 침묵을 수동적 듣기가 아니라 적극적 듣기, 즉 살림의 듣기이면서 같이 살기의 듣기로 읽을 수 있다. 명렬이 침묵으로써 듣고 있기 때문에 누님이 억눌린 말을 명렬에게 쏟아낼 수 있는 것이다.[81] 명렬을 향한 누님의 말은 훈계에서 험담으로, 다시 욕설로 이어지는데, 그 바탕에 명렬의 침묵이 자리한다. 때문에 명렬의 침묵은 누님에게서 들리는 말을 듣는 듣기가 아니라 누님으로 하여금 말을 할 수 있도록 자리를 만드는 듣기다. 명렬의 듣기로 인해 누님은 자신의 뼈까지 긁어먹으라고 소리칠 수 있었고, 그 소리침으로 인해 삶의 동력을 다시 얻을 수 있었다.[82] 누님은 살기 위해 말해

---

77 위의 책, 459쪽.
78 위의 책, 461쪽.
79 위의 책, 481쪽.
80 위의 책, 484쪽.
81 위의 책, 480쪽.

야 했고, 명렬은 그 말을 들어줌으로써 누님과 자신을 살렸다.[83]

주의해야 할 점은 김유정 문학에서 듣기의 윤리가 살리기만 하는 것이 아니라 처벌하기도 한다는 데 있다. 이러한 양가적 성격은 김유정 문학에서 듣기의 윤리를 읽는 데 조금 더 세심한 주의를 요청한다. 처벌로서의 듣기를 확인할 수 있는 작품이 「형」이다. ⑤는 「형」의 마지막 부분이다. 형은 상속받은 많은 돈을 처치하지 못하여 밤거리를 휘돈다. 마침 철궤에 있는 십 원짜리 다섯 장이 없어졌음을 알고 누이들에게 폭력을 행사한다. '나'는 삼촌댁이나 셋째 누이가 한 짓임을 짐작하지만 그것을 형에게 말하지 않고 침묵한다. 표면적으로 보자면 '나'의 침묵의 기능은 은폐이고, '내'가 침묵한 이유는 가족의 안전을 지키기 위해서이다. 하지만 나이 어린, 더군다나 저금통장과 도장을 꺼내오라는 요청을 들어주었고, 재산을 임의로 하지 못하는 원한을 공감한 자신에게까지 폭력을 행사한 형에게 '내'가 침묵한 것은 폭력을 감수할 만큼 의도하는 바가 있기 때문이다. 그것은 부당하고 억압적인 권력 앞에서 '진실을 말하지 않기'다. '나'는 침묵하고, 형은 '나'에게서 그 어떤 진실도 들을 수 없다. 아버지의 말을 듣지 않았던 형은 오로지 아버지의 권력만을 물려받았다. 가장의 권력을 물려받았지만 가장으로서 해야 할 일은 물려받지 않았다.[84] 이제 형은 가족

82 "그리고 나서야 그는 분노, 불만, 비애—이런 거치른 심정을 가라앉히고 하는 것이다." 위의 책, 481쪽.

83 자위는 카프카의 1917년 12월 8일 일기에 쓰인 "세계와 너의 싸움에서 세계를 보좌하라."라는 말에 주목한다. 그에 따르면, 이 문장은 두 가지 의미를 지시한다. 첫째, 인간은 순수하게 세계에 존재할 수 없다. 둘째, 세계가 인간으로 하여금 외부의 존재와 사물과의 적당한 거리를 찾도록 끊임없이 투쟁하게 만든다. 카프카가 이 싸움에서 세계에 의한 인간 정복이 아니라 인간에 의한 세계 배제를 문제로 보았다는 것이 자위의 논의다. 피에르 자위, 앞의 책, 21-22쪽. 이 논의를 「생의 반려」에 대입해보면 다음과 같다. 명렬이 누님과 함께 사는 이상 싸움은 불가피하다. 명렬은 누님에게 역심을 잔뜩 품고 있다. 하지만 명렬은 누님 없이는 살 수 없다. 누님이 명렬을 비난하는 것은 문제지만, 명렬은 자신이 살기 위해서라도 누님을 보좌해야 한다. 그렇다면 명렬이 누님과 적당한 거리를 두는 행위가 침묵이고, 누님을 보좌하는 행위가 살림의 듣기, 같이 살기의 듣기일 것이다.

들로부터 진실을 듣지 못하는 처지에 놓인다. 들으려 하지 않는 사람은 결국 들을 수 없는 형벌을 받는다. 그런 의미에서 '나'의 침묵은 억압적 권력에 대한 저항이자 그 권력을 향한 처벌[85]에 다름없다. 형의 폭력, 무엇보다 타자를 향한 열림을 거부하는 '비윤리'가 아직 열 살도 안 된 아이로 하여금 가족에 대한 처벌에 눈뜨게 했다는 것, 이 작품이 비극적인 이유는 여기에 있다. 김유정 문학에서 확인할 수 있는 들음의 윤리, 즉 살림의 듣기와 처벌의 듣기는 듣기에 대한 기존의 논의를 초과하는 그의 문학의 개성을 보여준다.

4. 나오며

지금까지의 논의를 바탕으로 이 연구는 김유정 문학을 듣기의 가능성에 대한 문학적 실험이라고 평가한다. 작품을 읽으면 김유정이 던진 질문을 새겨들을 수 있다. 첫 작품 「심청」에서 '듣기 주체는 무엇을 듣는가'를 물은 김유정은 이후 「산골 나그네」에서 '왜 타자의 말을 온전히 듣지 못

84 이 작품에서 '나'와 형은 듣기에서 서로 대비된다. '나'는 두 번에 걸쳐 들으려 한다. 하나는 자기 것이 될 재산을 마음대로 처분하지 못하는 형의 원한(『전집』 1, 575쪽)이고, 또 하나는 아들의 행패를 보고도 침묵해야 하는 아버지의 슬픔(같은 책, 577쪽)이다. 이에 비해 형은 두 번에 걸쳐 듣기에 실패한다. 한 번은 들으려 하지 않았고, 또 한 번은 들을 수 없었다. 형은 아버님을 생각하여 집에 돌아오라는 동기들의 말을 들으려 하지 않았고(같은 책, 573쪽), 죄를 사해 달라는 요청에 대한 아버님의 침묵이 무엇을 말하는지 듣지 못했다. 같은 책, 574쪽. 듣기에 대한 '나'와 형의 차이가 곧 '나'와 형의 윤리의 차이를 드러낸다.

85 석형락은 맹세를 지키지 않는 인물들이 처벌받지 않음을 근거로 김유정 문학이 지향하는 윤리적 세계에 대해 논한 바 있다. 석형락, 「맹세하는 인간과 처벌 없는 세계—맹세의 시각에서 다시 읽는 김유정 문학의 윤리」, 『춘원연구학보』 21, 춘원연구학회, 2021, 95-124쪽 참고. 그러나 김유정 문학에서 처벌이 전혀 없는 것은 아니다. 말이 타락한 시대에서 처벌이 대안이 될 수는 없다. 하지만 타자의 말을 들으려 하지 않는 인간, 다시 말해 타자와의 관계 맺음과 타자를 향한 열림을 거부하는 인간은 처벌해야 한다는 것, 이것이 김유정 문학의 윤리에 추가되어야 한다.

하는가'를, 「봄·봄」에서 '듣지 않으려는 것이 왜 문제인가'를 따졌다. 「봄과 따라지」에서 '소통에서 정보 전달보다 중요한 것은 무엇인가'를, 「슬픈 이야기」에서 '올바로 말하려는 사람이 왜 사라지는가'를 물었다. 이 물음들은 '듣기를 완성시키는 것은 무엇인가'를 물은 「소낙비」의 질문에 바탕을 두고 있다. 특히 김유정은 「두포전」에서 '듣기가 인간의 삶과 어떤 관계를 맺는지'를 물었고, 「산골」에서 '듣기가 인간이 굴레를 벗고 스스로의 삶을 구성하는 돌파구가 될 수 있는지'를 타진했다. 어쩌면 듣기에 대한 이러한 다양하고 깊이 있는 질문이 유독 그의 작품이 문학 교육의 현장에서 사랑받는 이유일지도 모르겠다. 이 연구는 평소 입이 무겁고 귀는 열려 있으며 대화에 신중했던 김유정의 전기적인 행적에 착안하여, 김유정 문학을 듣기의 시각에서 다시 읽은 결과물이다. 지금까지의 논의 내용을 추리면 다음과 같다.

2장에서는 김유정 문학에 나타난 듣기의 양상과 그 의미를 살펴보았다. 「산골 나그네」에서 덕돌이와 덕돌이 어머니는 나그네를 잡지 못한다. 왜냐하면 두 사람이 나그네의 침묵을 정확히 듣지 못했기 때문인데, 여기에는 덕돌이의 다급한 처지와 어머니의 초조한 마음이 자리한다. 두 사람은 나그네의 침묵을 들으려 하기보다는 자신들이 듣고 싶은 말을 들으려 했고, 그렇기에 나그네의 침묵에 올바로 응답할 수 없었다. 「봄·봄」에서 '나'와 장인은 서로에게서 듣고 싶은 말만 들으려 한다. 결말에서 갈등이 일시적으로 봉합되는 것도 두 사람이 듣고 싶은 말을 들으려 했기 때문이지 상대의 말을 온전히 들었기 때문이 아니다. 두 사람은 소통하지 않으려고 소통한 셈인데, 때문에 근본적인 문제의 해결은 유보될 뿐이다. 「슬픈 이야기」에서 '나'는 가정 폭력 소리를 듣고 옆방 남자를 타이른다. 그러나 오히려 옆방 남자와 그의 처남, 주인 노파의 오해를 사고 결국 스스로 집을 나간다. 이처럼 김유정 문학 속 인물들은 대화에서 상대의 말을 정확히 듣기보다는 듣고 싶은 말만 들으려 하며, 이것이 자신들이 처한 문제를 해결하지 못하는 원인으로 작용한다. 이와 달리 「봄과 따라지」에서 거지와 아씨는 서로가 말하고자 하는 바를 못 들은 척한다. 두 사람은 들었기 때문에 못 들은 척한 것인데, 이것은 관계가 파국을 맞는 원인이 정보의 전달이 아니라 소통의 태도에 있음을 보여준다. 「소낙비」에서 춘호 아내는 춘호의 설교를 귀담아듣다가 잠에 빠진다. 춘호는 그런 아내를 보며 새삼 아내의 소중함을 느낀다. 춘호 아내의 듣기는 춘호가 자기 내면의 목소리를 듣는 계기로 작용한다. 춘호의 듣기는 아내의 듣기를 경유하여 완성된다. 「두포전」에서 죽을 위기에 처한 칠태가 살아날 기회를 얻는 것은 자기 말을 들어준 사람이 있기 때문이다. 하지만 칠태는 자신을 살려준 사람의 말을 제대로 들으려 하지 않았고, 무엇보다 스스로 한 맹세에 올바로 응답하지 않았기에 결국 비극적 최후를 맞는다. 이 작품에는 듣는 것이 곧 사는 것이고, 듣지 않으면 죽는다는 김유정의 생각이 담겨 있다. 「산골」에서 이뿐이는 좋은 상전과 못 사는 법이라는 어머니의 말이 옳은지 그른지 거듭 새겨듣고, 도련님과 함께 살겠다고 맹세한다. 상대의 말을 자세히 듣는 가운데 자기 삶의 방향을 스스로 결정하는 이뿐이의 모습에서 주체화 과정을 확인할 수 있다. 「두포전」이 듣지 않으려는 인간의 비극적 최후를, 「산골」이 올바로 들으려는 인간의 주체화 과정을 그리고 있다는 점에서 두 작품은 인간 듣기에 대한 두 가지 버전에 해당된다.

3장에서는 김유정 문학에 나타난 침묵의 양상과 그 의미를 살펴보았다. 김유정 문학에서 침묵의 양상은 권력의 비판과 들음의 윤리로 정리할 수 있는데, 권력의 비판을 무능한 권력에 대한 조롱과 억압적 권력에 대한 폭로로, 들음의 윤리를 살림의 듣기와 처벌의 듣기로 구분했다. 「정조」에서 서방님은 자신을 추궁하는 아내의 말을 못 들은 척하고 침묵한다. 서방님은 어멈과의 잠자리를 무마하기 위해 많은 돈을 쓰는데, 이것은 그의 힘의 크기와 동시에 그 힘의 하찮음을 보여준다. 김유정은 못 들은 척과 침묵을 통해 무능한 가부장 권력을 조롱한다. 「만무방」에서 지주는 도지를 감해달라는 응칠의 말에 침묵한다. 지주의 침묵은 1930년대 자본주의 식민 농정의 폭력을 보여준다. 폭력은 말하지 못하도록 만들기, 말하면 그에 침묵함으로써 그 말을 무력화하기의 두 가지 얼굴을 띤다. 응오의 어찌할 수 없는 침묵을 응칠은 침묵으로써 듣는다. 침묵은 들을 수 없는 말을 듣는 과정이고, 이것은 윤리적 듣기의 방향성을 제시한다. 「생의 반려」에서 누님은 공장에서 받은 설움과 분노를 집에 돌아와 명렬에게 쏟아낸다. 그럴 때마다 명렬은 누님을 용서하고 묵묵히 집을 나선다. 명렬의 침묵은 견딤의 듣기이면서 동시에 살림의 듣기이다. 명렬이 침묵함으로써 누님은 억눌린 말을 쏟아내고 삶의 동력을 다시 얻을 수 있었다. 명렬은 들음으로써 누님과 자신을 살렸다. 「형」에서 형은 철궤에서 돈이 없어진 것을 알고 누이들에게 폭력을 행사한다. '나'는 누가 한 짓인지 짐작하지만 형에게 말하지 않고 침묵한다. '나'의 침묵은 부당하고 억압적인 권력 앞에서 '진실을 말하지 않기'로서 의미를 띤다. 가족들의 말을 들으려 하지 않은 형은 결국 가족에게서 어떤 진실도 듣지 못하는 형벌을 받는다. 살림과 처벌이라는 양가적 성격은 듣기에 대한 기존 논의를 초과하는, 김유정 문학의 개성을 보여준다.

참고문헌

1. 자료

유인순 엮음, 『정전 김유정 전집』 1·2, 소명출판, 2021.

2. 단행본

마르틴 하이데거, 「무엇을 위한 시인인가?」, 『숲길』, 신상희 옮김, 나남, 2008.

사이토 미츠코, 『듣기 이론』, 원훈의 옮김, 박이정, 1999.

알랭 바디우, 『윤리학』, 이종영 옮김, 동문선, 2001.

우치다 타츠루, 『소통하는 신체』, 오오쿠사 미노루·현병호 옮김, 민들레, 2019.

자크 라캉, 『에크리』, 홍준기·이종영·조형준·김대진 옮김, 새물결, 2019.

존 스튜어트·캐런 제디커·사스키아 비테본, 『소통: 협력적인 의사소통의 방법—사회구성주의적 접근』, 서현석·김윤옥·임택균 옮김, 커뮤니케이션북스, 2015.

주디 브라운넬, 『듣기: 태도, 원리 그리고 기술』, 이시훈·한주리 옮김, 커뮤니케이션북스, 2007.

플루타르코스, 「수다에 관하여」, 『그리스로마 에세이』, 천병희 옮김, 도서출판 숲, 2011.

__________, 「귀 기울여 듣는 법」, 『마음의 평온을 얻는 법』, 임희근 옮김, 유유, 2020.

피에르 자위, 『드러내지 않기』, 이세진 옮김, 위고, 2017.

3. 논문

고은강, 「유가철학에서 과묵함은 미덕인가?」, 『인문연구』 97, 영남대학교 인문과학연구소, 2021.

권창규, 「가부장 권력과 화폐 권력의 결탁과 경합: 김유정 소설을 중심으로」, 『여성문학연구』 제42호, 한국여성문학학회, 2017.

김성도, 「푸코 사상에서 경청의 문제: 경청의 인간학 수립을 위한 모색」, 『인문언어』 19권 1호, 국제언어인문학회, 2017.

김인택, 「의사소통 과정에서 '침묵' 행위의 사회·문화론적 해석」, 『코기토』 69호, 부산대학교 인문학연구소, 2011.

김재훈, 「1925-1931년 쌀값하락과 부채불황의 구조」, 『한국경제연구』 15, 한국경제연구학회, 2005.

석형락, 「맹세하는 인간과 처벌 없는 세계—맹세의 시각에서 다시 읽는 김유정 문학의 윤리」, 『춘원연구학보』 21, 춘원연구학회, 2021.

송현아, 「들음의 인간학—하이데거 철학에서 인간 현존재의 본래적인 존재방식」, 『철학사상』 72, 서울대학교 철학사상연구소, 2019.

_____, 「하이데거 철학에서 들음에 관한 고찰: 들음과 기분을 중심으로」, 『서강인문논총』 58, 서강대학교 인문과학연구소, 2020.

신제원, 「김유정 소설의 가부장적 질서와 폭력에 대한 연구」, 『국어국문학』 175, 국어국문학회, 2016.

이경, 「자본주의보다 먼저 온 실패의 예후와 대안적 윤리」, 『코기토』 73, 부산대학교 인문학연구소, 2013.

이희재, 「공자의 문답법과 개성존중의 소통방식」, 『철학연구』 제115집, 대한철학회, 2010.

임보람, 「김유정의 「산골 나그네」에 나타난 소리의 수사학」, 『인문과학연구논총』 제42권 1호, 명지대학교 인문과학연구소, 2021.

임정연, 「김유정 자기서사의 말하기 방식과 슬픔의 윤리」, 『현대소설연구』 56, 한국현대소설학회, 2014.

정연희, 「김유정 소설의 실재의 윤리와 윤리의 정치화」, 『현대문학이론연구』 제60집, 현대문학이론학회, 2015.

최용성·정혜경, 「한국 소설에 나타난 1930년대 성·가족·모성의 윤리의식에 관한 연구」, 『한국시민윤리학회보』 제23집 1호, 한국시민윤리학회, 2010.

김유정 도시소설에 나타난 소리풍경 연구

임보람

1. 들어가며

이 글은 '소리풍경'이라는 키워드로 김유정의 도시를 배경으로 하는 몇몇 소설을 읽어보려고 한다.[1] '소리풍경'을 작가의 수사학적 전략에 의해 고안된 것으로 가정하여, 이 개념이 도시소설의 특징을 밝히는 연구 틀로서 기능할 수 있는지 그 가능성을 모색하고자 한다.

주지하다시피, 김유정은 1930년대 농촌과 도시를 배경으로 하는 여러 소설을 남겼다.[2] 그중 농촌소설은 오랫동안 김유정 문학의 특징을 파악하는 텍스트로 자리매김해왔고 지속적으로 연구되어왔다.[3] 이러한 경향에

1 이 글은 김유정 소설을 '소리풍경' 이라는 키워드로 읽기 위한 방법론을 모색하고자 기획되었다. '소리풍경' 은 머레이 쉐이퍼(Murray Schaffer)가 제안한 '사운드스케이프(Soundscape)' 를 번역한 용어이다. '사운드스케이프' 는 시각적인 랜드스케이프(landscape)에 대응하여 소리(Sound)와 풍경(Scape)의 조어로 만들어졌다. 머레이 쉐이퍼, 한명호·오양기 옮김, 『사운드스케이프: 세계의 조율』, 그물코, 2008.

2 김유정이 발표한 단편소설 31편 중 1935년에 발표한 작품은 대부분 농촌을 배경으로 하고, 1936년 「심청」(『중앙』, 1936.1)을 기점으로 발표한 대부분은 도시를 배경으로 하고 있다.

3 1990년대 이전까지의 김유정 문학에 관한 연구는 「김유정문학 연구사」를 통해 살펴볼 수 있다(유인순, 「김유정문학 연구사」, 『김유정 문학의 전통성과 근대성』, 전신재 편, 한림대학교 아시아문화연구소, 1997 참조). 1990년대 이후부터는 다양한 방식으로 연구가 진행되고 있는데 이와 관련해서는 다음에서 확인할 수 있다(김유정학회, 『김유정의 귀환』(2012), 『김유정과의 만남』(2013), 『김유정과의 산책(2014), 『김유정과의 향연』(2015), 『김유정의 문학광장』(2016), 『김유정의 문학산맥』(2017), 『김유정 문학의 감정미학』(2018), 『김유정 문학 다시 읽기』

덧붙여, 최근에는 도시소설에 관한 연구도 활발해지면서 농촌소설과 도시소설을 잇는 연구의 필요성과 그 방법이 요구되고 있다.[4]

그동안 도시소설을 중심으로 이루어진 연구는 크게 두 관점으로 나누어 볼 수 있다. 하나는 김유정의 생애사적 사실과 관련한 연구로, 그가 도시 생활에서 누린 문화적 혜택이 작품세계에 미친 영향을 밝히는 연구이다.[5] 이 연구는 그가 1931년부터 3년간 춘천에서 머문 것을 제외하면 대부분 경성에서 지냈고, 바이올린을 연주하고, 영화와 레코드를 감상하는 등의 예술적 취미를 가졌다는 점을 근거로 삼는다.[6]

다른 하나는 소설에 등장하는 종로 일대, 청진동과 관철동, 사직동과 돈의동, 신당리, 연건동과 같이 구체적인 지명이 구체적인 배경으로 서사적으로 기능하는가를 논하는 연구이다. 이 연구에서 몇몇 연구자들은 배경 묘사의 수사적 특성을 살피면서, 도시를 배경으로 삼는 소설에서는 "공통적으로 도출해낼 만한 특징이 잘 보이지 않"고, 또한 "배경에 대한 구체적인 묘사"가 없다고 주장한다.[7]

(2019), 『김유정 문학 콘서트』(2020), 『김유정 문학과 문화 충돌』(2021) 소명출판 참조).

4 권채린, 「김유정 소설의 도시 체험과 환등상적 양상」, 한국현대소설학회, 『현대소설연구』 47호, 2011, 47-49쪽; 홍인영, 「김유정 도시소설의 교육적 가능성 고찰」, 『우리말글』 81권, 우리말글학회, 2019, 209쪽.

5 김유정의 구인회 가입 시기를 명확하게 알 수는 없지만, 1934년 9월-1936년 3월 사이로 보고 있다. 현순영, 「구인회 연구」, 고려대 박사학위논문, 2009, 99-101쪽 참조.

6 "구인회의 멤버였으며 근대 문물을 누구보다 먼저 수혜하고 향유했던 경성의 '댄디' 이자 대표적인 '모더니스트' 로서의 김유정의 면모는 근대비판적인 인식의 강렬함에 가려 제대로 다루어지지 않았다." (권채린, 주 4의 논문, 46쪽); 당시 무성영화에서 변사에 의해 강조된 인물의 대사, 음향 효과에 관한 관심은 소리 효과들을 소설에 도입했다고 가정하는 데 도움을 준다.

7 이 글의 문제의식은 다음과 같은 박상준과 권은의 발언과 연결된다 "김유정의 도시소설을 논의하고자 할 때 공통으로 도출해낼 만한 특징이 잘 보이지 않는다." (박상준, 「반전과 통찰-김유정 도시 배경 소설의 비의」, 『한국문학의 연구』 53권 53호, 한국문학연구학회, 2014. 10쪽); "김유정은 고유명사보다는 일반명사를 주로 활용하고 형용사와 부사를 풍부하게 사용하며, 배경에 대한 구체적 묘사 없이 인물의 심리에 집중함으로써 경성의 주변부에서 힘겹게 살아가는 도시 빈민들

이 글은 이 지점에 주목하여, 김유정이 다른 수사적 방식으로 도시소설의 특성을 나타내고 있다고 가정하면서 그 특이성을 찾고자 한다. 이는 순수문학단체인 구인회에 가입한 멤버이자 '모더니스트'로서 김유정에게 새로운 지각적 이해를 자극하는 독창적인 소설적 문법을 고민했을 것이라는 전제에서 출발하였다.[8] 이 문법을 '소리풍경'으로 제안하면서, 이 장에서는 다음의 두 질문에 답을 하는 방식으로 논의를 이어가려고 한다. 첫째, 소리가 아니라 왜 '소리풍경'을 분석개념으로 사용해야 하는가. 둘째, 김유정의 도시소설 중 어떤 작품을 대상으로 해야 하는가.

첫째, 김유정의 도시소설에서는 농촌소설에서만큼 다양한 소리가 등장하지 않는다.[9] 예를 들어 1933년 1월 13일에 탈고된 등단작인 「산골나그네」는 농촌을 배경으로 하고 있으며, 물소리, 신발 소리, 바람 소리, 침

의 삶을 생생하게 그려냈다." (권은, 「식민지 도시 경성과 김유정의 언어감각」, 『人文科學硏究』 38호, 성신여자대학교 인문과학연구소, 2018, 68쪽).

8 김유정은 구인회 작가로 평가되면서, 언어와 문장의 형식에만 치중하는 '극단의 형식주의자' 라는 평가를 받아왔다. 이러한 평가의 연장선상에서 이 글은 김유정의 개별 작품에서 독특한 형식적 차원을 밝혀보려고 한다. 이만영, 「김유정과 문학사 −1930− 60년대 김유정론의 전개 양상을 중심으로」, 『현대소설연구』 85호, 한국현대소설학회, 2002, 455−457쪽.

9 선행연구에서 주목해 온 것처럼 김유정 소설에서 활용되는 소리는 판소리와 아리랑과 같은 전통, 상처 치유의 매개물, 문체와 지역성, 미학적 특질 등 다양한 측면과 관련된 장치로 기능한다. 이 중에서 전신재의 논의는 서술에서의 청각성을 살피려는 이 글의 방향에 도움을 주었다. 그는 "김유정은 그의 작품에서 언어의 청각성을 잘 살려내었" 다고 보고(전신재, 「김유정 소설과 언어의 기능」, 『한말연구』 6권, 한말연구학회, 2000, 168쪽); "김유정 소설은 읽히기 위한 소설이라기보다 들려주기 위한 이야기" 라고 말한다(전신재, 「판소리와 김유정 소설의 언어와 정서」, 『김유정 문학의 재조명』, 소명출판, 2008, 172쪽). 이 경우 김유정 소설을 읽는 독자에게 청자로서의 '듣는' 역할을 요구한다. 그 이유는 서사적 요소들과 맺는 관계에서 비롯되는 소리의 효과에서 소설의 기술 방식을 찾고 있기 때문이다. 이 논의는 독자가 문학적 상상력을 통해 소리를 듣는 과정이 소설 구조의 일부가 될 수 있다는 가정을 가능케 한다. 이 글은 선행연구에 도움을 받아 작가 김유정이 단순한 소재적 차원을 넘어서, 서술적 차원에서 미학적 효과를 극대화하기 위해 소리의 효과를 활용하고 있다는 것을 도시소설에서 구명하고자 한다. 소리와 관련된 선행연구는 지면상 이 글에서는 생략하고, 다음을 참조하길 바란다(임보람, 「김유정의 「산골 나그네」에 나타난 소리의 수사학」, 『인문과학연구논총』 42권 1호, 명지대학교 인문과학연구소, 2021, 13−38쪽).

묵, 늑대 소리 등 다양한 소리로 구성되어 있다. 이 소설보다 7개월 정도 앞서 탈고된 「심청」은 습작기 작품이지만 도시를 배경으로 하는 첫 소설이라는 점에서 「산골나그네」와 더불어 작가의 소설 기법을 확인할 수 있다고 판단된다. 따라서 두 소설에서 형상화되는 소리들을 통해 농촌소설과 도시소설을 비교하면서 작가의 청각적 관심을 유추해볼 수 있다.

2장에서 자세히 언급하겠지만 「심청」은 도시를 배경으로 하는 첫 소설로 작중인물의 말소리를 듣는 다른 작중인물의 심리를 강화하여 서술의 의미를 만들고 있다. 이는 청자의 개입을 적극적으로 용인하여 듣는 상황을 구축함으로써, 독자들에게 특정한 사건들과 상황들을 상상할 권한을 주기 위한 수사적 전략으로 볼 수 있다. 소리는 들림으로써 그 의미가 부여되기 때문에 상황과의 관계 속에서 소리를 이해하도록 하는 이 전략은, 소리를 내고 듣는 수사적 상황 속에서 독자들이 인물들의 관계에 더욱 주목하도록 한다.

이 글은 장소성과 소리 그리고 인물들의 청취 방식을 함께 살펴볼 수 있는 방법론을 찾기 위해 '소리풍경'을 활용하려고 한다.[10] '소리풍경'은 다양한 소리가 어우러져 형성된 전체적인 소리 환경을 하나의 풍경으로 파악하는 개념으로 특정 지역의 "자연적 환경뿐 아니라 소리를 만들어내는 사람들의 생활양식, 가치관, 질서, 권력 문제 등"[11]을 포함하고 있기 때문에, 소리로 얽혀있는 인간의 관계망을 살펴볼 수 있게 한다. 소리는 소리 주체와 듣는 주체의 심적 상태에 따라 그 의미가 변하기 때문에 소설에서 형상화된 '소리풍경'은 "소리들이 인물을 자극하고 자각시키거나 혹은 그것이 인물에게 내면화"[12]되는 과정과 그 소리를 지각하는 인물의

---

10 멜바 커디-킨은 "모더니티는 "인간의 감각기관" 에 새로운 경험들을 발생시키면서 새로운 지각적 앎과 지각에 관한 새로운 이해 둘 다를 자극하고 있다" 라고 본다. 멜바 커디-킨 외, 최라영 옮김, 『서술이론Ⅱ』, 소명출판, 2016, 245쪽.

11 이흔정, 「장소특정적 연극의 사운드스케이프 연구」, 서울대 석사학위논문, 2016, 10쪽.

의식 또는 무의식까지 아우르며[13] 소리 주체와 듣는 주체가 관계를 맺는 방식을 탐구하는 방법론으로 기능할 수 있다. 무엇보다 소리와 풍경의 조어로 만들어진 '소리풍경'은 소리만큼 "어떤 정경이나 상황"을 나타내는 풍경에 무게를 두고 있기 때문에 공간에 대해 접근하면서 도시소설의 특성을 밝혀낼 수 있는 개념으로 사용될 수 있다.[14]

이 글은 서술에서 청각성을 분석하기 위해 멜바 커디-킨(Melba Cuddy- Keane)이 고안한 청각적 용어인 '청진자(auscultator)', '청진화(auscultation)','청진화하다(auscultize)'에 주목한다. 이 용어들은 서술 분석에서 누가 보는가를 강조하기 위해 사용했던 기존의 '초점화(focalizaion)','초점화하다(focalize)','초점자(focalzer)'라는 어휘론에 대응하여 듣는 것을 강조하기 위해 만들어졌다.[15] '청진자'는 듣는 주체이자 청진화하는 주체이다. '청진화'는 독자가 서사 속의 사건들을 '들을 때' 경유하는 의식의 위치 또는 특질을 가리킨다.[16] 따라서 독자는 인물들이 듣는 방식을 통해 청각적 상황을 권유받으며 이 과정에서 서사를 받아들이기 때문에, 청진화는 서사 안에서 독자가 발견하고자 하는 종결과 맞닿으며 서사를 추동하는 힘으로 기능할 수 있다고 볼 수 있다.[17] 이 글은

---

12 최라영, 「박인환 시에 나타난 '청각적 이미지' 연구: '소리풍경soundscape' 을 중심으로」, 『비교문학』 24권 64호, 한국비교문학회, 2014, 250쪽.

13 이를 문학적으로 적용하면 '소리풍경' 은 청자들에 의해 지각되고 이해되는 의식, 무의식까지를 포괄할 수 있는 소리환경으로 확장해 볼 필요가 있다. 최라영, 주 12)의 논문, 275쪽.

14 소설에서의 공간은 사건이 발생하는 구체적인 세계만이 아니고, 인물의 내면적이고 심리적인 공간까지 포함되어야 하기 때문이다. 한용환, 『소설학사전』, 고려원, 1992, 40쪽.

15 이 용어들은 듣는 것과 보는 것을 구별하기 위한 것이 아니라 과도한 시각적인 서술 분석 방식에서 청각적 차원을 고려하기 위해 만들어졌다. Cuddy-Keane, M., "Virginia Woolf, Sound Technologies, and the New Aurality" , P. Caughie(ed.), Virginia Woolf in the Age of Mechanical Reproduction: Music, Cinema, Photography, and Popular Culture, New York: Garland, 2000, pp.69-96.

16 멜바 커디-킨 외, 10)의 책, 461쪽.

'청진화'에 대한 지금까지의 접근 방식을 전제한 뒤, '청진자'와 '청진화'를 주요 분석 도구로 삼아 소리를 중심으로 도시소설의 미학성을 밝혀보려고 한다.

이 글은 도시를 배경으로 하는 소설 중에서 청진자의 심리적 변화가 두드러지는 다음의 소설들을 연구 대상으로 삼는다. 「심청」(『중앙』, 1936.1), 「봄과 따라지」(『신인문학』, 1936.1), 「슬픈 이야기」(『여성』, 1936.12), 「따라지」(『조광』, 1937.2)이다. 청진자의 민감한 귀 기울임의 방식이 서사를 추동하면서 도시에 대한 작가의 관심을 유추할 수 있다고 보고, 구체적으로 제시되는 장소인 거리와 셋방을 중심으로 분석한다. 분석의 두 차원은 첫째, 거리라는 공간상으로 폭넓게 분리된 소리를 청진화하는 것이고 둘째, 좁은 공간에서 뚜렷이 포착되는 소리를 청진화하는 것이다. 이어지는 2장에서는 「심청」과 「봄과 따라지」에 나타난 거리의 소리풍경을 살펴보고, 3장에서는 「슬픈 이야기」, 「따라지」에 나타난 셋방의 소리풍경을 살펴볼 것이다.

2. 거리의 말소리 풍경과 소리혐오의 비판

「심청」과 「봄과 따라지」는 종로의 거리와 야시(夜市)를 배경으로 삼고 있다. 두 소설에서 중요하게 기능하는 소리는 작중인물인 따라지의 말소리[18]이다. 따라지는 다른 인물들에게 구걸하면서 '한 푼 줍쇼'라는 말을 반복한다. 「심청」에서 주인공은 이 말소리의 청진자이고, 「봄과 따라지」에서 주인공 '그'는 이 말소리 주체이다. 말소리를 중심으로 두 주인공이 각각 청진자와 말소리 주체로 설정되어 있다는 점은, 작가 김유정이 말소

17 (5장 「종결」, 130-31쪽)

18 말소리는 인간이 의사소통을 위해 사용하는 소리(音聲)로 "인간의 발음 기관을 통하여 만들어지는 언어학적 의미를 가진 소리" 이다. 신지영, 『말소리의 이해』, 한국문화사, 2014, 1쪽.

리를 서사의 원동력으로 삼고 있음을 유추해볼 수 있게 한다.

두 소설에서 따라지가 발화하는 유일한 말소리는 '한 푼 줍쇼 나리'이다. "말은 메시지로써, 혹은 기호로써 무언가 의미 있는 내용을 전달할 뿐만 아니라 소리로 누군가에게 이어진다."[19] 이 소리는 작중인물들과의 소통을 위한 "특정한 말-로서의-언어"[20]로 기능하기보다는, 창작 당시의 시대적 상황을 고려할 경우 '사운드스케이프'의 구성 범주 중 하나인 공동체의 소리(소리표지)로 이해할 수 있다.[21] 이 소리는 작가 김유정이 도시에서 포착한 소리로 작중인물인 청진자에 의해 청진화되면서 구체적인 의미를 지닌다.

> 그러나 종로가 항상 마음에 들어서 그가 거니느냐, 하면 그런 것도 아니다. 버릇이 시키는 노릇이라 울분할 때면 마지못하야 건성 싸다닐뿐 실상은 시끄럽고 더럽고 해서 아무 애착도 없었다. (…중략…) 대도시를 건설한다는 명색으로 웅장한 건축이 날로 늘어가고 한편에서는 낡은 단청집은 수리조차 허락지 않는다. 서울의 면목을 위하여 얼른 개과천선하고 훌륭한 양옥이 되라는 말이었다. 게다 각 상점을 보라. 객들에게 미관을 주기 위하여 서로 시새워 별의별 짓을 해가며 어떠한 노력도 물질도 아끼지 않는 모양 같다. <u>미는 기름 때가 싸르르한 헌 누더기를 두르고 거지가 이런 상점 앞에 떡 버티고 서서 나리! 돈 한 푼 주-, 하고 어줍대는 그 꼴이라니 눈이 시도록 짜증가관이다.</u> 이것은 그 상점의 치수를 깍을뿐더러

19 와시다 키요카즈, 길주희 옮김, 『듣기의 철학』, 아카넷, 2014, 172쪽.

20 돈 아이디는 "의미화-로서의-언어와 말-로서의-언어를 전술적(戰術的)으로 구별하고 특징화" 지으며 청각적 차원에서 언어를 살피고 있다. 돈 아이디, 박종문 옮김, 『소리의 현상학』, 예전사, 2006, 332쪽.

21 본문에서 언급한 주조음(keynote sound)은 머레이 쉐이퍼의 '사운드스케이프' 개념 중 하나이다. 쉐이퍼는 소리가 인간에게 미치는 영향 관계를 고려하여 그 구성 범주를 주조음(keynote sounds), 소리신호(sound signals), 소리표지(soundmark)로 나누었다. 주조음은 특정 지역의 소리환경을 형성하며, 그 지역에 살아가는 사람들의 특성이나 문화를 이해하는 데 도움이 된다. 소리신호는 특정한 소리를 나타내며, 소리표지는 특정 지역의 랜드마크(landmark)로 공동체가 존중하고 관심을 두는 소리이다. 머레이 쉐이퍼, 주 1)의 책, 24-25쪽. 이 용어들은 주 11)의 논문에서의 번역을 참조했다.

서울이라는 큰 위신에도 손색이 적다 못할지라. (…중략…)

거지를 청결하라. 땅바닥의 쇠똥말똥만 칠 게 아니라 문화생활의 장애물인 거지를 먼저 치우라. 천당으로 보내든, 산채로 묶어 한강에 띄우든……[22] (밑줄 강조는 인용자)

종로는 1930년대 북촌에서 가장 번화했던 상업지구였다. '그'에게 도시의 문화는 외관이 아름답고 반짝여야 하는 '시각적'인 것이어야 한다.[23] 당시 시각적인 문화는 근대화란 명목으로 식민화의 정당성을 확보하려는 일제의 치밀한 계획하에 이루어진 것이다. 일제는 북촌과 남촌을 구분하고 거리의 변화를 시각화하여 사람들이 근대화의 흐름을 받아들이도록 했다. 이런 사회문화 속에서 거지는 척결되어야 하는 대상으로 여겨졌다. 위의 인용문에서와 같이 '그'도 거지에 대한 격렬한 혐오의 태도를 보이는데, 이 반응은 시각적 차원에서보다 청진화의 과정에서 구체적으로 형상화된다.

'그'에게 분노를 일으키는 대상은 "기름때가 짜르르한 헌 누데기를 두르고" 상점 앞에서 '한 푼 줍쇼'라고 말하는 거지이다. '그'는 계속해서 종로를 거닐다가 따라지를 만나고, 그들의 말소리를 듣고 "피익하고 선웃음을 터뜨"(75)리고는 들은 척하지 않고 그들을 지나친다. 결론 부분에서 '그'는 청진자에서 소리주체로 변모하는데, 이 두 수사적 상황에서 작가의 서술적 태도를 유추할 수 있게 한다.

결론에 해당하는 부분에서 '그'는 금세 죽을 것 같은 모습의 따라지를 보고 다리를 멈칫한다. 잔뜩 상을 흐리며 "이 벌레들을 치워주지 않으면

---

22 김유정, 『원본 김유정 전집』1, 유인순 편, 소명출판, 2021, 73-74쪽. 이하에서 인용하는 김유정 소설의 출처는 쪽수만 표기한다.

23 경성 도심의 거리 변화를 시각적으로 잘 보여주는 것은 간판들이었다. 이 당시 간판 제작점이 나타나면서 간판의 제작은 근대적 성격을 띠게 되었다. 1920년대부터는 네온사인 간판이 밤거리를 밝혔고, 도시의 밤 문화를 형성하며, 도시를 시각문화의 공간이 되도록 했다. 박은영, 「시각문화의 관점에서 본 근대 도시 경성의 간판」, 『미술사논단』 51호, 2020, 69-99쪽.

그는 한 거름도 더 나갈수가 없"(76)다고 생각한다. 그때 저 멀리에서 걸어오는 순사를 만난다. 그는 "고보 때에 같이 뛰고 같이 웃고 같이 즐기"던 동무였다. '그'는 그 순사가 "보기 추한" 거지를 쫓아주기를 기다린다. '그'의 바람대로 순사가 거지를 발로 차며 쫓아내자 '그'는 예수를 믿는 순사를 위해 주님께 감사의 기도를 드린다. 동무는 그 기도 소리를 듣고 마치 자신이 베드로가 된 것처럼 기뻐한다. 이 상황 이후 아래의 인용문에처럼 전신줄에 앉아 제비가 물찌똥을 나려 갈기며 "비리구 배리구"라는 노래를 부르는 소리가 형상화된다.

> "오, 주여! 당신의 사도 '베드로'를 나리사 거지를 치워주시니 너머나 감사하나이다."하고 나직이 기도를 하고 난 뒤에 감사와 우정이 넘치는 탐탁한 작별을 동무에게 남겨놓았다. (…중략…)
> 때는 화창한 봄날이었다. 전신줄에서 물찌똥을 내려 갈기며
> "비리구 배리구"
> <u>지저귀는 제비의 노래는 그 무슨 곡조인지 하나도 알려는 사람이 없었다.</u>(77)

위의 인용문에서 보면, '그'는 동무에게 기도를 하면서 처음으로 말소리를 내는 주제가 되고, '그'의 동무는 기도 소리를 듣는 주체가 된다. 말소리를 중심으로 이 상황을 이해하면 '그'와 동무의 관계는, 따라지와 '그'의 관계와 유사하다. 전자는 "감사와 우정이 넘치는" 관계이고 후자는 "문화생활의 장애"의 관계이다. 이 관계는 대립하는 것처럼 보이지만, 작가는 마지막에 제비의 노래를 듣는 청진자를 등장시키지 않음으로써, 앞서 모든 관계에 대한 비판적 태도를 보여준다.

화창한 봄날에 "비리구 배리구" 지저귀는 제비의 노래는 그 누구에게도 청진화되지 않는다. 즉, 소설에서는 그 소리를 듣는 대상이 없다. 청진화가 불가능한 수사적 상황은, 소리주체에 대한 관계 지향적인 움직임을 내포하는 청진자의 의지가 부재한 서사적 현실을 형상화한다. 이는 타

자와의 관계 맺기가 어려운 도시공간을 은유하면서, 따라지를 혐오의 대상으로 인식하는 인물의 폭력성에 대한 비판의식을 보여준다.

「봄과 따라지」에서는 "한 푼 줍쇼 나리"라는 말소리의 주체가 주인공으로 등장한다. 이 소설의 배경인 종로 야시는 "인두 비누를 한 손에 번쩍 쳐들고 젱그렁 젱그렁 신이 올라 흔드는 요령소리"(342), "입에 게거품이 흐르도록 떠들어대"(342)는 안경잡이의 소리, "바이올린이 닐리리를 부"(342)르는 소리, "장기판을 에워싸고 다투는 무리"(342)의 소리 등과 같이 작중인물들이 만들어내는 다양한 소리로 채워져 있다. 시장을 메우는 시끄러운 주조음과 달리 따라지의 말소리는 「심청」에서와 같이 가청 범위 내에 존재하는 청진자에게만 들린다.

따라지인 '그'는 "나리 한 푼 줍쇼 나리"를 외치며 구걸을 하기 위해 사람들을 쫓아간다. 그의 청진자는 양복을 입고 술에 취해 비틀거리는 남자, "외모로 따져보면 돈 푼이나 조히 던져줄 법한 고운 아씨"(344), "키가 후리후리하고 걸직하게 생긴 것이 어딘가 맘씨가 좋아보이는"(346) 신여성이다. '그'의 말소리를 듣는 세 명의 청진자들은, 앞서 「심청」에서와 같이 '그'가 종로를 거닐며 만난 따라지들의 말소리를 외면하며, 그들을 경멸하는 모습과 유사하게 형상화된다. 그들은 따라지가 "암만 불러도 귀가 먹은 듯"(347) 따라지인 '그'를 지나쳐 가고 마지막엔 구타한다. 이 과정에서 작가 김유정은 「심청」의 결말과는 다른 방식을 통해 청진자들에 대한 비판 의식을 형상화한다. 「봄과 따라지」에서는 폭력에 노출된 '그'의 심적 상황을 부각하면서, 그 스스로 자신이 처한 상황에 적극적으로 관여하는 능동적인 인물이 되도록 한다. 이 과정에서 '그'는 청진자의 역할을 부여받는다.

> 발이 반밖에 안 차는 커다란 운동화를 칠떡칠떡 끌며 얼른얼른 앞에 나서거라. 제쳐라 제쳐라. 얼른 제쳐라. 그러자 문득 기억나는 것이 있으

> 니 그 언제인가 우미관 옆 골목에서 몰래 들창으로 들여다보던 아슬아슬하고 인상 깊던 그 장쪽. 위험을 무릅쓰고 악한을 추격하되 텀블링도 잘 하고, 사람도 잘 집어세고 막 이러는 용감한 그 청년과 이때 청년이 하던 목 잠긴 그 해설. 땅땅 따아리 땅땅 띠아리 떵떵 띠이 하던 멋있는 그 반주. 봄바람은 살랑살랑 불어오는 큰 거리 이때 청년이 목숨을 무릅쓰고 구두를 제치는 광경이라 하고 보니 하면 할수록 무척 신이 난다. 아아 아구 아프다. 제쳐라 제쳐라 얼른 제쳐라 이때 청년이 땅땅 따아리 땅땅 따아리 떵떵 띠이 떵떵 띠이.(348)

위의 인용문에서 알 수 있는 것처럼 '그'는 순사에게 끌려가면서 언젠가 우미관 옆 골목에서 몰래 들창으로 들여다보았던 장면을 떠올린다. 그리고 그때의 해설과 반주에 맞춰 자신이 영화 속 배우가 된 것처럼 목숨을 무릅쓰고 구두를 신은 순사를 제치는 광경을 상상한다. 이처럼 작가는 '그'를 말소리를 내는 주체에서 청진자로 변모함으로써 해설과 반주 소리의 상상적 체험 안에서, '그'가 사람들에게 얻어맞은 고통을 순간이나마 잊도록 한다.[24] 이처럼 작가가 상상적 소리를 청진화하는 청진자의 모습을 강조하는 것은, 소리가 마음에 주는 위안의 감정을 통해 '그'가 위로받기를 바라며 '그'에게 작가로서 책임을 지려는 윤리적 배노이다.

24 "어린 유정은 저녁마다 근처의 우미관에서 들려오는 나팔 소리에 귀를 기울이며 죽은 어머니를 그리워하곤 했다." 장석주, 「[장석주의 '한국문단비사'] (9) '소설가 김유정' 〈上〉」, ≪한국경제≫(인터넷판), 2002.04.09. 〈https://n.news.naver.com/mnews/article/015/0000495284〉 (검색일: 2022.09.19.).

3. 샛방의 울음소리 풍경과 귀 기울이기의 요구

「슬픈 이야기」와 「따라지」는 가난한 노동자들이 모여 살던 곳인 신당리와 사직동 꼭대기에 있는 샛방을 배경으로 한다. 작중인물들은 대부분 청진자로 임시로 설치한 가벽을 사이에 두고, 옆방의 소리를 들어야 하는 상황에 놓여있다.[25]

「슬픈 이야기」는 청진자인 노총각 '나'의 청진화가 서사를 추동한다. 서사적 상황에서 '나'는 서른이 되도록 돈도 못 모으고 결혼도 못하고 사글세 방에 처지로 자정이 지나 들리는 옆집 부부의 싸움 소리 때문에 잠을 잘 수가 없다. 그 소리는 남편이 아내를 때리는 소리로 '나'에게 마치 '개 잡는 소리'와 같이 들린다. 이 소리에 이어 아내와 아들의 울음소리가 들린다. '나'는 그 울음 소리를 청진화하면서 소리 주체에게 연민을 느끼며 계속해서 그들이 처한 상황에 신경을 쓴다.

> 이놈이 사람을 잡을 작정인가, 하고 그대로 있기가 안침치가 않아서 내가 역정난 몸을 불쑥 일으키어 가지고, 벽과 기둥이 맞닿은 쪽으로 한지 오래된 도배지가 너털너털 쪼개지고, 그래서 어쩌다 뻥 뚫린 하잘 것 없는 그 구녕으로 내외간의 싸움을 들여다보는 것은 좀 나의 실수도 되겠지만 이놈과 나와 예의니 뭐니 하고 찾기에는 제가 벌써 다 처신은 잃어 놓았거니와 그건 말고라도 이렇게 남 자는 걸 깨놓았으니까 나 좀 보는데 누가 뭐랠 테냐. (…중략…) <u>아내로 논하자면 울러 들었다면 벌써도 꽤 많이 울어 두었겠지만 아마 시골서 조촐히 자란 계집인 듯싶어 여필종부의 매운 절개를 변치 않으려고 애초부터 남편 노는 대로만 맡겨두고 다만 가끔</u> 가다 조금씩 끽, 끽, 할 뿐이었으나 한편에 올롱이 놀래 앉았는 어린 아들은 제 아버지가 어머니를 잡는 줄 알고 때릴 때마다 소리를 빽빽 질러 우는 것이다. 그러면 놈은 송구스러운 이 악장에 다른 사람들이 깰까

25 "아래 웃칸을 흙벽으로 막았으면 좋을 걸 얇은 빈지를 들이고 종이로 발랐다. 윗간에서 부스럭 소리만 나도 아랫간까지 고대로 흘러든다." (362)

> 봐 겁 집어 먹은 눈을 이리로 돌리어 아들을 된통 쏘아보고는 이 자식 울면 죽인다, 하고 제 깐에는 위협을 하는 것이나 그래도 조금 있으면 또 끼익 하는데는 어쩔 수 없이 입을 막고자 따귀 한 개를 먹여 놓았던 것이 그 반대로 더욱 난장판이 되니까 저도 어처구니가 없는지 멀거니 바라보며 뒤통수를 긁는다.(504-505)

위의 인용문에서 보면 '나'는 벽과 기둥이 맞닿은 쪽에 나 있는 구멍으로 모자의 울음소리로 채워진 풍경을 본다. 이 풍경에서 아내는 좁은 책상 밑구녕에 틀어 박혀 남편에게 황밤주먹으로 쥐어박히면서도 소리죽인 울음으로 견뎌내고, 아들은 엄마가 맞을 때마다 소리를 빽빽 질러 운다. 이 청각적 장면에 관한 '나'의 청진화는 폭력에 노출된 아내와 아들에 대한 인간적 반응을 전달한다.

이 장면 이후 '나'는 전기회사 감독이 되어 의기양양해진 옆집 남편을 찾아가 그에게 아내를 때리는 건 잘못된 일이라고 훈계한다. 이 소식을 들은 주인 할머니는 '나'를 찾아와 노총각이 결혼한 여자를 마음에 두어 여자의 일에 상관하면, 그 여자는 남편에게 매를 더 맞게 된다고 말한다. 여자의 남동생까지 '나'를 찾아와 누나가 좋아도 절대 누나의 일에 관여하지 말라고 말한다. '나'는 "그 아내를 동정한 것이 도리어 매를 맞기에 또 알맞도록 만들어 놓은 폭이라 미안도 하려니와"(512), "내 마음을 제대로 몰라주는 듯하여 오직 야속한 생각만이 들 뿐이므로"(513) 이 집을 떠난다. 셋방을 중심으로 이루어지는 '나'의 청진화는 '나'가 집을 떠난다는 종결을 이끌면서, 동시에 청진화에서 보여준 인간적 면모가 받아들여지지 못하는 상황을 형상화한다.

「따라지」는 사직동 변두리의 허름한 집에서 살아가는 가난한 세입자들과 집주인의 갈등을 다룬다. 이 갈등의 주된 사건은 몇 달째 밀린 월세이며, 집주인이 세입자들에게 월세를 받아내기 위한 상황을 중심으로 이야기가 전개된다. 세입자들은 톨스토이로 불리는 소설가 지망생과 제복 공장에 다니는 그의 누나, 카페 여급으로 일하는 아끼꼬와 영애, 버스 안내일을 하는 버스걸과 김마까라 불리는 그녀의 병든 아버지이다. 세입자 중에서 아끼꼬와 영애는 청진자의 역할을 하면서, 이 갈등을 종결하는 데 중요한 역할을 한다.

소설은 집주인 노파의 초점화로 시작된다.[26] 노파는 오만 인상을 쓰면서 세입자들에게서 월세를 받을 궁리를 한다. 먼저 김마까에게 가서 집세를 내라고 하지만, 그는 지금은 돈이 없으니 딸이 오면 해결하라고 말한다. 다음으로 노파는 아끼꼬의 방문을 열었지만 아끼꼬도 거리낌 없이 돈이 없다고 말한다. 주인 노파와 아끼꼬의 대화 장면 이후에 초점자는 주인 노파에서 아끼꼬로 이동한다. 아끼꼬가 다른 인물들의 소리를 듣는 상황이 지속되는 점에 주목하면 아끼꼬는 초점자보다 청진자에 더 가깝다. 아끼꼬의 동료인 영애도 아끼꼬가 세입자들과 주인 노파와 갈등을 해결하도록 도우며 청진자의 역할을 수행한다.

아끼꼬는 서사의 종결을 타당하게 이끌어가기 위한 청각적 장면을 마련하는 역할을 한다. 먼저, 「따라지」의 스토리를 언급하면 다음과 같다. 주인 노파는 남자 조카를 데리고 와서 세입자 중에서 가장 만만하다고 생각하는 톨스토이를 내쫓으려고 한다. 그래서 조카에게 톨스토이의 책상을 방에서 들고 나오게 한다. 톨스토이를 몰래 좋아하는 아끼꼬는 이 상황을 엿듣다가 방에서 나와 왜 책상을 갖고 나오냐며 노파와 싸움을 한다. 마찬가지로 이 상황을 엿듣고 있던 영애와 김마까도 방에서 나와 이 싸움에 합세한다. 이들이 주인 노파와 톨스토이의 사이에 벌어진 사건에 개입하는 이유는 아래의 두 장면을 통해 유추할 수 있다.

---

26 "쪽대문을 열어놓으니 사직원이 환히 내려다 보인다. (…중략…) 쪽대문이 도루 닫히며 소리를 요란히 내인다. 아침 설거지에 젖은 손을 치마로 닦으며 주인 마누라는 오만상이 찌푸려진다." (349)

이 장면은 아끼꼬와 영애가 '문 아랫도리에 뚫린 손가락 하나 드나들 만한 구멍'을 통해 밖의 상황을 지켜보면서 그들의 시선에 의해 형상된다.[27] 이 장면에 등장하는 인물은 늘 방에만 들어앉아 있는 톨스토이와 그를 먹여 살리는 과부인 누나, 몸이 좋지 못한 김마까 늙은이와 버스걸을 하는 그의 딸이다.

> ① 하긴 그렇다고 누님이 자기 밥을 얻어먹는 아우가 미워서 그런 것도 아니다. 나뭇잎이 등금등금 날리든 작년 가을이었다. 매일같이 하 들볶으니까 온다간다 말없이 하루는 아우가 없어졌다. 이틀이 되어도 없고 사흘이 되어도 없고 일주일이 썩 지나도 영 들오지를 않는다. 누님은 아우를 찾으러 다니기에 눈이 뒤집혔다. 그렇게 착실히 다니든 공장에도 며칠씩 빠지고 혹은 밥도 굶었다. <u>나종에는 아우가 한을 품고 죽었나부다고 집에 들오면 마루에 주저앉어서 통곡이었다.</u> 심지어 아끼꼬의 손목을 다 붓잡고
> "여보! 내 아우 좀 찾아주, 미치겠수"
> "그렇지만 제가 어딜 간 줄 알이야지요"
> "아니 그런데 놀러가거든 좀 붓들어 주, 부모없이 불상히 자란 그놈이 - "
> <u>말끝도 다 못마치고 이렇게 울든 누님이 아니었든가.</u> 아흐레만에야 아우는 남대문 밖 동무집에서 찾이왔다. 누님은 기뻐서 또 울었다. 그리고 그 담날부터 다시 들볶기 시작하였다.(358)

> ② 아래 웃칸을 흙벽으로 막았으면 좋을 걸 얇은 빈지를 들이고 종이로 발랐다. 윗간에서 부스럭 소리만 나도 아랫간까지 고대로 흘러든다. 그 벽에다 머리를 쾅쾅 부딪치며
> "어이구! 이눔의 팔짜두!"

---

27 아끼꼬와 영애가 구멍을 통해 밖을 지켜보는 상황은 '엿보기 모티프' 로 연구되었다. 유인순은 '엿보기' 모티프를 영화적 기법 차원에서 살펴보았고(유인순, 『김유정을 찾아가는 길』, 솔과 학, 2003, 225-226쪽), 조경덕은 "작가 자신의 모습이 '엿보기' 의 대상이라는 점" 을 소설 쓰기와 자기 인식의 차원에서 살펴보았다(조경덕, 「김유정의 소설 쓰기와 자기 인식 - 「슬픈이야기」, 「따라지」분석」, 『한국문학이론과 비평』 55권, 한국문학이론과 비평학회, 2012. 245-246쪽).

제깐에는 딸 앞에서 죽는다고 결기를 날리는 꼴이다. 그러면 딸은 표독스러운 음성으로

"누가 아버지보고 돌아가시랬어요? 괜히 남의 비위를 긁어놓구 그러시내!"

"늙은이 보구 담밸 끊으라는 게 죽으라는 게지 뭐야!"

"그게 죽으라는 거야요? 남 들으면 정말로 알겠네-"

딸이 좀 더 볼멘소리로 쏘아 박으니 또 다시

"어이구! 이놈의 팔짜두!"

벽에 머리를 부딪치며 어린애같이 꺽꺽 울고 앉았다. 질긴 귀로도 못들을 징그러운 그 울음소리(363)

인용문에서 보는 것처럼, ①과 ②의 장면에서 나타나는 톨스토이와 그의 누나, 버스걸과 그의 아버지의 대화들은 의미맥락을 이루는 내용이 부재하고, 이 대화들에서는 울음소리가 강조된다. 대화와 울음소리는 음향으로서 읽을 수 있기 때문에[28] 위의 장면은 엿보기보다 엿듣기의 장면으로 이해된다. 영애는 이 울음소리들을 들으면서 징그럽다고 느끼며 그 소리들의 주체를 이해할 수 없다고 말한다. 하지만 아끼꼬는 이들의 울음소리를 듣는 일이 고통스럽지만, 그럼에도 이 소리에 귀를 기울인다.[29] 영애는 누님한테 대들지도 못하고 떠나지 못하는 "톨스토이가 너무 병신스러운데 골을 낸다."(358) 지만 아끼꼬는 "바보가 아니라 사람이 너무 착해서 그렇다고 우"(364)긴다. 또 아우에 대한 누님의 사랑을 이해한다. 영애는 버스걸과 그의 아버지를 보고 딸이 벌어온 돈으로 사는 아빠를 듣적스럽다고 말하지만, 아끼꼬는 몸에 병이 있는 아버지 입장에서는 그

---

28 "우리는 대화들을 엿듣게 되지만 의미맥락을 이루는 내용이 부재하거나 혹은 그것이 방해받거나 해서 서술을 다만 음향으로서 읽을 수 있다." 멜바 커디-킨 외, 주 10)의 책, 250쪽.

29 "듣는 것(listening)은 서술세계를 의미 있게 표현하는 활동이며 게다가 귀기울여 듣는 것(hearing)은 더 포괄적이며 통합적인 감각이다." 멜바 커디-킨 외, 주 10)의 책, 251쪽.

렇게 살아갈 수밖에 없다고 말한다.

①과 ②에서 나타나는 세입자들의 울음소리는 주인 노파가 톨스토이와의 싸움이 끝난 이후에도 세입자들을 쫓아내지 못할 것임을 암시한다. 세입자들과 주인 노파의 태도를 윤리적으로 평가하기는 어렵다. 하지만 개인의 정서적 고립감이 형상된 공간인 셋방에서의 '소리풍경'은 세입자들의 청진화가 소리 주체의 울음소리와 그의 처지를 함께 받아들이는 '사건'이 되도록 함으로써[30] 소리 주체와 청진자의 정서적 거리를 좁히게 하는 작가의 기법으로 유추해볼 수 있다. 즉, 작가에 의해 '소리풍경'은 소리의 강조를 통해 감각적인 거리를 좁히기이며, 정서적 거리좁히기의 형식으로 활용된다.

4. 나가며

이 글은 그동안 농촌소설에 비해 주목받지 못했던 김유정의 도시소설이 지닌 고유한 미학적 특성을 '소리풍경'을 통해 도출해냄으로써 김유정 소설을 새롭게 분류하는 작업을 진행하고자 하였다. '소리풍경'은 언어적 규정을 앞서면서 정서적 차원에서 작중인물들의 관계망을 분석할 수 있는 개념이다. 이로써 작가 김유정이 '소리풍경'을 사용하여 작중인물들의 얽힘을 형상화하고, 소리와 관계맺기를 서사의 추동력으로 활용하고 있다고 전제하면서 이를 밝혀보고자 하였다.

이 글은 '소리풍경'과 서술에서의 청각성을 강조하기 위해 청진자, 청진화라는 용어를 활용하여 도시를 배경으로 하는 소설 중에서 「심청」, 「봄과 따라지」, 「슬픈 이야기」, 「따라지」를 분석하였다. 거리와 셋방에서

30 와시다 카요카즈의 말을 인용하자면 "말하는 사람의 입장에서 '듣기'를 본다면, 다른 사람이 자신의 말을 받아들였다는 확실한 '사건'이다." 와시다 키요카즈, 주 19)의 책, 19쪽.

다르게 나타나는 청진자의 심적 상태를 쫓아가면서 「심청」, 「봄과 따라지」를 말소리의 풍경, 「슬픈 이야기」, 「따라지」를 울음소리의 풍경으로 살펴보았다. 이는 소리 주체의 관계 속에서 청진자의 민감한 귀 기울임의 방식이 서사를 추동하면서 도시에 대한 작가의 관심을 유추할 수 있다고 본 것이다.

이를 통해 김유정이 말소리의 풍경에서는 따라지의 말소리를 외면하는 현실에 대한 비판의식을 보여주었고, 울음소리 풍경에서는 이 비판의식을 너머, 울음소리를 통해 소리 주체와 청진자의 거리를 좁히면서 이웃에게 귀 기울일 것을 요구하는 적극적인 듣기 미학을 제시했음을 알 수 있었다.

이상의 소설들에서 나타나는 말소리, 울음소리는 사람의 소리로서 농촌을 배경으로 하는 소설들에서 주로 나타나는 자연이나 사물들의 소리와는 구분된다. 예를 들어 「총각과 맹꽁이」(1933)에서 호미 소리, 맹꽁이 소리, 「금따는 콩밭」(1935)에서 흙 긁는 소리, 「노다지」(1935)에서 쇠 부딪치는 소리, 징 때리는 소리, 「산골」(1935)에서 새들의 끼리끼리 어르는 소리, 뻐꾸기 소리, 「만무방」(1935)에서 벼 터는 기계 소리, 타작 소리, 「동백꽃」(1936)에서 닭 소리 등은 농촌 지역에 살아가는 사람들의 특성이나 문화를 이해하는 데 도움이 되는 주조음이다. 농촌의 소리풍경과 비교할 때, 도시소설의 소리풍경에서는 그 공간의 특성을 드러내는 소리가 부재한 상태로 형상화된다고 볼 수 있다. 하지만 사람의 목소리에 주목하면, 이 소리는 공간의 특수성을 형상화하기보다는 작가가 청진자를 빌어, 소리의 장(長)에 함께 존재하는 소리주체인 작중인물과 관계를 맺고자 하는 소망을 드러내기 위한 제재로 활용되고 있다고 볼 수 있다. 그래서 사람들의 소리의 청진화는 독자들에게 관계적 상황에서 접촉이라는 윤리적 상상을 끌어내는데 기여한다.

이처럼 소리로 타자와 연결되는 상상의 작업은 김유정이 서간문인 「

病床의 생각」(『조광』, 1937.3)에서 자신의 인간관과 문학관으로서 언급한 '위대한 사랑'의 의미와 맞닿는다.[31] 이 사랑은 공동체에 대한 사랑으로서 자신과 타자의 경계를 없애고 자신이 적극적으로 타자가 되려는 작가의 의지의 산물이다. 이러한 맥락에서 이글은 김유정이 도시소설에서 소리 주체와 청진자의 거리를 좁히려는 의도에서 '소리풍경'을 구축했다고 보았다. 이 문법이 김유정의 다양한 도시소설을 모두 분석할 수 있는 틀로 기능하기에는 부족하지만, 그럼에도 '소리풍경'을 통해 김유정 소설을 읽고, 농촌소설과 도시소설의 미학적 특성을 밝히려는 시도가 그의 소설을 읽는 또 다른 방식을 제안할 수 있기를 바란다.

---

31 "김유정의 '위대한 사랑'은 궁박窮迫한 민초들의 생활 현장 속으로 파고 들어가서 그들의 내면을 이해하고 그들을 친구처럼 하나로 단합하게 하는 사랑이다. 자기만 혼자 살려고 애쓰면 오히려 도태된다. 서로 돕고 의지하며 공동으로 대응하는 것이 혹독한 현실에서 살아남는 방법이다. '위대한 사랑'은 결국 인류에 대한 사랑이다." 전신재, 「김유정의 '위대한 사랑'」, 『국어국문학』 168호, 국어국문학회, 2014, 445쪽.

참고문헌

1. 자료

김유정, 『정전 김유정 전집』1, 유인순 편, 소명출판, 2021.

2. 단행본

김유정학회, 『김유정의 귀환』, 소명출판, 2012.

________, 『김유정과의 만남』, 소명출판, 2013.

________, 『김유정과의 산책』, 소명출판, 2014.

________, 『김유정과의 향연』, 소명출판, 2015.

________, 『김유정의 문학광장』, 소명출판, 2016.

________, 『김유정의 문학산맥』, 2017.

________, 『김유정 문학의 감정미학』, 소명출판, 2018.

________, 『김유정 문학 다시 읽기』, 소명출판, 2019.

________, 『김유정 문학 콘서트』, 소명출판, 2020.

________, 『김유정 문학과 문화 충돌』, 소명출판, 2021.

돈 아이디, 박종문 옮김, 『소리의 철학』, 예전사, 2006.

머레이 쉐이퍼, 한명호·오양기 옮김, 『사운드스케이프: 세계의 조율』, 그물코, 2008.

멜바 커디-킨 외, 최라영 옮김, 『서술이론Ⅱ』, 소명출판, 2016.

신지영, 『말소리의 이해』, 한국문화사, 2014.

와시다 키요카즈, 『듣기의 철학』, 길주희 옮김, 아카넷, 2014.

한용환, 『소설학사전』, 고려원, 1992.

3. 논문

권 은, 「식민지 도시 경성과 김유정의 언어감각」, 『人文科學硏究』 38호, 성신여자대학교 인문과학연구소, 2018.

권채린, 「김유정 소설의 도시 체험과 환등상적 양상」, 한국현대소설학회, 『현대소설연구』 47호, 2011.

박상준, 「반전과 통찰-김유정 도시 배경 소설의 비의」, 『한국문학의 연구』 53권 53호, 한국문학연구학회, 2014.

박은영, 「시각문화의 관점에서 본 근대 도시 경성의 간판」, 『미술사논단』 51호, 2020.

유인순, 「김유정문학 연구사」, 『김유정 문학의 전통성과 근대성』, 전신재 편, 한림대학교 아시아문화연구소, 1997.

_____, 『김유정을 찾아가는 길』, 솔과 학, 2003.

이만영, 「김유정과 문학사－1930－60년대 김유정론의 전개 양상을 중심으로」, 『현대소설연구』 85호, 한국현대소설학회, 2002.

이흔정, 「장소특정적 연극의 사운드스케이프 연구」, 서울대 석사학위논문, 2016, 10쪽.

임보람, 「김유정의 「산골 나그네」에 나타난 소리의 수사학」, 『인문과학연구논총』 42권 1호, 명지대학교 인문과학연구소, 2021.

전신재, 「김유정 소설과 언어의 기능」, 『한말연구』 6권, 한말연구학회, 2000.

_____, 「판소리와 김유정 소설의 언어와 정서」, 『김유정 문학의 재조명』, 소명출판, 2008.

_____, 「김유정의 '위대한 사랑'」, 『국어국문학』 168호, 국어국문학회, 2014.

조경덕, 「김유정의 소설 쓰기와 자기 인식－「슬픈이야기」, 「따라지」분석」, 『한국문학이론과 비평』 55권, 한국문학이론과 비평학회, 2012.

최라영, 「박인환 시에 나타난 '청각적 이미지' 연구: '소리풍경 soundscape'을 중심으로」, 『비교문학』 24권 64호, 한국비교문학회, 2014.

현순영, 「구인회 연구」, 고려대 박사학위논문, 2009.

홍인영, 「김유정 도시소설의 교육적 가능성 고찰」, 『우리말글』 81권, 우리말글학회, 2019.

Cuddy－Keane, M., "Virginia Woolf, Sound Technologies, and the New Aurality", P. Caughie (ed.), Virginia Woolf in the Age of Mechanical Reproduction: Music, Cinema, Photography, and Popular Culture, New York: Garland, 2000.

4. 인터넷 자료

장석주, 「[장석주의 '한국문단비사'] (9) '소설가 김유정' <上>」, ≪한국경제≫(인터넷판), 2002.04.09. <https://n.news.naver.com/mnews/article/015/0000495284> (검색일: 2022.09.)

김유정 문학에 나타난 '행복'의 구조

허진혁

1. 들어가며

김유정은 1933년 「산골 나그네」, 「총각과 맹꽁이」 등을 발표하며 작품 활동을 시작했다. 이후 1935년 조선일보 신춘문예에서 「소낙비」가 1등 당선, 조선중앙일보 신춘문예에서 「노다지」가 가작 입선하며 본격적으로 문단의 주목을 받았다. 당대에도 김유정은 농촌 생활에 대한 섬세한 묘사로 높이 평가 받았으며("新春文藝選後感", 1935), 특히 인물 심리에 대한 표현이 뛰어난 작가로 인정받았다(김동인, 1935). 무엇보다도 작가 특유의 해학적 특성에 대한 연구(이어령, 1958)와 교육이 진행되면서 「봄·봄」, 「동백꽃」 등이 대표적인 작품으로 자리 잡았다. 이때 김유정 문학의 해학성은 비극적 현실에 대한 하나의 대응 방식으로 제시되었다. 즉, 궁핍하고 비참한 현실을 비판함과 동시에 작품 속 인물들이 그러한 현실에 무너지지 않도록 웃음으로 승화시킨다는 것이다(김종호, 2003; 유인순, 2008). 이러한 논의에서의 웃음은 절망적 현실을 감당할 수 있는 수준으로 완화하는 기능을 수행한다.

기존의 논의들이 제시하듯이 김유정의 소설에서는 극단적 상황에 놓여 있는 인물들이 반복적으로 등장하며, 이들은 삶에 대한 의지를 포기하지 않는다는 점(박필현, 2020:305-306)이 특징적이다. 그들은 자신이 바라는 삶이 '저 너머'에 놓여 있기 때문에 지금의 삶을 이어나갈 수 있는 것이다. 일반적으로, 비극적이고 절망적인 현실은 '지금 여기'에서의 삶보다 더 나은 삶에 대한 기대를 통해 부각된다. 그들이 바라는 더 나은 삶은 지금 여기가 아닌 저 너머의 대상이다. 그들의 현실은 저 너머의 대상에 대한 욕망을 통해 흔들리지 않고 유지될 수 있는 것이다. 이러한 구조는 엄밀한 의미에서의 승화를 통해 구성된다. 즉, 접근 불가능한 위치로 어떤 대상이 격상되는 것을 통해서 일상적 현실이 그 틀을 갖추게 되는 것이다. 저 너머의 위치에 놓이는 것은 일종의 이상적인 삶, 즉 '행복'이다.

그러나 김유정 소설에서 인물들이 처한 현실은 보다 근본적인 차원에서 견딜 수 있는 방식으로 구조화된다. 김유정 문학에서 이상적인 행복은 저 너머에 실질적으로 존재하는 절대적인 어떤 것으로 제시[1]된다기보다는, 부재하는 결여의 대상 그 자체라는 인식으로부터 비롯된다. 비참한 현실을 살아가는 소설 속 인물들이 저 너머의 행복이라는 희망을 가진다는 식으로 이해하는 것은 표면적인 접근에 그친다. 현실은 행복이라는 욕망의 대상이 결여 그 자체의 대상이라는 사실을 가리고, 저 너머에 존재하는 것처럼 여기도록 환상에 의해 허구적으로 구조화된다. 저 너머에 놓인 행복은 그 공백의 자리 위에 놓인 가상적 보충물인 것이다. 김유정은 행복이 결여의 대상이며, 믿음에 의해서만 존재한다는 사실을 분명하게 인식하고 있다.

이러한 인식은 김유정의 소설 속 인물들이 행복이라는 자신의 욕망을 성취하지 못하고 실패하는 서사적 구조를 통해서 구현된다.[2] 이들의 좌절

---

1 해학성만으로는 수렴되지 않는 김유정 문학의 특성들에 주목하는 최근의 논의들은, 작가의 지향점으로 사랑 또는 이상적 공동체(송주현, 2017; 박필현, 2020)를 제시하거나, 정치적 지향성(방민호, 2014; 서동수, 2015; 심재욱, 2019)을 규명하기도 한다. 이러한 논의들은 작가가 지향하는 이상적 지점이 분명하게 놓여 있음을 전제로 하거나, 결론으로 이끌어낸다. 이와 달리 본 논문에서는 이상적 영역 자체의 공백, 결여에 대한 김유정의 인식을 읽어내고자 한다.

2 김유정 문학의 비극성에 초점을 맞춘 논의들은 작품 속 인물들이 욕망 달성에 실패함으로써 비극성이 강화되고 있다고 접근한다(장수경, 2016; 김윤정, 2017; 오태호; 2018). 그러나 인물들의 욕망은 대상의 결여로 인해 필연적으로 실패할 수밖

과 실패는 저 너머의 행복에 도달할 수 없는 현실의 한계 때문인 것처럼 보이지만, 욕망의 대상인 행복이 실질적으로는 결여의 대상이라는 근본적인 불가능성에서 비롯된다. 동시에 실패는 행복이 지금 여기가 아닌 저 너머에 여전히 위치하는 것을 가능하게 한다.[3] 행복을 추구하는 욕망을 유지하는 것이다. 김유정의 소설은 단지 행복과 같은 이상적 대상의 결여를 지시하는 것에 그치지 않고, 결여를 가리며 욕망을 지속시키는 환상적 틀을 구성한다.[4]

김유정의 작품들 안에서 행복을 추구할 수 있는 유일한 틀은 "절망적 상황에서 절망을 속이고 아무것도 아닌 자연스런 생리적 현상으로 파악"하는 "자기 기만의 사상"(김윤식, 1997:283)으로 작동한다. 행복의 결여에 대한 인물들의 무지 또는 무시를 통해 저 너머의 행복을 향한 추구가 지속되는 것이다. 본 논문은 이러한 관점에서 김유정 문학에서 '행복'의 구조를 분석한다. 김유정 문학은 행복이라는 대상의 결여를 전제하고 있음을, 행복은 실패를 통해 구조화되며 작품 속 인물들의 행복에 대한 믿음과 이에 대한 욕망은 그들의 무지와 무시로 인해 지탱되고 있음을 파악하고자 한다. 이를 통해 김유정 문학에 대한 또 다른 독해를 가능하게 할 하나의 접근법을 마련할 수 있을 것이다.

에 없으며, 오히려 그 실패를 통해 욕망의 구조가 작동한다는 것까지 나아갈 때 보다 풍부한 해석이 가능해질 것이다.

3 홍혜원(2011:403-406)은 김유정 소설의 아이러니는 욕망 대상의 허구성, 다시 말해서 대상의 부재를 깨닫게 될 때 발생한다고 분석한다. 대상의 부재에 대한 지적은 타당하지만, 욕망의 허위성이 현실을 의미화하는 기능을 수행한다는 점까지 나아가야 한다.

4 부재를 가리고 환상적으로 구조화되는 행복은 농촌뿐만 아니라 도시를 배경으로 한 작품들에서도 공통적으로 살펴볼 수 있다. 경성을 배경으로 한 소설들에서 읽어낼 수 있는 도시 빈민에 대한 문제 의식(권은, 2018)은 "도시에 대한 환상"을 지니고 도시로 유입된 농촌 유랑민들을 중심으로 한다(김미지, 2020). 도시에 정착하리라는 이들의 욕망은 그들이 머무를 수 있는 자리가 없다는 근본적인 불가능성으로 인해 실패한다.

2. 실패를 통해 구조화되는 '행복'

김유정의 소설에서는 행복의 추구와 이에 대한 실패가 반복적으로 제시된다. 이는 단지 행복이 이루어질 수 없는 현실을 그려내거나, 행복에 도달하지 못하고 실패하는 인물들을 해학적으로 묘사해 웃음을 주는 것에 그치지 않는다. 오히려 행복을 향한 욕망의 틀은 이루어질 수 없는 방식으로만 작동한다는 사실 그 자체를 보여주는 것이라고 할 수 있다.

이러한 관점은 1936년 10월 『여성』에 발표된 수필 「행복을 등진 정열」을 참조할 때 보다 분명해진다. 「행복을 등진 정열」은 기존의 논의에서 상대적으로 주목을 덜 받은 작품이다. "오지 않을 행복을 갈구하는" 김유정과 "그런 것은 없다고, 오지 않는다고, 단념하라고" 하는 '동무' 이상 사이의 관계성에 주목하거나(방민호, 2014:293), 봄이 오기를 "거듭 되뇌이는" 김유정의 말에서 그가 추구하는 '위대한 사랑'을 읽어내는 논의(박필현, 2020:317-318)가 일부 이루어진 바 있다.

보다 구체적인 분석은 김유정 문학의 시간 의식을 규명하는 논의들을 통해 제시되었다. 이러한 논의들은 계절의 변화로부터 동양적 시간관을 읽어내거나(안아름, 2022), 이와 달리 선조적 시간관에 파열을 일으키는 것으로 접근한다(권채린, 2010). 일반적인 의미에서의 '행복'은 "미래의 시간, 다가올 시간에 대한 온전한 믿음을 통해서만 가능"(권채린, 2010:126)하다. 「행복을 등진 정열」에서 김유정(유인순 편, 2021)[5]은 다가올 가을은 "커다랗고 그리고 아름다운 그 무엇"을 가져다 줄 것이라 믿는다. 지난 겨울에는 봄이 오길 기다리면서, 화창한 날과 보드라운 바람이 불어오는 것처럼 "나에게도 보드라운 그 무엇"이 찾아올 것이라 기대하기도 했다. 그러나 기다리던 봄이 와도 "그 무엇"은 오지 않는다. 봄

5 이하 작품 인용은 제목, 전집의 권수, 해당 면수만 표기.

이 오면 큰 수가 생기냐고 묻던 '동무' 또한 "그거 안됩니다"며 "조소"를 띤다. 이처럼 그가 추구하는 저 너머의 "행복"은 현실의 한계로 인해 도달하지 못하고 실패하는 것과 같이 그려진다. 그럼에도 바뀌는 계절을 기다리는 마음을 지속할 수 있는 것은 "그 무엇"에 대한 "믿음" 때문이다.

> 행복의 본질은 믿음에 있으리라. 속으면서 그래도 믿는, 이것이 어쩌면 행복의 하날지도 모른다. (「행복을 등진 정열」, 2:106-107)

행복에 대한 이론적 논의는 오랜 시간 폭넓게 이루어졌다. 전통적으로 행복에 대한 정의는 바람직한 삶의 자세와 연관되었다. 몇 가지 논의를 살펴보면, 아리스토텔레스(ca. 350 B.C.E./2013:36-41)는 행복을 인간의 최고선으로서 철학적 사유에 따른 지속적 행동으로 보았으며, 데카르트(이경희, 2022)는 이성의 올바른 사용과 이에 대한 결연한 의지를 통해 얻게 되는 정신적 만족으로 행복을 정의한 바 있다. 러셀(1930/2005)은 불행을 극복하는 삶의 방식이자 목표로 행복을 제시했으며, 알랭(1925/2013)은 스스로 행복을 추구하는 자세를 강조했다. 바디우(2015/2016:27)의 표현처럼, 행복은 곧 "참된 삶의 정동"이라 할 수 있는 것이다.[6] 이러한 흐름의 논의들은 행복을 도달 가능한 것으로, 또는 성취해야하는 대상으로 바라본다.

이와 달리, 욕망의 달성에 초점을 맞춰 접근할 때 행복은 인간의 삶에서는 도달할 수 없는 대상으로 제시된다. 칸트(1781/2006:933-935)는 행복을 경향성의 충족이나 감각 욕구의 만족을 의미하는 것이라고 언급하면서도 이는 현실에서는 불가능한 것으로 규정하기도 한다.[7] 프로이트

---

6 바디우의 행복은 '실재적 행복'으로, 바디우 특유의 윤리적 태도를 바탕으로 한 삶의 형식을 가리킨다고 볼 수 있다.

7 칸트의 철학에서 행복이라는 개념이 차지하는 비중에 대해서는 상반된 해석이 존재한다. 그러나 신과 영혼 불멸의 요청을 통한다면 행복이라는 개념과 최고선을 연

(1930/2019:257)는 행복을 욕망의 일시적 충족으로 바라본다. 다만 이는 "결코 완수될 수 없다. 그러나 우리는 어떤 방법으로든 거기에 다가가려는 노력을 포기해서는 안 되고, 사실상 포기할 수도 없다."[8] 이러한 논의들은 행복을 존재하지만 불가능한 대상으로 여긴다.

위의 논의들은 행복의 가능성에 대해 상반된 입장을 보이고 있지만, 공통적으로 행복을 실질적으로 존재하는 것으로 여기고 있다. 이처럼 일반적인 행복의 구조는 행복과 같은 이상적 대상이 실제로 존재함을 전제한다. 이러한 구조에서 행복은 지금 여기가 아닌 저 너머에 있다는 한계 때문에, 행복을 향한 욕망은 성취되지 못한다. 이와 달리 김유정은 행복은 실제로 존재한다기보다는"믿음"을 통해 구성된 것이라는 점을 분명히 인식한다."행복의 본질은 믿음"이라는 말은 믿음 그 자체에 의해서만 행복이 놓일 이상적 영역이 마련된다는 것을 의미한다. 이상적 대상이 놓이는 자리는 본질적으로 비어 있는 공백인 것이다. 따라서 김유정 문학에서 행복은 실질적으로 존재하는 것이 아니라, 존재하는 것처럼 여겨지도록 구조화된다. 단지 그 자리에 행복이 있으리라고 "속으면서 그래도 믿는" 것이다.

김유정의 소설 속 인물들은 현실에서 마주한 비정상적인 문제들이 해결된, 정상적이고 이상적인 차원을 회복 또는 획득하기를 원한다. 이들이 바라는 행복은 이상적, 궁극적인 지점에 대한 다른 이름이다.[9] 행복은 그

결시킬 수 있다. 이는 현실 세계에서는 불가능하기에 예지적 성격을 지닌다(이원석, 2015, 44-47).

8 쾌락 원칙이 부여하는 "행복해지기 위한 프로그램" 은 바꿔 말하면 행복을 욕망하게 만드는 환상의 시나리오라고 할 수 있다. 이처럼 행복에 대한 프로이트의 언급은 행복이 근본적인 실패를 통해 구성되며, 이를 통해 작동함을 암시하고 있다. 이는 라캉의 논의를 통해서 보충된다.

9 라캉(1986/1992:292)은 환자가 분석가에게 요구하는 이상적, 궁극적 지점을 행복이라 규정한다. "In the first place, is it the end of analysis that is demanded of us? What is demanded can be expressed in an simple word, bonheur or "happiness," as they say in English." ("우선적으로,

들의 "욕망이 사회적 규범 속에서 온전히 실현되는 사태를 의미"하지만, "추구되면 추구될수록 지금 여기에 없는 것으로 여겨지는 역설적 소망의 신기루"에 불과할 뿐이다(백상현, 2017:378-382).[10] 행복의 추구가 이루어질 수 없는 방식으로만 작동하는 것은 현실의 한계로 인한 도달 불가능성 때문이라기보다는 오히려 행복의 부재 자체로 인한 근본적인 불가능성 때문이라고 할 수 있다. 이로 인해 행복을 향한 추구는 필연적으로 실패할 수밖에 없다. 이때 김유정의 작품들에서 나타나는 '행복'에 대한 인식은 단지 실패하는 인물들을 보여주는 것이 아니라, 실패를 통해서만 유지될 수 있는 행복의 영역에 초점을 맞출 때 명확해질 수 있다.

김유정의 대표작인 「봄·봄」은 행복의 구조를 분명하게 살펴볼 수 있는 소설이다. '나'는 데릴사위로 3년 넘게 일하면서 때가 되면 결혼을 시켜줄 것이라 생각해왔지만 이루어지지 않는다. 장인은 딸 '점순이'가 다 자라지 않았다는 이유로 그들의 결혼을 허락하지 않고 계속 미루기만 한다. 점순이가 자라면 결혼할 수 있다는 조건 또한 변하지 않는다. '나'는 상황을 타개하기 위해 장인을 이끌고 '구장'을 찾아가지만, 구장은 법률을 그럴듯하게 들이대면서 '나'의 소망이 이루어질 수 없음을 강조한다. 동시에 구장은 "그렇지만 아까 빙장님의 말씀이 올갈에는 열일을 제치고라두 성례를 시켜주겠다 하시니 좀 고마울 겐가"(1:319-320)라고 말하면서

이것이 우리에게 요구된 분석의 끝인가? 우리에게 요구되는 것은 행복, 또는 영어로 "해피니스" 라는 간단한 한 단어로 표현될 수 있을 것이다." 번역은 인용자) 환자는 자신의 문제가 해결된 행복이 있다고 믿으며 이를 원한다. 그러나 이는 그러한 행복이 존재하리라는 환자의 믿음, 즉 환상을 통해 구성된 것일 뿐이다.

10 행복과 관련된 라캉의 언급에 대해 라캉의 언급에 대해 백상현(2017:378-382)은 다음과 같이 설명한다. 환자가 분석가에게 요구하는 행복은 "정상성의 이상으로 간주" 되는 영역이며, 사회적 규범 속에 온전히 틀지어지는 상태를 의미한다. 이는 "존재를 가장 근본적인 소외의 장소로 밀어넣을 뿐이다." 환자는 올바른 삶이자 최고선으로서의 행복을 기대하고 요구하지만, 분석가는 "그러한 것은 존재하지 않는다는 사실" 즉 "공백의 실존을 증명하고, 그에 대한 욕망을 환자에게 전달한다."

'나'의 욕망이 지속될 수 있도록, 도달 가능성을 제시하기도 한다. 여기서 장인과 구장은 '나'의 욕망에 대한 금지의 작인을 제시하는 인물들이다. 동시에 '지금은 아니다'라는 금지의 작인은 '지금이 아닌 언젠가'는 이룰 수 있다는 가능성을 지속시키면서 욕망을 작동시키는 역할을 한다.

「봄·봄」에서 '나'의 결혼은 가능성으로만 남아 있을 뿐, 그것이 이루어진 장면은 등장하지 않는다. 가능성을 통해서, 바꿔 말하면 가능성에 대한 믿음을 통해서 '나'의 행복은 철저하게 저 너머에 위치하게 되는 것이다. 점순이의 부추김에 장인에게 대들고 난 뒤, '나'와 장인의 대화는 '나'의 욕망이 성취되는 순간이 '지금 여기'가 아니라는 사실을 보여준다.

> 내가 머리가 터지도록 매를 얻어맞은 것이 이 때문이다. 그러나 여기가 또한 우리 장인님의 유달리 착한 곳이다. 여느 사람이면 사경을 주어서라도 당장 내쫓았지 터진 머리를 불솜으로 손수 지져주고, 호주머니에 희연 한 봉을 넣이주고 그리고
> "올갈엔 꼭 성례를 시켜주마, 암말 말구 가서 뒷골의 콩밭이나 얼른 갈아라" 하고 등을 뚜덕여줄 사람이 누구냐.
> 나는 장인님이 너무나 고마워서 어느 듯 눈물까지 났다. 점순이를 남기고 인젠 내쫓기려니, 하나 뜻밖의 말을 듣고
> "빙장님! 인제 다시는 안 그러겠어유—"
> 이렇게 맹서를 하며 부랴사랴 지게를 지고 일터로 갔다. (「봄·봄」, 1:325)

'나'의 결혼에 대한 욕망은 여전히 이루어지지 않는다. 다가올 미래에 결혼이 이루어질 것이라는 장인의 언질만이 있을 뿐이다. 다만 '나'는 욕망을 달성하지 못함에도 불구하고, 욕망의 성취가 이루어지리라는 기대를 여전히 가지고 있다. 현재의 시점에서 그려지는 것은 '나'의 실패이지만, 그 바깥에서는 '나'의 욕망이 성취된 행복한 순간을 꿈꾸게 되는 것이다. 이러한 구도는 행복의 부재로 인한 삶의 무너짐을 피하게 하며, 행복에

대한 열망을 유지하게 함으로써 삶을 이어나갈 수 있게 해준다.

한편, 위의 인용문은 시간의 흐름 상 가장 마지막 장면이지만 소설은 바로 직전의 장면 즉, 장인을 혼내주고 있는 '나'를 점순이가 뛰어나와 말리는 장면으로 끝난다. 점순이는 '나'의 욕망 추구를 독려하는 역할을 하는 듯했지만, 오히려 마지막 장면에서 그러한 성취를 제한하는 역할로 등장한다. 점순이 또한 '나'의 행복을 향한 추구가 실패할 수밖에 없음을 강조하는 것이다.[11]

앞서 언급했듯이 비극적 상황 속에서 더 나은 삶을 꿈꾸는 인물들은 김유정의 소설에서 반복적으로 등장한다. "일확천금의 꿈"(김윤식, 김현, 1996:322)을 꾸는 「노다지」나 「금」에서도 이들이 부유해지고 싶은 이유는 안정적이고 '행복'한 삶을 위해서라고 할 수 있다. 「소낙비」에서 산골을 떠나 서울에서의 "안락한 생활"을 꿈꾸는 '천호'도 마찬가지이다.[12] 「총각과 맹꽁이」의 '덕만' 역시 결혼을 통한 이상적인 생활을 꿈꾸는 인물이다.

> 그는 무거운 숨을 돌랐다. 닭을 옆에 감추고 나는 듯 튀어나왔다. 그리고 뭉태 집으로 내달리며 그의 머리에 공상이 한두 가지가 아니었다. 뭉태가 이쁘달 때엔 어지간히 출중난 계집일 게다. 이런 걸 데리고 술장사를 한다면 그밖에 더 큰 수는 없다. 두어 해만 잘하면 소한 바리쯤은 낙자없이 떨어진다. 그리고 아들도 곧 낳아야 할 텐데 이게 무엇보다 큰 걱정이었다. (「총각과 맹꽁이」, 1:98-99)

11 김경수(2021:322-327)는 데릴사위제도와 관련해 식민지 농촌의 모순을 읽어내면서, 장인이나 구장뿐만 아니라, 점순이 또한 제도의 악용에 공모했을 수 있다는 가능성을 비판적으로 제시한다. 이때 덧붙여야할 지점은 '나' 는 그러한 점순이의 속내에 대해 무지하다는 것이다. 다음 절에서 자세히 다루겠지만, 이러한 무지야말로 '나' 의 행복을 향한 추구를 지탱해주는 기능을 한다.

12 "삼사십 원 따서 동리의 빚이나 대충 가리고 옷 한 벌 지어 입고는 진저리나는 이 산골을 떠나려는 것이 그의 배포이었다. 서울로 올라가 아내는 안잠을 재우고 자기는 노동을 하고 둘이서 다기지게 벌면 안락한 생활을 할 수가 있을 텐데, 이런 산 구석에서 굶어 죽을 맛이야 없었다." (「소낙비」, 1:117)

덕만은 마을을 찾아온 들병이에게 남편이 없다는 이야기를 듣고는 뭉태에게 그녀와 결혼하도록 자신을 도와달라고 부탁한다. 위의 인용문처럼, 덕만은 결혼을 통해 이루고자 하는 이상적인 삶의 형태를 떠올려본다. 물론 이러한 공상은 서사적 시공간 안에서는 실현되지 않는다. 단지 덕만에게는 그러한 이상적인 삶이 가능할 것이라는 믿음이 있을 뿐이다. 덕만은 들병이가 와 있는 뭉태의 집으로 가지만 쉽게 어울리지 못한다. 뭉태 또한 덕만의 기대와는 달리 도움을 주지 않는다. 뭉태는 용기를 내어 들병이에게 자신을 소개하지만 놀림만 받게 되고, "모처럼 한 인사가 실패다."(1:101) 날이 밝아오고, 덕만은 뭉태와 들병이에게 다시 결혼에 대해 이야기해보지만 마찬가지로 실패하게 된다.

> 덕만이는 급시로 콩밭을 튀어나왔다. 잿간 옆으로 달려들어 큰 돌멩이를 집어들었다. 마는 눈을 얼마 감고 있는 동안 단념하였는지 골창으로 던져비렸다. 주먹으로 눈물을 비비고는
>
> "살재두 나는 인전 안 살 터이유—"하고 잿간을 향하여 소리를 질렀다. 그리고 제집으로 설렁설렁 언덕을 내려간다. (「총각과 맹꽁이」, 1:104)

단념하는 듯 보이는 덕만의 외침은 자신의 수치심을 가리는 "자기 위장"이자 "표면적 허세"로 보일 수 있다(김윤정, 2017:120-121). 그러나 발화된 내용 자체가 의미하는 것은 일종의 금지의 선언과 같다. 스스로 결혼의 성취를 제한하는 것이다. 이를 통해서, 덕만이 앞서 꿈꿨던 공상들은 성취될 수 없는 대상으로 남아 있는 동시에 지속적으로 욕망할 수 있는 대상이 된다. 이처럼 김유정의 소설은 단순히 인물의 패배와 순응을 그려내는 것이 아니라, 그들의 욕망이 지속될 수 있도록 욕망의 대상을 지금 여기가 아닌 저 너머에 공고히 자리 잡게 만든다.

실패를 통해 행복을 향한 욕망을 지속시키는 서사적 구조는 김유정 문

학의 웃음이 발생하는 위치에 대한 또 다른 접근을 가능하게 한다. 일반적으로 웃음은 이상적이고 충만하며 지금 여기보다 나은 저 너머의 행복한 삶과 대비되는 불행한 현실과의 격차에서 비롯된다. 그러나 엄밀한 의미에서 웃음은 인물들의 불행에 대한 대응이라기보다는, 행복을 향한 추구가 실패함에도 불구하고 실패 이전과 다를 바 없이 행복을 추구하는 모습을 보여주는 데 있다. 실패 이전과 이후의 행복을 향한 열망은 같으면서도 미세한 차이를 지닌다. 여기에 김유정 문학 특유의 웃음이 자리한다.[13] 이때 전제되는 것은 바로 행복이 결여의 대상이라는 사실이다. 행복은 저 너머에 존재한다는 환상을 통해서 작동한다. 김유정의 소설 속 인물들 또한 이러한 환상의 틀 속에서 행복을 추구하고, 욕망을 지속한다. 그러나 저 너머의 행복은 환상으로 인해 상정된 것일 뿐, 실질적으로 존재하지 않는 결여의 대상이다.

김유정은 행복의 추구가 실패하는 장면을 그려내면서도 행복 자체의 추구가 지속되고 유지될 수 있도록 구조화한다. 행복의 추구는 외적인 장애물로 인해 제한되는 것이 아니라 행복과 같은 것이 없다는 사실 자체를 원천으로 삼고 있다. 즉, 불가능성으로서의 "고유한 실패를 기반으로 해서 가능해지는" 것이다.[14] 따라서 김유정의 소설 속에서 행복은 엄밀한

---

13 김예리(2016)는 김유정과 이상의 문학을 비교하면서, 김유정 소설에서 인물의 환상이 지속됨을 통해 웃음이 발생한다는 점을 적절하게 지적한 바 있다. 그러나 이어지는 논의에서 김유정 소설의 웃음과 사랑을 속된 현실 안에서 솟아오르는 또 다른 숭고하고 이상적인 대상으로 실정화하는 경향을 보인다. 환상의 지속은 이상적 대상으로 상정된 행복의 근본적 결여를 가리고 이에 대한 욕망을 가능하게 함을 의미한다. 따라서 김유정 문학에서 강조되어야 할 지점은 바로 결여에 대한 인식과 이를 다루고 구조화하는 방식이다.

14 지젝(2014/2016:498-499)은 에른스트 루비치의 영화 〈Trouble in Paradise〉를 분석하면서, 완전한 관계가 없다는 사실이 사랑을 실패할 수밖에 없게 만드는 장애물로 기능하는 것이 아니라, "이러한 실패를 작동하게 만드는 독창적인 방식"으로 그러한 장애물을 희극적 방식으로 다루고 있다는 점을 밝히고 있다. 이러한 논의를 참조할 때 김유정 문학 또한 실패를 작동하게 만드는 방식으로 구성되고 있음을 알 수 있다.

의미에서는 이루어지지 않는 것을 원하는 방식으로 작동한다. 욕망의 결과로서 행복이 이루어진다는 것은 다시 말해 더 이상 어떠한 것도 욕망할 수 없는 상황이 되는 것과 다름없기 때문이다.[15]

3. '행복'을 지탱하는 무지와 무시

김유정 소설의 인물들은 '행복'한 삶에 대한 바람을 드러낸다. 이들은 연애나 결혼을 통해 온전한 관계를 형성하거나, 경제적인 여유를 얻게 되는 것 등 이상적이고 행복한 삶의 형태를 성취하고 싶어 한다. 여기서의 행복은 앞서 언급했듯이 현재의 상황보다 더 나은, 충만한 삶이라고 할 수 있다. 김유정은 행복을 지금 여기가 아닌 저 너머에 위치시키는 구조를 통해, 행복이 성취되지 않도록 구성한다. 이는 동시에 행복에 대한 지속적인 추구를 가능하게 한다. 이러한 구조가 작동하기 위해서는 행복과 같은 이상적 공간의 부재 또는 결여를 가릴 필요가 있다. 「행복을 등진 정열」은 이와 관련해서 또 다른 참조점을 제공한다.

> 사실인즉 나는 그 행복과 인연을 끊은 지 이미 오랬다. 지금에 내가 살고 있는 것은 결코 그것 때문이 아니다. 말하자면 행복과 등진 열정에서 삐쳐난 생활이라 하는 게 옳을는지.
>
> 그러나 가을아 어서 오너라.
>
> 이번에 가을이 오면 그는 나를 찾아주려니, 그는 반드시 나를 찾아주려니. 되지 않을 걸 이렇게 혼자 자꾸만 우기며 나는 철이 바뀌기만 까맣게 기다린다. (「행복을 등진 정열」, 2:107)

15 지젝(2003/2007:72-74)은 G.K.체스터턴의 '조건부 행복의 교리'를 독해하면서 라캉적 의미의 '행복'을 적용한다. 이때 행복은 이루어지지 않는 방식으로 작동하는 "위선적"인 것이다. 욕망하는 바가 완전히 실현된다는 것은 바꿔 말해서 더 이상 욕망이 작동하지 않는다는 의미이다. 따라서 행복은 이것이 이루어지지 않는 한에서만, 이루어지지 않는 방식으로만 추구될 수 있는 영역으로 존재하며, 그러한 방식에 의존하는 형태로 작동한다.

위의 인용문은 2장에서 언급한 '행복의 본질은 믿음'이라는 서술 이후에 곧바로 이어지는 내용이다. 행복은 믿음에 의해서만 존재한다는 사실은 바꿔 말하면, 믿음이 없다면 행복 또한 없다는 것을 의미한다. 즉, 행복 그 자체는 부재하는 대상이다. 따라서 존재한다고 여겨진 행복과는 더 이상 "인연"이 없으며, 행복을 "등진" 생활을 하게 되는 것이다.[16] 그러나 여기서 하나의 반전이 발생한다. 행복의 부재에도 불구하고, 다가올 가을에 대한 소망을 지속하는 것이다. 이는 행복의 부재 그 자체에 대해 무지하거나, 무시함으로써 행복에 대한 열망을 유지하는 태도이다. 여기서 행복을 등진 열정은 일종의 '무지를 향한 열정'[17]으로 바꿔 말할 수 있다.

흔히 김유정의 소설 속 인물들의 무지함은 그들의 순박한 성격을 나타내는 특성으로 언급되기도 한다. 그러나 무지 또는 무시는 지식이나 정보와 같은 '내용'에 대한 알고 있음의 문제라기보다는 욕망의 구조를 유지하는 형식적인 차원과 관련되어 있다.[18] 행복에 대한 욕망을 지닌 인물들은 그 욕망을 통해서 일관된 현실을 구성하게 된다. 즉, 욕망을 추구하는 방식으로 의미화된 생활을 형성하게 된 것이다. 그들의 현실이 흔들리거나 무너지지 않고 유지되기 위해서는 욕망의 대상이 자리한 저 너머의 이상적 영역이 실질적으로는 텅 비어 있다는 사실이 가려져야 한다. 대상

16 앞서 언급했듯이 권채린(2010:125-127) 또한 '행복' 은 믿음을 통해서만 가능하다는 점을 지적한다. 그러나 그러한 믿음은 "허구로 작용할 뿐" 이기 때문에, 이를 등진 '정열' 이 김유정에게 있어 "현재적 실존의 유일한 이유" 라는 점을 강조한다. 도래할 행복의 허구적 구조에 대한 인식은 동의하지만, 이에 대한 기다림을 삶의 형식으로 취한다는 사실에 보다 주목할 때 김유정 문학의 보다 근본적인 구조를 파악할 수 있을 것이다.

17 라캉(1975/2016:481)은 분석을 받는 환자들이 자신의 문제에 대한 원인을 알고 싶어 하면서도 이를 인정하지 않는다는 점을 강조한다. '무지를 향한 열정' 은 이와 같은 상황을 묘사하기 위한 용어이다. 이에 대한 보충적 논의는 레나타 살레츨(2020/2021:14) 참조.

18 임정연(2014)은 김유정 소설의 비극적 아이러니가 "상황을 읽지 못하거나 모르는 척 하는 인물들의 발화방식" 과 관련되어 있다고 지적한 바 있다. 이때 무지와 무시는 비극성을 드러내는 요소이지만, 다른 한편으로 욕망을 지속시키는 역할을 수행한다는 점을 읽어낼 수 있다.

의 결여를 마주하게 되면 그들의 현실은 위협받게 되기 때문이다. 무지 또는 무시는 인물들의 현실을 안정적으로 지탱해주는 역할을 한다.[19] 김유정의 소설에서는 행복의 결여에 대해 무지한 인물들을 쉽게 찾아볼 수 있다. 이들은 행복의 결여가 가려져 있다는 사실을 알지 못한다. 2장에서 살펴본 「봄·봄」의 '나'와 「총각과 맹꽁이」의 '덕만'이 그러하다. 동시에, 행복의 결여를 마주할 때 이를 무시하는 인물들 또한 등장한다. 이들은 행복의 결여를 무시하면서 그들 자신의 욕망을 지속하거나, 무지를 유지시켜 행복을 향한 열망을 유지시키는 양상을 보인다.

먼저, 행복 그 자체의 결여를 가리려 하는 무지와 무시의 특성은 초기 작품인 「산골 나그네」에서부터 출현한다. 덕돌의 어머니는'나그네'가 아들과 결혼해 곁에 머물기를 원한다. 덕돌 역시 나그네에게 함께 살 것을 권한다. 그러나 나그네는 병든 남편이 있다는 사실을 숨기고 덕돌의 집에 들어온 것이었다. 나그네가 덕돌의 옷을 훔쳐 달아나자, 어머니와 아들은 가족이 될 뻔한 나그네를 찾아 나선다. "도적년!"이라며 분노하는 덕돌과 달리, 며느리를 원하던 어머니에게서는 실패에도 불구하고 자신의 열망을 지속하려는 태도를 읽어낼 수 있다.

> 홀어미는 구태여 며느리를 도적년으로까지는 생각하고 싶지 않았다. 거반 울상이 되어 허벙저벙 방안으로 들어왔다. 마음을 가라앉혀 들쳐보니 아니면 다르랴. 며느리 베게 밑에서 은비녀가 나온다. 달아날 계집 같으면 이 비싼 은비녀를 그냥 두고 갈 리 없다. 두말없이 무슨 병패가 생겼다. (「산골 나그네」, 1:90)

19 석형락(2022:260)은 김유정 문학에서 나타나는 '듣기'의 양상을 살펴보면서, "김유정의 작품에 등장하는 일부 인물들의 어리숙함의 바탕에는 상대의 말을 제대로 듣지 않는 태도가 있다" 고 제시한다. 이들은 자신이 원하는 것을 욕망하는 현실이 무너지는 것을 피하기 위해, 듣고 싶지 않은 말들을 듣지 않으려 한다. 듣지 않는 태도 또한 일종의 무시와 무지로 바라볼 수 있을 것이다.

덕돌의 어머니는 나그네가 은비녀를 두고 갔다는 것을 이유로, 그녀가 달아났다는 사실을 의도적으로 무시한다. 이러한 "의도적 무시"는 "어떤 것이 사실이 아님을 알면서도 그것이 사실인 척"(살레츨, 2020/2021:164) 부인하는 태도이다. 그녀가 무시하려는 것은 대상의 부재, 나그네를 며느리로 삼는 것을 통해 성취하고자 했던 안정적인 행복의 부재이다.

> 나는 얼빠진 등신처럼 정신없이 내려오다가 그러자 선뜻 잡히는 생각이 기생이 늙으면 갈 데가 없을 것이다, 지금은 본 체도 안하나 옥화도 늙는다면 내게 밖에는 갈 데가 없으려니, 하고 조금 안심하고 늙어라, 늙어라, 하다가 뒤를 이어 영어, 영어, 영어 하고 나오나 그러나 내일 볼 영어시험도 곧 나의 연애의 연장일 것만 같아서 예라 될 대로 되겠지, 하고 집어치고는 퀭한 광화문통 큰 거리를 한복판을 내려오며 늙어라, 늙어라, 고 만물이 늙기만 마음껏 기다린다. (「두꺼비」, 1:401)

무시하는 유형의 인물은 「두꺼비」에서도 찾아볼 수 있다. '경호'는 '옥화'에게 연모의 감정을 품고, 그녀에게 연서를 전하려 한다. 그녀의 동생 '두꺼비'가 이를 도와주려고 하지만 사실 두꺼비는 경호를 속이고 연서를 전해주지 않았다. 두꺼비의 요청으로 옥화의 집을 찾은 날, 경호는 그 사실을 깨닫고 돌아온다. 옥화에 대한 경호의 열망은 자신의 마음을 전하려는 시도가 실패했다는 사실을 알고도 그것이 사실이 아닌 척 무시하는 것을 통해 지속된다. 경호는 옥화가 늙어 갈 곳이 없어질 때면 자신에게 올 것이라며 자신의 실패를 부인한다. 동시에 욕망이 성취되리라 여겨지는 순간을 저 너머로 위치시킴으로써, 옥화를 향한 자신의 욕망을 유지하게 된다.[20]

---

20 「두꺼비」를 김유정의 자전적 소설로 바라보는 논의 중에서는, 이 소설을 박녹주에 대한 김유정의 복수심이 담겨 있는 것으로 접근하기도 한다(노지승, 2013:120-129). 그러나 복수심이나 증오 또한 사랑과 마찬가지로, 상대방에게서 "파악할 수 없는 것" 에 초점을 맞춘다. 이에 대해 사랑과 증오는 무지 또는 무

다른 한편으로, 김유정의 소설들에서는 무시를 통해 주인공의 무지를 지탱해주는 역할을 하는 주변 인물들이 등장한다. 또 다른 대표작인 「동백꽃」의 '점순이'가 그러하다. '나'는 점순이가 나에게 갑자기 말을 걸고 감자를 주는 이유를 알지 못한다. 또한 감자를 거절하자 점순이가 얼굴을 붉히는 이유 역시 알지 못한다. '나'로서는 "까닭 없이", 점순이는 '나'의 닭을 괴롭히며 '나'의 현실에 침입한다. '나'와 점순이의 관계는 "땅도 떨어지고 집도 내쫓기"게 될 것이라는 어머니의 금지로 제한된다.[21] 그러나 '나'는 점순이의 닭을 죽이게 되면서, "일을 저질렀다"는 위기를 느낀다.

> 나는 비슬비슬 일어나며 소맷자락으로 눈을 가리고는 얼김에 엉, 하고 울음을 놓았다. 그러나 점순이가 앞으로 다가와서
> "그럼 너 이담부텀 안 그럴 터냐?" 하고 물을 때에야 비로소 살 길을 찾은 듯싶었다. 나는 눈물을 우선 씻고 뭘 안 그러는지 명색도 모르건만
> "그래!" 하고 무턱대고 대답하였다.
> "요담부터 또 그래봐라 내 자꾸 못살게 굴터니?"
> "그래그래 인젠 안 그럴 테야!"
> "닭 죽은 건 염려마라 내 안 이를 테니" (「동백꽃」, 1:418-419)

'나'와 점순이 사이에 발생한 '일'은 단지 닭을 죽인 것뿐만 아니라, 금지를 위반하고 두 사람 사이의 관계가 형성되는 것을 의미한다. 금지를 통해 안정적으로 유지된 '나'의 현실이 무너질 수 있는 상황에서, 점순이는 두 사람 사이에서 발생한 '일'을 이르지 않기로 한다. 다시 말해서, 일

시에 의존하는 것이다. 인물의 맹목성과 위장은 무지와 무시를 고려할 때 보다 명확해질 수 있다(살레츨, 2020/2021:156-158).

21 "그러면서도 열입곱씩이나 된 것들이 수군수군하고 붙어다니면 동리의 소문이 사납다고 주의를 시켜준 것도 또 어머니였다. 왜냐하면 내가 점순이 하고 일을 저질렀다는 점순네가 노할 것이고 그러면 우리는 땅도 떨어지고 집도 내쫓기고 하지 않으면 안 되는 까닭이었다. / 그런데 이놈의 계집애가 까닭 없이 기를 복복 쓰며 나를 말려 죽이려고 드는 것이다." (「동백꽃」, 1:413)

어나지 않았던 일처럼 무시하는 것이다. 점순이의 무시는 금지 너머의 영역에 대한 '나'의 무지를 지속시키면서, '나'의 현실이 유지될 수 있도록 한다. '나'는 점순이가 어떠한 의미로 "뭘 안그러는지"라고 말하는지 알지 못한다. 점순이의 무시는 무엇을 원하는지조차 알지 못하는 '나'의 '무지를 향한 욕망'을 작동시키는 역할을 하는 것이다. 이를 통해 '나'와 점순이의 관계는 성취되지 않는 방식[22]으로 남게 된다.[23]

「금 따는 콩밭」은 일관된 욕망을 추구하는 안정된 현실이 무시에 의해 유지되는 장면을 살펴볼 수 있는 작품이다. '영식'은 콩밭에서 농사를 짓는 것보다 금을 캐는 것이 더 이익이 될 수 있으리라 생각한다. 그의 아내 또한 콩밭에서 금이 날 수도 있다는 소식에 여유로운 생활을 누릴 수 있을 것이라는 기대를 가지게 된다. 그러나 콩밭에서 금이 나오지 않자, 두 사람의 사이는 위태로워진다. 영식을 꾀어 콩밭을 파내게 한 '수재'는 그 분풀이가 자신에게 돌아오지는 않을까 걱정한다. 결국 수재는 황토를 쥐고 금줄이라 하면서 그들을 속인다.

> "이리와 봐 금이래"
> 이윽고 남편은 아내를 부른다. 그리고 내 뭐랬어, 그러게 해보라고 그랬지 하고 설면설면 덤벼오는 아내가 한결 어여뻤다. 그는 엄지손가락으로 아내의 눈물을 지워주고 그리고 나서 껑충거리며 구덩이로 들어간다.
> "그 흙 속에 금이 있지요"

---

22 성취되지 못한 욕망은 역설적으로 성취될 수 없음을 향한 욕망, 즉 "우리의 욕망이 계속해서 "열려 있기" 를 욕망" 하도록 전환된다. 자신이 무엇을 욕망해야 할지 알지 못하는 '나' 의 무지는 "알지 못하고자 하는 욕망, 즉 무지를 향한 욕망" 으로 전환된다고 할 수 있다. "그가 욕망하는 것은 무엇보다 그의 욕망이 충족되지 않은 채, 즉 방해받은 채 욕망으로서 지속되는 것이다." (슬라보예 지젝, 2002/2004:341)

23 '나' 와 점순이가 동백꽃에 파묻히는 장면은 두 사람의 관계가 성취된 것으로 읽히기도 하지만, '나' 는 그것이 어떠한 의미인지 알지 못하기 때문에 이를 온전한 성취로 바라볼 수는 없다. 오히려 이 장면은 '성취될 수 없음' 에 의해서만 부분적으로 드러나는 '행복' 의 가능성이라 할 수 있다.

> 영식이 처가 너머 기뻐서 코다리에 고래등 같은 집까지 연상할 제 수재는 시원스러히
>
> "네 한 포대에 오십 원씩 나와유—"하고 대답하고 오늘 밤에는 꼭 정녕코 꼭 달아나리라 생각하였다. 거짓말이란 오래 못 간다. 뽕이 나서 뼉다구도 못 추리기 전에 훨훨 벗어나는 게 상책이겠다. (「금따는 콩밭」, 1:260-261)

영식과 아내는 부유한 삶에 대한 욕망을 이어나갈 수 있게 되면서 안정적인 관계를 회복한다. 그들이 알지 못하는 것은 표면적으로는 그 황토가 금이 아니라는 사실이다. 동시에 그들은 미래의 행복이 결여된 대상이라는 사실을 알지 못하는, 무지의 상태에 놓여 있다. 그들에게 거짓말을 한 수재는 그것이 금이 아니라는 것을 알고 있지만, 그 사실을 무시한다. 행복의 결여에 대한 수재의 무시를 통해서, 지금보다 나은 삶에 대한 영식과 아내의 욕망이 유지될 수 있는 것이다.

「생의 반려」 또한 무지와 무시를 통해 행복을 향한 열망을 지속시키는 구조를 명확하게 보여주고 있다. '명주'를 향한 '명렬'의 욕망은 행복과 같은 이상적 대상이 저 너머의 영역에 위치하는 기본적인 틀을 통해 유지된다. 현실의 평범한 대상인 '명주'는 "우연히" 연모의 대상의 자리로 격상된다. 명렬은 "머릿속에 따로이" 자신의 이상적 대상을 가지고 있다. 그 대상은 "저쪽에 끌어내놓고" 저 너머에 있으리라 여겨지는 존재이다.[24] 그 대상을 향한 명렬의 열망은 "한 개의 신앙"처럼 믿음을 통해 작동한다.[25] 명렬의 현실은 명주에 대한 열망으로 질서를 갖추게 된다.[26]

---

24 "그는 자기의 머릿속에 따로이 저의 여성을 갖고 있는 것이다. 말하자면 그와 같이 생의 절망을 느끼고, 죽자하니 움직이기가 귀찮고 살자하니 흥미 없는 그런 비참한 그리고 그가 지극히 존경하는 한 여성이 있는 것이다. 그는 그 여성을 저쪽에 끌어내놓고 연모하기 시작하였다. 그리고 명주는 우연히 그 여성의 모형이 되고 말았을 그뿐이겠다." (「생의 반려」, 1:456)

25 "편지가 오고가고 하면 할수록 그는 더욱더 명주를 숭상하였다. 마지막에 이르러서는 연모의 정을 떠나 완전히 상대를 우상화하게까지 되었다. 말하자면 이것은

명렬은 '나'를 통해 명주에게 편지를 전하고자 하지만, '나'는 이를 전하지 않는다. 대신 편지를 전했다는 거짓말과 함께 누이동생을 시켜 답장을 쓰게 한다. 명렬은 자신의 편지가 전해지지 않았다는 사실, 자신이 받은 답장이 다른 사람에 의해 작성된 것이라는 사실을 알지 못한다. 이러한 사실들에 대한 명렬의 '알지 못함'은 그의 욕망이 흔들리지 않고 유지될 수 있게 한다. 문제는 그 사실이 드러날 때 발생한다.

> 그것은 명주에게 갔다가 "수취거절"이란 쪽지가 붙어온 편지였다. 그 소인을 보면 어제 아침에 띄웠다가 오늘 되받은 것이 확적하였다.
> …(중략)…
> "아마 이런 가부다"
> 이렇게 나는 그의 앞으로 다가앉으며
> "기생의 어머니란 건 너 아주 숭악한 거다, 딸이 연애라두 해서 바람날까 봐 늘 지키고 있어요. 그러니까 그런 편지를 받을랴 하겠니? 말하자면 그 어머니가 편지를 안 받고는 도루 보내고 보내고 하는 거야."
> "응!"
> 하고 깨다른 듯 싶기에
> "그러게 편지를 헐랴면 그 당자에게 넌즛넌즛이 전하는 수밖에 없다."
> 고 의수하게 꾸려대었다. (「생의 반려」, 1:487-488)

'나'를 통하지 않고 편지를 보냈지만 "수취거절"이라는 쪽지와 함께 그 편지를 돌려받았을 때, 명렬은 자신이 모르던 것들에 대해 너무 많이 알게 될 상황에 놓인다. 명렬은 단지 그동안 편지가 전해지지 않았다는 사실에 대해 알게 되는 것이 아니다. 그는 욕망의 허구성에 내재되어 있는

한 개의 여성이 아니라 그의 나아갈 길을 위하여 빚어진 한 개의 신앙이었다." (「생의 반려」, 1:476)

26 욕망의 대상으로서의 명주는 명렬이 "자신의 모형에 맞게끔 상대의 형상을 조정" 하여 "창조해낸 환상" 으로서(김주리, 2006:309), 실질적인 대상이라기보다는 환상적인 대상이다.

근본적인 불가능성 자체에 대한 앎과 대면하게 되는 것이다. 이는 명렬에게 있어서 명주를 향해 조직된 자신의 삶이 뒤흔들리게 될 위협이라고 할 수 있다. 그러나 '나'는 명렬이 마주하게 될 진실을 무시한다. 이어서 그의 욕망이 유지될 수 있도록 또 다른 위장을 구사한다. 그들의 무지와 무시는 행복의 성취가 지니고 있는 근본적인 불가능성을 가림과 동시에, 그들의 욕망을 이루어지지 않은 채로 지속시킨다.

김유정의 작품들은 비극적 현실을 담아냄으로써 행복과 같은 이상적인 삶의 형태가 도달 불가능하다는 것만을 그려내거나, 그러한 대상이 존재하지 않는다는 것만을 지시하는 것에 그치지 않는다. 이처럼 비극적 상황만을 강조하는 것은 오히려 현실에서의 생활을 유지할 수 없게 만드는 것과 다르지 않다. 이와 반대로, 김유정의 작품들은 무지와 무시를 통해서 인물들이 삶을 이어나갈 수 있도록 만든다. 그들의 행복이 저 너머에 존재하는 것처럼 구성함으로써, 그들이 처한 현실이 무너지지 않고 지속될 수 있도록 행복을 향한 욕망의 무대를 구조화하는 것이다.

4. 나오며

지금까지의 논의를 통해, 이상적 대상으로서의 '행복'에 대한 김유정의 인식이 작품 안에서 어떠한 방식으로 나타나는지 살펴보았다. 여기서 전제되는 것은 행복이 상정된 것일 뿐, 그 자체는 결여라는 작가의 인식이다. 이러한 인식은 행복이 믿음을 통해 존재한다는 문장에서부터 분명하게 드러난 바 있다.

'지금 여기'에서는 닿을 수 없는 '저 너머'의 행복은 실질적으로 존재하는 것이 아니다. 김유정의 소설들에서 저 너머의 행복에 도달하는 인물들은 등장하지 않는다. 이들이 욕망을 달성하지 못하고 실패하는 장면들은 행복이 저 너머에 놓여 있어 도달하지 못한다는 사실을 보여주기보다는, 행복 그 자체의 결여로 인한 근본적인 불가능성으로부터 비롯되는 것이다. 그럼에도 소설 속 인물들은 자신의 행복이 언젠가는 성취될 것이라는 믿음을 지니고 있다. 김유정은 도래할 행복을 저 너머에 위치시킴으로써, 인물들의 욕망이 지속될 수 있도록 구성한다. 그들의 실패는 보다 나은 삶을 욕망하는 현실을 유지시킨다.

실패를 통해 구조화된 행복을 지탱하는 것은 소설 속 인물들의 무지 또는 무시이다. 그들은 행복의 결여라는 진리를 마주할 위기에 처했을 때, 이에 대해 전혀 알지 못하거나 무시하는 태도를 취한다. 결여와의 마주침으로 인해 현실이 붕괴되지 않도록, 그들은 무지하거나 무시함으로써 결여의 자리를 가리고 메꾼다. 이처럼 김유정 문학은 행복을 열망하는 일관된 현실을 작품을 통해 구조화한다. 나아가, 행복과 같은 이상적 대상의 결여에 대한 김유정의 인식은 곧 근대적 현실에 대한 인식이다. 이러한 인식을 공유하는 동시대의 문학사적 흐름과 함께 논의를 심화시킨다면 김유정 문학이 놓일 수 있는 좌표 또한 재정립될 수 있을 것이다.

참고문헌

권은, 「식민지 도시 경성과 김유정의 언어 감각」, 『인문과학연구』 38, 성신여자대학교 인문과학연구소, 2018.

권채린, 「김유정 문학의 향토성 재고(再考) −30년대 향토 담론과의 비교를 중심으로」, 『현대문학의 연구』 41, 한국문학연구학회, 2010.

김경수, 「일제강점기 데릴사위 이야기의 문학법리학적 고찰」, 『구보학보』 28, 구보학회, 2021.

김동인, 「短篇小說 選後感(四) − 佳作 『노다지』 金裕貞 作」, 『조선중앙일보』, 1935.1.9.

김미지, 「기생(寄生)과 공생(共生) 사이 - 구인회 도시소설과 겹쳐 읽은 김유정 소설」, 『구보학보』 26, 구보학회, 2020.

김예리, 「김유정 문학의 웃음과 사랑」, 『한국예술연구』 14, 한국예술종합학교 한국예술연구소, 2016.

김유정, 유인순 편, 『정전 김유정 전집』 1−2, 소명출판, 2021.

김윤식, 전신재 편, 「들병이 사상과 알몸의 시학 −김유정 문학의 문학사적인 한 고찰」, 『김유정문학의 전통성과 근대성』, 한림대학교 아시아문화연구소, 1997.

김윤식, 김현, 『한국문학사』. 민음사, 1996.

김윤정. 「김유정 소설의 정동 연구 −연애, 결혼 모티프를 중심으로」, 『현대문학이론연구』 71, 현대문학이론학회, 2017.

김종호, 「김유정 소설에 나타난 '들병이'에 대한 일 고찰」, 『한민족어문학』 43, 한민족어문학회, 2003.

김주리, 「저키즘의 관점에서 본 김유정 소설의 의미」, 『한국현대문학연구』 20, 한국현대문학회, 2006.

노지승, 「위장, 김유정 소설에 나타난 자기(self)의 텍스트화 양상−<두꺼비>와 <생의 반려>를 중심으로」, 『현대소설연구』 53, 한국현대소설학회, 2013.

레나타 살레츨, 정영목 옮김, 『알고 싶지 않은 마음』, 후마니타스, 2021.

박필현, 「경계에 서서 바라본 인간의 삶과 '외대한 사랑' − 김유정 문학 속 인물 및 공동체의 특성을 중심으로」, 『구보학보』26, 구보학회, 2020.

방민호, 「김유정, 이상, 크로포트킨」, 『한국현대문학연구』 44, 한국현대문학회, 2014.

백상현, 『라깡의 인간학』, 위고, 2017.

버트런드 러셀, 이순희 옮김, 『행복의 정복』, 사회평론, 2005.

서동수, 「김유정 문학의 유토피아 공동체와 크로포트킨의 상호부조론」, 『스토리앤이미지텔링』 9, 건국대학교 스토리앤이미지텔링연구소, 2015.
석형락, 「못 들은 척과 침묵 – 김유정 문학에서 듣기의 양상과 그 의미」, 『현대소설연구』 88, 한국현대소설학회, 2022.
송주현, 「김유정 소설에 나타난 사랑의 의미 연구 –인물 관계와 서사화 과정을 중심으로」, 『한민족어문학』 77, 한민족어문학회, 2017.
슬라보예 지젝, 김정아 옮김, 『죽은 신을 위하여』, 길, 2007.
슬라보예 지젝, 박정아 옮김, 『그들은 자기가 하는 일을 알지 못하나이다』, 인간사랑, 2004.
슬라보예 지젝, 정혁현 옮김, 『분명 여기에 뼈 하나가 있다』, 인간사랑, 2016.
심재욱, 「김유정 문학의 미학적 정치성 연구」, 『어문논집』 78, 중앙어문학회, 2019.
아리스토텔레스, 천병희 옮김, 『니코니마스 윤리학』, 숲, 2013.
안아름, 「김유정 소설에 나타난 생(生)의 상상력」, 『인문과학연구논총』 43(4), 명지대학교 인문과학연구소, 2022.
알랭, 전종윤 옮김, 『행복론』, 기파랑, 2013.
알랭 바디우, 박성훈 옮김, 『행복의 형이상학』, 민음사, 2016.
오태호, 「김유정 소설에 나타난 '연민의 서사' 연구 –마사 누스바움의 '감정론'을 중심으로」, 『국어국문학』 184, 국어국문학회, 2018.
유인순, 「김유정 소설의 웃음 그리고 그 과녁 –<총각과 맹꽁이>·<봄·봄>·<두꺼비>를 중심으로」, 『현대소설연구』 38, 한국현대소설학회, 2008.
이경희, 「데카르트의 도덕론에서 행복과 최고선의 문제」, 『철학논총』 109, 새한철학회, 2022.
이어령, 『諧謔의 美的範疇, 思想界』 64, 사상계, 1958.
이원석, 「칸트 행복 개념의 발전사적 고찰」, 『인문과학』 59, 성균관대학교 인문학연구원, 2015.
임마누엘 칸트, 백종현 옮김, 『순수이성비판』, 아카넷, 2006.
임정연, 「김유정 자기서사의 말하기 방식과 슬픔의 윤리」, 『현대소설연구』 56, 한국현대소설학회, 2014.
자크 라캉, 맹정현 옮김, 『자크 라캉 세미나 1: 프로이트의 기술론』, 새물결, 2016.
장수경, 「정념의 관점에서 본 김유정 소설의 미학 –「봄봄」, 「노다지」, 「소낙비」, 「가을」을 중심으로」, 『한민족문화연구』 55, 한민족문화학회, 2016.
지그문트 프로이트, 김석희 옮김, 『문명 속의 불만』, 열린책들, 2019.

홍혜원, 「폭력의 구조와 소설적 진실 -김유정 소설을 중심으로」, 『현대소설연구』 47, 한국현대소설학회, 2011.

「新春文藝選後感」, 『조선일보』 , 1935.1.1.

Lacan, J., in J. A. Miller(Ed.), The Semina of Jacques Lacan, Book Ⅶ: The Ethics of Psychoanalysis 1959-1960(D. Porter, Trans.), London: Routledge 1992.

김유정 소설에 나타난 생(生)의 상상력

안아름

1. 들어가며

본고는 김유정의 수필에서 반복적으로 드러나는 자연과 시간에 대한 인식을 통해 김유정의 소설을 다시 읽고, 이를 바탕으로 김유정 소설에서 드러나는 동양적 사유와 그 의미를 파악하는 것을 목적으로 한다. 이를 위해 먼저 몇 가지 문제의식을 제시하고자 한다.

김유정과 그의 소설에 대한 연구와 평가는 대개 '향토성'[1] 으로 집약되

---

1 김유정의 '향토성' 과 관련된 논의들은 크게 순진한 농촌 인물, 토속적·해학적 정서와 문체, 전통적 언어 구사 등의 특성을 '향토성' 으로 다루는 경우와 1930년대의 근대성, 식민지 근대성의 특징으로 '향토성' 을 접근하는 경우로 나눌 수 있다. 그 중 토속적 특성으로서 '향토성' 의 경우는 김유정 연구의 대부분을 차지한다는 점에서 김유정의 '향토성' 과 관련된 연구는 기실 김유정 소설 전반에 걸친 연구를 의미한다고도 할 수 있다.

관련 논의를 전부 언급할 순 없으나 토속적 특성으로서 '향토성' 을 다룬 논의들을 간략하게 살펴보면 다음과 같다. 한상무, 「김유정 소설에 나타난 강원도 여성상」, 『강원문화연구』 제24집(2005.12), 107-121; 유인순, 「김유정 소설이 웃음 그리고 그 과녁- 〈총각과 맹꽁이〉, 〈봄·봄〉, 〈두꺼비〉를 중심으로」, 『현대소설연구』 제38호(2008.08), 201-222.; 김명숙, 「김유정 소설미학의 블랙유머적인 특징」, 『한국학연구』 28호(2012.10), 269-314; 전신재, 「판소리와 김유정 소설의 언어와 정서」, 『김유정 문학의 재조명』, 서울: 소명출판, 2012; 이미림, 「김유정 문학의 로컬리티 연구」, 『배달말』 제64호(2019.06), 311-339쪽.

다음으로 1930년대의 근대성, 식민지 근대성의 특징으로 '향토성' 을 다룬 다음과 같은 논의들이 있다. 김양선, 「1930년대 소설과 식민지 무의식의 한 양상: 김유정 소설에 나타난 향토의 발견과 섹슈얼리티를 중심으로」, 『한국근대문학연구』 제5권 제2호(2004.10), 146-171쪽; 김화경, 「모더니티가 구성한 농촌과 고향 -김유정 '농촌소설' 재론」, 『현대소설연구』 제39호(2008.12), 205-224쪽; 권채린, 「김유정 문학의 향토성 재고 -30년대 향토 담론과의 비교를 중심으로-」, 『현대문학의 연구』 제41호(2010.06), 107-137쪽; 이현주,

어 있는 편이다. 이러한 원인을 몇 가지로 정리할 수 있는데, 우선 「봄·봄」과 「동백꽃」과 같은 작품이 문학 교육 자료로 사용되어 대중에게 김유정의 문학적 특징을 각인시키는 데 큰 영향을 주었기 때문일 것이라 추측할 수 있다.[2] 두 번째, 농촌 배경 소설들은 일관된 구성과 특징을 반복적으로 보이지만 도시 배경 소설들은 김유정의 자전적 특성이 반영된 소설, 습작이나 완성작의 초고에 해당하여 하나의 특징으로 묶어 설명하기 어려운 부분이 있다는 것이다. 세 번째, 도시와 농촌을 배경으로 하는 소설 모두 사회 경제적 빈민과 하층민을 그린다는 점[3]에서 '도시' 라는 공간의 변별성이 상실되면 도시 배경 소설과 농촌 배경 소설의 차이를 설명하기가 어렵다는 점이다. 네 번째, 도시 배경 소설이 농촌 배경 소설들에 비해 분량이 상대적으로 짧고 소설 구성이 단조로운 것도 원인으로 지적될 수 있다. 농촌 배경 소설들은 농촌의 풍경 등을 묘사하는 데 많은 분량이 할애되지만 도시 배경 소설들에서는 주변 풍경 묘사를 발견하기 어렵다. 이러한 차이로 인해 상대적으로 더 종합적인 설명이 가능한 농촌 배경 소설이 김유정 문학의 대표적인 특징으로 굳어졌을 것이라 추측할 수 있다.

그러나 앞서 지적했듯 상대적으로 두드러지는 특징을 보이는 '농촌 배경'과 '하층 농민들'이 김유정의 문학적 특성을 대표할 때 설명할 수 없는

「고향의 발견, 호명된 '영서(嶺西)' -〈봄·봄〉, 〈동백꽃〉과 〈모밀꽃 필 무렵〉을 중심으로-」, 『현대문학의 연구』 제72 (2020.01), 31-62쪽.

2 김지혜는 교과서에 실린 문학 작품이 한 작가의 위상 및 작품 세계의 특징을 결정하는 데 큰 역할을 한다는 점을 지적하며, 교과서에 실리고 있는 「동백꽃」, 「봄·봄」 등의 향토성 짙은 작품들이 김유정 소설의 특징을 일반인에게 각인시키는 기저가 되었다고 본다. 김지혜, 「김유정 문학의 교과서 정전화 연구」, 『현대문학이론연구』 제51호(2012.12), 137쪽.

3 박상준의 경우는 김유정의 도시 배경 소설들이 상대적으로 연구 동향에서 소외되었다는 점을 지적한다. 그리고 그러한 이유로 김유정 문학의 특징이라고 할 수 있는 농촌의 궁핍함, 해학미, 아이러니 등이 두드러지지 않는다고 여겨지는 작품들이 대개 주목받지 못하기 때문이라고 분석한다. 박상준, 「반전과 통찰: 김유정 도시 배경 소설의 비의」, 『현대문학의 연구』 제53호(2014.06), 10쪽.

소설들이 생기게 된다. 즉 김유정의 작품들 중 절반 가량의 도시 배경 소설에 대해선 설명할 수 없는 것이다. 김유정의 도시 소설을 연구한 정현숙은, 김유정 소설에서 농촌과 도시의 공간은 모두 "생존의 조건이라는 점에서 동질적인 공간"[4]이라고 지적한 바 있다. 이러한 논의는 '김유정 소설에서는 공간의 차이가 소설 구성에 큰 영향력을 주지 않는다'는 전제를 가능하게 하며, '공간이 가진 차이를 무화시키고 김유정 소설에 해석의 유사성을 만들어내는 서사적 특질이 무엇'인지를 파악할 필요가 있음을 시사한다. 즉, 농촌과 농민이라는 배경 외에 김유정 소설이 가진 특성이 무엇인지 밝혀낼 때, 김유정 소설에 대한 일관된 평가에 대한 구체적인 설명이 가능해질 수 있다는 것이다.

또한 농촌 소설을 설명할 때 보조적으로 활용되는 두 어 편의 수필들을 제외한 나머지 수필 -주로 병상에서 작성된 일기 류- 에 대해서는 제대로 된 평가가 이루어질 수 없다는 점도 김유정 문학에 대한 면밀한 분석이 필요한 이유이다. 주지하다시피 김유정은 폐결핵으로 인해 요절했을 뿐만 아니라 신춘문예에 당선되어야만 작가로 인정받고 작품을 발표할 지문을 얻을 수 있었던 당시의 문단 경향으로 인해 실제 창작 활동 시기가 매우 짧았기 때문이다. 김유정은 1935년 1월에 『조선일보』 신춘문예에 「소낙비」가 당선되어 작가로 활동하며 병환으로 인해 생을 마감하는 2여 년 동안 모든 작품을 발표하는데[5], 등단 전까지를 포함한다고 하더라도 창작활동이 채 5년이 되지 않았던 것으로 보인다. 또한 대부분의 작품이 투병 중에 창작되었다는 점에서 수필에 대한 연구는 소설만큼 그

4 정현숙, 「김유정 소설과 서울」, 『현대소설연구』 제53호(2013.08), 330쪽.

5 김유정은 1935년에만 탈고일을 기준으로 「잎이 푸르러 가시든 님이」, 「노다지」, 「금」, 「떡」, 「산골」, 「솥」, 「홍길동전」, 「조선의 집시」, 「나와 귀뚜람이」, 「봄 · 봄」, 「안해」 11편의 소설과 수필을 발표한다. 「봄과 따라지」, 「가을」이 1936년에 발표했으나 탈고는 1935년에 끝났기 때문에 사실상 1935년에만 13편의 글을 썼다.

의 문학적 궤도를 추적하는 데 중요한 역할[6]을 한다고 할 수 있다.

따라서 이 글은 이러한 문제의식을 바탕으로 김유정에 대한 선행 연구를 인정하며, 그의 수필과 소설에서 반복적으로 드러나는 사유와 소설 구성 등에서 발견되는 공통적인 특징을 통해 김유정의 소설을 다시 읽고자 하는 시도이다. 이러한 접근을 통해 공간의 차이와 무관하게 김유정의 소설에서 공통적으로 드러나는 특성을 도출할 수 있고, 이분화된 기존 논의들을 통합해볼 수 있는 관점을 마련할 수 있다. 또한 과작(寡作)의 작가임에도 불구하고 그동안 제대로 다뤄지지 않은 수필을 소설과 함께 면밀히 살펴볼 수 있으며, 이를 통해 시대와 인물들을 형상화하는 작가 김유정과 삶을 살아가는 개인 김유정에 대한 이해의 폭을 넓힐 수 있다.

2. 동양적 사유와 서사적 재현

> 勿論 이것이 無理임을 잘 안다. 無理를 하면 病을 더친다. 그러나 그 病을 위하여 업집어 無理를 하지 않으면 안되는 나의 몸이다.
>
> 그 돈이 되면 于先 닭을 한 三十마리 고아 먹겠다. 그리고 땅군을 디려, 살모사, 구렁이를 十餘뭇 먹이보겠다. 그래야 내가 다시 살아날 것이다. 그리고 궁둥이가 쏙쏘구리 돈을 잡아먹는다. 돈, 돈, 슬픈 일이다. (「필승前」)[7]

---

6 본고에서는 전집에서 '수필'의 영역으로 구분되어 있는 작품 외에 '편지 및 일기' 역시 수필로 묶어 다루고 있다. 그 이유는 필자가 김유정이 갖고 있던 자연과 시간에 대한 사유가 소설에 다양한 방식으로 형상화되었다는 가정에서 논의를 진행하고 있기 때문이다. 수필, 편지, 일기는 허구(fiction)로서의 소설보다 자기 자신을 드러내는 자전적 성격이 더 강하기 때문에 김유정의 사유를 확인하기 적절한 작품에 속한다고 보았다. 가령 김상태의 경우는 "문학성을 지내고 있는데 어느 장르에도 귀속시키기 어려운 작품", "체험이 주축이 되는 것"을 수필로 정의하며, "예술성을 지니고 있는 글을 소외시키지 않고 문학으로 구제할 수 있는 것이 수필의 장르가 존재하기 때문"이라고 설명한다. 이런 논의는 본고에서 왜 수필 외의 글들을 폭넓게 다루는지에 대해서도 설명해준다. 김상태, 「소설과 수필의 경계」, 『현대소설연구』 제42호(2009.12), 11, 17쪽.

7 김유정, 「필승前」, 전신재 편, 『원본 김유정 전집』, 서울: 강, 2012, 474쪽.

(중략) 그것은 사람을 대할적마다 우울하야지는 그래 사람을 피할려는 염인증(厭人症)입니다. 그 고질을 손수 고처보고자 판을 걷고 나슨 것이 곧 현재의 나의 생활이요, 또는 허황된 금점에서 문학으로 길을 바꾼것도 그 이유가 여기에 있을것입니다. 내가 문학을 함은 내가 밥을 먹고, 산뽀를 하고, 하는 그 일용생활과 같은 동기요, 같은 행동입니다. 말을 바꾸어 보면 나에게 있어 문학이란 나의 생활의 한 과정입니다. (「病床의 생각」)[8]

위의 편지와 수필에서 드러나듯 실제 김유정의 삶은 그의 소설 속 인물들이 처한 삶과 크게 다르지 않았다. 그는 신체적·정신적으로 여러 병에 걸려 있었으며, 지독한 가난에 허덕였다. 글을 쓰고 번역을 하는 일이 자신의 병세를 악화시킬 것을 알지만 그는 오늘을 살기 위해 돈을 벌어야 했다. 그의 글쓰기는 살기 위한 하나의 방법이었고, 동시에 매일의 한 과정과도 같은 것이다. 이처럼 김유정에게 있어 '글-쓰기'와 '삶-살기'는 결코 떼어 생각할 수 없었던 것이며, 이는 곧 그의 문학과 삶이 곧 '글-살기'와 '삶-쓰기'와 다를 바 없었음을 보여주는 것이기도 하다. 이처럼 김유정의 수필은 작가이자 한 개인으로서 김유정이 가지고 있던 사유를 이해하는데 중요한 단서를 제공한다.

인젠 여름도갔나부다. 아츰저녁으로 제법 맑은 높새가 건들거리기 시작한다. 머지 않어 가을은 올 것이다. 얼른가을이 되어주기를 나는 여간 기달려지지않는다. 가을은 마치 나에게 커다랗고 그리고 아름다운 그 무엇을 가저올것만같이 생각이 든다.

요즘에 나는 또하나의病이늘었다. 지금 두가지의 病을 앓으며 이렇게 철이 바뀌기만 무턱대고 기다리고 누어있다. 나는 바뀌는 節序에 가끔속았다.

지난 겨울만하여도 얼른봄이 되어주기를 그얼마나기달리었든가. 봄이

---

8 위의 책, 472쪽.

오면 날이 和暢할게고 보드라운 바람에 움이 트고 꽃도 피리라. 萬物은 씩씩한 蘇生의 樂園으로 變할것이다. 따라 나에게도 보드라운 그무엇이 찾아와 무거운 이 憂鬱을 씻쳐줄것만 같았다.

(중략) 내自身 亦 난데없는 그수라는 것이 웬놈의 순지 영문도 모르련만. 그러자 봄은 되었다. 갑자기 변하는 日記로 말미아마 그런지 나는 海日같이 血痰을 吐하였다. 밤이면 不眠症으로 시난고난 몸이 말랐다.

(중략) 바뀌는 철만 기다리는 마음 그것은 分明히 憂鬱의 延長이다. 咫尺에 님두고 못보는마음 거기에나 比할는지. 안타깝고 겁겁한 希望으로 가는 날짜를 부지런히 손꼽아 본다. 그러나 정작 제철이 닥쳐오면 덜컥하고 고만 落心하고 마는 것이다.

幸福의 本質은 믿음에 있으리라. 속으면서 그래도 믿는, 이것이 어쩌면 幸福의 하날지도 모른다. (「幸福을 등진 熱情」)[9]

수필 「행복을 등진 열정」에서는 시간의 흐름과 계절의 변화를 대하는 김유정의 태도가 잘 드러난다. 그렇게 봄이 오기만 기다렸지만 정작 그 봄이 되고 나아진 것은 아무 것도 없다. 오히려 달라진 계절에 그는 피를 토하고 불안증으로 메말라간다. 그러나 글의 마지막에 김유정은 행복의 본질은 믿음에 있다면서 다시 다가올 가을에 희망을 걸고 있다. 이 믿음은 여름이 시나면 가을이 온다는 것, 겨울이 지나면 곧 봄이 온다는 것, 즉 '시간은 흘러간다'는 자연의 섭리에서 비롯된다. 막상 닥친 그 계절이 자신에게 시련을 준다 하더라도 결국 그 시간은 미래로 흘러갈 것이고 계절은 바뀔 것이기 때문이다.

'여름의 끝엔 가을이 온다는 것, 낮의 해가 지면 달이 뜬 밤이 온다'는 것은 단순하지만 분명한 자연의 진리로, 동양의 순환적이며 나선적인 시간관[10]을 잘 보여주는 예이다. 이러한 동양적 시간관이 잘 드러나는 것은

---

9 위의 책, 437-439쪽. 밑줄 인용자.

10 표정옥은 "이상의 시간이 전도된 가역의 시간이라면 김유정은 일정한 순환성을 가" 지며, 따라서 김유정의 소설 속에서는 계절의 변화 뿐 아니라 스토리 역시 순차적으로 진행된다고 보았다. 나아가 이를 김유정이 실제 삶을 대하는 태도와

『주역』이다. 『주역』에서는 '때(時)를 파악하는 것을 중요하게 여기며, 시간에 대해 다양하게 개념화한다. 『주역』에서 시간은 천지(天地)의 운동성을 결과이며, 그것은 다시 '생'을 추동시키는 움직임, 즉 '생동(生動)'이 된다. 또한 『주역』에서는 시간이 순환적이라고 본다. 이때 순환은 반복되는 고정적 시간이 아니라, 새롭게 바뀔 가능성을 가진 창조적 시간이다. 계절이 반복되어도 올해와 작년의 계절은 결코 같지 않기에 무한히 변화할 수 있다. 변화의 가능성으로 인해 시간은 다시 '운동성'을 갖게 된다. 이처럼 『주역』의 시간관에서 중요한 것은 '생(生)'[11]과 '변화(易)'이다. 즉 시간 자체에 흐름(動)과 변화(易)가 있고 이를 바탕으로 '생기(生氣)'가 생긴다고 보는 것이다. 그리고 이러한 영향관계는 그 자체로 끊임없는 운동성을 갖게 된다.[12]

> 날이 차차 더워집니다. 더워질수록 저는 시골이 無限 그립습니다. 물소리 들리고 온갖새 지저귀는 저 시골이 그립습니다. 우거진 綠陰에 번듯이 누워 閑寂한 매미의 노래를 귀담어들으며 <u>먼 푸른 하늘</u>을 이윽히 바라볼 때 저는 가끔 詩人이 됩니다. 아마 이우 더큰 幸福은 다시없겠지요. 姜兄도 한 번 試驗해보십시오. 그런데 여기에 하나 注意할 것은 <u>蒼空을 바라보되 님을 對하듯 敬虔히 할것입니다. 그래야 비로소 類다른 幸福과 그 무었인가 알수없는 커다란眞理를 깨다르실것입니다.</u> (「姜鷺鄉前」)[13]

다르지 않다고 지적한 바 있다. 표정옥, 「문명충돌 속 한국 근대 질병 상상력이 소설 구성에 미치는 영향 연구 -김유정과 이상의 결핵을 중심으로」, 『비교한국학』 제28권 제1호(2020.04), 101-102쪽.

11 『주역』에서 쓰인 '生'의 의미는 세 가지로 구분할 수 있는데 첫째는 움직이며 나오는 모든 행위를 의미하며, 둘째는 '발생한다, 일어난다'의 의미이며, 셋째는 '생존한다'의 의미이다. 황인선, 「『周易』의 生命的 時間觀에 관한 硏究」, 박사학위논문, 충남대학교 대학원, 2009, 15쪽.

12 『주역』에서는 이를 '生生'이라는 개념을 통해 설명한다. '生生'은 두 가지 의미로 해석할 수 있는데, "하나는 끊임없는 변화이고, 다른 하나는 무궁한 산출력"이다. 곽신환, 「중화론과 유교의 생명사상」, 『전통사상과 생명』, 경기: 국학자료원, 2003, 99쪽.

13 김유정, 앞의 책, 461쪽. 밑줄 인용자.

소설가 강로향에게 보낸 편지인 「강로향전」에서도 김유정은 행복과 커다란 진리를 깨닫는 방법으로 푸르른 계절을 느끼라 권한다. 스스로도 '그 무엇인가 알 수 없는' 이라고 표현하고 있으나 "커다란" 것만은 분명한 "진리"는 바로 "푸른 하늘"(자연)에서 비롯된다.

동아시아 문화권은 "신이나 자연이 아닌, 인간을 중심자리에 놓고 모든 것을 연구 대상으로 삼는 독특한 사유 구도"[14]를 가지고 있었고, 이로 인해 『주역』에서도 자연을 뜻하는 '천지(天地)'를 인간과 더불어 함께 해야 할 대상으로 서술하고 있다. 나아가 '천지(天地)'와 인간(人)은 같은 구조와 특성[15]을 가지고 있기에, 인간이 따라야 할 원리와 규율을 자연에서 찾을 수 있다고 본다.[16] 그리고 이때 천지의 가장 중요한 역할은 생명을 낳는 것(生)이며, 이때 낳고 낳는 '生生'은 곧 자체로 '易'이 된다. 「강로향전」에서도 '생'과 '변화'로서 자연의 진리가 드러나고 있음을 확인할 수 있다.

그밖에 김유정의 여러 수필에서는 시간과 계절의 흐름에 대한 작가의 민감한 태도가 드러난다.[17] 물론 이를 오랜 투병 생활을 한 작가의 전기

---

14 진입부, 서명석 · 이우진 역, 『동양의 인간과 세계: 물리에서 인리로』, 서울: 철학과현실사, 2000, 15쪽.

15 『주역』에서는 천지(天地)를 의인화시키는 표현이 반복적으로 드러난다.
"천지가 感應하니 만물이 변화하여 생성한다" (『주역』, 「咸卦」) "천지가 서로 짝하니 만물이 모두 나타난다" (『주역』, 「姤卦」) "천지는 음양 두 기운이 쌓이고 만물이 순화하고 남녀의 정기가 합하여져 만물이 변화·생성된다." (『주역』, 「繫辭下」), "천지의 大德은 생명을 낳는 것이다" (『주역』, 繫辭下」) 황인선, 앞의 논문, 38쪽

16 "天의 운행이 굳세니 君子가 그 원리를 써서 스스로 굳세고 쉬지 않는다" (『주역』「乾卦」). 천지를 인간이 교훈을 얻고 본받아야 할 대상으로 인식한다는 것은 천지는 더 이상 인간에게 대상적 존재가 아니라 실존적 인간이 도덕적 실천을 구현해야 할 시공간이란 의미를 갖는다. 위의 논문, 39쪽.

17 시간과 계절의 흐름에 대한 작가의 민감한 태도는 다수의 수필에서 반복적으로 드러난다. 「나와 귀뚜람이」에서는 병의 고통 속에서 "철이 바뀌기만 가을이 되기만 기다" (422)리는 모습을 통해 현재의 고통에서 벗어나고자 시간이 빨리 흘러가길 바라는 작가의 태도가 잘 드러난다. 또한 「길」에서는 자신에게 작년 가을을 넘기가 어려울 것이라 했던 의사의 말을 떠올리며 한 해를 지나 올 가을을 맞이

적 배경을 바탕으로 이해할 수도 있을 것이다. 그러나 본고에서 주목하는 것은 시간의 흐름을 갈망하는 작가의 '시간에 대한 인식'이며, 그 배경에 '자연'이 반복적으로 드러난다는 것이다.[18]

이러한 관점을 바탕으로 할 때 김유정의 수필에서 반복적으로 발견되는 계절의 흐름에 대한 서술들은 '생'에 대한 의지와 '변화'의 갈망이라는 동양적 사유를 바탕으로 하고 있다고 전제할 수 있다.

그리고 이러한 사유는 수필뿐 아니라 김유정의 소설 인물들을 통해서도 드러난다. 지금까지 김유정의 소설 속 인물들은 대개 "일차적 욕망"만을 표출하거나 그로 인해 "자연물에 가까운 사람들"[19]로 논의되어 왔다. 동시에 어떤 최악의 상황도 받아들이는 순응적인 인물들로 설명되기도 했다. 이러한 논의들은 모두 '낮과 밤의 하루가 지나면 내일이 다시 오고' '달이 차고 기우는 것' 같은 자연의 법칙과 동양적 사유를 바탕으로 접근할 때 통합적으로 설명할 수 있다.

하는 자신에 대해 서술한다. 「밤이 조금만 짤럿드면」에서도 역시 고통 속에서 더디게 흘러가는 밤(의 시간)을 야속해 하는 태도가 드러난다.

18 김유정 소설에서 드러나는 '자연'에 주목한 논문으로는 「김유정 소설의 노장적 사유 연구 – '금'을 중심으로」가 있다. 김동혁은 김유정 소설의 '자연'을 명사로서의 자연이 아닌 '원래 존재하는 근원'으로 정의하며, 도가적 사유를 바탕으로 분석하고 있다. 자연성에 주목한다는 점에서 본고의 논의와 유사한 부분이 있으나 본고는 실제 자연과 그 자연의 흐름이 만들어내는 힘에 주목하고 있고, 이를 동양적 시간관을 통해 접근하고자 했다는 점에서 차이가 있다. 김동혁, 「김유정 소설의 노장적 사유 연구 – '금'을 중심으로」, 『한국문화기술』 통권 제11호(2011.06), 5-8쪽.

19 김미영, 「병상(病床)의 문학, 김유정 소설에 형상화된 육체적 존재로서의 인간」, 『인문논총』 제71권 제4호(2014.11), 50쪽.

2-1. 흐르는 자연의 시간과 받아들이는 인물

> 나는 얼 빠진 등신처럼 정신없이 나려오다가 그러자 선뜻 잡히는 생각이 기생이 늙으면 갈 데가 없을 것이다, 지금은 본 체도 안 하나 옥화도 늙는다면 내게 밖에는 갈 데가 없으려니, 하고 조곰 안심하고 늙어라, 늙어라, 하다가 뒤를 이어 영어, 영어, 영어, 하고 나오나 그러나 내일 볼 영어시험도 곧 나의 연애의 연장일것만 같애서 예라 될대로 되겟지, 하고 집어치고는 휑한 광화문통 큰 거리를 한복판을 나려오며 늙어라, 늙어라, 고 만물이 늙기만 마음껏 기다린다. (「두꺼비」)[20]

위의 인용문은 박녹주에 대한 김유정의 열렬한 구애의 경험들이 녹아 있는 「두꺼비」이다. 「두꺼비」는 지금껏 '두꺼비'를 통해 옥화에게 했던 구애가 그녀에게 전혀 전해지지 않았다는 사실을 알고 난 뒤 집으로 돌아가는 '나'의 모습으로 끝난다. 안잠자기에게까지 "왜 정신을 못 채리고 이리 병신 짓"(210쪽)이냐는 소리를 들으면서도 '나'는 옥화에 대한 분노나 미움, 증오와 같은 현재의 감정을 표현하는 대신, 언젠가 자신에게 올 미래의 옥화를 떠올린다.

옥화에 대한 '나'의 애정의 간절함과 구애의 노력이 이 소설의 전체적인 부분을 차지하고 있음에도 불구하고, 그것이 받아들여지지 않았다는 것에 대한 '나'의 부정적인 감정은 소설에서 잘 드러나지 않는다. 다르게 말해보자면 '나'는 순간적인 현재 '감정'을 표현하는 대신, 미래에 늙어 갈 데가 없어진 옥화가 결국 자신에게 올 수밖에 없을 것이라는 '믿음'을 드러낸다. 이 '믿음'은 '시간은 필연적으로 흘러갈 것'이고, 그 흐름 속에서 '만물은 늙고 쇠한다'는 자연의 이치를 바탕으로 한다.

「두꺼비」의 결말은 단순히 '나'라는 인물의 '맹목적 성격'을 보여주거나 기존 논의처럼 일차적인 욕망만을 가진 인물로 비춰질 수 있다.[21] 그러나

---

20 김유정, 앞의 책, 211쪽.

동양적 사유를 바탕으로 살펴본다면 「두꺼비」의 '나'는 구애의 실패에 대해 좌절하기보다는 절대적이고 확고한 '믿음'을 통해 현재의 상황으로는 하기 어려운 생각을 '도출'해내는 것이라 할 수 있다. '계속 살아가다 보면 어떤 변화를 마주할 수 있다'는 믿음이 현실화되는 날을 위해 '나'는 삶을 계속 지속시키며 내일로 나아갈 수 있는 것이다.

> 여보게유, 하고 고개를 돌린다. 왜, 하니까 그말이 이러다간 우리도 고생일뿐더러 첫때 언내를 잡겠수, 그러니 서루 갈립시다 하는것이다. 하긴 그럴법한 말이다. 쥐뿔도 업는것들이 붙어단긴대짜 별수는업다. 그보담은 서루 갈리어 제맘대로 빌어 먹는것이 오히려 가든하리라. 그는 선뜻 응낙하엿다. 안해의 말대로 개가를해가서 젓먹이나 잘 키우고 몸성히 잇스면 혹 연분이 다아 다시 만날지도 모르니까 마즈막으로 안해와 가티 땅바닥에 나란히 누어 하루밤을 떨고나서 날이 훤해지자 그는 툭툭 털고 일어섯다. (「만무방」)[22]

위의 인용문은 식민지 시대 농민들의 비극을 잘 보여주는 소설로 평가받는 「만무방」으로, 매팔자인 응칠에게도 과거 아내와 자식이 있었다는 사실이 드러나는 부분이다. 응칠 내외는 빚도 갚지 못하고 도망 쳐 구걸을 하며 지내다가 말 그대로 '서로와 자식을 위해' 헤어진다. 병든 아내를 극진히 보살피는 동생 응오와 비교했을 때, 헤어지자는 아내의 제안을 "선뜻" 받아들이는 응칠의 태도는 아내에 대한 애정이 부족한 것처럼 보이기도 한다.

하지만 이는 「두꺼비」에서처럼 헤어질 수밖에 없는 현재의 상황에 대

---

21 박상준은 「두꺼비」, 「옥토끼」, 「연기」 등에서 드러나는 인물들의 태도를 "현실적으로는 패배하지만 심정적으로는 사태를 반대로 해석해서 스스로를 위안하는 인물"로 보며 이런 태도를 『아Q정전』의 '아 Q'가 보이는 '정신적 승리법'과 유사하다고 지적한다. 박상준, 앞의 논문, 21-22쪽.

22 김유정, 앞의 책, 100쪽. 밑줄 인용자.

한 감정이 배제되었기 때문에 보이는 표면적인 모습일 뿐, 오히려 응칠은 "혹 연분이 다아 다시 만날지도 모"른다는 생각을 가지고 있다. 이런 생각의 바탕이 되는 것은 "몸 성히 잇스면"이라는 조건이다. 즉, 아내와 자식과 다시 만나려는 응칠의 생각이 달성되기 위해서는 '살아있다'는 조건을 만족시키는 것이 무엇보다 중요해지는 것이다.

따라서 응칠은 다른 농군들처럼 농사를 짓거나 노름꾼들처럼 돈을 버는 것에 집착하는 모습을 보이지 않으며, 산 속에서 유유히 송이를 뜯어 먹을 뿐이다. 과거 응칠도 송이를 따서 애지중지하며 내다 팔아 돈을 마련한 경험이 있다[23]는 것을 미루어 본다면, 응칠이 아내와 헤어져 혼자가 된 뒤 선택한 삶은 분명 과거와 다르다는 것을 알 수 있다. 여러 논의들에서 지적된 바 있듯 응칠은 노동으로부터 벗어난 인물이다. 노름판에 모여든 사람들에게 있어 노름은 자신의 팔자를 필 수 있는 '한탕', 즉 기회이다. 따라서 모두 노름판에서 애가 닳는다. 아내를 팔고 장사를 하려다 온 사람, 일년 치 사경(私耕)을 모두 가져온 사람, 이들은 모두 도박을 우회하여 잘 살기를 바란다. 그러나 응칠에게 노름은 좋아하는 것이긴 하나 자신의 실력을 뽐내고 만족감을 느끼게 하는 것일 뿐, 응칠은 노름판에서 딴 돈에도 큰 욕심을 내지 않는다. 이처럼 응칠에게 오늘 자신의 몸을 성히 보존하여 산다는 것은 현재를 받아들임으로써 내일로 흘러가기 위함이라 할 수 있다.

---

23 "문득 넷 추억이 혀끗테 뱅뱅 돈다. 이놈을 맛보는것도 참 근자의 일이다. 감불생심이지 어디 냄새나 똑똑이 마타보리. 산속으로 쏘다니다 백판 못따기도 하려니와 더러 딴다는 놈은 항여상할가바 손도 못대게하고 집에 나려다모고모고 하는 것이다." 위의 책, 97쪽.

2-2. 궁즉통(窮即通)의 사유와 비워내는 인물

동양의 시간관에서는 '불변'과 '변'이라는 모순적인 개념들이 공존하는데, 이를 잘 보여주는 것이 '음양 이론'[24]이다. "음양이론이란 세계와 사물의 대대적 성격을 음양 이원적으로 추출한 원리"[25]이다. '일음일양(一陰一陽)', '한번 음하고 한번 양한다'는 말에서도 알 수 있듯 '음양'은 하나의 '음'과 하나의 '양'이 동시에 함께 하며, 대립되는 둘이 모여 하나를 이루는 '조화'[26]의 개념을 내포하고 있다. 대립을 상충하는 것으로 보는 서양과는 달리 동양에서는 '음양'을 대립적으로 보되 동시에 상보적인 관계로 본다.[27] 중요한 것은 이 '일음일양'의 반복을 통해 '변역'(變易)'[28]이라

---

24 '음양오행' 이라는 단어가 더 익숙하긴 하지만, 애초에 '음양' 과 '오행' 은 같이 쓰였던 것이 아니다. 먼저 우주의 근원인 '음양' 에 대한 성격이 규정된 이후, 이를 보다 구체적으로 설명하기 위한 '오행' 의 개념이 정립되었다. 김기, 『음양오행설의 이해』, 서울: 문사철, 2016, 36쪽.

25 안효성, 「음양이론의 상징적 상상력」, 『중국철학』 14권(2006.12), 101쪽.

26 『주역』에서는 이를 '中和' 개념을 통해 설명한다. '中' 은 "치우침이 없고 무엇에 기대지 않는다는 의미의 개체의 본래성을 유지하는 것이고, '和' 는 대상과의 관계에 있어서 '과불급(過不及)' 이 없는 절제된 처신이므로, '中和' 야말로 각자의 본래성을 유지하고 관계를 맺고 있는 다른 존재자들을 모두 잘 생육하게 하는 관건으로 파악한다. 곽신환, 앞의 책, 95쪽.

27 '음' 과 '양' 은 서로 대립되는 개념이긴 하지만, 음양이론에서는 음 속에 양이, 양 속에 음이 가려져 있다고 이해한다. 따라서 본고에서 다루는 '음양' 은 무조건적인 대립의 관계로 보기보다는, 서로 다른 것들(二元)이 공존하고 조화하여 하나로 형상화된다(一元)는 측면에 집중하는 것이 더 적절하다. 이에 대해선 다음의 논의를 참고할 수 있다.

"음과 양이란 실체라기보다 변화 속에서 드러나는 상호 관계를 이미지화한 것이다. 구체적인 변화의 양상에 따라 음과 양은 다양한 이미지를 동원하며 적절하게 표현되는 것이다. 음과 양은 변화와 시간성, 그리고 상호의존의 관계 속에서 이해되어야 하는 것이다." 장원석, 「주역의 시간과 우주론: 비교철학의 관점에서」, 『동양철학연구』 제24권(2001.03), 257쪽.

28 역에는 이간, 변역, 불역의 세 가지 뜻이 있다. 이간이란 천지의 자연현상은 끊임없이 변하나 간단하고 평이하다는 뜻이며 변역이란 천지만물은 멈추어 있는 것 같으나 항상 변하고 바뀐다는 뜻으로 양과 음의 기운이 변화하는 현상을 말한다. 불역이란 변하지 않는다는 뜻이다. 모든 것은 변하고 있으나 그 변하는 것은 일정한 항구불변의 법칙을 따라서 변하기 때문에 법칙 그 자체는 영원히 변하지 않는다는 뜻이다. 이종옥, 「김수영의 「풀」에 나타난 음양적 상상력」, 『한국문학논총

는 변화가 발생한다는 것에 있다. 정리하자면, '음'과 '양'이라는 극과 극이 서로 조화를 이루며 공존할 때 그 움직임 속에서 변화가 발생될 수 있다는 것이다.[29] 이는 『주역』의 근본원리인 '궁즉통(窮卽通)'이라는 개념을 통해 압축적으로 설명될 수 있다. '궁즉통'은 '궁하면 통한다'는 것으로, 어떤 상황이 극에 달했을 때 이전과는 다른 변화가 발생할 수 있다는 것이다. 바꿔 말해 변화를 발생시키기 위해선 '음'과 '양'처럼 어떤 극단의 상황이 필요하다는 것으로 이해할 수 있다.

김유정 소설의 인물들은 모두 극한의 상황에 처해 있다. 그리고 이들이 처한 극한의 상황은 비애와 웃음을 준다는 점에서 가장 '한국적인 것'을 핍진하게 그리고 있는 듯 보인다. 그러나 여기에서 한 가지 모순이 발생하기에 이 부분에 대한 논의가 필요하다. 앞선 논의와의 연장선상에서 김유정의 인물들은 '만무방'이나 '따라지'로 묘사되고, 주어진 당장의 삶을 사는 것이 큰 목표인 사람들이다. 그럼에도 극한의 상황에 몰려 있는 인물들에게서 어떤 탐욕을 발견하기 어려운 것은 주목할 만 한 부분이다.[30]

> <u>농사는 열심히 하는것가튼데 알고보면 남는건 겨우 남의 빗뿐. 이러다가는 결말엔 봉변을 면치못할 것이다.</u> 하루는 밤이 기펴서 코를 골며 자는 안해를 깨웟다. 박게 나아가 우리의 세간이 몃개나 되는지 세어보라 하엿다. 그리고 저는 벼루에 먹을갈아 붓에 찍어 들엇다. 벽을 발른 신문지는 누러케 꺼럿다. 그우에다 안해가 불러주는 물목대로 일일이 나려 적엇다. 독이 세 개, 호미가 둘, 낫이 하나, 로부터 밥사발, 젓가락집이 석단

』 제65집(2013.12), 325쪽.

29 이를 상징화한 것이 '태극' (◒, ☯)이다. 안효성, 앞의 논문, 110쪽 참고.

30 물론 금, 노다지, 금 따는 콩밭처럼 금캐기에 혈안이 되거나 도박으로 한탕을 하려는 인물들이 등장하긴 한다. 그러나 본고에서 지적하고자 하는 것은 그렇지 않은 인물들이 더 많다는 것이다. 김유정의 소설 전반에 걸쳐 드러나는 인물들의 단순하고 맹목적인 삶에 대한 태도가 쉽사리 탐욕과 연결되지 않는다는 점은 그 모순적 지점에 대한 이해가 더 필요함을 의미한다.

까지 그담에는 제가 빗을 엇어온데, 그 사람들의 이름을 쪽적어 노앗다. 금액은 제각기 그 알에다 달아노코, 그엽으론 조금 사이를 떼어 역시 조선문으로 나의 소유는 이것박에 업노라. 나는 오십사원을 갑흘길이업스매 죄진 몸이라 도망하니 그대들은 아예싸울게 아니겟고 서루 의론하야 어굴치안토록 분배하야 가기 바라노라 하는의미의 성명서를 벽에 남기자 안으로 문들을 걸어닷고 울타리 밋구멍으로 세식구 빠저나왓다. (「만무방」)[31]

하기는 복만이도 그 안해가 없어졌다는 날 그적게 어디로인지 없어졌다. 짜정 도망을 갔는지 혹은 볼 일이 있어서 일갔집같은데 다닐러 갔는지 그건 자세히 몰은다. 그러나 동리로 돌아다니며 안해가 꾸어온 양식 돈푼 이런 자즈레한 빗냥을 다아 돈으로 갚아준 그다. 다라나기에 충분할 아무 죄도 그는 갖이않었다. (「가을」)[32]

「만무방」의 응칠은 공짜 막걸리를 먹는 대신 자신이 딴 송이로 그 값을 대체하기도 하고, 노름에서 딴 돈을 잃은 이에게 돌려주기도 한다. 빚을 다 갚지 못해 도망칠 때에도 가진 물건들을 빚진 사람들에게 모두 내놓고 나온다. 도망친 뒤 두 내외가 구걸을 하여 서로를 빌어먹었다는 것을 미뤄본다면, 응칠이 자신의 얼마 안 되는 세간을 모두 두고 나왔다는 사실은 쉽게 이해되지 않는다. 응칠은 쉽사리 범죄자로 낙인찍히는 '만무방'이라는 호칭에 걸맞는 인물처럼 보이나, 동시에 그가 하는 행동들은 탐욕이나 현재의 어려움을 해결하려는 태도와는 거리가 멀다.

이런 모습은 「가을」의 복만에게서도 발견된다. "근 십 년이나 소같이 부려먹던"(196쪽) 자신의 아내가 팔려가는데 잘 가란 인사조차 하지 않는 복만의 태도는 친구인 재봉의 눈에 보기에도 "개자식" 소리가 절로 나오게 한다. 자신을 극진하게 봉양한 아내를 단칼에 팔아버리는 복만의 태도는 그 자체로만 본다면 무자비하다. 소설은 소장수가 재봉을 찾아와 복

31 김유정, 앞의 책, 100쪽. 밑줄 인용자.
32 위의 책, 197쪽. 밑줄 인용자.

만의 아내가 달아났다는 것을 토로하는 것과, 비슷한 시기에 복만 역시 마을에서 자취를 감췄다는 내용으로 전개된다. 그러나 소장수가 의심하듯 복만 내외가 서로 짜고 도망을 친 것이라면, 아내를 판 돈을 그간 동리에 진 빚을 모두 탕감한 복만의 태도는 선뜻 이해되지 않는다.[33] 복만이 어떤 인물인지 구체화되지 않았지만 십년이나 같이 산 아내를 팔만큼 그가 처한 상황이 극한이라는 것은 명백하다. 모든 빚을 다 갚고, 재봉에게 막걸리와 대서료까지 챙겨준 복만은 꺼리길 것이 전혀 없는 상태, 즉 죄가 없는 상태이다. 그러나 재봉은 이를 "다라나기에 충분할 아무 죄도 그는 갖이않었다"라고 말한다. 바꿔 말해 '죄가 없기 때문에 달아난(날 수 있)다'는 것은 그 자체로 현재 복만의 삶이 극한에 몰려 있음을 보여주는 것이기도 하다. 이처럼 응칠과 복만에게선 현재의 삶에 대한 맹목성과 함께, 극빈(極貧) 상황에서도 오히려 끊임없이 덜어내는 모순을 발견할 수 있다. 이 모순적 태도는 마치 살기 위해서, 현재의 상황을 변화시키기 위해선, 오히려 끊임없이 덜어내야 한다는 태도, 즉 극(貧)에 달했을 때 오히려 현재의 상태가 변화될 수 있다는 궁즉통(窮卽通)의 사유로 이해할 수 있을 것이다. 이런 비워냄의 목적은 「땡볕」에서도 잘 드러난다.

> 덕순이는 눈우로 덮는 땀방울을 주먹으로 훔처가며 장차 캄캄하야 올 그 전도를 생각해본다. 서울을 장대고 왔든 것이 벌이도 제대로 안되고 게다가 인젠 안해까지 잃는 것이다. 지에미부틀! 이놈의 팔짜가, 하고 딱 한 탄식이 목을 넘어오다 꽉 깨무는 바람에 한숨으로 터저버린다. (중략)

33 구체적으로 드러나진 않으나 소설은 소장수의 의심을 통해 복만과 그의 아내가 함께 도망쳤을 것이라는 암시를 강하게 준다. 그러나 아내와 도망칠 작당을 한 것이라면 빌린 돈을 모두 갚고 도망갈 이유가 없을 것이며, 설사 둘이 도망을 갔다고 하더라도 아내 판 돈으로는 빚을 모두 갚았기 때문에 도망친 두 내외의 삶은 이전과 크게 달라지지 않을 것이다. 즉 복만은 여전히 아내를 팔기 직전의 궁핍한 상태에 머물러 있다고 할 수 있다.

그러다 안해가 무슨 생각을 하였는지 왜떡을 입에 문채 훌쩍훌쩍 울며
"저 사촌형님께 쌀두되 꿔다먹은거 부대 잊지 말구 갚우"
하고 부탁할제 이것이 필연 안해의 유언이리라고 깨닫고는
"그래 그건 염녀말아!" (중략)

덕순이는 그 유언이 너머 처량하야 눈에 눈물이 핑돌아가지고는 지게를 도루 지고 일어슨다. 얼른 갖다 눕히고 죽이라두 한그릇 더얻어다 먹이는 것이 남편의 도릴게다.

때는 중복허리의 쇠뿔도 녹이려는 뜨거운 땡볕이었다.

덕순이는 빗발같이 나려붓는 얼굴의 땀을 두손으로번갈라 훔쳐가며 끙끙 나려올제, 안해는 지게우에서 그칠줄 모르는 그 수많은 유언을 차근차근 남기자, 울자, 하는 것이다. (「땡볕」)[34]

「땡볕」은 아이를 사산했다는 사실을 모르고 큰 병에 걸렸다고 생각한 덕순 내외가 큰마음 먹고 서울 병원에 왔다가, 결국 치료도 받지 못하고 다시 집으로 돌아가는 과정을 그리고 있다. 수술을 하지 않으면 일주일을 넘기가 어렵다는 사실상 사망선고를 받은 채 집으로 돌아가는 길, 우는 아내에게 쌈짓돈을 털어 얼음 냉수와 왜떡을 사주는 덕순의 모습은 너무 비참하고 꼭 그만큼 슬프다. 문제는 곧 죽게 될 상황 속에서도 덕순의 아내는 사촌에게 꾸어다 먹은 쌀을 갚아야 한다는 말을 꺼낸다는 것이다. 반복해서 지적했듯 이는 김유정의 인물들이 보이는 집착에 가까운 삶에 대한 치열함과 매끄럽게 연결되지 않는다. 따라서 이 소설은 죽음을 목전에 두고도 빚을 갚으라는 유언을 남기는 덕순의 아내가 아닌, 이 유언을 듣는 덕순에게 초점을 맞춰 이해할 필요가 있다.

덕순의 관점에서 소설을 다시 보자면, 지독한 땡볕이 내리쬐는 여름의 한낮, 덕순이 짊어진 지게 위에는 사산한 아이를 배고 있는 배부른 아내가 그의 어깨를 내리누르고 있다. 그럼에도 덕순을 견디게 하는 것은 서울 병원에 가

34 김유정, 앞의 책, 330-331쪽. 밑줄 인용자.

면 연구의 대상이 되어 소위 월급을 받으며 아내의 치료까지 받을 수 있다는 생각 때문이다. 그러나 막상 병원을 가보니 월급은커녕 아내의 목숨은 이제 며칠 남지 않았고, 덕순은 돈도, 아내도 잃었다는 절망에 빠진다. 그 와중에 담배를 사려고 모아뒀던 돈을 털어 덕순은 아내에게 얼음 냉수와 왜떡을 사 준다. 이 소설이 처절함을 보여주는 것을 목적으로 했다면 여기까지도 충분할 것이다. 그러나 소설은 덕순의 아내가 왜떡을 먹으며 갚아야 할 빚이 있다는 것을 상기시키고 덕순이 이를 유언인 양 깊게 받아들이는 장면까지 나아간다. 이에 그치지 않고 소설은 땡볕 아래 땀을 쏟으며 집으로 가는 길, 지게 위의 아내가 끊임없이 유언과 눈물을 쏟아내는 것으로 끝이 난다. 그 유언이 앞선 빚 탕감 유언과 크게 다르지 않다고 추측해 볼 때, 이 소설은 덕순을 끝없는 절망으로 몰고 있다고 해도 과언이 아닌 것이다. 내리쬐는 땡볕, 지게 위에 무거운 아내, 그 아내가 쏟아내는 곧 다가올 절망적인 –돈도, 아내도 잃은– 미래까지, 소설은 처음부터 끝까지 덕순으로 하여금 모든 것을 잃게(비우게) 하고 덕순을 극한의 상황으로 몰아넣고 있다.

「만무방」, 「가을」, 「땡볕」이 각각 1935년, 1936년, 1937년에 쓰여졌다는 것을 염두한다면 세 작품 속 응칠, 복만, 덕순이 처한 상황의 차이에서 작가 김유정의 의도를 어느 정도 파악할 수 있다. 응칠과 복만의 비워냄은 두 인물의 선택처럼 서술되고 소설 속 하나의 사건일 뿐이지만, 덕순의 비워냄은 그 자체로 소설 전체를 구성한다. 그리고 처음부터 끝까지 이런 덕순을 쫓는 서술자의 시선은 마치 덕순을 그런 상황 속에 몰아넣는 것처럼 느껴지게 한다. 이 서술자의 시선이 작가 김유정이라 했을 때, 김유정은 그 자체로도 가여운 인물을 더 최악의 상황으로 몰아넣고 있는 것이다. 앞서 살펴본 김유정의 동양적 사유를 빌려 이해할 때, 김유정은 인물들을 최악의 상황에 처하게 함으로써 '궁즉통'의 원리가 실현되길 희망했을 것이라 가정해 볼 수 있다. 그리고 이는 김유정의 인물들이 반복해서 보여주는 삶의 치열함이자 생(生)의 역동성과 연결된다.[35]

3. '사랑'의 정의와 실천

소설 속 인물을 극단의 상태로 모는 것만이 아니라, 김유정은 그 자신 역시 극단의 상황 속에 몰아넣는다. 자신이 사람을 싫어하는 염인증자라는 점을 정확히 알고 있으면서도 김유정의 문학관에서는 오히려 '사랑'과 '연대'의 중요성이 강조되고, 작가 스스로도 그것을 실천하기 위해 노력하고 있음이 드러난다.[36]

> ① 다시 생각하면 우리가 서로서로 가까이 밀접하노라 애를 쓰는 이것이 또는 그런 열정을 필연적으로 갖게 되는 이것이 혹은 참다운 인생일지도 모릅니다. 동시에 궁박하나 우리 생활을 위하야 이제 남은 단 한 길이 여기에 열려 있음을 조만간 알 듯도 싶습니다. 그것은 마치 우리 머리 위에 늘려 있는 복잡한 천체, 그것이 제각기 그 인력에 견인되어 원만 운용되어 갈 수 있는 것에 흡사하다 할는지요. 그렇다면 이 기능을 실로 발휘하는 걸로, 언어를 실어가는 편지의 사명이라 하겠습니다.

> ② 새롭다는 문자는 다만 시간과 공간의 전환만에 그칠 것이 아니라, 좀 더 나아가 우리 인류사회에 적극적으로 역할을 가져오는데 그 의미를 두어야 할 것입니다. 얼른 말하면 조이스의 『율리시스』보다는 저, 봉건시대의 소산이던 홍길동전이 훨씬 뛰어나게 예술적 가치를 띠고 있는 것입니다.

---

35 일찍이 김문집은 김유정에 대해 '애기 젖 빠는 본능' 으로 글을 쓰는 작가라고 평한 바 있다. 이러한 논의는 그의 소설에서 드러나는 생명력이 말 그대로 본능에 가까우며 절대적인 것임을 보여준다. 김문집, 「김유정의 예술과 그의 인간 비밀」, 『김유정 전집 하』, 서울: 김유정기념사업회, 1994, 371쪽.

36 이런 모순성은 이미 많은 논자들이 지적해왔듯 김유정의 자전적 특성과 함께 그의 양가성이 드러나는 것으로 이해할 수도 있다. 그러나 본고에서는 김유정의 사유와 문학관을 통해 그의 모순성을 다른 각도에서 접근하고자 하였다. 김유정의 양가성과 그의 자전적 경험을 설명한 논의는 유인순, 「행복을 등진 열정 ―김유정의 생애와 문학」, 김유정, 『동백꽃』, 서울: 문학과지성사, 2016, 447-450쪽 참조.

③ 오늘날, 우리가 처할 길은 우리 머리 속에 틀지어 있는 그 선입관부터 우선 두드려내야 할 것입니다. 그리고 나서 새로이 눈을 떠, 새로운 방법으로 사물을 대하여야 할 것입니다.

그러나 그 새로운 방법이란 무엇인지 나 역시 분명히 모릅니다. 다만 사랑에서 출발한 그 무엇이라는 막연한 개념이 있을 뿐입니다. 사랑, 하면 우리는 부질없이 예수를 연상하고, 또는 석가여래를 곧잘 들추어냅니다. 허나 그것은 사랑의 일부발현은 될지언정 사랑 거기에 대한 설명은 되지 못할 겝니다.

④ 다만 한 가지 믿어지는 것은 사랑이란 어느 시대, 어느 사회에 있어, 좀 더 많은 대중을 우의적으로 한 끈에 뀔 수 있으면 있을수록 거기에 좀 더 위대한 생명을 갖게 되는 것입니다.

오늘 우리의 최고 이상은 그 위대한 사랑에 있는 것을 압니다. 한동안 그렇게도 소란히 판을 잡았던 개인주의는 니체의 초인설 마르사스의 인구론과 더불어 머지않아 암장될 날이 올 겝니다. 그보다는 크로포토킨의 상호부조론이나 맑스의 자본론이 훨씬 새로운 운명을 띠고 있는 것입니다.(「病床의 생각」)[37]

다소 긴 인용이지만 위의 인용문은 「병상의 생각」이라는 제목과는 다르게 김유정의 문학관이 직접적으로 드러나는 유일한 수필이다. 이 수필에서 김유정은 작가로서 두 가지 개인적인 입장을 드러내는데, 조이스의 『율리시스』보다 『홍길동전』이 더 뛰어나다는 개인적인 평(②)과 선입관을 두드려내어 새로운 방법으로 사물을 대해야 한다는 생각(③)이다. 그러나 문학의 '새로운 방법', 즉 방향성에 대해선 자신도 잘 알지 못한다며 구체적으로 제시하지 못하기 때문에 그 뒤의 설명들은 모두 추상적인 단상에 가깝다고 볼 수 있다. 본고는 이러한 단상들의 연결을 통해 김유정이 가지고 있던 사유를 추측해보고자 한다.

---

37 김유정, 앞의 책, 465-471쪽. 밑줄 인용자.

그 단상의 출발은 '사랑'이다. 방향에 대해선 모르나 김유정은 그것이 '사랑'에서 출발한다는 생각은 명확히 밝힌다. 이때 김유정이 말하는 '사랑'은 예수와 석가의 절대적 사랑과는 다른 것[38]으로, 이 추상적인 '사랑'의 개념을 설명하기 위해 '만물은 서로 돕는다'는 '상호부조론'을 제시한다.[39] 그러나 김유정이 직접적으로 크로포트킨을 수용한 흔적을 수필이나 소설에서 발견하기 어렵기 때문에 오히려 김유정이 당시 가지고 있던 사유와 유사한 측면을 크로포트킨의 상호부조론에서 발견했다는 것으로 이해하는 것이 더 적절해 보인다. 그렇다면 '함께', '도우며', '산다'라는 크로포트킨의 사상과 유사했던 김유정의 사유는 무엇인가? 그것은 다음의 단상들을 통해서 조금 더 추측해보아야 한다.

김유정은 '사랑'이 많은 대중을 하나로 묶을 수 있을 때 더 의미를 갖는다(④)고 말함으로써 (잘) 살기 위한 노력을 모두 함께 할 때, 그것은 개인적인 행복의 차원에서 그치는 것이 아닌 모두의 행복으로 확대된다고 주장한다. 이는 앞서 서술된 '서로 가까워지려 애쓰는 열정'(①)과도 연결되는데, 김유정은 이 '열정'을 '복잡한 전체가 인력에 의해 원만하게 운용되는 것'과 동일하게 이해한다. 즉, 서로를 이해하고자 하는 노력, 열

---

38 임보람은 「산골나그네」에 대한 논문에서 '암시된 저자' 가 보이는 '동정' 의 태도에 주목하며, 이 감정을 매개로 독자에게 윤리적 교훈을 제공하고자 하는 작가 의식을 확인할 수 있다는 점을 지적한다. 이때 '동정' 은 '실천' 을 바탕으로 한다는 점에서 김유정이 주장하던 '사랑' 의 개념과 유사한 지점이 있다. 임보람, 「김유정의 「산골 나그네」에 나타난 소리의 수사학」, 『인문과학연구논총』 제41권 제1호(2021.02), 24-25쪽.

39 김유정과 크로포트킨을 연관지은 몇몇 논의들이 있으나 실제 김유정의 작품들 속에서 직접적인 수용의 흔적을 찾기는 어렵다. 따라서 본고는 크로포트킨의 상호부조론이 거론된 배경에 김유정이 가지고 있던 동양적 사유체계가 영향을 주었을 것이라는 추측을 바탕으로 논의를 전개하고 있다. 김유정과 크로포트킨을 연관 시키는 논의들은 다음의 논문들을 참조. (전신재, 「김유정의 '위대한 사랑' 」, 『국어국문학』 제168호(2014.09), 427-451쪽; 방민호, 「김유정, 이상, 크로포트킨」, 『한국현대문학연구』 제44집(2014.12), 281-318; 서동수, 「김유정 문학의 유토피아 공동체와 크로포트킨의 상호부조론」, 『스토리&이미지텔링』 제9집(2015.06), 101-125쪽)

정, 혹은 사랑이란 '자연이 운용되는 이치'와 다르지 않다는 생각을 가지고 있었던 것으로 추측할 수 있다.[40] 「병상의 생각」에서 다뤄지는 그의 문학관에 대한 단상들은 '사랑-연대-열정-자연(의 이치)'로 연결된다.

이를 다시 김유정이 가지고 있던 자연에 대한 사유를 바탕으로 이해하면, 시대와 사회를 막론하고 많은 대중을 하나의 목적으로 관계시킬 수 있는 것, 즉 보편성을 가져야하며 동시에 자연의 이치를 닮은 '사랑'은 '생(生)'의 개념[41]에 가깝다. 매일을 살아가는 존재라는 '생'을 바탕으로 한 공통점은, 인간이 가진 개별적 특성은 물론 그로 인해 만들어지는 선입관으로부터 벗어나게 한다. 그리고 이는 서로의 삶에 대한 '이해'와 '인정'으로 나아가게 하며, '연대'의 구심점이 될 수 있다. 이러한 사유는 김유정의 소설 속 인물들이 자신의 삶에 대해 맹목적인만큼 다른 사람의 삶에 대한 맹목성을 수용하고 인정하는 태도를 보인다는 것에서도 드러난다. 그 대표적인 예가 들병이의 남편이다.

> 그들은 산모롱이를 꼽들어 피언한 언덕길로 성큼성큼나린다. 안해를 앞헤 세우고길을 자추며 일변 남편은 뒤에 우뚝 서잇는 근식이를 돌아다보고

40 김유정 문학 속 인물과 공동체의 특성에 대해 연구한 박필현은 김유정의 소설에서 인물들이 구성하는 공동체란 단순히 '윤리적 연대' 로만 설명할 수 없는 야누스적 성격을 가지고 있다고 본다. 그리고 이는 김유정이 공동체를 '본능의 영역' '자연의 질서' 로 받아들이고 있기 때문이라고 지적한다. 이러한 주장은 김유정의 동양적 사유, 특히 자연관이 그의 소설 구성에 영향을 미쳤다는 본고의 논의와 유사한 부분이 있다. 박필현, 「경계에 서서 바라본 인간의 삶과 '위대한 사랑' -김유정 문학 속 인물 및 공동체의 특성을 중심으로」, 『구보학보』 제26호(2020.01), 316-317쪽.

41 박현선은 김유정의 자전적 소설(「형」)과 수필을 통해 김유정이 세계를 인식하는 가장 핵심적인 틀이 '생존(삶의 지속)' 과 결부되어 있다고 보며, 이것이 가족애, 모든 인류적 정서나 도덕적 규범에 우선한다고 주장한다. 김유정이 생존을 이어가려는 인물에게 주목하고 있다는 박현선의 논의는 본고의 주장과 유사한 지점이 있다. 박현선, 「김유정의 인식지평과 존재의 언어」, 『아시아문화연구』 제27집(2012.09), 85-107쪽.

"왜 섯수, 어서 가치 갑시다유—"
하고 동행하기를 간절히 권하엿다. (「솥」)[42]

「솥」에서는 들병이인 계숙에게 마음이 빼앗겨 그와 함께 떠날 약속을 잡고 자기 집의 솥을 훔쳐오는 근식이라는 인물을 등장한다. 들병이의 남편이 되어 호강을 할 생각에 부풀어 있던 근식은 계숙의 남편과 마주하게 되고, 계숙의 남편은 주저하는 근식에게 함께 떠날 것을 권한다. 계숙의 남편은 계숙과 떠나려 했던 근식의 마음을 이해한다. 그는 "들병이의 남편으로서의 독특한 예의"(「조선의 집시」)[43]를 잊지 않는데, 이때 예의란 "밥은 식성대로 먹을 수 있"(415쪽)는 들병이 곁에 있고자 하는 근식의 삶에 대한 맹목성을 이해하는 것이다. 따라서 악다구니를 쓰며 우리 솥을 달라는 아내를 뜯어 말리며 근식의 "두 볼이 확확 달았"던 것은 계숙의 남편으로 인한 부끄러움이라 할 수 있다.[44] 과거 아내와 "둘이 밥을 지어먹고 한평생 같이 살"(148쪽)려던 생의 의지가 담긴 솥을 손수 빼들고 나왔다는 사실, 아내의 삶에 대한 '무시'가 계숙의 남편이 보여준 '예의'와 겹쳐지며 만들어내는 부끄러움인 것이다. 이로 인해 소설의 마지막, 정작 남의 솥을 가지고 떠나는 들병이 두 내외는 한번 돌아보지도 않고 "늠름히" 갈 길을 떠나지만 근식은 우는 아내를 달래며 우리 솥이 아니라며 자신이 한 일을 부정할 뿐이다.

---

42 김유정, 앞의 책, 154쪽.

43 편집부 편, 『조선의 집시』, 경기: 글도, 2019, 36쪽.

44 계숙에게 아내를 버리고 떠나는 것은 아무 일도 아니라는 듯 말하는 근식의 태도는 김유정의 다른 작품들에서 드러나는 일반적인 남편들의 모습과 크게 다르지 않으며 김유정의 소설에서 너무 당연하게 반복된 것이기도 하다. 따라서 근식이 부끄러워하는 것은 계숙과 떠나려던 사실이 발각되었기 때문이라기보다는 계숙의 남편이 보여준 태도가 근식의 어떤 부분(아내의 '삶', 삶의 '의지'에 대한 무시)을 자극했다고 보는 것이 더 적절할 것이다. 이때 부끄러움이란 윤리적이고 도덕적인 차원의 부끄러움이라기보다는 '삶'이라는 지극히 현실적인 차원에서 발생하는 부끄러움에 가깝다고 할 수 있다.

김유정은 '무엇을 처세훈으로 삼고 있나'는 질문에 "자신에게 늘 이르되 다 살고 나서 부끄럼이 없으라"(「渡世問答」)[45] 라고 답한다. 이를 바꿔 말하면 김유정에게 부끄러움이 없는 삶은, 타인의 삶에 대한 욕망을 존중하는 삶이라 할 수 있다. 삶에 대한 집착과 욕망이 똑같이 드러남에도 불구하고 「금」, 「노다지」, 「금 따는 콩밭」과 같은 소설에서 김유정의 비판적인 시각이 드러나는 것은 소설 속 인물들이 단순히 금이라는 물질과 자본을 쫓기 때문이라기보다, 그 과정에서 발생하는 타인의 삶을 무시하는 태도를 비판하는 것이라 보는 것이 더 적확할 것이다. 실제로 '금'을 모티프로 하는 세 소설은 '금'의 획득을 위해 목숨을 살려준 사람과의 우애(「노다지」)와, 콩밭을 일군 사람의 시간과 땀(「금 따는 콩밭」)과, 누군가의 신체(「금」)가 무시된다.

'사랑'에 대한 이런 관점과 함께 김유정은 자신에게 글쓰기가 생활(生活)의 한 과정인을 밝힘으로써 자신의 글에도 생의 운동성을 부여한다. 그의 글이 지속적인 생명력(生生)을 갖고 변화(易)의 도구가 되기 위해선 누군가에게 전달되고 그들을 감응시켜야 한다. 즉 그는 자신이 쓰는 현재의 '편지'인 동시에 '작품'이 그런 사명을 갖고 있다는 점을 강조하며, 작가로서 '사랑'의 실천에 대한 의지를 보인다. 폐결핵은 물론 염인증, 불안증으로 인해 때때로 가족과도 거리를 두었던[46] 김유정이 '사랑'을 실천하는 방법은 자신의 글 속에서 당대를 '살아가는' 사람들의 모습을 핍진하게 그리는 것이었다. 결국 '살기 위한 치열함'으로 가득한 그의 소설 속 인물들은 그 자체로 '사랑'(生動)을 실천하는 사람들의 다름 아니며, 김유

---

45 김유정, 앞의 책, 482쪽.

46 수필 「病床迎春記」에서는 자신이 신세를 지고 있는 형수와 조카에게 온순해야 한다는 것을 알지만 사람이 더욱 싫어져 형수도 조카도 아무도 보고 싶지 않다는 고백이 등장한다. 사람을 보기 싫어 자신이 누울 공간을 빼고 사방을 장막처럼 둘러 가렸다는 서술 등은 그의 염인증이 낯선 타인에게만 작용된 것은 아니었음을 알 수 있다. 위의 책, 452쪽.

정 자신 역시 대중을 향한 글쓰기를 통해 그 사랑의 실천과 변화를 모색한 것이다.

> -인류의 역사는 투쟁의 기록이다.
> 한참 좌익사상이 범람할 임시 누가 이런 말을 하자, 옆에 있든 유정은,
> -그러나 그것은 사랑의 투쟁의 기록이다.
> 하고 이렇게 대답한 일이 있다. 아 유정의 말이 옳고 그런건 차치하고, 이 말과 그의 한 생애를 함께 생각하여 볼 때엔 유정이야 그 전부가 그냥 사랑의 투쟁의 기록이 아닌가 하는 것이다. (「겸허 김유정전」)[47]

김유정에 대한 안회남의 기억이 담긴 「겸허 김유정전」에서 김유정은 '무엇'이라는 목적이 빠진 '투쟁' 속에 '사랑'을 끼워 넣는다. 이 '사랑'은 앞선 논의를 바탕으로 할 때 '生'으로 바꿔도 무방할 것이다. 김유정은 인류의 역사란, '살기 위한'(生) 몸부림(動)들이 켜켜이 쌓인 것의 다름 아니며, 이런 몸부림이 결국 그 자체로 다시 삶을 움직이고 변화시키는 힘(生動力)이라 생각했던 것이다.

4. 나가며

본고는 김유정의 수필에서 반복적으로 드러나는 자연과 시간에 대한 인식을 통해 김유정의 소설을 다시 읽고, 그의 사유가 소설에서 형상화되는 양상과 그 의미를 파악해보고자 하였다.

우선 수필을 통해 김유정이 동양적 사유를 가지고 있음을 유추할 수 있었다. 동양적 사유체계에서 시간은 반복되지만 동시에 그 반복의 힘을 통해 변화를 추구한다. 본고는 이러한 동양적 사유가 현재를 비판하는 대

---

47 편집부 편, 앞의 책, 202쪽. 밑줄 인용자.

신 미래의 변화 가능성을 기대하는 방식으로 드러난다고 보았고, 이를 도시 배경 소설인 「두꺼비」, 농촌 배경 소설인 「만무방」를 통해 살펴보았다.

「만무방」, 「땡볕」, 「가을」에서는 극한의 상황(貧) 속에서 오히려 더 비워내는 태도를 보이는 인물들이 드러난다. 본고는 이러한 인물 형상화가 변화의 필요성을 절감하는 동시에 그 변화를 위해 결국 극의 상태로 치닫는 '궁즉통'의 사유에서 비롯되는 것으로 이해하였다.

나아가 이러한 삶의 사유체계는 김유정의 문학관과 문학세계의 형성에도 영향을 주었다고 보았다. 김유정은 자신의 문학관을 드러내는 수필에서 '사랑'을 기본인 동시에 중요한 전제조건으로 제시한다. 본고는 김유정이 제시하는 '사랑'을 '내 삶에 대한 치열함만큼 타인의 삶에 대한 치열함에 대해 인정하는 태도' 라고 이해하였다. 그리고 이것은 소설 속 인물뿐만 아니라 글쓰기를 통해 문학의 역할을 실천하려 했던 김유정의 태도를 통해서도 확인할 수 있었다.

참고문헌

곽신환, 「중화론과 유교의 생명사상」, 『전통사상과 생명』, 경기: 국학자료원, 2003.

김기, 『음양오행설의 이해』, 서울: 문사철, 2016.

김동혁, 「김유정 소설의 노장적 사유 연구 -'금'을 중심으로」, 『한국문화기술』 통권 제11호, 2011.

김문집, 「김유정의 예술과 그의 인간 비밀」, 『김유정 전집 하』, 서울: 김유정기념사업회, 1994.

김미영, 「병상(病床)의 문학, 김유정 소설에 형상화된 육체적 존재로서의 인간」, 『인문논총』 제71권 제4호, 2014.

김상태, 「소설과 수필의 경계」, 『현대소설연구』 제42호, 2009.

김유정, 전신재 엮음, 『원본 김유정 전집』, 서울: 강, 2012.

김지혜, 「김유정 문학의 교과서 정전화 연구」, 『현대문학이론연구』 제51호, 2012.

방민호, 「김유정, 이상, 크로포트킨」, 『한국현대문학연구』 제44집, 2014.

박상준, 「반전과 통찰: 김유정 도시 배경 소설의 비의」, 『현대문학의 연구』 제53호, 2014.

박필현, 「경계에 서서 바라본 인간의 삶과 '위대한 사랑' -김유정 문학 속 인물 및 공동체의 특성을 중심으로」, 『구보학보』 제26호, 2020.

박현선, 「김유정의 인식지평과 존재의 언어」, 『아시아문화연구』 제27집, 2012.

서동수, 「김유정 문학의 유토피아 공동체와 크로포트킨의 상호부조론」, 『스토리&이미지텔링』 제9집, 2015.

안효성, 「음양이론의 상징적 상상력」, 『중국철학』 제14권, 2006.

유인순, 「행복을 등진 열정 —김유정의 생애와 문학」, 『동백꽃』, 서울: 문학과지성사, 2016.

이종옥, 「김수영의 「풀」에 나타난 음양적 상상력」, 『한국문학논총』 제65집, 2013.

임보람, 「김유정의 「산골 나그네」에 나타난 소리의 수사학」, 『인문과학연구논총』 제41권 제1호, 2021.

장원석, 「주역의 시간과 우주론: 비교철학의 관점에서」, 『동양철학연구』 제24권, 2001.

전신재, 「김유정의 '위대한 사랑'」, 『국어국문학』 제168호, 2014.

정현숙, 「김유정 소설과 서울」, 『현대소설연구』 제53호. 2013.

진입부, 서명석·이우진 옮김, 『동양의 인간과 세계: 물리에서 인리로』, 서울: 철학과현실사, 2000.

편집부, 『조선의 집시』, 경기: 글도, 2019.

표정옥, 「문명충돌 속 한국 근대 질병 상상력이 소설 구성에 미치는 영향 연구 -김유정과 이상의 결핵을 중심으로」, 『비교한국학』 제28권 제1호, 2020.

황인선, 「『周易』의 生命的 時間觀에 관한 硏究」, 박사학위논문, 충남대학교, 2009.

김유정 문학의

미학성과 현재성

2부

김유정 문학의 현재성 -
문학관과 문학·문화교육

장소 기반 문학 경험 연구
-문학관 교육을 중심으로

우신영

1. 문제제기 및 연구목적

이 글은 다음과 같은 질문에서 출발하였다. "현재 문학관들은 문학교육적 경험의 장소로서 의미 있게 기능하고 있는가?" 문학관을 견학했던 과거의 학습자로서, 답사를 위해 문학관으로 학생들을 안내하는 현재의 문학교육자로서, 관광 중에 동선이 맞는 문학관을 방문했던 관람객으로서의 경험을 복기해보았으나 선뜻 "그렇다"는 답을 얻기 어려웠다. 이에 문학관이 가지고 있는 문학교육적 가능성을 탐색하고 구현하고자 하는 것이 이 글의 목적이며 이를 위해 장소 기반 교육의 개념과 문학관이라는 공간 속 문학 경험의 성격, 다양한 문학관 교육 사례 등을 검토하고자 한다.

문학관은 그동안 자기갱신의 노력을 거듭해왔지만 많은 논자들이 지적해왔듯 여전히 작가나 작품에 대한 컬트적 장소의 성격이 강하다. 작가가 사용하던 책상과 만년필, 전설이 된 작품의 육필 원고를 보기 위해 많은 문학애호가들이 문학관으로 일종의 성지 순례를 감행하고, 이때 문학관은 그들이 사랑하는 텍스트와 작가의 상징적 무덤으로 존재한다. 여기에 더해 최근 문학관은 해당 지역의 '시그니처' 상품으로 기능하기도 한다. 지역의 관광 사업을 개발하기 위한 관(官)의 목적과, 인증하고 소비할 만한 경험-상품을 획득하고자 하는 객(客)의 목적이 절묘하게 만날수록 인기 있는 문학관이 된다. 일부 문학관을 제외하고는 한국의 문학관 평균 이용객 수가 많다고 할 수 없지만,[1] 특정 지역이 자신들의 정체성을 확정하고 홍보할 때 지역 출신 문인이나 문학관의 존재는 특산물만큼이나 결정적인 것이며, 문화자본이라는 점에서 상징적이다. 관광객들 역시 다양한 목적에서 해당 지역 관광 여정에 문학관을 포함하고, 그곳에서 구입한 기념엽서나 USB, 시구가 적힌 텀블러를 사용하며 여행의 추억을 환기하기도 한다.

이러한 문학관의 기능들 역시 소중한 것이고, 엄연히 고려되어야 할 것들이다. 하지만 근본적으로 문학관은 관람자가 모종의 문학적 성장을 경험하는 장소여야 한다. 국립한국문학관이 설립 목적에서 밝히고 있듯 문학관은 "모든 국민의 문학 창작과 향유를 증진시키"는데 봉사해야 하기 때문이다.[2] 따라서 좋은 문학관은 그 자체로 문학교실이라 할 수 있다. 하지만 문학관 차원에서도, 문학교육 차원에서도 이러한 명제는 진지하게 받아들여지고 있는 것처럼 보이지 않는다. 특히 문학교육에서 문학관은 이벤트적 공간, 그나마도 지금은 (안전교육의 강화와 COVID-19로 인한 단체 활동의 자제로 인해) 요원하게 느껴지는 교외 활동의 한 지점이었을 뿐이다. 문학 교육과정 문서에서 다양한 교외 활동을 공식적 문학교육과 연계할 것을 권하기도 하지만, 이때도 문학관에 대한 명시적 언급은 등장하지 않는다.[3]

---

1 문화체육관광부 〈국민문화예술활동조사〉에 따르면 조사 대상 표본 10,060명 중 문학관 이용 경험이 없는 경우가 전체의 99.8%를 차지한다. 그나마 연령별로는 10~19세, 학력별로는 대졸이상, 가구소득별로는 600만원 이상, 시도별로는 세종시가 문학관 이용 경험이 많은 편이다.
(출처: https://kosis.kr/statHtml/statHtml.do?orgId=113&tblId=DT_113_STBL_1028481&vw_cd=&list_id=00000038&scrId=&seqNo=&lang_mode=ko&obj_var_id=&itm_id=&conn_path=R1&path=(수록기간: 년 2016 ~ 2021 / 자료갱신일: 2022.07.21.))

2 국립한국문학관(출처: https://nmkl.or.kr, 검색일자 2022.08.22.)

3 대신 지역 문화 콘텐츠나 지역 문학 행사에 대한 언급은 포착된다. 현행 '문학'

그렇다면 그 이상을 기대하고 실천하는 것은 어떻게 가능할까. 문학관에서 우리는 구경하는 관람자, 인증하는 관광객 외에 누군가가 될 수는 없을까. 이를테면 문학관과 해당 지역이라는 장소에 대한 애착자(愛着者), 문학관이라는 장소가 전시하고 은유하는 '문학' 그 자체에 대한 향유자(享有者), 혹은 문학관 경험을 공유하는 이들과의 공동체(共同體)가 될 수는 없을까. 이 글은 문학관이라는 특수한 장소에서 우리가 누릴 수 있는 문학 경험의 최대치가 무엇인지를 질문하고, 그 교육적 설계를 시도해 보고자 한다. 이러한 작업을 통해 학습자에게는 장소 기반 문학 경험을 통한 체험자, 해석자, 소속자가 될 수 있도록, 문학관에 대해서는 지속적 교육 기관이자 지역 안팎의 청소년들을 위한 문학적 교류의 장소로 거듭날 수 있는 방안을 제안하고자 한다.

나아가 문학관이라는 장소를 기반으로 작가의 장소, 작품 속 장소, 독자의 장소가 삼중으로 중첩되는 경험을 디자인함으로써 학습자가 문학 경험의 주체이자 문학 장소[4]의 거주자로 성장할 수 있도록 교육적 설계를 수행할 것이다. 이를 위해 장소 기반 문학교육의 개념에 대한 문헌 연구, 문학 경험에서의 장소성에 대한 이론 연구, 장소 기반 교육에 토대한 해외 문학관의 교육 프로그램 사례 연구 등을 연구 방법론으로 채택하였으며, 각각의 결과는 이어지는 장들에서 서술될 것이다.

교육과정의 교수·학습 방향에서 "교과서에 수록된 작품만이 아니라 학습자의 요구를 반영하여 학교 도서관 소장 작품이나 지역 문화 콘텐츠 등을 두루 활용하여 교수·학습을 운용"하도록 권하고 있고, '문학에 관한 태도' 성취기준의 평가 방법 및 유의 사항에서 "학습자의 수준과 경험의 폭을 고려하여 학습자 개인의 활동에 대한 독립적인 평가와 함께 학습자 공동의 활동, 학교나 지역 사회의 문학 행사 등과 관련된 활동들에 대해서도 평가하도록" 하고 있다. 교육부 고시 제2015-74호『국어과 교육과정』(2015.09), 131-134쪽.

4 프랑스에서도 창작의 무대나 작품 내용과 관련된 곳, 작가의 자료 소장고나 묘소 등의 문학적 장소를 아울러 '문학 공간site litteraire'이라 통칭한다. 김종우, 윤학로, 프랑수아즈 줄리앙-카자노바, 「프랑스 문학관의 청소년교육 프로그램」,『한국프랑스학논집』55, 한국프랑스학회, 2006, 387쪽.

2. 장소 기반 문학 경험의 개념과 특성

우선 장소 기반 교육(PBE: Place-Based Education)의 개념을 어떻게 이해할지부터 생각해봐야 한다. 교육학 일반에서 해당 개념이 정의되는 방식을 살펴보면 다음과 같다. Sobel(2014)에 따르면, 장소 기반 교육은 "지역 사회 및 총체적인 지역 환경을 활용하고 실제 세계에서 직접적인 학습 경험을 강조하는 접근법"[5]이다. 지역적인 것, 즉 특정 지역의 문화와 문학, 역사, 경제, 환경 등에 토대한 학습이라는 점에서 '장소 기반 학습(PBL: Place-Based Learning)'과도 유사한 의미역을 가진다. 또한 장소 기반 교육은 학생들을 지역 유산, 문화, 풍경, 기회와 경험에 몰입시키고, 이를 교육과정의 언어, 수학, 사회, 과학 및 기타 과목의 기초로서 사용하는 동시에 지역 학교 및 사회를 위한 서비스 프로젝트 참여를 강조한다.[6]

교육이 학습자의 생활세계와 밀착되어 있어야 한다는, 일견 당연해 보이는 문제의식이지만 장소 기반 교육의 세부를 들여다보면 기존의 교육학 담론과 엄연한 차별성을 가졌음을 알 수 있다. 먼저 이 개념은 기존의 표준화된 교과서나 교육 내용 대신 학습자가 소속된 지역을 학습의 근원으로 삼는다.[7] 개인의 학습심리 차원에서는 학습자들이 거주하는 환경으로서 장소에 주목하여 유의미한 학습이 일어나기를 기대하고[8], 정의적 차원에서는 지역성(locality)에 뿌리 내리는 학습을 강조함으로써 장소에

---

5 David Sobel, "Place-Based Education: Connecting Classrooms and Communities, The NAMTA Journal, 39(1), 2014, 61-78쪽.

6 〈〈Center for Place-based Learning and Community Engagement〉〉 홈페이지(출처: https://promiseofplace.org, 검색일자 2022.07.15.)

7 윤옥경, 「초등 예비교사를 위한 교양과목에서 장소기반 환경교육 프로그램의 실천」, 『한국지리환경교육학회지』24, 한국지리환경교육학회, 2016, 139-150쪽.

8 남호엽, 「지리교육에서 장소학습의 의의와 접근 논리」, 『사회과교육』44, 한국사회과교육연구학회, 2005, 195-210쪽.

대한 학습자의 애착과 유대[9]를 증진하고자 한다. 이렇게 증진된 애착과 유대는 다시 해당 지역에 대한 실천적 참여로 이어지게 된다. 그러므로 사회적 차원에서는 생태적 장소와 집단의 안녕을 도모하는 참여적 시민 의식까지 그 목표와 인간상에 포함하는 개념이라 할 수 있다.

그렇다면 이 개념은 기존 교육학의 어느 지점에 문제를 제기하면서 부상했는지 그 맥락을 들여다볼 필요가 있다. 장소 기반 교육 담론은 학습자가 뿌리내리고 있는 지역과 일상을 철저하게 고려하라고 주문한다. 이는 역으로 그동안의 교육 패러다임이 고도로 추상화되고 표준화되어 학습자를 무장소적인 존재로 상정해왔음을 비판하는 것이기도 하다.

Grunewald(2003)는 학습자가 총체적 환경 속에서 잘 살아갈 수 있는 방법을 가르치는 데 장소 기반 교육의 목표를 둔다.[10] 학습자의 더 나은 삶(better life)과 사회적 안녕(social wellbeing)은 그가 거주하는 장소의 건강한 지역성과 불가분의 관계에 있다. 따라서 개별 교과의 추상적 지식보다 지역 사회와의 상호작용 속에서 발생하는 경험적 지식과 실천이 필요하다. 그러다보니 장소 기반 교육의 교수·학습 방법에서는 지역사회 환경이나 유산에 대한 학습자의 직접 경험, 교실 밖 수업이나 탐방, 견학, 지역 사회 문제 해결을 위한 프로젝트 등이 다수를 차지한다.

이러한 장소 기반 교육 담론을 개별 교과교육에서 수용하려는 움직임 역시 꾸준히 누적되고 있으며, 이 연구 역시 그 일환이라 할 수 있다. 생태, 도시, 지역을 재생하고자 하는 장소 기반 미술교육이나 자연지리와 경관 분석의 결과를 음악적으로 표현하는 음악 수업 등이 대표적인데, 특히 미술교육 연구에서 이러한 논의가 활발한 것을 볼 수 있다. 장소 기반 교육의 미술교육적 의의[11]를 논하는 연구부터 구체적으로 그러한 교육이

---

9 A. L. Powers, "An Evaluation of Four Place-Based Education Programs", *The Journal of Environmental Education*, 35(4), 2004, pp.17-32.

10 D. A. Gruenewald, "The best of both worlds: a critical pedagogy of place", *Educational Researcher*, 32(4), 2003, pp. 3-12.

환경감수성 증진[12]이나 공공미술 활성화[13]로 어떻게 이어지는지 실증하는 연구, 특정 장소와 학교 미술을 연계하는 수업 단위 연구[14]까지 논의의 스펙트럼도 다양하다.

한편 문학/문학관 교육 연구에서 장소 기반 교육 담론의 문제의식을 공유하는 연구들을 일별해보면 크게 두 계열로 나눌 수 있다. 문학교육 연구의 관점에서 장소성이나 공간성을 강조한 연구들이 첫 번째 계열이라 할 수 있는데, 공간 인식이나 장소감을 통해 문학 감상의 효과성을 높이려는 시도들이 대다수다. 장소 이미지, 지명 이미지, 창작 방법을 추출하거나 현장 답사를 통한 지리적 상상력 함양을 꾀하기도 하고 문학·문화 이해 제고, 지역문학의 개념이나 교육 방법을 고민하기도 한다.[15] 대체로 문학적 장소의 실제성과 상징성, 전고성 등을 폭넓게 '이해'하게 하는데 초점이 맞추어져 있다. 문학관에만 주목한 연구는 많지 않으나 이효석 문

11 최인희, 「장소기반 학습의 미술교육적 의의」, 고려대학교 석사학위논문, 2020.

12 권현지, 「장소기반 미술교육의 환경감수성 증진효과 실행연구」, 서울대학교 석사학위논문, 2012.

13 이지선, 「학교 미술교육 내 공공미술 활성화 방안 : '프로젝트 기반학습' 을 중심으로」, 강원대학교 석사학위논문, 2015.

14 한주연, 「학교와 지역기반 체험시설 연계를 통한 미술수업 방안연구 : 파주 헤이리 예술마을을 중심으로」, 경인교육대학교 석사학위논문, 2014.

15 다음 연구들이 이러한 계열에 속한다. 남나윤, 「김유정 소설 속 작중 인물의 장소 경험을 통한 지역 문학 교육 연구」, 강원대학교 석사학위논문, 2019, 김근호, 「문학교육에서의 지역문학 및 지역성 수용의 동향과 전망」, 『국어교육연구』 72, 국어교육학회, 2020, 이미림, 「이효석 문학관과 소설창작기법 고찰 – 비소설류 텍스트를 중심으로」, 『한어문교육』 39, 한국언어문학교육학회, 2019, 이지안, 「문학 현장 답사를 활용한 한국 고전시가 교육 연구 : 〈도산십이곡〉과 〈어부가〉를 중심으로」, 서울대학교 석사학위논문, 2020, 왕엽, 「한·중 고전시가 비교를 통한 한국 문화교육 : 서울과 북경의 장소이미지를 중심으로」, 서울대학교 석사학위논문, 2015, 손정은, 「지명 이미지를 통한 시조 이해 교육 연구」, 서울대학교 석사학위논문, 2013, 이수정, 「문학작품을 활용한 지리적 상상력의 신장 : 소설 '소나기' 를 사례로」, 서울교육대학교 석사학위논문, 2019, 김현정, 「공간 중심의 강호시조 이해 교육 연구」, 서울대학교 박사학위논문, 2012, 임수경, 「문학관을 활용한 창작교육방법」, 『한국문화기술』 2, 단국대학교 한국문화기술연구소, 2006, 이호형, 「융복합교육으로서 문학관 체험학습의 가능성 연구」, 『우리말교육현장연구』 10-2, 우리말교육현장학회, 2016.

학관과 김유정문학촌, 양평 소나기마을 등에 대한 연구들이 이루어진 바 있다.

두 번째 계열은 문학관 혹은 박물관 연구의 관점에서 해당 장소의 문학교육적 기능을 탐구한 연구들이다.[16] 문학관의 청소년 교육 프로그램, 문학 전시·교육 프로그램을 분석하는 연구가 대종을 이루며 특히 해외 문학관의 프로그램이나 어린이 책미술관 프로그램에 대한 논의가 많다. 이들 논의에서는 학습자들이 문학관에서 수행하는 문학 탐구 과정을 분석하기도 하고, 문학 자료 아카이브 전시에서 관객이 어떤 문학적 경험으로 유도되는지 탐구하기도 한다. 흥미로운 것은 점차 문학관이나 박물관이 자신들의 교육 기능을 의식하고 있고, 기존의 오브제 중심 전시에서 관람자의 경험 중심 공간으로 나아가고 있다는 점이다. 장소 기반 교육의 개념과 이상의 연구 흐름들을 종합하면 다음과 같은 키워드들을 추려낼 수 있다.

주요 키워드: 지역 사회, 직접 경험, 지역성, 생활세계, 참여, 로컬, 로컬리티, 장소감, 장소애, 지역 애착, 지역 사회 실천, 공간적 상상력, 지역 문학·문화 이해, 문학적 경험, 장소 기반 경험, 융합 수업, 현장 수업, 프로젝트 수업 등

---

16 다음 연구들이 이러한 계열에 속한다. 김종우, 윤학로, 프랑수아즈 쥘리앙-카자노바, 앞의 글, 안지예, 「어린이미술관에서의 문학탐구교육- 현대어린이책미술관 테마 2 교육프로그램 'Little Writers!' -」, 『박물관교육연구』 19, 한국박물관교육학회, 2018, 황규진 · 김영호, 「관람객의 주체적 해석과 경험을 위한 아카이브 전시연출 고찰 - 국립현대미술관 《미술이 문학을 만났을 때》 전시를 중심으로 -」, 『박물관학보』 41, 한국박물관학회, 2021.

그림 6. 장소 기반 교육 논의의 주요 어휘 구름

이에 토대하여 이 글은 장소 기반 문학 경험 개념을 다음과 같이 정의하고자 한다. "지역 사회의 특정한 장소를 문학적 감각과 배움의 원천으로 삼고, 문학 작품 속 장소/현실 공간의 장소/해석-상상된 장소의 중층성을 경험하며, 궁극적으로는 이러한 문학적 장소들을 매개로 지역 사회의 문학, 문화, 문제에 깊이 연루되고 참여하게 하는 경험"이 그것이다.

한편 선행 연구들에서 논의된 장소 기반 경험의 특성들을 종합하여 장소 기반 문학 경험의 특성을 감각성, 중층성, 집단성의 세 범주로 나누었다.

범주화 과정에서 일반적 장소 기반 경험과 대별되는 장소 기반 문학 경험의 특수성이 고려되었다. 예를 들어 한 관람객이 경상남도 하동군 악양면 평사리에 위치한 최참판댁과 박경리문학관을 경험했다고 가정해보자. 해당 장소를 『토지』라는 문학작품에 대한 경험이나 지식이 없는 상

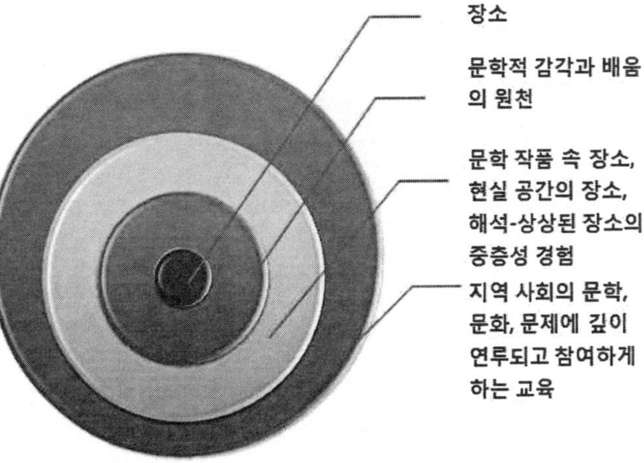

그림 7. 장소 기반 문학 경험의 교육적 의미

태에서 오직 물리적 장소(physical place)로서 경험할 때와, 읽고 추론하고 상상했던 텍스트 속 문학적 장소(literary place)로서 경험할 때 차이는 명확할 것이다.

전자의 경우 '문학관 관람자'는 경사로를 따라가며 입장료를 내고 섬진강의 공기를 느끼며 최참판댁을 채우고 있는 예스러운 물건들을 살펴보기도 하고 초가집 앞에 적혀 있는 인물 소개 글을 읽어보기도 할 것이다. 박경리 작가의 동상과 사진을 찍고 유품을 보며 두어 시간 문학관을 둘러본 후 나와 평사리 벌판을 보며 가슴이 열리는 경험을 하고 근처 카페에 들러 자신의 경험과 위치를 SNS에 인증할 수도 있다. 후자의 경우는 경험의 밀도와 층위가 빽빽하고 복잡해진다. '독자-관람자'는 계속해서 작품에서 재현된 장소, 자신이 머물고 있는 장소, 자신이 상상했던 장소들을 병치시키고 조율하며 그 공집합 속에 자신을 '거주시킨다'. 문학관에서 독자들은 자신이 읽은 『토지』 속에 등장했던 사물들, 작가 박경리의 재현 이전에 그곳에 존재했고 문학적 창조를 촉발했던 섬진강과 지리산의 풍경, 자신이 신체적으로 체험하고 있는 공간들과의 감각적 부딪힘과 갈마듦 속에서 복합적인 경험을 하게 된다.

이는 다시 작품과 장소에 대한 새로운 인식이나 애착, 비판적 사고나 실천적 행위를 추동할 수 있다. 그는 문학관에 설치되어 있는 인물 소개 팻말이 자신의 인물 해석과 상충되어 놀랄 수도 있고, 왜 『토지』 서문에서 작가가 지리산에 대해 길게 언급했는지 사후적으로 이해할 수도 있으며, 빈 마당에 서서 어린 서희의 패악을 달래는 길상의 표정을 상상해볼 수도 있다. 나아가 『토지』를 읽은 이로서, 『토지』의 무대 속 지역이나 국가에 소속된 자로서 느슨하면서도 정서적인 공동체에 소속되는 느낌과 장소 애착을 보유하게 될 수도 있다. 이러한 특성을 이 글에서는 장소 기반 문학 경험의 감각성, 중층성, 집단성으로 정리하였다.

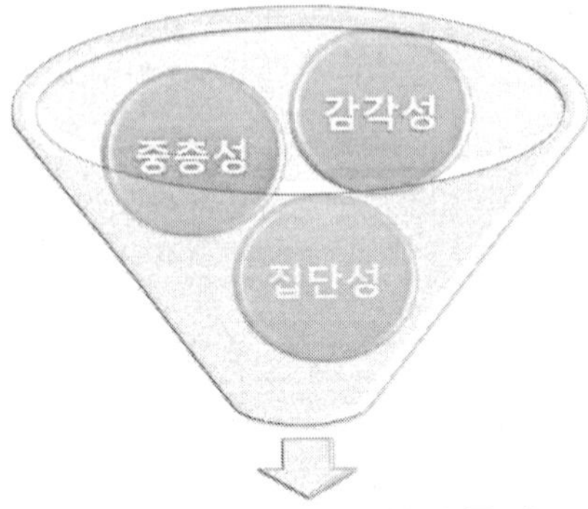

그림 8. 장소 기반 문학 경험의 특성

– 장소 기반 문학 경험의 감각성 : 장소 기반 문학 경험은 해당 장소 및 사물과의 감각적 만남을 통한 특정한 정의적, 문학적 반응을 유발한다.

– 장소 기반 문학 경험의 중층성 : 장소 기반 문학 경험은 문학 작품 속 장소, 현실 공간의 장소, 문학적으로 재현-해석-상상된 장소를 인식하고 의미화하게 한다.

– 장소 기반 문학 경험의 집단성 : 장소 기반 문학 경험은 해당 장소의 현실적, 역사적, 문학적 의미와 문제에 대해 참여하게 하며, 해당 장소 구성원으로서 소속감과 장소 애착을 지니게 한다.

3. 문학관의 장소 기반 문학 경험 사례 분석 및 교육적 설계

2장에서는 장소 기반 문학 경험의 개념과 특성을 살펴보았다. 그러나 문학적 경험의 장소들은 그 범주와 양상이 방대하여 이 글에서 모두 다루기 어렵다. 국정 교과서에 실린 「소나기」를 배웠던 학교도, 시인의 자취를 쫓아 걷던 도시도, 심지어 독자 자신의 서재도 문학적 경험의 장소가 될 수 있다. 따라서 여기서는 주로 '문학관'이라는 장소를 중심으로 해당 장소에 기반한 문학 경험을 논의하고자 한다. 먼저 2장에서 정리했던 장소 기반 문학 경험의 정의와 특성을 문학관에 적용, 재서술하면 다음과 같다. 문학관 기반 문학 경험은 "지역 사회의 특정한 문학관을 문학적 감각과 배움의 원천으로 삼고, 문학 작품 속 장소, 현실 공간의 장소, 해석-상상된 장소의 중층성을 경험하며, 궁극적으로는 문학관을 매개로 지역 사회의 문학, 문화, 문제에 깊이 연루되고 참여하게 하는 경험"이다.

–문학관 기반 문학 경험은 문학관 및 전시 대상과의 감각적 만남을 통한 특정한 정의적, 문학적 반응을 유발한다.

–문학관 기반 문학 경험은 문학관이라는 장소를 통해 작품 속 장소, 작가의 장소, 독자 자신의 장소를 인식하고 의미화하게 한다.

–문학관 기반 문학 경험은 문학관과 그 지역 사회의 현실적, 역사적, 문학적 문제에 대해 참여하고 실천하도록 추동한다.

위의 명제들은 문학관이라는 장소에 기반한 문학 경험을 이해하는 데는 도움을 주지만, 여전히 문학관 교육의 설계에 전용하기에는 이론적, 추상적 진술이라는 한계를 지닌다. 따라서 문학관이라는 특정 장소에 착목하여 장소 기반 문학 경험을 설계해왔던 사례들을 검토할 필요성이 발생한다. 한국문학관협회는 문학관을 "지역성, 인물성, 역사성 등 다양한 특성을 갖춘 문화의 보고"로 정의한다.[17] 흥미로운 것은 그러한 정의 뒤에 문학관의 책무성(accountability)에 대한 언급이 따른다는 점이다. "자라나는 청소년들이 문학관을 상상력이 넘치는 기억공간으로 접할 수 있도록 문학관 스스로가 새로운 세대를 위한 활동을 하고 동시에 소장된 유물을 직접 보고, 감상하고, 표현하는 문학관 3요소를 실천할 수 있도록 지원해야" 한다는 진술이 그것이다.

문학관이 단순히 문화의 저장고와 전시 장소일 뿐만 아니라 문학이라는 집단적 기억을 공유할 수 있도록 교육하는 장소라는 자의식이 드러난다. 그 교육의 대상으로 '청소년'을 직접 호명하고 있다는 점도 주목할 만하다. 문학교육이 문학관을 일회적 방문이나 활용의 대상으로 여겨오는 동안, 오히려 문학관 쪽에서는 문학과 문학관이 품고 있는 교육적 가능성을 적극적으로 인지하고 있음을 알 수 있다. 따라서 그러한 인지 이후의

17 한국문학관협회(출처: https://munhakwan.com, 검색일자 2022.07.15.)

실천들이 어떻게 누적되어 가고 있는지 사례 중심으로 살피는 일은 이후 문학교육에서 문학관 교육을 설계하기 위해 경유해야 할 작업이다.

이 장에서는 다양한 사례들이 검토되는데, 관람객 중심 박물관(VCM: Visitor-Centered Museum), 참여적 박물관(PM: Participatory Museum)이라 불리며 부상한 박물관 담론[18]에 입각한 다양한 문학관/박물관/미술관 교육 프로그램 자료를 대상으로 한다.[19] 이러한 경향성은 구성주의적, 학습자중심적 교육학을 표방하는 최근의 교육학 담론과도 유사한 궤적을 보인다. 소장품보다는 관람객, 수동적 응시보다는 적극적 참여에 방점을 찍다보니 문학관이라는 장소에서 관람객이 어떤 경험을 하고 있으며, 할 수 있을지에 큰 관심을 기울이고 있다.

또한 지역 학습자를 각별히 고려하고, 지역 학교와 문학관의 협업을 시도하며, 다양한 관내외 활동들을 통해 문학을 둘러싼 맥락들을 경험하게 하고, 작가-독자-교사-학습자-문학관 큐레이터 지역 문학인 같은 인적 주체들을 연결 짓고 있었다. 나아가 지역 문학관이 거주자들의 장소 애착에 기여하는 방식을 고민하고 있다는 점 역시 두드러진다. 이는 앞에서 이 글이 도출했던 장소 기반 문학 경험의 특성에도 부합하는 것이다. 따라서 장소 기반 문학 경험의 세 가지 특성-감각성, 중층성, 집단성을 범주로 하여 각 사례들을 분석하고, 도출된 시사점을 교육적 설계에 반영하고자 한다.

---

18 황규진 · 김영호, 앞의 글, 55쪽.

19 해외 사례가 다수를 차지하는 까닭은 다음과 같다. 국내의 경우에도 장소 기반 경험에 주목한 문학관/박물관/미술관 교육에 관한 논의나 프로그램이 존재한다. 하지만 이 글에서는 실제로 구체적인 교육 프로그램을 투입하고 그 결과를 분석하며 효과성을 검증하는 데까지 진행된 사례들을 우선적으로 살피고자 하였기 때문에 이러한 장기 작업을 찾아보기 힘들었던 국내 사례보다는 해외 사례를 주로 살펴보게 되었다. 후속 연구에서는 국내의 동향도 다루고자 한다.

3.1. 문학관 기반의 감각적 문학 경험

문학관에 전시된 사물과 공간의 구조, 전시의 방식, 관람의 서사적 흐름 등은 수용자로 하여금 특정한 감각적 경험을 누리게 한다. 이는 문학 교실에서 학습자들이 누리는 감각적 경험과는 다를 수밖에 없다. 「메밀꽃 필 무렵」을 서책형 교과서의 레이아웃에 따라 읽어나가는 것과 구월 가을의 이효석 문학관에서 체험북을 만들고, 공모전에 낼 메밀 사진을 찍고, 효석 문학의 숲을 거니는 것은 그 경험의 감각적 강도에서 차이가 있다. 이 때문에 때로는 짧은 문학관 방문이 다른 텍스트 경험보다 긴 기억을 남기기도 한다. 마크 트웨인 문학관과의 연합 강의를 기획했던 한 대학 교수의 고백이 그것을 잘 보여준다.

> I was amazed at the impact of those brief two hours of place-based learning.[20]

그래서 최근 많은 문학관들이 전통적 전시를 넘어서 문학에 대한 감각적 즐거움과 청소년의 참여적 태도를 만들어내는 데 주력하고 있다. 역사전기적인 틀 안에서만 문학을 제시하기보다는 학습자의 감각, 창의성, 정서와 문학을 연결하는 데 공을 들인다. 이를 위해 다양한 시각적 사물이나 미디어 도구들을 적극적으로 사용하기도 한다. 가령 노르웨이 언어 및 문학 센터(Centre for Norwegian Language and Literature)는 음악, 게임, 랩, 연극 등을 통해 관람객에게 문학에 대한 즐거움과 몰입을 불러일으키고자 노력한다.

---

20 "A Literature Class in a Museum: A Place-Based Experience Place Based Education" (출처:https://www.gettingsmart.com/2017/05/23/literature-class-in-a-museum)

> In contrast to traditional exhibition spaces that focus on displaying objects, literary centers are primarily educational spaces, often with a heavy focus on media, educational tools, and games....through various programs for school children, the center sparks joy and engagement in literature through music, games, rapping, and theater.[21]

물론 단순히 많은 사물이나 미디어 도구를 활용한다고 해서 학습자들의 문학적 기쁨과 참여에 바로 불꽃(sparks)이 일어나는 것은 아니다. 더 중요한 것은 감각적 자극의 방식이다. 위 글에서는 그러한 접근 방식을 "문학-언어적 방식"이라고 지칭하고 있다. 역사 전기적 프레임워크와 대별되는 방식으로서 이 문학-언어적 방식은 문학과 학습자의 창조적이고 정서적인 연결 자체를 강조한다. Terroil(1975)에서도 수용자들의 특별한 경험을 위해 시각직 사물을 지각적 지료로 사용하고 이를 학습 강화와 연결 지을 것을 당부하고 있다.[22] 이는 다시 미디어나 게임, 새로운 교육 툴들을 문학관이라는 공간 속으로 끌어들일 것을 요구한다. 결과적으로 학습자는 그들이 읽은 문학 텍스트와 문학관에서 얻은 자극과 경험들 사이에 다양한 연결점들을 만들어내고 그것을 자신만의 선으로 그려낼 수 있다.

---

21 Nathaniel Prottas, "Beyond the Cult of the Author: The Literary Museum Today", *Journal of Museum Education*, 45, 2020.

22 Terroil(1975)에 따르면 문학관을 포함한 박물관 일반은 수용자들에게 특별한 학습 경험을 제공하기 위해 다음과 같은 지도 원칙을 사용할 수 있다. 박물관 방문과 학교 경험 사이의 관련성 인식, 학습을 강화하기 위한 지각적 자료로서 시각적 사물의 사용, 차별적 기술을 개발하고 다듬는 데 유용한 기술로서의 활동, 발견 및 탐구의 촉진, 수용, 학습과 검색을 용이하게 하는 조직적 경험의 활용, 방문객들이 학습 경험으로 전시회에 응답하고 참석할 수 있도록 하는 전시의 일부로서 자극과 피드백의 가치 인식 등이 그것이다. Anna Du Terroil, "Museum Education: Recent Trends in Learning Environments", Texas Univ., San Antonio, 1975.

I watched students make compelling connections between the literary texts they read and their own lived experiences—connections facilitated by their place-based education.[23]

언어적 내용이나 의미를 습득하기 이전에 지각되는 무언가를 '느낄' 수 있도록 관람객의 감각이 자극될 때 풍부한 심미적 경험이 가능해지는 것은 당연하다. 문학관에서도 어떤 사물이나 장치, 도구를 통해 학습자의 감각을 자극하고 그것이 내면세계와 기억 속으로 침투할 수 있게 할 것인가에 대한 고민이 필요하다.[24] 일반적으로 문학관을 채우고 있는 오브제들은 주로 관람객들의 시각적 감각을 이끄는 데 주력한다. 작품 속 장면을 재현한 동상, 생가의 우물터와 항아리들, 출판 당시의 책표지, 전시관 구석구석 씌어 있는 해설들이 우선적으로 관람객의 눈길을 끌게 된다.

하지만 이러한 시각적 사물들이 문학과의 감각적 만남을 방해하기도 한다. 그 이유는 다양하겠지만 대체로 작가의 전기에만 초점을 맞춘 유품들이 많다는 점을 문제로 꼽을 수 있다. 특별한 내러티브 없이 유리관 안에 나열된 오브제들은 일견의 대상이 될 뿐, 관람객이 그것들과의 감각적 접촉을 통해 아우라를 느끼며 작가의 창작 과정을 추체험하고 그의 삶을 공감적으로 상상하게 하기에는 부족함이 많다. 게다가 이러한 자료들은 시간이 지나며 점차 수용자의 생활세계나 가치관과 유리될 가능성도 상존한다. 수용자의 입장이나 관점, 동기 등이 충분히 참조되지 못한 오브제들은 때로 문학 경험 자체를 왜곡시킬 수 있다.

6년 전 이효석 문학관에 답사를 갔을 때 학생들이 불만을 표했던 일이 있었다. 웅성거리는 분위기에 교수자가 학생들에게 다가가자 학생들은 항

---

23 "A Literature Class in a Museum: A Place-Based Experience Place Based Education" (출처:https://www.gettingsmart.com/2017/05/23/literature-class-in-a-museum)

24 Juhani Pallasmaa, 『Eyes of the Skin - Architecture and the Senses』, 김훈 옮김, 『건축과 감각』, 시공문화사, 2013, 61쪽.

의하는 듯한 눈빛으로 교수자에게 한 장소를 가리켰다. 소설 「메밀꽃 필 무렵」 속 장소를 재현한 공간인 물레방앗간에 허생원과 성 서방네 처녀로 추정되는 인물들이 그려져 있었다. 어깨를 드러낸 채 가슴을 팔로 가린, 관습화된 포즈의 여성과 그녀를 회유하는 남성이 그려져 있었고 기념사진을 찍으라는 듯 친절하게 얼굴 부분이 뚫려 있었다. 물론 물레방앗간이 해당 작품에서 가지는 낭만적 장소성을 강조하려는 의도는 짐작이 갔으나 전체적인 소설의 주제의식이나 정서, 무엇보다 독자들의 장소 경험을 방해할 수 있다는 점에서 문제적이라는 것이 그날 교수자와 학습자들 사이에서 오갔던 대화의 결론이었다.

그림 9. 봉평 이효석 문학관의 물레방앗간(출처: https://blog.naver.com/withsonme/222742076841)

그렇다면 문학관에서 학습자의 풍부하고 복합적인 감각적 체험은 어떤 구체적 방법들로 이루어지는 것이 바람직할까. 우리는 과거 읽었던 소설의 줄거리나 세부 사건은 잊더라도 그 소설이 환기했던 분위기, 그 작품을 읽었던 장소와 공기의 냄새, 독서 중에 느껴지던 설렘이나 의아함, 지루함, 짜릿함 등의 감각은 오래 보존한다. 문학관 경험 역시 유사하다.

특정 문학관에서 들었던 해설의 내용이나 훑어보았던 전시품들의 목록은 희미해져도 그 장소에 머물렀던 기억과 분위기(mood), 그리고 그것이 환기했던 자신의 기분(stimmung)만은 남아 해당 문학관이나 작가, 작품에 대한 태도와 감정을 빚어낼 수 있다.

유효선 외(2014)가 지적하듯 전시에서 주제에 맞게 관람객의 심리적 경험을 디자인하는 작업이 없다면 관람객의 소통을 유도하는 일은 실패로 귀결될 가능성이 높다.[25] 이 논의는 전시의 주제와 관람객의 심리적 경험이 의미 있게 상호소통하기 위한 조건으로 "장면성, 단서성, 상징성, 감각성, 참여성"[26] 등의 특성을 추출하고 있는데, 이 중에서도 촉지적 감각을 강조한다. 시각, 청각, 후각, 촉각, 미각 등이 복합적으로 작용하는 것을 의미하는 촉지적 감각은 전시 공간과 관람객의 몸을 상호작용[27]시킨다. 문학관에서의 문학 경험 역시 학습자의 감각에 복합적 방식으로 호소하되 단순히 이런저런 감각적 자극을 섞어 놓는 것이 아니라 그러한 자극이 학습자와 상호작용할 수 있게 해야 한다. 최근 다양한 영역에서 활용되고 있는 감각 도구들과 미디어 플랫폼, 인터랙티브 스토리텔링들에 대한 적극적 주목도 필요하다. 이미 미술관이나 박물관에서는 이러한 방식의 경험 설계가 낯설지 않다. 전시된 유물보다 미디어를 이용한 감각적 수용-생산 활동이 주가 되는 느낌을 주는 곳도 적지 않다. 예를 들어 국립중앙박물관의 디지털 실감 영상관의 경우 문화유산을 '실감콘텐츠'화하고 있다. 전시품의 몸과 관람객의 몸 사이에 디지털이라는 도구로 가교와 접점을 만들어 내는 것이다.

---

25 유효선 · 유진형, 「기념 전시관 내 상호 소통을 위한 전시연출 방향에 관한 연구」, 『한국공간디자인학회논문집』 9-2, 한국공간디자인학회, 2014.

26 유효선 · 유진형, 위의 글, 61쪽.

27 山口勝弘, 『環境藝術家キースラー』, 김명환 옮김, 『공간연출디자인의 원류 프레데릭 J. 키슬러』, 미술문화, 2000.

그림 5. 국립중앙박물관의 컨텐츠 감각화 작업 사례(출처: 국립중앙박물관 홈페이지 https://www.museum.go.kr/site/main/content/digital_realistic)

<십장생도>를 관람할 때 여러 작품을 걸어놓는 것이 아니라, 미디어 아트로 재현한 신선의 세계가 펼쳐진 방 안으로 관람객이 걸어 들어가 그림의 일부가 되는 식이다. <책가도>를 관람할 때는 미술사적 의미나 대표작에 대한 (큐레이터에 의해 중개된) 해설을 수용하기보다는 상영되는 필름 속 <책가도>에서 관람객이 직접 책장을 선택하고 물건을 골라 본다. 이 과정에서 햅틱 기술이나 메타버스 등이 활용되기도 한다. 보존과학실 VR에서 직접 문화재(<말 탄 사람 토기>-국보 91호)를 수리해

보기도 하고 명작 속 인물이나 동물을 화면에 불러와 내가 놓인 현실의 장소를 변화시키는 증강현실(AR)을 경험하기도 한다. 이러한 감각적 경험과 반응을 실시간으로 화면에 공유하며 다른 관람객과 공적/사적 방식으로 나누는 것은 물론이다. 문학관에 이런 방식을 적용한다면 어떨까. 물컹하게 코를 덮치는 봄내음과 나른한 아지랑이, 밭을 가는 소의 울음이 들려오는 4D <봄봄>의 풍경 속으로 독자가 진입한다거나 가상의 서랍장에서 김유정의 편지를 골라 답을 써본다면? 낡은 초판본을 수리하며 삽화를 그려 넣기도 하고 <만무방> 속 형제들을 불러와 빈곤에 관한 이야기를 나눠본다면?

물론 화려한 테크놀로지로만 감각적 자극을 제공할 수 있는 것은 아니다. 국립현대미술관 덕수궁관에서 열렸던 전시 <미술이 문학을 만났을 때>(2021.02.04.~2021.05.30.)의 경우 독특한 방식의 관람객 경험을 설계한 바 있다. 어둡고 거대한 방에 긴 책상들이 놓여 있고 책상마다 많은 양의 근대 문학 자료들이 놓여 있다. 관람객이 지나다닐 수 있는 통로를 제외하고는 400건이 넘는 종이 문서들만 수북하다. 20세기 초반 신문소설과 삽화 복제본들이 대다수를 차지하는데 전시관이라기보다 수장고로 보일만큼 특별한 큐레이팅이나 가공을 거치지 않은 자료들이며, 펼쳐져 있는 페이지도 이전 관람객이 펼쳐두고 간 그대로라 제각각이다.

그림 6. 국립현대미술관 <미술이 문학을 만났을 때>

(2021.02.04.-2021.05.30.) 전시 사진(출처: 국립현대미술관 페이스북

https://www.facebook.com/mmcakorea/photos/pcb.3963432067025797/3963431993692471)

산만해 보일 수도 있지만 의도된 관람의 내러티브가 없기 때문에 관람객들은 이 전시가 허용하는 우연성에 기대 자신만의 관람 경로를 만들어간다. 매력적인 자료를 찾아 헤매고, 신문지를 구기거나 넘겨가며 종이의 감촉과 두께, 바스락대는 소리 등의 물질성을 신체적으로 만끽한다. 벽에 보안장치와 함께 걸려 있는 귀한 원전은 아니지만, 그렇기 때문에 더 편안하게 아무 페이지나 들여다보고 휴대폰으로 촬영하거나 검색할 수 있다.

시간과 열정이 많은 관람객이라도 이 방에 있는 모든 자료를 꼼꼼히 관람하기는 어려웠을 것이다. 황규진 외(2021)[28]가 지적하듯 아일랜드

28 황규진 · 김영호, 앞의 글, 66쪽.

전시 방식에서는 자료가 고밀도로 나열되기 때문에 관람객이 인지하는 단위 공간 수가 상대적으로 적다. 그렇기 때문에 공간 전체를 파악하고 계획적인 동선으로 움직이기보다는 발길이 닿는 대로 혹은 시선을 잡아채는 자료가 이끄는 대로 움직이게 된다. 관람보다 산책에 가까운 신체의 움직임이 일어나는 것이다. 이 과정에서 어떤 관람객에게는 <탁류> 속 초봉이 삽화가, 어떤 관람객에게는 구본웅이 장정한 임화의 <현해탄>이 산책 중 마주친 대상이 되었을 것이다. 그리고 아카이브 속에서 자신이 '발굴'해낸 이 대상과의 특별한 관계를 향유하고 별도의 탐구를 수행할 수도 있을 것이다.

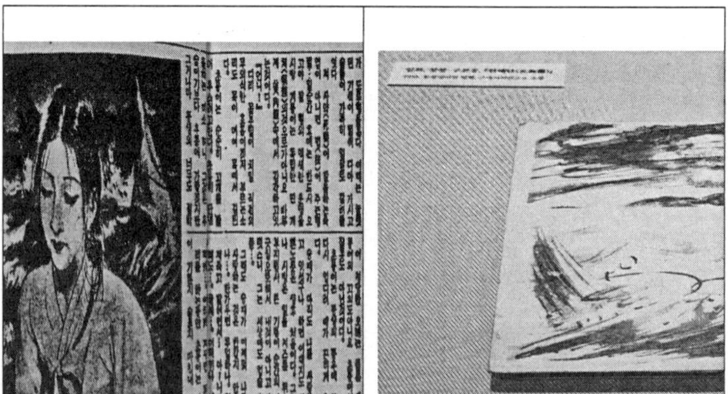

그림 7. 국립현대미술관 《미술이 문학을 만났을 때》(2021.02.04.-2021.05.30.) 전시 일부(촬영자: 필자, 촬영일: 2021.04.22.)

이는 장소 기반 문학관 교육에도 잘 어울리는 방식이다. 작가가 빚어냈던 문학적, 비문학적 텍스트들, 작가와 작품을 둘러싼 다양한 곁텍스트들(paratext), 시간과 함께 누적되어 온 다양한 비평과 해석이라는 메타텍스트의 아카이브를 독자-관람객이 직접 뛰어들어 만지고 건져 올린다면 그 교육적 의미와 효과는 막강할 것이다. 전문가가 선별한 소수의 작품을 심미적 거리를 두고 감상하기보다는 직접 감각하며 자신을 위한 큐레이팅과 해석을 수행해볼 수 있다는 점, 그리고 그 기저에는 예술 수용자의 태도와 능력에 대한 믿음이 깔려 있다[29]는 점에서 문학교육에 많은 시사점을 준다.

흥미로운 것은 문학관 기반의 감각적 문학 경험을 강조하는 논의들이 대체로 그러한 경험을 학교에서의 공식적 교육과 재연결하라고 주문한다는 점이다.

> Museum education often feels like a one-stop-shop… How could we have our own class here? How could we prompt a sustained engagement with our collection?[30]

문학관 방문이 단순히 일회적, 자극적 감각에 그치지 않고 학습자의 문학적 수행이나 문학 향유자로서의 정체성 구성으로 유의미하게 이어지기를 바라는 까닭이다. 따라서 문학관의 전시와 사물들, 교육 프로그램들은 지역 일선 학교와 연계되면서 학습자가 문학관에서 경험했던 감각과 사고를 사후적으로 가다듬고 성찰하거나 혹은 자신의 작업과 연계시키도록 할 필요가 있다. 이는 문학관과 문학교실 사이의 일종의 감각적 교차공간[31]을 만들어내는 작업이라고 할 수 있을 것이다.

---

29 Barry Lord(ed), The Manual of Museum Learning, AltaMira Press, 2007.

30 "A Literature Class in a Museum: A Place-Based Experience Place Based Education"
출처:https://www.gettingsmart.com/2017/05/23/literature-class-in-a-museum

3.2. 문학관 기반의 중층적 문학 경험

검토된 많은 사례가 공통적으로 공을 들이고 있는 두 번째 양상은 문학관에 머무는 학습자의 경험을 중층적으로 디자인하기 위한 프로그램의 다양화와 정례화이다. 펜실베니아에 위치한 펄벅 하우스(Pearl S. Buck House)의 사례를 살펴보자. 펄벅의 작품은 이미 고전의 반열에 올랐만 문학관은 그 위대함을 찬양하거나 홍보하는데 멈추기보다는 작가의 열정과 문학관 관람객-학습자의 감각 사이를 연결하는 데 집중한다. 즉 피와 살이 있는 한 사람이 품었던 인권, 평등, 사랑에 대한 열망을 문학관이라는 장소 속에서 재현하고, 그것을 다시 학습자가 그러한 가치들에 대해 갖고 있는 태도와 대화하게 하는 것이다. 『대지』 는 더 이상 노벨문학상을 수상한 어떤 위대한 작품이 아니라 학습자가 겪어 내고 있는 개인적, 사회적 이슈들에 화력을 공급하는 불쏘시개가 된다.

> Pearl S. Buck House in Perkaise, Pennsylvania, describing how a major restoration of the house offered an opportunity to re-examine the educational programs...which Buck felt passionately: human rights, gender equality, adoption, racial equality, and immigration. Based on discussion with visitors, the program offers a model for connecting an author's life and work with the experiences of visitors, creating bridges between the author's activism and social issues still deeply relevant today.[32]

---

31 '교차공간' 은 음악교육학자 Green(2002, 2008)이 이론화한 개념으로, 그는 학생들이 공적인 음악교육에 흥미를 느끼지 못하는데 의문을 품고 인터뷰 기반의 질적 연구를 시도했다. 그 결과 비공식적인 음악교육 특유의 학습 경험과 방식을 발견하고 이를 공적 음악교실에 적용하였다. Lucy Green, How popular musicians learn: a way ahead for music education, Aldershot, Hants; Burlington, VT: Ashgate, c2002, 2002; Lucy Green, Music, informal learning and the school: a new classroom pedagogy, Aldershot, Hampshire, England; Burlington, VT: Ashgate, 2008.

32 Nathaniel Prottas, op.cit.

문학관이라는 장소에서는 작가라는 생산 맥락, 작품 속 텍스트 세계 맥락, 문학관이라는 장소의 시공간적 맥락, 독자의 사회문화적 맥락 등이 만나고 충돌할 수 밖에 없다. 많은 문학관이 해당 장소에서 발생하는 시공간의 격차와 가치체계의 격차를 제거되어야 할 방해물이 아닌, 결정적으로 중요한 교육적 자원으로 삼고 있다. 장소로서의 문학관이 아니었다면 가시화되지 못했을 시공간적 차이와 문화적 사이를 전면화시키고, 떠오른 이슈들 위로 맥락들 간의 대화를 쌓아 올린다. 이 대화는 다시 다른 문학관 방문객과의 소통과 대화로 이어지며 크고 작은 문학 공동체를 발생시킨다.

『작은 아씨들』 을 쓴 Louisa May Alcott의 오차드 하우스(Orchard House)의 사례를 살펴보자. 매사추세츠 콩코드에 위치한 이곳을 방문하는 이들은 유년기에 사랑했던 소설 『작은 아씨들』 의 집을 상상하고 기대하며 그곳에 도착한다. 하지만 당연히 작가의 전기적 삶과 그가 만들어 낸 허구적 세계 사이에는 차이와 긴장이 존재한다. 오차드 하우스의 교육자들은 이러한 역사-전기적 내용과 텍스트 사이의 차이, 텍스트와 현대 독자들의 시각 차이를 해결해야 할 문제로 다루지 않는다. 대신 작가의 삶이 어떻게 그의 창작물과 관련될 수 있는지에 대한 토론에 방문객들을 참여시키는 기회로 삼는다. 책뿐만 아니라 저자의 삶에 초점을 맞추면서, 오차드 하우스의 교육 담당자들은 참정권과 여성의 권리 같은 알콧에게 중요한 문제들에 대한 워크숍을 제공한다.[33]

신시내티 오하이오에 위치한 Harriet Beecher Stowe House의 사례도 마찬가지다. 『톰 아저씨의 오두막』 의 저자인 Stowe의 과거 거주지이자 현재는 대중에게 공개된 문학관이기도 한 이곳에서도 이러한 중층적 대화가 기획된 바 있다. 이 문학관의 교육 담당자들은 해당 지역에 위

33 ibid.

치한 Xavier 대학교의 전직 교수이자 Stowe 전문 연구자인 John Getz와 협업을 시도했고 그 프로그램의 과정과 결과를 논문으로 발표하기도 했다.[34] 그들은 함께 『톰 아저씨의 오두막』에 대한 일련의 토론 프로그램을 설계했고, 이를 <Visiting Uncle Tom's Cabin>이라는 이름의 월간 문학 토론 시리즈로 정례화했다.

이 프로그램에 참여한 이들은 유명하고 논쟁적인 이 소설에서 인출할 수 있는 사회적, 정치적 문제들에 대해 토론한다. 월간 문학 토론은 방문객을 단순히 이 책이나 작가에 참여시키는데 만족하지 않는다. 토론은 종종 '미국과 미국적인 것'은 무엇이며 실재하는지에 대한 이슈로까지 나아가고, 그것은 다시 방문객들의 문학적, 정치적 입장을 작가나 다른 방문객의 그것과 대화하게 한다. 또한 전문가 집단이 적극적으로 설계에 관여하고 있기 때문에 지속적인 텍스트 분석과 토론을 교차시키는데 주력한다. 아카데믹한 텍스트 분석과 아마추어 문학 애호가들의 대화, 작품 세계의 논리화와 문학관 방문 경험을 접붙이는 것이다.

문학관 속 토론 활동을 중심으로 작품 속 장소, 지역 사회, 재구성된 장소를 성찰하도록 한다는 점에서는 위의 사례들이 공통되지만 특히 마지막 사례가 중요한 것은 지역 대학의 전문가들과 문학관이 적극 제휴한다는 점이다. 문학관이 작가와 방문객들의 경험을 연결시키는 과정에서 교육자가 일종의 에듀 큐레이터(edu-curator)로서 중심적 역할을 하고 있다. 문학전공자가 아닌 방문객들을 작가의 삶과 작품 모두에 연결시키는 동시에 복잡한 문학 작품에 대한 이해를 풍부하게 할 수 있는 방법을 보여주는 교양 교사로도 기능한다.[35]

이러한 교육은 일반 관람객이나 청소년 학습자에게도 유의미하지만,

---

34 John Getz, Christina Hartlieb, Abigail Zhang, "Visiting Uncle Tom' s Cabin: University-Style Discussions in a Historic House Museum", Journal of Museum Education, 45(3), 2020.

35 Nathaniel Prottas, op.cit.

교사교육에도 활용될 수 있다. 헝가리 부다페스트의 페퇴피 문학박물관(Petőfi Irodalmi Múzeum)에서는 일반적 형식의 대학 교육이 문학 전시를 통해 어떻게 확장될 수 있는지 보여준다. 이 프로그램은 문학관과 문학교육이 겪는 성가신 문제에 정면으로 맞선다. 즉 '문학관에 전시된 작가의 정보와 문학교육에서 교육내용화된 작가의 전기가 학습자의 문학 이해에 진짜로 도움이 되는가' 그리고 '문학관과 문학교육은 문학 정전을 형성, 유지시키는데 어떤 방식으로 복무하는가' 하는 문제가 그것이다. 문학관 프로그램에 참여한 이들은 예비 문학교사로서 교사가 되기 위한 과정 중에 있었다. 그들은 프로그램을 통해 문학관과 문학교육이 헝가리 문학사에서 소외된 작가를 어떻게 다루어왔고, 다루어야 하는지 면밀히 분석하도록 요청받았다. 이를 통해 예비 문학교사들은 한 국가의 문학 정전이 어떤 식으로 형성되는지, 작가론적 지식과 문학사적 지식은 문학 이해에 어떤 역할을 하는지, 그리고 문학관이 어떻게 문학 정전에 대한 역서술(逆敍述)을 제공할 수 있는지를 탐구한다.

이러한 사례들은 오늘날 문학관이 잠들어 있던 문학과 작가를 수용 맥락 속에 재현현시키고, 그들의 목소리에 대해 현대의 학습자가 응답하거나 반박할 수 있는 일종의 소통 플랫폼으로 기능하고 있음을 잘 보여준다. 특히 이러한 변화에 문학교육(전문가)이 중심적인 역할을 할 수 있는 가능성이 두드러진다. 문학교육이 그동안 주력해온 것이 바로 이러한 작품을 통한 대화와 소통, 성장의 경험이었기 때문이다. 따라서 문학관과 문학교육자들이 주축이 되어 다양한 토론과 워크숍, 프로그램들을 제공할 수 있다면 자연히 문학관은 관람객들의 문학 리터러시를 함양하는 장소로 확장될 수 있을 것이다.

가령 김유정문학촌에서 이루어지는 다양한 세대의 토론을 통해 작품 속 1930년대의 춘천과 2020년의 내가 살아가는 춘천, 그리고 2110년의 후속세대가 살아갈 춘천을 두껍게 관통하는 안목을 기를 수 있다. 또한 학교 교육과정과 연동된 프로그램을 문학관에서 실행하고 대학생 튜터와 함께 김유정 작품의 재구성이나 영상화를 시도할 수도 있다. 이처럼 맥락들의 부딪힘을 유도하는 토론, 글쓰기 워크숍, 창작, 전시가 정례화된 프로그램이 되기 위해서는 교수나 지역 사회 전문가, 지역 문학인 등의 인력 네트워크와 제휴할 수 있다. 이 과정에서 자연스럽게 문학관 기반 문학 경험의 집단성에 주목하게 된다.

3-3. 문학관 기반의 집단적 문학경험

검토된 사례들이 공통적으로 보이는 세 번째 양상은 문학관이라는 장소에 기반한 문학 경험이 일회적, 개인적 성격에 그치지 않고 집단적, 참여적 형태로 확장되도록 유도한다는 것이다. 최근에는 사이버문학관도 많이 생겨나고 있지만, 여전히 다수의 문학관이 특정 지자체의 지역성과 장소성에 터한 물리적 실체를 갖고 있다. 당연히 이때의 지역성과 장소성이란 지리적, 심리적, 문화적 의미를 두루 지닌다. 김유정을 춘천과 분리할 수 없듯이 이효석과 박경리를 봉평 및 하동과 결부할 수밖에 없다. 기형도문학관이나 채만식문학관처럼 작가의 생물학적 출생지에 위치한 문학관도 있고, 박경리문학관이나 윤동주문학관처럼 작가가 인생의 특정 시기를 보낸 도시에 위치한 문학관도 있으며, 인천에 소재한 한국근대문학관처럼 개항도시라는 역사적 의미에 토대하여 해당 도시의 자본으로 설립된 공공 종합 문학관도 있다. 그렇기에 관람객이 특정 문학관을 경험한다는 것은 문학관이 위치한 지역의 개성과 유산(legacy)을 경험한다는 의미도 된다. 이효석이 실제 고향이었던 강원도 평창보다 함북 경성과 할빈에서 적소감을 느꼈다 하더라도[36], 이상이 서울을 떠나 동경에 기어이 건

36 정여울, 「이효석 텍스트의 공간적 표상과 미의식 연구」, 서울대학교 박사학위논문, 2012, 36쪽.

너가고자 했더라도 오히려 그렇기 때문에 그들의 문학을 읽는다는 것은 평창과 서울이라는 지역을 의식하는 작업이 된다.

다음의 사례들은 그러한 문학관 경험의 집단성을 적극적으로 활용하고 있다. Tees Valley Museums, National Portrait Gallery, 그리고 280개 이상의 학교에서 합동 운영한 <Making a mark>는 학교 교육과정과 연계된 교육 프로그램을 진행하면서 그 목표를 다음과 같이 진술하고 있다.

> Children attend at least three visits to museums within the partnership during an academic year. In addition to curriculum delivery, the programme encourages children to understand and be proud of their local heritage, identity and mark on society, and in doing so, aims to raise aspirations.[37]

일종의 공유-상소(co-location), 공유 생산(co-production) 프로그램 과정 동안 학습자는 3회 이상 문학관을 방문하며 지역의 문학과 문화유산들을 경험하고 자신들의 생산물을 만들어낸다. 그리고 이에 대해 문학관 교육 담당자와 학교 교사들의 강력한 피드백을 지원받는다. 지역에 대한 높아진 이해와 자부심은 교과 교육과정의 성공적 도달과도 선순환 관계를 이룩한다. 이 프로그램의 효과를 검증하기 위한 후속 연구에서 참여 학습자들의 국가시험 성적 상승이 보고되었지만 이는 오히려 부차적 효과에 가깝다.[38]

---

37 King 's College London의 Cultural Institute 후원으로 개발된 프로젝트 〈My Primary School is at the Museum〉를 살펴 보면 다양한 문학관/박물관/미술관-학교 연계 예술 경험 프로그램들을 만날 수 있다. Kate Measures, *My Primary School is at the Museum* – King's College London-Action Research Project(derived from https://www.kcl.ac.uk/cultural/resources/reports/mpstm-final-report.pdf), 2016.09.27.

38 Louisa Hood, My Primary School is at the Museum – A Review of Academic Articles and Museum and Education Sector Publications about

중요한 것은 지역 문학문화와 전통에 대한 높아진 이해가 학습자의 개인적 자부심과 사회적 소속감으로 이어지고 있다는 점이다. 문학관 기반 문학 경험을 통해 학습자는 내가 거주하는 지역이 특정한 작품의 시공간적 프레임이 되었다는 것, 문학사의 중요한 변곡점이 되는 작가를 낳았다는 것, 혹은 내가 무감하게 보던 풍경과 풍속이 문학언어로 형상화되었다는 것을 인식한다. 그리고 마침내 나는 어떤 방식으로 이 지역을 표현하고 살아갈 것인가 탐구하게 되면서 지역의 문제에 깊이 참여하게 된다.

지역에 거주 중인 현역 작가들과 학습자를 연결해주는 <Schools and Writers> 프로그램의 경우 주간 워크숍에 참여한 학습자가 지역 작가들과 함께 시, 소설, 대본 등 다양한 유형의 문학적 창작물을 생산한다. 지역 작가들에게 경제적 수입과 교육 경험을 제공하는 동시에 학습자에게 생활세계에 기반한 경험과 문제의식을 문학적으로 형상화하도록 유도한다는 점에서 의미를 가지는 프로그램이라 할 수 있다.[39] 이러한 지역 참여 프로그램들은 학습자의 호응을 끌어내고 있는데, 마크 트웨인 문학관과 연계된 대학의 '미국 문학 연구' 오프 캠퍼스 강의를 수강했던 대학생 학습자의 자기보고가 이를 보여준다.

> To describe the course content isn't a simple task, because we did so much more than learn about great literature. We were taken through history - of our city, our state, and our country, while debating over race relations, gender equality, artistic influences, the American civil war, the cultural impact of Nook Farm's residents, and a bevy of other subjects that came along as we traversed the most diverse and in-depth class I've ever had the pleasure of taking.[40]

Cultural Education and Museum-School Partnerships(derived from https://www.kcl.ac.uk/cultural/resources/reports/mpsm-literature-review.pdf), 2017, p.24.

39 ibid., pp.22-23.

위의 자기보고에서 학습자는 "문학에 대해 배우는 것 이상"을 했다고 진술한다. 요약적으로 언급되기는 했지만 열거된 어휘들을 통해 어떤 것들이 "이상"의 목록을 채우고 있을지 짐작가능하다. 성과 인종 문제 같은 사회문화적 조건을 비롯해 문학과 예술, 문화의 상호 관계 같은 인문학적, 미학적 주제들, 미국의 내전이나 농장 주민들의 삶과 같은 역사적 이슈들, 그리고 이 모든 것들이 지금의 자신과 맺고 있는 관계가 질문되고 토론되었을 것이다. 그것이 이 수업의 다양성과 깊이를 만들어 내면서 학습자로 하여금 이 '도시'의 시민, 이 '주'의 주민, 이 '나라'의 국민으로서 제 위치를 발견하고 조정하게 이끌었을 것이다.

Wason-Ellam(2010)이 비판적으로 지적하였듯 많은 학습자들이 실제적인 연결보다 가상적 연결에 익숙해져 가고 있다.[41] 물론 더 많은 양의 소통과 더 넓은 범위의 교제를 가능하게 한다는 점에서 가상적 장소의 경험 및 컨텐츠의 소비도 나름의 의미를 지닌다. 하지만 그러한 변화로 인해 학습자가 자신이 살아가는 지역에 대한 지식이나 긍정적 경험이 부족해지고, 이로 인해 전통적, 생태적 리터러시를 결여할 수 있다는 위험성 역시 커지고 있다. 그래서 Wason-Ellam은 3학년 학습자에 대한 장소기반 교육 프로그램을 설계했다. 학습자는 지역의 강과 계곡을 따라 지리적으로 이동하는 일종의 필드 트립을 하면서 그것에 대한 시나 이야기, 저널 쓰기 등을 수행한다. 문학적 방식이 익숙하지 않은 학습자는 미술이나 사진의 방식을 택하기도 한다. 앞의 사례들과 달리 문학관에서 학습이 일어나는 것은 아니지만 지역 전체를 일종의 문학적 수행 장소로 삼는다는 점에서 흥미롭다.

학습자의 생산물은 학습자 집단을 넘어서는 범위, 이를테면 지역 전체

---

40 Nathaniel Prottas, op.cit.

41 Linda Wason-Ellam, "Children' s literature as a springboard to place-based embodied learning" , Environmental Education Research, 16(3-4), 2010.

로 공유될 수 있다. <Art, opera and poetry Quest>의 경우 문화 활동에 참여할 가능성이 가장 낮은 어린이들을 대상으로 한다. 어린이들은 지역의 문학관/박물관/미술관 등을 방문하여 해당 지역 예술가들이 운영하는 워크숍에 참여하고 자신들의 작품을 생산하여 갤러리에 전시하는 일종의 퀘스트를 치른다. 2008년 이후 2,5000명이 넘게 참여한 이 퀘스트 덕분에 지역 문학관이나 미술관에 방문해본 적이 없던 아이들의 삶에 장기적인 변화가 깃들 수 있었다.[42] The Wallace Collection과 St. Vincent's RC Primary School의 연계 프로젝트에서는 아예 학습자에게 문학관이나 박물관 전시를 기획하고 발표할 수 있게 하는 <Young Curators> 프로그램을 운영하기도 한다.[43] 전시할 오브제를 고르고 조사하고 발표 대본을 쓰는 작업을 과연 학습자가 할 수 있을까 의문을 품는 이들도 있지만 실제로 이 프로그램은 장기적으로 운영되고 있고 학령기에 접어든 어린 학생들의 참여도 왕성하다.

이러한 사례들은 "학교와 지역 사회를 연결하라"는 장소 기반 교육의 강령이 문학관 및 문학교육과 얼마나 생산적으로 만날 수 있는지 방증한다. Rodriguez(2008)에 따르면 장소 기반 교육은 후속 세대를 지식 생산자로 인정하고, 지역 사회 참여형 학습을 통해 교육을 풍부하게 하며, 학습자가 지역 사회 및 환경 문제에 참여할 수 있도록 관련 지식과 경험을 제공한다.[44] 특히 그들은 듀이가 묘사한 '삶으로부터 학교의 고립'을 타파하기 위해 교육 내용과 방법의 선택에 있어 장소를 강조한다.

학습자는 지역의 문학관, 도서관, 공동체, 전문가, 주민들로부터 문학 애호가, 지역 애착자, 나아가 민주적 시민이 되는데 필요한 입체적 지원

---

42 Louisa Hood, op.cit., p.21.

43 ibid., pp.23-24.

44 A. Rodriguez(ed), The multiple faces of agency: Innovative strategies for effecting change in urban school contexts, Rotterdam, the Netherlands: Sense Publishers, 2008.

을 받을 수 있어야 한다. 교사는 이 과정에서 교육적 경험의 설계자이자 큐레이터의 기능을 수행한다. 동시에 교사도 해당 지역에 소속된 자로서 자신과 지역의 문제를 탐구하게 된다. 문학교육 역시 이러한 접근법을 문학관과 공유하면서 문학과 지역 사회, 학습자를 더 가깝게 만들 수 있다. 나아가 그동안 문학교실에서 충분히 포용하지 못했던 작품의 지역성과 학습자의 생활세계를 위한 자리를 마련하고, 이를 다시 교실 바깥으로 향하는 질문과 참여의 공동체를 구축하는 원동력으로 삼을 수 있을 것이다. 이는 지역 사회의 삶에 대한 고려, 애착으로 이어질 수 있다. 물론 장소 개념 자체나 장소 기반 문학관 경험을 지나치게 낭만적으로 이해하는 것의 위험성도 항존한다. McInerney 외(2011)가 지적하듯 장소는 이질적 주체들의 가치관이나 생존방식이 갈등하는 공간일 수도 있고, 특정 집단의 소외나 혐오가 이루어지는 공간일 수도 있다.

> In the light of such experiences, we have to be careful not to overly romanticise the notion of 'place' in the construction of young people's identities.[45]

중요한 것은 무조건적인 애착의 강요가 아니라 지역 및 그 속에 거주하는 인간에 대한 두꺼운(thick) 인식의 욕구를 불러일으키는 것이다. 가령 김유정문학촌에서 학습자는 유정이 이 장소에서 실제로 그리고 문학적으로 앓았던 문제들-가난, 부조리, 질병 등-이 지금 어떻게 유지, 변주되고 있는지 질문할 수 있다. 그리고 이를 해결할 책무는 누구에게 있는지, 나/너/우리는 이 장소에서 무엇을 하고 싶고, 해야 하고, 할 수 있

45 Peter McInerney, John Smyth & Barry Down, " 'Coming to a place near you?' The politics and possibilities of a critical pedagogy of place-based education" , Asia-Pacific Journal of Teacher Education, 39(1), 2011, p.10.

는지 탐구할 수 있다. 그 결과는 문학적으로 형상화되거나 지역 공동체에 공유될 수 있다. 이는 학습자로 하여금 김유정문학촌 경험에서 촉발된 '문학 경험의 공동체'에 입성하는 경험을 허여한다. 나아가 이 공동체는 지역의 문화와 문제에 개입한다는 점에서 '참여의 공동체'로 성장할 수 있다.

4. 결론

이 연구는 장소 기반 문학 경험에 대한 이론적, 실제적 탐구를 통해 문학관교육 중심의 장소 기반 문학 경험을 설계하고자 하는 목적을 지닌다. 이를위해 장소 기반 문학 교육(Place Based Education, PBE)의 개념에 대한 문헌 연구, 문학 경험에서의 장소성에 대한 이론 연구, 장소 기반 교육에 토대한 해외 문학관의 프로그램 사례 연구 등을 연구 방법론으로 채택하였다.

교육학 일반에서 장소 기반 교육은 지역성과 지역 문화, 환경에 토대한 학습자의 직접 학습 경험을 강조한다. 해당 개념의 맥락과 예술 교육 담론에서의 논의, 문학관이라는 장소의 특수성 등을 종합적으로 고려하여 이 글에서는 문학관 기반 문학 경험을 "학습자가 지역 사회의 특정한 문학관을 문학적 감각과 배움의 원천으로 삼고, 문학 작품 속 장소, 현실 공간의 장소, 해석-상상된 장소의 중층성을 경험하며, 궁극적으로는 문학관을 매개로 지역 사회의 문학, 문화, 문제에 깊이 연루되고 참여하게 하는 경험"으로 정의하였다.

또한 이러한 문학 경험의 특성을 감각성과 중층성, 집단성의 세 범주로 나누어 탐구하고 해당 범주에 따라 해외 문학관의 장소 기반 문학 경험 사례를 분석하였다. 공식적 학교교육과 문학관 경험의 연합, 감각적 사물이나 테크놀로지의 활용, 문학적 장소의 맥락적 탐구를 위한 프로그램과 작문/토론 워크숍, 지역사회 전문가나 다양한 학습자 중심 활동 사례 등을 검토하고 이에 기반하여 장소 기반 문학 경험을 교육적으로 설계하였다. 문학관이라는 매개 장소를 통해 작가의 장소-작품 속 장소-독자의 장소가 중첩되는 경험을 구조화하되 감각성과 중층성, 집단성의 범주별로 활동과 적용 방안을 제안하였다.

이러한 장소 기반 문학 경험 교육을 통해 문학'관'이 아닌 문학 '경험'이 중심이 되는 문학관 교육을 수행할 수 있는 가능성을 모색하였다. 나아가 학습자의 삶으로부터 분리되었던 문학, 문학적 경험의 마중물이 되기 어려웠던 문학관, 문학적 장소의 지역성을 주목하지 못했던 문학교육을 돌파하기 위한 가능성 역시 탐구하고자 하였다. 이 연구는 주로 해외 문학관 사례 분석에 초점을 맞추었기에 국내 문학관 활용에서 어떤 점이 보완되거나 강조되어야 하는지에 대해 충분히 논의되지 못한 한계가 있어 이를 후속 연구에서 보완하고자 한다.

참고문헌

교육부 고시 제2015-74호 『국어과 교육과정』 (2015.09).

권현지, 「장소기반 미술교육의 환경감수성 증진효과 실행연구」, 서울대학교 석사학위논문, 2012.

김근호, 「문학교육에서의 지역문학 및 지역성 수용의 동향과 전망」, 『국어교육연구』 72, 국어교육학회, 2020.

김종우, 윤학로, 프랑수아즈 쥘리앙-카자노바, 「프랑스 문학관의 청소년교육 프로그램」, 『한국프랑스학논집』 55, 한국프랑스학회, 2006.

김현정, 「공간 중심의 강호시조 이해 교육 연구」, 서울대학교 박사학위논문, 2012.

남나윤, 「김유정 소설 속 작중 인물의 장소 경험을 통한 지역 문학 교육 연구」, 강원대학교 석사학위논문, 2019.

남호엽, 「지리교육에서 장소학습의 의의와 접근 논리」, 『사회과교육』 44, 한국사회과교육연구학회, 2005.

손정은, 「지명 이미지를 통한 시조 이해 교육 연구」, 서울대학교 석사학위논문, 2013.

안지예, 「어린이미술관에서의 문학탐구교육- 현대어린이책미술관 테마 2 교육프로그램 'Little Writers!' -」, 『박물관교육연구』 19, 한국박물관교육학회, 2018.

왕엽, 「한·중 고전시가 비교를 통한 한국 문화교육 : 서울과 북경의 장소이미지를 중심으로」, 서울대학교 석사학위논문, 2015.

유효선, 유진형, 「기념 전시관 내 상호 소통을 위한 전시연출 방향에 관한 연구」, 『한국공간디자인학회논문집』 9-2, 한국공간디자인학회, 2014,

윤옥경, 「초등 예비교사를 위한 교양과목에서 장소기반 환경교육 프로그램의 실천」, 『한국지리환경교육학회지』 24, 한국지리환경교육학회, 2016.

이미림, 「이효석 문학관과 소설창작기법 고찰 - 비소설류 텍스트를 중심으로」, 『한어문교육』 39, 한국언어문학교육학회, 2019~~. pp.5-29.~~

이수정, 「문학작품을 활용한 지리적 상상력의 신장 : 소설 '소나기'를 사례로」, 서울교육대학교 석사학위논문, 2019.

이지선, 「학교 미술교육 내 공공미술 활성화 방안 : '프로젝트 기반학습'을 중심으로」, 강원대학교 석사학위논문, 2015.

이지안, 「문학 현장 답사를 활용한 한국 고전시가 교육 연구 : <도산십이곡>과 <어부가>를 중심으로」, 서울대학교 석사학위논문, 2020.

이호형, 「융복합교육으로서 문학관 체험학습의 가능성 연구」, 『우리말교육현장연구』 10-2, 우리말교육현장학회, 2016.

임수경, 「문학관을 활용한 창작교육방법」, 『한국문화기술』 2, 단국대학교 한국문화기술연구소, 2006.

정여울, 「이효석 텍스트의 공간적 표상과 미의식 연구」, 서울대학교 박사학위논문, 2012.

최인희, 「장소기반 학습의 미술교육적 의의」, 고려대학교 석사학위논문, 2020.

한주연, 「학교와 지역기반 체험시설 연계를 통한 미술수업 방안연구 : 파주 헤이리 예술마을을 중심으로」, 경인교육대학교 석사학위논문, 2014.

황규진·김영호, 「관람객의 주체적 해석과 경험을 위한 아카이브 전시연출 고찰 - 국립현대미술관 《미술이 문학을 만났을 때》 전시를 중심으로 -」, 『박물관학보』 41, 한국박물관학회, 2021.

Barry Lord(ed), The Manual of Museum Learning, AltaMira Press, 2007.

Getz, J., Hartlieb, C., Zhang, A., "Visiting Uncle Tom's Cabin: University-Style Discussions in a Historic House Museum", Journal of Museum Education, 45(3), 2020.

Green, L., How popular musicians learn: a way ahead for music education, Aldershot, Hants; Burlington, VT: Ashgate, c2002, 2002.

Green, L., Music, informal learning and the school: a new classroom pedagogy, Aldershot, Hampshire, England; Burlington, VT: Ashgate, 2008.

Gruenewald, D. A., "The best of both worlds: a critical pedagogy of place", Educational Researcher, 32(4), 2003.

Hood, L., My Primary School is at the Museum – A Review of Academic Articles and Museum and Education Sector Publications about Cultural Education and Museum-School Partnerships(derived from https://www.kcl.ac.uk/cultural/resources/reports/mpsm-literature-review.pdf), 2017.

McInerney, P., Smyth, J. & Down, B., "'Coming to a place near you?' The politics and possibilities of a critical pedagogy of place-based education", Asia-Pacific Journal of Teacher Education, 39(1), 2011.

Measures, K., My Primary School is at the Museum – King's College London-Action Research Project(derived from https://www.kcl.ac.uk/cultural/resources/reports/mpstm-final-report.pdf), 2016.09.27.

Pallasmaa, J, 『Eyes of the Skin – Architecture and the Senses』, 김훈 옮김, 『건축과 감각』, 시공문화사spacetime, 2013.

Powers, A. L., "An Evaluation of Four Place-Based Education Programs", The Journal of Environmental Education, 35(4), 2004.

Prottas, N., "Beyond the Cult of the Author: The Literary Museum Today", Journal of Museum Education, 45, 2020.

Rodriguez, A.(ed), The multiple faces of agency: Innovative strategies for effecting change in urban school contexts, Rotterdam, the Netherlands: Sense Publishers, 2008.

Sobel, D., "Place-Based Education: Connecting Classrooms and Communities, The NAMTA Journal, 39(1), 2014.

Terroil, A. D., "Museum Education: Recent Trends in Learning Environments", Texas Univ., San Antonio, 1975.

Wason-Ellam, L., "Children's literature as a springboard to place-based embodied learning", Environmental Education Research, 16(3-4), 2010.

山口勝弘, 『공간연출디자인의 원류 프레데릭 J. 키슬러』, 김명환 옮김, 미술문화, 2000.

국가통계포털(https://kosis.kr/statHtml/statHtml.do?orgId=113&tblId=DT_113_STBL_1028481&vw_cd=&list_id=00000038&scrId=&seqNo=&lang_mode=ko&obj_var_id=&itm_id=&conn_path=R1&path=(수록기간: 년 2016 ~ 2021 / 자료갱신일: 2022.07.21.)

국립한국문학관(https://nmkl.or.kr, 검색일자 2022.08.22.)

한국문학관협회(https://munhakwan.com, 검색일자 2022.07.15.)

<<Center for Place-based Learning and Community Engagement>>(https://promiseofplace.org, 검색일자 2022.07.15.)

<GETINGSMART>>(https://www.gettingsmart.com/2017/05/23/literature-class-in-a-museum)

https://www.kcl.ac.uk/cultural/resources/reports/mpsm-literature-review.pdf

https://www.kcl.ac.uk/cultural/resources/reports/mpstm-final-report.pdf

구인회 문인의 문학관

– 구인회 문인 문학관의 현황과 '구인회 문학관'의 건립 추진에 대한 제언

이현주

1. 들어가기 – 지역문학관이 서 있는 자리와 그 너머

우리나라 문학관[1]은 2000년대에 본격적으로 건립되기 시작하였다[2]. 2000년대에 문학관이 활발하게 건립된 가장 큰 이유는 1995년 우리나라에 지방자치제가 도입되면서 지방자치단체의 이미지 제고와 지역 활성화에 대한 관심이 증대되면서 지방자치단체가 지역문학관 건립을 중요한 사업으로 여겼기 때문이다[3]. 2000년 초반부터 지역정체성 확립과 지역문

1 2016년 제정된 「문학진흥법」 제2조(정의)에서는 문학관을 "문학관 사료를 수집·관리·보존·조사·연구·전시·홍보·교육하는 시설로서, 자료, 인력 및 시설 등 등록 요건을 갖춘 시설"로 정의하고 있다.

2 1990년까지 우리나라 문학관은 8군데에 불과했다. 건립 연도로 볼 때 가장 오래된 문학관은 1981년 성북동 심우장에 개관한 만해기념관이다. 이후 1989년에는 안동 지례예술촌(지촌문학관)이, 1990년에는 삼성출판박물관이 건립되었다. 하지만 국내 문학관은 1991년에 개관된 박화성문학기념관에서 시작되었다고 볼 수 있다. 김성종에 의해 1992년 개관된 추리문학관은 '문학관'이라는 명칭을 처음으로 사용하여 문학관의 명성을 전국에 알린 최초의 문학관이라고 한다. 추리문학관은 개관은 기존의 문학관 개관과는 다른 다양한 의미를 내포하고 있다고 한다. "그 동안 중앙집권적인 문학 풍토에서 지방인 부산에서 문학관이 처음 개관된 것, 현재 지역문학관의 대다수를 차지하는 한 개인의 문학관이 아닌 한 장르(추리 부분)를 내세운 문학관, 지자체나 국가의 예산이 아닌 한 개인의 사제에 의해서 건립된 문학관, 문학관 활성화의 가장 큰 저해 요인이라고 지적되는 전시 위주의 문학관 운영이 아닌 프로그램 위주의 문학관" 등이 그 의미로 제시되어 왔다. (한국문화관광연구원, 「지역문학관 활성화 정책 연구」, 문화관광체육부, 2009, 10쪽)

화 활성화를 목적으로 문학관 건립이 본격화되기 시작했고, 2009년에는 지역문학관이 45개에 이르렀다고 한다. 이후 문학관은 매년 꾸준히 건립되어 2022년 현재 한국문학관협회에 등록되어 있는 문학관만 총 88개에 이른다. 등록되지 않은 문학관까지 합하면 현재 우리나라에 있는 문학관은 120개 이상이라고 한다.

문학관은 지역 출신 문학인과 지역과 연관된 문학작품을 매개로 다양한 프로그램을 만들어내고 운영함으로써, 지역민과 청소년들에게 문학 향유, 교육, 체험, 창작 공간, 낭송 등 다양한 역할을 수행해 왔다[4]. 지역문학관은 이처럼 지역문화의 거점지 역할을 해 왔을 뿐 아니라 인근의 자연 경관과 다양한 문화관광자원(예컨대 문화시설, 문화유적, 보물, 관광지, 민속자료, 관광단지 등)을 활용하여 그 지역을 문학관광지로 자리잡게 하는 역할도 해 왔다[5]. 이런 연유로 지금도 지방 문인 단체나 문화재단은 서산 문학관, 서귀포 문학관, 이태준 문학관 등 지역문학관의 개관을 추진하고 있거나 개관 예정 중인 상황이다.

---

3 문학관 건립이 급증하게 된 이유는 지자체 요구 외에도 "시각화된 이미지를 추구하는 일반대중에게 문학작품의 향유를 위한 방법" 중의 하나로 문학관 건립을 통해 문학에 대한 대중의 관심을 유발하려고 한 데에도 있다. 문학관은 활자 매체로 이루어진 문학이 대중의 관심을 끄는 데 한계가 있다는 것을 인정하고, 문학의 활성화, 대중화를 위한 다양한 프로그램을 통해 문학에 대한 관심을 증대시켜 왔다. 이민호는 한국에서 문학관 건립은 문학의 대중화와 지역의 이미지 제고라는 이중의 관심에서 출발했지만, 주로 지역의 이미지 제고의 측면이 강하게 작용하였다고 하였다. (이민호, 「근대문학관 건립을 위한 공간 스토리텔링연구」, 『국제어문』 제58집, 2013, 589쪽)

4 지역 문학관은 지역 문화 활동의 거점으로 다양한 행사나 강연 등을 기획하여 문학이나 문화에 관심 있는 지역민들에 복합문화공간으로서 긍정적인 기능을 하고 있다. "우리나라 대다수의 지역문학관들이 프로그램을 통해 관람객들에게 다양한 기능과 역할을 수행하고 있는 반면에, 소수의 문학관들은 전문 인력 및 재정 등을 이유로 작가의 유품 전시의 기능만을 담당하고 있다." (한국문화관광연구원, 앞의 책, 30쪽)

5 김유정문학촌, 황순원문학촌소나기마을, 이효석문학예술촌은 문학관광지로 주목받고 있는 대표적 사례이다. (문보영 · 이정원 · 이상미, 「문학관광객의 방문동기가 만족 및 재만족에 미치는 영향」, 『관광학연구』 제34권 제6호,2010; 전윤경, 「문학관광자원으로 본 문학관 활성화 방안 연구」, 『문화콘텐츠연구』 제13호)

그런데 몇몇 문학관을 제외하고 실질적으로 지역문학 활성화나 문학체험 및 문학교육의 장으로서 문학관이 기능하고 있다고 보기 어렵다[6]는 비판도 만만치 않게 제기되고 있다. 현재 일부 지역문학관은 고답적인 문화기관의 하나로 지역성(locality) 안에 유폐되어 가고 있다는 비판을 받고 있는 실정이다. 상당수 문학관은 애초의 건립 취지나 목적을 다하지 못하고, 사람들에게 외면당하고 있다고 할 수 있다[7]. 생가형 문학관이 많은 수를 차지하고 있는 한국의 문학관은 대체로 지역 (작고) 문인을 추모하고 기념하는 기념관의 성격이 강하다[8]. 2008년까지 건립된 문학관은 대부분 특정 개인의 업적을 기리기 위한 기념관이 대부분이었다. 문학기념관의 성격이 강한 문학관은 "기념의 대상을 특화하는 데 몰두해 다른 공간이나 장소와의 네트워크에 둔감하고, 특정 작가를 '우상화'하는 작업에 집중하는 경향"이 강하다고 비판받고 있다.[9]

지역 출신 여러 작가를 함께 기념하는 복합문학관은 지자체에서 운영하는 곳이 대부분이고 운영이 원활하고, 다양한 작가를 대상으로 하기에 좀 더 풍부한 문학 자료를 갖추고 있어 활성화되어 있는 것으로 보인다[10]. 목포문학관은 2000년에 건립된 충남문학관이나 2001년에 개관한 경남문학관과는 달리 국내 유일의 4인 복합문학관임을 표방하였다.

---

6 오태영, 「문학관의 공간 조직화와 수행적 신체」, 『한국문학과 예술』 제20집, 2016, 149쪽.

7 2020년 실시된 문학 실태조사에 따르면, 문학관을 방문한 경험이 있다고 답한 응답자는 응답자의 10.8%에 지나지 않았다. (이미숙, 「2021 문학 실태조사(2020년 기준) 결과…국민 문학 독서율 43%, 평균 문학 독서량 2.3권」, 『한국강사신문』, 2021.12.22.)

8 나카무라 미노루는 문학관이 도서관 기능과 박물관 기능뿐만 아니라 지역 문학 활동의 중심 시설로 부차적으로 지역 문학 진흥의 역할을 수행하고 있다고 본다. 개별 작가의 기념관뿐만 아니라 지역문학관도 처음 구상될 때 지역과 연고가 있는 문인을 기리기 위한 것으로 시작된다. (나카무라 미노루, 『문학관을 생각한다』, 함태영 옮김, 소명출판, 2019, 14-22쪽)

9 오태영, 앞의 글, 150쪽.

10 복합문학관은 지역문학관 활성화의 방안으로 제안되었다. (「지역문학관 활성화 정책 연구」)

2007년 10월 9일 개관한 목포문학관은 1991년 개관한 박화성문학기념관을 이전하면서 목포 출신 문인 4명을 함께 기념하는 복합문학관이다[11]. 목포문학관은 관리직과 학예직의 역할을 분리하고, 건립 단계부터 문학 관련 학예사를 채용하여 다른 문학관에 비해 문학관 특성에 맞는 문학관, 공간 활용의 우월성을 지닌 문학관으로 평가되고 있다.[12] 하지만 목포문학관은 '목포의 문학/목포 출신 문학인'을 강조하면서 지역의 정체성을 구체화하는데 집중하는 면이 있다.

2012년 3월 5일에 전남 강진군에 개관한 시문학파기념관은 특정 문인을 기리는 문학관이 아니라 '시문학파'라는 유파를 기념한 문학관이다. 시문학파기념관은 특정 작가에 한정하지 않고 한 시대의 문예사조를 조망하는 문학공간이라는 점에서 그 의미가 특별하다고 할 수 있다[13]. 시문학파기념관은 특정 지역이 아니라 1930년대 순수시 운동을 전개했다고 알려진 문학 동인 '시문학파'에 주목하고 있다는 점에서 지역문학관의 새로운 모델이라 볼 수 있다. 더 나아가 시문학파 전후의 시인들과 1910~50년대 현대시사로 관심을 확장해 시문학에 대한 관심과 이해의 폭을 넓히는 작업도 진행하고 있다. 하지만 시문학파 기념관은 김영랑 생가 옆에 있기도 하고 강진군에서 운영하는 공립문학관인지라 김영랑을 기리는 데 치중하는 면이 있다[14].

---

11 전남 목포시 대의동 2가 노적봉 아래에 있던 박화성문학기념관(1991년 개관)은 2007년 목포시 용해동 11-28번지(남농로 95)로 옮기면서 김우진, 차범석을 추가해 목포문학관으로 확대 개관된다. 이후 2010년 김현관이 마련되면서, 목포문학관은 국내 최초 4인 복합문학관임을 표방하고 있다. (한국민족문화대백과사전, 목포문학관 홈페이지(https://www.mokpo.go.kr/munhak/) 참조)

12 「지역문학관 활성화 정책 연구」, 68쪽, 80쪽.

13 전시실에는 9명의 시문학파 시인들(영랑 김윤식, 용아 박용철, 정지용, 위당 정인보, 연포 이하윤, 수주 변영로, 김현구, 신석정, 허보)의 육필 원고와 유물, 저서 등이 전시되어 있다고 한다. 이 외에도 "시문학파기념관에는 1920~1950년대에 간행된 문예지의 창간호 30여 종, 1920~1960년대 출판된 희귀도서 500여 권 등 총 5,000여 권의 문학 관련 서적이 소장되어 있다."

14 목포 출신이 김영랑과 김현구가 유독 강조되는 행사가 많은 듯하다.

지역 복합문학관과 시문학파기념관은 “문학을 통한 지역의 발견” 혹은 “지역을 발견하기 위한 문학관 사업”[15]이라는 데서 자유롭지 못한 듯하다. 김유정문학촌이 문학촌 개관 20주년을 맞아 밝힌 “김유정 문학뿐 아니라 현대문학까지 아우르는 문학관으로 발전할 김유정문학촌”[16]이라는 포부는 지역문학관 사업의 한계를 타개할 수 있는 새로운 방향성으로 볼 수 있다. 이에 이 글에서는 김유정문학촌이 주목한 ‘구인회’ 문인의 문학관의 현황에 대해 간략하게 살펴보고, ‘구인회’ 작가 연구의 메카(Mecca) 내지 구심점으로 작동할 문학관 건립의 필요성을 조심스럽게 제언해 보고자 한다.

2. 구인회(九人會)와 구인회 문인의 문학관 현황
- 경성 엘리트 청년 문학 단체와 고향/향수의 작가 사이

‘구인회(九人會)’는 1933년 8월 창립된 문학 단체로 문학 자체의 의미, 문학의 문학다움(문학의 본질)에 대해 치열하게 고민했던 9명의 문학인이 결성한 문학단체이다. 구인회는 문학 연구자들에게는 “30년대 우리 문학의 특질과 성과를 이해하는 데 결코 빠뜨릴 수 없는 문학사적 질량”[17]을 가진 존재이다. 그리고 ‘구인회’는 문학 연구자들에게만 의미 있는 존재로 한정할 수 없다. 구인회는 그 이름만으로도 원소스멀티유즈

15 조정민, 「발견된 ‘지역’ 과 만들어진 문학관, 그 이후를 사유하다」, 『동북아문화연구』 제27집, 2001, 564쪽. “다소 도식적인 표현이지만, 사고의 방향은 작가의 출생 -> 그가 남긴 작품 -> 작품 속의 ‘고향(지역)’ 발견 -> 그리고 다시 고향(지역)이 낳은 작가로 이어진다. 이 도식에서 작가와 작품, 고향(지역)은 하나의 순환적인 구조를 가지며, 이러한 순환적 구조를 가시화시킨 것이 바로 문학관. 이러한 기념적인 행위를 통하여 작가와 지역의 연결고리는 더욱 단단하고 튼튼해진다.” (앞의 책, 563-564쪽)

16 박수혁, 「김유정 그리는 아이들…김유정문학촌 개관 20돌 행사 다채」, 『한겨레』, 2022. 7. 31.

17 상허문학회, 「책을 내면서」, 『근대문학과 구인회』, 깊은샘, 1996.

(one source multi use)로 작동될 수 있는 매력적인 문학단체이다.

'구인회'는 "식민지 경성의 젊은 문인들의 친목 모임"으로 지금도 여전히 관심의 대상이기도 한다. 이러한 관심을 반영한 예로는 2016년 10월 8일부터 11월 5일까지 동국대학교에 초연된 창작 뮤지컬 <팬레터>[18]를 들 수 있다. 이 작품에서 '구인회'는 '칠인회'로 각색되어 있다. 이보다 먼저 연극 연출가 성기웅은 1930년대 식민지 경성과 구인회 문인을 그의 연극 안에 담아내는 작업을 꾸준히 진행해 왔다[19]. '구인회'는 문학 연구자들에게는 연구 대상이고, 예술가들에게는 영감을 주는 존재이고, 대중(독자들)에게는 1930년대 경성과 젊은 문학인들을 상상하게 하는 여전히 흥미로운 문학 모임이다.

하지만 '구인회'는 카프(KAFE)의 계급주의 문학과 반대되는 순수문학을 옹호하여 창립된 문학단체로 오랫동안 각인되어 왔다. 이는 백철, 조연현의 문학사적 기술에 기인한다. 백철이 『조선신문학사조사』에서 구인회를 김동인, 시문학파, 구인회를 하나로 묶어 예술파적인 문학으로 거론했다. 조연현은 백철과 유사한 틀에서 "구인회를 순수문학을 육성·계승시킨 단체"로 규정하였다. 더불어 "순수문학을 정치적 의미뿐만 미의식을 결합시킨 개념으로 상정"하였다[20]. 조연현의 문학사적 평가는 역사적인 계보 속에 구인회를 위치시켰다는 점에서 의미가 있지만, 구인회를 순수문학 단체로 박제하는 작용을 하기도 하였다. 이후 서준섭, 김윤식 등은 구인회의 새로움에 주목하여 구인회를 모더니즘 단체로 규정하였다.

---

18 뮤지컬 〈팬레터〉는 2016년 초연 공연 이후 2021년 4회 공연까지 진행해 오고 있다.

19 2012년 11월 두산아트센타에서 공연된 〈소설가 구보씨의 1일〉, 2015년 9월 대학로 선돌극장에서 공연된 〈깃븐우리절믄날-1935년 경성, 우리들의 비밀과 거짓말〉, 2017년 9월 두산아트센터에서 공연된 〈20세기 건담기〉, 2018년 10월 고양아람누리 새라새극장에서 공연된 〈소설가 구보씨와 경성 사람들〉은 박태원, 이상, 김유정 등 구인회 문인들을 다룬 연극이다.

20 박헌호, 「 '구인회' 를 어떻게 볼 것인가」, 『근대문학과 구인회』, 깊은샘, 1996, 24-25쪽.

중고등학교 국정교과서에서도 구인회는 순수문학 단체로 소개되었고, 김유정과 이상과 이효석은 '구인회'를 대표하는 작가로 운위되었다. 1988년 해금 이후 박태원, 이태준, 정지용, 김기림 등 구인회를 주도했던 작가들도 교과서에 구인회 작가로 주목받았다. '구인회' 회원이었던 김기림, 김유정, 박태원, 유치진, 이무영, 이상, 이태준, 이효석, 정지용 등은 교과서에서 정전화되어 온 작품들을 쓴 작가, 한국근현대문학사에 큰 족적을 남긴 작가, 문학 연구자들이 꾸준히 연구 대상으로 삼은 작가, 대중 독자들이 애호하는 작가들이다. 이로 인해, 지자체의 지원으로 문학관 건립이 활발해지기 시작하면서 구인회 문인들은 주목받기 시작하였다. 구인회 문인의 문학관은 2002년 8월 6일 김유정문학촌(춘천) 개관을 필두로, 같은 해 9월 7일 이효석문학관(봉평)이 거의 나란히 개관되었다. 2005년 5월 14일 옥천에서 정지용문학관이 개관하였고, 2012년 6월 8일 전북 무주에 있는 반딧골 전통공예문예촌 안에 김환태문학관이 개관하였다.

이외에도 구인회 문인 문학관이라 할 수 있는 공간으로는 2011년 4월 개관(2018년 12월 19일 재개관)한 서울 종로구 통인동 154번지에 있는 '이상의집'이 있다[21]. 이상의집은 이상이 2살 때부터 양자로 들어가 경성고공을 졸업하고 취직할 때까지 살았던 백부의 집터에 위치하고 있다. 2002년 건축업자에게 팔려 헐릴 위기에 처해 있다는 소식에 2002년 12월 30일 김수근 문화재단에서 구매계약을 체결한 다음 이 집을 보수하여 이상 문학기념관으로 재탄생시키고자 하였다[22].

이상 기념사업은 등록문화재 취소[23]와 김수근 문화재단의 경제적 어려

21 이상이 살았던 집의 옛 모습은 전혀 남아 있지 않지만 본채, 행랑채, 그리고 사랑채까지 약 300여 평의 넓은 집이었던 것으로 전해진다. 1932년 큰아버지가 돌아가시자 집장사꾼에게 팔린 집은 여러 개의 필지로 나뉘어져 그중 일부는 도로에 편입되었고 남은 10여 개의 작은 필지에 도시형 한옥이 지어져 팔려나갔다고 한다.

22 『이상 리뷰』 편집부, 「이상이 살던 집의 운명」, 『이상리뷰』 제2호, 2003, 9-11쪽.

23 이후 2004년 9월 통인동 154-10번지는 등록문화재로 지정받았다. 하지만 이곳은 이상이 살던 집이 아니라 집터일 뿐이라는 주장과 이상의 백부 집의 필지가 분할

움으로 제대로 추진되지 못하다가, 2009년 7월 문화유산국민신탁이 통인동 154-10번지를 시민 모금과 기업 후원으로 매입하면서 본격적으로 추진하기 시작했다고 한다. 문화유산국민신탁과 협력한 재단법인 아름지기는 2014년 2월 이상의 집터에 있던 기존 한옥을 유지/리노베이션하면서[24] 이상과 직접적 연고가 없는 이 집에 '이상다움'을 담아내고자 '이상의 방'을 증축하여 준공하였다. 이후 이상의집은 이상의 흉상도 제작하고 개·보수를 통해 시민 편의시설을 확충하고 전시 공간도 새롭게 꾸며 2018년 12월 9일 현재의 모습으로 재개관하였다. 중정에 설치된 이상 흉상은 조각가 최수앙이 제작한 것이라고 한다. 이상의집에는 이상의 작품(시, 소설, 수필, 그림, 도안, 삽화, 서신 등)을 연대별로 분류해둔 아카이브 공간이 있고, 이곳에 작품집, 해설집 등이 배치되어 있다. 이상의 집은 한국문학관협회에 등록되어 있지 않고, 문학유산국민신탁에서 운영하고 있어 지역 문학관과는 사뭇 다른 형태로 운영되고 있는 듯하다. 이상의집은 한옥이라는 건축 구조와 이상과 이상의 작품에 집중하고 있는 듯하다.

개인 문학관으로 존재하지는 않지만, 구인회 문인 중 몇몇은 지역문학관에서 지역을 대표하는 문인으로 기념되고 있다. 이무영은 2005년 2월 10일 개관한 충북 영동에 있는 농민문학기념관[25]과 2014년 3월 1일 개관한 충북 진천의 진천문학관[26]에 기념되고 있다. 진천문학관은 이무영이 구인회 활동을 했다는 것을 간략하게 소개하고 있다. 박팔양은 수원의 근

된 기록이 확인되어, 2008년 6월 이상의 집은 등록문화재에서 말소되었다.

24 이상의 집은 2009년 문화유산국민신탁이 후대에 남길 첫 보전재산으로 매입해 재단법인 아름지기와 협력 사업으로 개관을 진행했다. 2011년 4월 개관하여 2013년 개보수 작업을 거쳐 2014년 3월에 리노베이션 작업을 마무리하였다.

25 장편소설 「땅과 흙」으로 제1회 '무영문학상' 을 수상한 소설가 이동희가 충북 영동군 매곡면 노천리 생가(복원) 옆에 농민문학관을 개관하였다.

26 이무영, 김기진, 조명희, 홍명희, 조벽암 등 충청북도 출신 작가 15인의 기념 문학관.

대 인물 중 한 명으로, "식민지 조선의 청년 지식인 박팔양"으로 소개되어 수원박물관[27]에서 기념 전시되고 있다. 이외에도 경북 구미에는 구인회 창립을 주도한 김유영의 기념비가 있다[28].

조벽암도 충북 문인의 한 명으로 진천문학관에서 기념되고 있다. 조벽암은 1934년 6월 25일자 『조선중앙일보』에 실린 '시와 소설의 밤' 개최 기사에 구인회 회원으로 소개되어 있지만, 한국민족문화대백과사전, 다음백과 등 백과사전에 소개된 구인회 회원 이름에 빠져 있다. 진천문학관 작가 소개에도 조벽암이 구인회 회원이었다는 사실을 언급하지 않고 있다. 조벽암은 1934년 9월 『신동아』에 실린 S·K生이 쓴 「최근 조선 문단의 동향」에도 구인회 회원으로 소개되어 있다[29]. 조벽암은 최소한 3달 이상 동안 구인회 회원이었던 듯하지만, 구인회 활동이라 할 만한 활동을 한 기록이 없다. 1992년 12일에 시작된 '상허 문학회'가 세 번째 연구서로 낸 『근대문학과 구인회』에서도 조벽암에 대한 연구는 빠져 있다.

상허문학회는 1996년 8월 <책을 내면서>에 "흔히 '구인회' 작가로 알려진 이효석을 비롯한 김유영, 조벽암 등 몇몇의 작가들이 제외된 것은 이들이 구인회에 잠시 이름을 올렸을 뿐 거의 활동을 하지 않았기 때문"이라고 밝히고 있다. 『근대문학과 구인회』는 구인회 회원 중 이효석, 김유영, 조벽암, 이종명, 유치진, 김상용을 연구에서 제외하고 있다. 김유영, 이종명, 이효석은 구인회 결성의 의미를 논의함에 있어 나름 문학사적 질량이 있는 작가들이다[30]. 유치진은 창립 회원으로 참여해 최소한 1934년

---

27 2009년 4월 27일 개관 수원화성박물관으로 재관하였고, 2014년 1월 3일 수원역사박물관 · 한국서예박물관 재개관하였다.

28 2009년 9월 28일 김유영 기념사업회(회장 김경모)와 구미시가 김유영의 생가 마을인 구미 고아읍 문성지 공원 안에 김유영 기념비를 건립하고 제막식을 가졌다.

29 구인회 회원은 김기림, 박태원, 정지용, 이무영, 유치진, 이효석, 조벽암, 이종명, 이태준이다. 이 글에서는 1934년 6월 25일자 『조선중앙일보』에 실린 '시와 소설의 밤' 개최 기사에 소개된 회원들 중에서 조용만이 빠져 있다.

30 필자는 '김유영' 을 매개고리로 한 이효석과 구인회의 관계에 대해서 「이효석과 구인회」(『구보학보』, 2017)와 『이효석 문학의 배경에 대한 주석적 연구』(연

9월까지 구인회 회원이었다. 유치진과 구인회의 관계도 깊이 천착해 볼 여지는 있는 것으로 보인다.

이 외에도 구인회 회원으로 주목받지 못한 작가는 김상용을 들 수 있다. 김상용은 구인회가 조선중앙일보사 학예부 후원으로 진행한 강연회 중 2차 강연회인 "조선신문예강좌"에서 <시의 제재>라는 제목으로 강연을 한 것으로 되어 있다[31]. 김상용이 이때 구인회 회원이었는지 여부는 알 수 있다[32]. 김상용은 1936년 3월에 발행된 구인회의 유일한 기관지 『시와 소설』(창문사)에서는 구인회 회원으로 되어 있다. 김상용은 1년여 이상은 구인회 활동에 직·간접으로 적극적이었던 것으로 보인다. 그럼에도 불구하고 김상용은 구인회 문인으로 주목된 바는 없는 듯하다.

이 지점에서 최근 김유정문학촌이 개관 20주년을 맞아 새롭게 구인회 작가를 주목하고 있는 것은 의미가 있다고 판단된다. 김유정문학촌 이순원 촌장은 2022년 3월 29일 김유정 85주기 추모식 직후에 쓴 글에서 김유정문학촌 20주년 기획 <김유정의 사람들>에 대해 말하면서, "올해 김유정문학촌은 김유정 친구 문인들의 해방 이후 혹은 6·25전쟁 이후 활동상을 찾아보려고" 한다고 밝혔다. 이 작업을 진행하면서 구인회 회원인 김상용에 대해서도 새롭게 알게 되었다고 한 바 있다[33].

이태준은 구인회 창립 회원이고 구인회에서 진행한 두 번의 강연회를 후원한 『조선중앙일보』 학예부장이었고, 후기 구인회 활동에 있어서는 좌장이라고 할 수 있다. 상허문학회가 펴낸 세 번째 연구서의 제목이 『근

세대 박사, 2019)에서 살펴본 바 있다. '김유영' 은 구인회 창립을 주도한 인물로, 현순영이 『구인회의 안과 밖』(소명출판, 2017)에서 본격적으로 다룬 바 있다.

31 제2차 강연회 "조선신문예강좌" 는 1935년 2월 18일부터 5일간 청진동 경성보육 대강당에서 열렸다.

32 이때 이상도 〈시와 형태〉라는 제목으로 강연을 하였다. 이상 역시 구인회 회원이었는지 여부는 알 수 없지만, 회원으로 추정된다는 견해가 일반적이다.

33 이순원, 「[이순원의 마음풍경] 이분들은 어떻게 됐을까」 『MS투데이』, 2022.4.3.

대문학과 구인회』일 정도로, 구인회와 이태준의 관계는 각별하다고 할 수 있다. 하지만 현재 공식적으로 이태준문학관은 따로 없다. 이는 이태준의 월북 내력 때문인지 알 수는 없지만 제대로 된 이태준문학관은 따로 존재하지 않았다.[34] 이태준의 고향인 철원군에는 2004년 10월 이태준 탄생 100주년을 기념하여 두루미평화관(철원읍 대마리) 앞 광장에 이태준 문학비와 흉상을 건립한 바 있다[35].

철원지역의 문인단체를 중심으로 2017년 본격적으로 추진되던 '상허 이태준문학관' 건립 사업은 2018년 사업 제외로 중단될 위기에 처했다고 한다. 최근 철원군은 민선 8기 역점 4개 분야 중 하나인 "품격있는 문화관광" 사업의 일환으로 "철원문화예술회관과 상허 이태준문학관 건립을" 추진하고 있다고 한다.[36] 철원군의 '2023년 국·도비 확보 계획'에 따르면, 철원군은 상허 이태준문학관 건립 사업에 2023년도 국·도비 27억 원을 확보하기로 했다고 한다[37]. 이태준문학관은 건립 진행 중이기 때문에 그 모습을 확인할 수 없어 예단하기는 어렵지만, 구인회를 폭넓게 이해하는 관련 자료들이 많이 구비되어 있었으면 한다.

이 밖에도 이태준 못지않게 '구인회'를 대표하는 소설가로 평가되고 연구되어 온 박태원도 따로 개인 문학관은 없다. 박태원은 월북 내력과 북한에서의 업적 때문인지 유족이 있는데도 불구하고 문학관 건립에 대한

---

34 이태준이 '수연산방' 이라는 당호를 걸고 1933년부터 1946년까지 집필 활동을 하며 살았던 성북동 집은 전통찻집으로 운영되고 있다. 수연산방은 1977년에 서울특별시 민속문화재 제11호로 지정되었다.

35 정춘근 시인이 이태준을 연구하며 모은 관련 자료들로 철원 노동관사(철원읍 관전리) 옆에 있는 컨테이너 하우스를 이태준문학관으로 운영해왔다고 한다.(윤태옥, 「[길 위에서 읽는 한국전쟁](6) 분단이 삼킨 조선 최고 문장가」, 『중앙선데이』, 2022. 9. 3)

36 이재용, 「 '3선 군수' 안정적 발전 발판… '9대 전략' 군민 행복시대 연다」, 『강원도민일보』, 2022. 8. 23.

37 「철원군, 2023년도 국 · 도비 확보계획 보고회 개최」, 『뉴트리션』, 2022.4.24. 철원군 문화체육과 서기의 업무 내용 중에 "이태준문학관 건립 사업" 이 명기되어 있을 정도로 이태준 문학관 건립에 적극적이다.

논의는 없었던 듯하다. 월북 문인은 해금 이후에도 오랫동안 문학관 건립 추진에서 제외되어 왔다. 예외적으로 정지용문학관이 2005년 개관되었지만, 정지용문학관은 월북 사실을 지워내고 6·25 전쟁 때 사망한 것으로 기록한다[38]. 박태원 문학관 건립에 대한 논의가 없었던 이유는 박태원의 월북 및 문학에서의 업적 이외에도, 박태원이 서울(종로)에서 태어났다는 사실을 들 수 있다. 이는 문학관 건립이 1995년 지자체의 지역정체성 확립과 지역균형발전 예산 지원으로 활발하게 진행되었다는 사실을 염두에 두면 충분히 이해할 만한 사항이다. 서울과 경기 등 수도권에 문학관이 상대적으로 빈약하게 존재하는 것은 이와 맥락을 같이 한다.

문학관이 주로 지역 출신 문인을 기리는/선양하기 위한 사업으로 추진되기 때문인지, 함북 학성 출신인 김기림은 한국 모더니즘 시사와 구인회 활동에 있어서 독보적인 부분이 있지만, 문학관 건립에 관한 본격적인 논의 기록을 찾기 어렵다. 김기림, 이태준, 정지용은 구인회 창립 회원으로 참여해 1936년 10월 구인회가 해체[39]될 때까지 구인회 회원이었고, 현재 기록으로 남아 있는 구인회 활동에 모두 참여해 적극적으로 활동하였다. 이런 저간의 사정을 살펴볼 때도 김유정문학촌의 개관 20주년 기념 특별전은 의미가 있다고 판단된다. 국립한국문학관 건립도 예정되어 있고, 시인 문학관 등에서는 김기림을 한국근현대(시)문학의 맥락에 자리매김할 것으로 보인다. 하지만 '구인회' 문학관 건립을 통해 '구인회' 맥락에서 김기림의 생애와 시사를 조망해보는 의미가 있을 것으로 판단된다.

---

38 정지용 문학관은 정지용의 사망에 대해 "6 · 25전쟁이 일어나자 정치보위부로 끌려가 구금됨. 정인택, 김기림. 박영희 등과 서대문형무소에 수용되었다가 평양 감옥으로 이감. 이광수, 계광순 등 33인이 함께 수용되었다가 그 후 폭사 당한 것으로 추정" 된다고 정리하고 있다.

39 구인회는 활동이 활발했던 이상이 동경에 간 1936년 10월 이후 해체되었다. 〈조선신문학사조사〉에 따르면 이무영이 구인회 동인 간 작품 경향의 불일치를 지적한 것이 구인회 분열의 동기가 되었다고 한다.

이 장에서는 구인회 문인들의 문학관 현황에 대해 개략적으로 간략하게 살펴보았다. 다음 장에서 구인회 문인 문학관이라 할 수 있는 김유정문학촌, 이효석문학관, 김환태문학관의 '구인회' 소개에 대해 살펴보고, '구인회' 관련 이해와 오해를 짚어보고자 한다.

3. 실체 없는 구인회의 면모와 구인회에 대한 풍문 사이

구인회는 회원들의 변동이 잦았고, 이후 작품 세계 등을 보면 구성원들의 문학적 경향이 하나로 잡아내기 어려운 면이 있다. 구인회는 시, 소설, 희곡, 영화, 평론 등 다양한 문학 분야의 문학가들이 함께 활동하였고, 특기할 만한 활동도 별로 없어 실체가 명확하게 잡히지 않은 문인들의 문학단체이다. 이로 인해 구인회는 백철, 조연현의 문학사 서술 이후 카프에 대항하여 순수문학을 지향한 문학단체로 규정되어 왔다. 구인회 문인 문학관은 대부분 이런 기조에서 구인회를 소개하고 있다. 구인회 문학관에서 구인회를 어떻게 기념 전시하고 있는지 살펴보기에 앞서, 구인회에 대해 간략하게 짚어보고자 한다.

구인회(九人會)는 1933년 8월 "순문학연구단체"임을 표방하고, "침체한 조선문학에 신기축을 짓고자 함"[40]을 목적으로 창립된 문학 단체이다. 구인회가 창립 당시 표방한 '순문학연구단체'라는 표현은 구인회가 순수문학 집단으로 각인되는데 기여한 면이 있다. 구인회가 치열하게 고민하고 모색한 것은 문학의 본질, 문학의 문학다움이었던 것으로 보인다. 하지만 카프와 대립 구도 속에 구인회는 순수문학 집단으로 자리매김된 경향이 있다. 이는 구인회가 이 문학 단체의 정체성을 드러내는 활동을 별

40 "左記의 문인 九氏는 二十六日 오후 八時에 시내 黃金町 아서원에서 회합하야 순문학연구단체로 구인회를 조직하얏다는데 沈滯한 조선문학에 신기축을 짓고자 함이 그 목적이라 하며 한달에 한번씩 회합을 한다고." (「문단인소식-구인회 조직」, 『조선중앙일보』, 1933. 8. 31)

로 하지 않았기 때문에도 기인한다.

구인회는 창립 총회에서 한 달에 한 번씩 합평회를 진행한다고 했다. 이는 구인회가 서로의 작품을 비평하며 작품 활동을 독려하려는 모임이었음을 보여준다. 창립 직후 첫 활동은 1933년 9월 15일 오후 6시에 '아서원'에서 열린 합평회이다.[41] 이후 구인회에서 합평회(월례회)를 어떻게 진행했는지 따로 기록으로 남아 있는 것은 없다. 다만 구인회의 월례회는 적어도 1934년 1월까지는 이어졌던 것으로 추정된다[42]. 월례회로 진행된 합평회는 구인회의 정체성을 대표하는 것으로 볼 수 있다. 이는 구인회(九人會)'가 "순연한 연구적 입장에서 상호의 작품을 비판하며 다독 다작을 목적으로" 한 문학단체임을 표나게 표방하였다는 점에서 그러하다[43]. 이 외에도 삼천리에 소개된 구인회 창립 기사에 따르면, 구인회 "結社의 主旨는, 문인상호간의 친목과 자유스러운 입장에 서서 예술운동을 이르킴에 잇다[44]"고 한다. 이는 구인회 활동 중 여전히 주목받지 못

41 구인회 회원들은 1933년 8월 15일 구인회 창립 총회에서 월 1회의 정기 모임을 갖기로 결의한다. 1933년 9월 15일 오후 6시 아서원에서 열린 첫 모임인 '작품 합평회'에는 유치진과 이효석이 참석하지 않았다. 이는 이 모임에 방청객으로 참석한 김인용의 방청기를 통해 확인할 수 있다.(김인용, 「구인회 월평방청기」, 『조선문학』, 1933. 10, 84-88쪽 참조) '구인회'의 첫 집단적 활동인 이 모임에서는 그 달 잡지에 발표된 회원들의 작품(이무영, 이종명, 이태준, 정지용, 김기림의 작품)에 대한 비평을 주로 하고 있다. 구인회 제1회 월평회에서는 이무영의 소설 「순이와 나」(「순이와, 나와」, 『삼천리』, 1933, 9), 이태준의 소설 「아담의 후예」(『신동아』, 1933, 9), 이무영의 희곡 「아버지와 아들」(『신동아』, 1933. 9), 김기림 · 정지용의 시 경향 등이 논의되었다.

42 "17일 오후 5시 구인회에서는 돈의동 悅貧累에서 월례회 개최" (「집회」, 『매일신보』, 1934. 1. 16)

43 "순연한 연구적 입장에서 상호의 작품을 비판하며 다독다작을 목적으로 하고 아래의 九名은 금번 九人會라는 사교적 『클럽』을 맨들럿다." (「소식-구인회 창립」, 『조선일보』, 1933. 8. 30) "구인회 창립. 순연한 연구적 입장에서 상호의 작품을 비판하며 다독다작을 목적으로 한 사교적 『클럽』." (「문단풍문」, 『동아일보』, 1933. 9. 1, 3면)

44 "簫苾한 秋風이 불자, 최근에 문단에 희소식이 들린다. 李種鳴, 金幽影, 李泰俊, 李孝石, 金起林, 李無影, 趙容万 外 諸氏의 發起로, 신흥문예단체가 결성되야 크게 활약하리라는데, 結社의 主旨는, 문인상호간의 친목과 자유스러운 입장에 서서 예술운동을 이르킴에 잇다 하는데, 아무튼 今後의 활약이 기대된다." (「文人의 新

한 부분인데, 구인회가 새로운 예술운동을 일으키려는 목적에서 창립되었다는 사실은 이후 구인회 연구에 있어서도 주목을 요한다. 이는 구인회 연구가 문학관 등 개인이 아닌 단체에서 연구되었을 때 그 연구가 원활하게 진행될 것이고 기대효과도 더 증대될 것임을 시사한다.

구인회는 창립 이후 공식적인 행사로 두 번의 공개 문학 강연회를 개최하고, 기관지 『시와 소설』을 발간했을 뿐이다. 두 번의 문학 공개 강연회 중 제1차 강연회는 1934년 6월 30일 저녁 종로 중앙기독교 청년회관에서 열린 '시와 소설의 밤'이고, 제2차 강연회는 1935년 2월 18일부터 5일 동안 청진동 경성보육학교 대강당에서 열린 '조선신문예강좌'이다. 두 차례에 걸쳐 진행된 강연회는 강연 내용에 대해서도 기록으로 남아 있는 것이 별로 없다. 1936년에 발간된 구인회의 유일한 기관지 『시와 소설』이 온전하게 남아 있는 구인회에 관한 자료라 할 수 있다.

이처럼 구인회는 특기할 만한 집단적 활동을 남기지 않은 까닭에, 실체가 선명히 잡히지 않는 독특한 단체[45] 내지 "미적 이데올로기의 중첩된 특징들의 그물망"[46]으로 논의해야 한다. 그럼에도 불구하고 구인회 문인 문학관은 구인회를 카프에 대립되는 순수문학 단체로 규정하여 소개하고 있다. 구인회에 대한 연구가 활발하게 진행되지는 않았지만, 어느 정도 괄목할 만한 성과를 쌓아 왔음에도 구인회는 여전히 순수문학 단체로 박제된 채 남아 있다. 이러한 구인회에 대한 시각은 구인회 문인의 문학의 작가 소개에도 그대로 이어지고 있다. 문학관의 이런 다소 왜곡된 구인회 평가는 관람객에게도 그대로 이어져 고착되는 경향이 있다.

團體」, 『삼천리』, 1933. 9. 53쪽)

45 박헌호, 「'구인회'를 어떻게 볼 것인가?」, 상허문학회, 『근대문학과 구인회』, 깊은샘, 1996, 14쪽.

46 "구인회 내의 어떤 부류들 내에 존재하는 공통적인 특징들이 또 다른 부류들 내에서는 그 특징들의 일부만이 보존되고 나머지는 사라지면서 또 다른 공통적인 특징들이 등장하는 것이다." (김민정, 『구인회의 존립양상과 미적 이데올로기의 상관성 연구』, 서울대 박사학위 논문, 2000, 95쪽)

<김유정문학촌>은 구인회의 문학사적 의미를 "1930년대 경향문학이 쇠퇴하고 주류가 된 이들은 계급주의 및 공리주의 문학을 배격하고 순수문학을 확립하는 데 크게 기여하였다. 당시 순수문학의 가장 유력한 단체로 활동"했다고 소개하고 있다. 이효석 문학관도 이효석의 작품 세계를 설명하면서 구인회를 순수문학단체로 규정하고 있다[47]. 정지용 문학관도 구인회를 반카프적 입장으로 정리하여 소개하고 있다. '구인회'가 1933년 8월 반카프적 입장에서 순수문학을 옹호하자는 취지로 발족한 문학동호인들의 모임임을 강조한다[48]. 김환태문학관은 김환태가 1936년에 "구인회에 입회했고, 시문학파와 구인회 작가들과 교유하면서 카프의 공리주의 문학관을 반대하고 문학 비평의 독립성을 주장"했다고 소개하고 있다. 구인회를 "1933년 '순수예술' 추구를 취지로 하여 조식되었던 문학단체"로 소개하고 있다,

구인회는 회원들의 변동이 잦았고, 다양한 분야의 문학인들이 함께 활동했기에 구성원들의 문학적 경향을 하나의 범주로 묶어내기가 쉽지 않다. 그럼에도 불구하고 구인회가 "순수문학" 단체이고 9명이 활동했다는 것이 정설로 굳어져 있다. 구인회가 창립 당시에 회원이 9명이었고, 1936년 3월 31일 발행된 『시와 예술』에 기록되어 있는 회원도 9명이다. 하지만 구인회가 9명의 회원을 늘 유지하고 있었다고 보기는 어렵다. 그럼에도 불구하고 김유정문학촌[49]과 이효석문학관[50] 및 김환태문학관[51]은

47 " "이효석은 이태준, 박태원, 정지용, 김기림 등이 주축이 된 순수문학 단체인 〈구인회〉 창립에 참가하면서 이데올로기 중심의 문학으로부터 벗어나려 하였다."

48 정지용 문학관은 정지용 문학을 구인회 활동보다는 『문장』지 활동과 카톨릭청년회 활동을 더 강조하는 경향이 있는 것으로 보였다.

49 "1933년 결성된 시인 · 작가들의 모임이다. 시인 김기림 · 정지용, 소설가 이효석 · 이종명 · 김유영 · 이태준 · 이무영, 극작가 유치진 · 조용만이 결성하였다. 이종명, 김유영, 이효석이 탈퇴하고 소설가 이상, 박태원, 시인 박팔양이 가입하였으며, 유치진과 조용만이 탈퇴하자 소설가 김유정과 평론가 김환태가 들어와 항상 9명의 회원을 유지하였다." (김유정 문학촌)

구인회가 이름에 걸맞게 항상 9인을 유지해왔다고 소개하고 있다.

구인회는 1933년 8월 김유영, 이종명이 발기하고 이무영이 간사로 참여하여 창립되었다. 1933년 8월 창립 당시 구인회 회원은 김유영, 이종명, 정지용, 이태준, 김기림, 이무영, 이효석, 유치진이다. 이 창립 회원은 신건설사 사건으로 회원에서 빠진 것으로 보이는 김유영을 제외하고[52], 1934년 6월 30일에 개최된 제1차 공개 문학 강연회 '시와 소설의 밤' 때까지는 회원으로 남아 있다[53]. 1934년 6월 25일 『조선중앙일보』에 실린 '시와 소설의 밤' 개최 기사에 따르면, 이때 구인회 회원은 김기림, 박태원, 정지용, 이무영, 유치진, 조용만, 이효석, 조벽암, 이종명, 이태준이다. 창립 회원 중 김유영이 빠지고 박태원과 조벽암이 새롭게 가입해, 구인회 전체 인원은 11명이다. 1934년 9월 『신동아』에 실린 S·K生의 「최근 조선 문단의 동향」에 소개된 구인회 회원은 김기림, 박태원, 정지용, 이무영, 유치진, 이효석, 조벽암, 이종명, 이태준이다. 여기에서는 조용만이 회원에서 빠져 있다. 1936년 3월에 발행된 구인회의 유일한 기관지 『

50 "1933년 문단 작가 김기림 · 이효석 · 이종명 · 김유영 · 유치진 · 조용만 · 이태준 · 정지용 · 이무영 등 9명이 결성하였다. 얼마 후 이종명 · 김유영 · 이효석이 탈퇴하고, 박태원 · 이상 · 박팔양이 가입하였으며, 다시 유치진 · 조용만 대신에 김유정 · 김환태로 교체되어, 항상 9명의 회원을 유지하였다." (이효석 문학관)

51 "회원들이 가입과 탈퇴를 거듭하면서 구성원의 변화가 있기는 했으나 이름에 걸맞게 언제나 인원수는 9명이었다." (김환태문학관) 김환태문학관은 구인회 회원을 다음과 같이 소개하고 있다. "당시 구인회원: 김환태, 이무영, 이태준, 김기림, 정지용, 박태원, 이상, 박팔양, 김유정" 〈순수문학을 꽃피우다 구인회의 탄생 배경〉에는 『시와 소설』 표지가 전시되어 있고 "김기림, 이태준, 김환태, 정지용, 이무영, 박태원, 이상" 등의 사진이 소개되어 있다.

52 김유영은 「신건설사사건」(1934년 9월 전북 銀山에서 일어난 것으로 치안특별법 제1조 2항에 의해 기소된 자는 총 23명이며 1935년 6월 豫審終結, 10월 28일 공판) 기소자 명단에 그 이름이 있다. 부인 최정희도 함께 기소된 것으로 되어 있다. (김윤식, 『한국근대문예비평사연구』, 일지사, 1997, 193쪽 참조)

53 "구인회는 작년 8월 15일에 창립된 김기림 · 박태원 · 정지용 · 이무영 · 유치진 · 조용만 · 이효석 · 조벽암 · 이종명 · 이태준 11氏의 작가단체로서, 조선문단 우에 거대한 존재임은 물론이다." (「 '시와 소설의 밤' 광고 기사」, 『조선중앙일보』, 1934. 6. 24.)

시와 소설』(창문사)에 소개된 구인회 회원은 이태준, 정지용, 김기림, 박팔양, 박태원, 이상, 김상용, 김유정, 김환태이다. 이효석, 유치진, 이종명, 이무영, 조벽암이 탈퇴하고, 이상, 김상용, 김유정, 김환태가 가입한 것으로 보인다.

이처럼 구인회 회원은 많게는 11명까지로 되어 있다. 가입과 탈퇴 시기가 명확하게 남아 있지 않고, 어느 시기에 누가 구인회 회원이었는지를 확인하는 것은 중요한 문제가 아닐 수 있다. 때문에 구인회 문인 문학관의 구인회 소개는 별 무리가 없는 것일 수도 있다. 하지만 이런 소개는 구인회에 대해 오해를 불러일으킬 수도 있으므로 정정되면 좋을 듯하다. 구인회 문인 문학관은 각 문학관이 기념하는/기리는 작가를 중심으로 구인회를 소개하고 있다.

이효석문학관은 구인회를 "김기림·이효석·이종명·김유영·유치진·조용만·이태준·정지용·이무영 등 9명이 결성하였다. 얼마 후 이종명·김유영·이효석이 탈퇴하고, 박태원·이상·박팔양이 가입하였으며, 다시 유치진·조용만 대신에 김유정·김환태로 교체되었다"고 소개하고 있다. 김유정문학촌도 구인회의 회원을 "시인 김기림·정지용, 소설가 이효석·이종명·김유영·이태준·이무영, 극작가 유치진·조용만이 결성하였다. 이종명, 김유영, 이효석이 탈퇴하고 소설가 이상, 박태원, 시인 박팔양이 가입하였으며, 유치진과 조용만이 탈퇴하자 소설가 김유정과 평론가 김환태가 들어"온 것으로 소개하고 있다. 정지용문학관은 구인회 회원에 대해 이태준, 이무영, 유치진, 김기림, 정지용, 조용만 등이 참여하였으나 1935년을 전후하여 조용만, 유치진 등이 떠나고 김유정, 김환태 등이 대신 들어오게 되었다고 소개하고 있다. 구인회 문인 문학관의 구인회 문인 소개에는 김상용, 조벽암이 공히 빠져 있다.

'구인회'에는 시, 소설, 연극, 영화, 비평 등 각 방면에서 다양한 문인들이 참여하였다. 구인회는 예술 운동을 염두에 둔 듯 다양한 분야의 문인들이 함께 활동한 단체라, 그 실체를 파악하기 더욱 쉽지 않다. 한국근현대문학 연구는 세부 전공 분야로 나뉘어져 연구되고 있다. 이런 풍토 속에서, 개인 연구자가 구인회의 실체에 도달하기는 쉽지 않아 보인다. 상허문학회의 『근대문학과 구인회』는 상당히 의미 있는 작업이었지만, 희곡이나 영화 등 극 장르 문인에 대한 연구를 함께 진행하지는 못하였다. 구인회 문학관이 건립된다면 구인회 연구는 좀더 활발하게 진행될 수 있을 것이고, 한국 근현대사를 살았던 인물에 대한 새로운 조망도 가능할 것으로 보인다.

4. '김유정문학촌 개관 22주년 기념 특별전'과 '구인회'

지금까지 구인회에 가장 관심을 가지고 구인회를 기념해 온 문학관은 김유정문학촌으로 보인다. 이효석문학관도 구인회에 상당히 관심을 가지고 이효석 문학과 구인회를 함께 기념 전시해 왔다. 이효석문학관은 2018년 평창 올림픽을 계기로 효석달빛언덕을 조성하여 이효석문학관과 효석달빛언덕을 함께 아울러 이효석문화예술촌으로 확장되었다. 효석달빛마을은 문화체육관광부가 진행한 2018년 평창동계올림픽 예술창작 특구 사업의 일환으로 이효석 생가 주변을 중심으로 만들어낸 문화복합공간이다. 이때 함께 조성된 것으로 보이는 "근대문학체험관"에는 구인회 코너가 마련되어 있다. 이효석문학관은 봉평(평창), 메밀, 고향 등에도 여전히 주목하고 있지만, 이효석 문학을 근대문학과 세계문학의 맥락으로 확장시키려는 의지를 지닌 것으로 보였다. 함께 지어진 이효석의 평양집을 복원한 "푸른집"도 그렇고, 『노령근해』 초판본을 비롯하여 전시된 작품도 그렇고, 문학관 곳곳에서 이효석을 「메밀꽃 필 무렵」의 작가로만 한정하지 않으려고 하고 있음을 감지할 수 있었다.

이렇듯 이효석문화예술촌은 문학관과 문학마을 문학 기념사업의 장으로서만 위치시키는 근시안적 태도에서 벗어나고 있는 듯하다. 문학 기념사업을 통해 문학을 '책 밖'에 존재하는 공간으로 확장하는 역할을 할 가능성도 엿보인다. 봉평의 자연 경관 및 평창의 관광자원과 어우러진 이효석 문화예술촌은 그 자체로 훌륭한 문화복합공간으로 보인다. 하지만 2020년에 지어진 이효석문학관은 다소 낡고 고답적인 '박제화된 문학 유물의 전시 공간'으로 전락할 우려가 있어 보인다. 카카오맵 "이효석문학관" 후기에 달린 댓글은 다소 극단적이고 지엽적일 수 있지만 문학 기념전시관(상설관)에 대한 일반 관람객의 시선이라는 점에서 주목할 필요가 있다. "낡은 전시관에 불친절한 설명들 굳이 가야 할 이유가 있을까?" 이 댓글은 이효석문학관을 디녀온 사람이 "君子報仇, 十年不晩"라는 아이디로 2022년 3월 17일에 별점 3점을 준 후 남긴 후기이다. 이 후기는 개관 20주년이 된 노후화되어 가고 있는 문학기념관(상설전시관)이 직면하고 있는 문제점을 짚어주고 있다는 점에서 시사하는 바가 있다.

이효석문학관은 작가와 관련된 연구를 지원하는 작업은 2010년 초반 이후로 진행하지 않고, 지역 문학 활동의 중심 시설 내지 지역 문학 진흥의 차원과 관광시설로의 역할에 치중하고 있는 듯하다. 이효석문학관은 평창(봉평)의 자연 경관과 관광 자원에 힘입어 관람객들이 가장 선호하는 문학 관광지이고, 문학에 관심 있는 단체나 대학교에서 가장 선호하는 문학 답사지이기도 하다. 2004년 기준 이효석의 고향 평창 봉평에는 「메밀꽃 필 무렵」의 메밀꽃을 보기 위해 한 해 연인원 2백만 이상이 찾아왔다고 한다[54]. 평창군 봉평면 일대에서 '인연, 사랑, 그리고 추억'을 주제로 2019년 진행된 제21회 평창효석문화제는 관람객 수 약 35만 명으로 집계됐다고 한다[55].

---

54 전상국, 「문학관 운영의 실태와 과제」, 『2004 한국문학관협회 실무자 워크숍 자료집』, 2004.

이효석문학관이 문학관의 운영 방침을 문학관 대중화나 관광 상품화에 치중한 때문인지는 알 수는 없지만, 현재 이효석 관련 자료 확충이나 연구 지원에는 다소 소홀하다는 의구심이 든다. 이에 반해 김유정문학촌은 실레 마을, 「봄·봄」, 「동백꽃」의 김유정만을 강조할 뿐만 아니라, 김유정학회와 함께 김유정 문학의 연구 영역을 확장하고 있다는 점에서 문학관 본연의 역할을 충실히 하고 있다고 할 수 있다.

김유정문학촌은 이효석문학관과 더불어 현재 가장 잘 운영되는 문학관일 뿐 아니라 대중적으로도 인기 있는 문학관이라 할 수 있다. 2015년에는 77만 명이 방문하여 단일문학관 기준 최대방문객 수를 기록했고, 2020년에는 '문학진흥법'에 의한 강원도 제1호 공립문학관으로 지정되었다.[56] 2016년 기준 누적방문객이 400만 명에 달할 만큼 문학관으로는 이례적으로 한 해 평균 수십여 만 명이 다녀간다고 한다[57]. 김유정문학촌은 이효석문화예술촌, 황순원문학소나기마을과 함께 국가·지방자치단체·교육기관 등과의 협력을 통해 대중의 관심을 높이고 문학계의 활성화에 기여하고, 문화예술분야의 콘텐츠를 다양화하는 성공한 문학관으로 평가된다[58]. 김유정문학촌은 "실레마을을 어떻게 상징화하면서 마을 전체를 하나의 문화공간이나 기억의 장소로 만들 수 있을까 하는 문제"[59]를 비교적 성공적으로 풀어낸 것으로 보인다. 하지만 김유정문학촌은 지역의 특정 (작고) 문인을 기념하는 지역 문학관으로서의 한계를 함께 노정하고 있는 것으로 보인다.

---

55 서산시대 편집부, 「(가) '라키비움 서산' (서산문학관)의 역할과 비전에 대하여」, 『서산시대』, 2020.10.16.

56 이현정, 「개관 20주년 맞은 춘천 김유정문학촌, 기념 행사 다채」, 『강원일보』, 2022.8.2.

57 박진현, 「김유정역 · 실레마을…문학기행 1번지 되다」, 『광주일보』, 2021.8.1.

58 안혜진 · 이승하, 「문화예술의 공간조성을 통한 장소마케팅 특성 연구: 국내 문학촌을 중심으로」, 『지역과 문화』 제8권 제2호, 2021, 27쪽.

59 김종우 · 윤학로, 「김유정문학촌과 이효석문학관의 운영현황과 전망」, 『비교문학』 제41호, 2007, 403쪽.

문학관은 지역과 연고가 있는 문인을 기리는 일을 하기 위해 구상되는 경우가 대부분이다. 개별 작가의 기념관뿐 아니라 많은 지역 복합문학관도 그러하다. 작가를 기념하기 위한 문학관은 "우선 그 작가의 자료를 널리 수집·보전·정리하는 문학관 활동이 그 중심이 되어야" 한다[60]. 그 지역의 (작고) 문인을 기념하는 지역 문학관은 대부분 특정한 1명의 작가를 대상으로 한다. 특정 한 명의 작가를 대상으로 하기 때문에 수집 가능한 자료 및 유품 등 문학 자료는 한정적일 수밖에 없다. 상설 전시관 내지 기념관에 전시되는 문학 자료는 보완되거나 확충되기가 쉽지 않다.[61] 이런 한계 때문에 문학관은 관람객에게 몇 년이 지나도 항상 똑같은 전시물만 있는 공간으로 인식되어, 관람객의 흥미를 끌지 못하고 정체되기 쉽다.

김유정문학촌은 건립 당시부터 김유정의 생애와 작품뿐 아니라 김유정의 문우들에도 주목하여 전시 자료를 다각화하려는 노력을 해 왔다고 할 수 있다. 이 외에도 상설관의 한계를 극복하기 위해 <김유정이야기집>과 <낭만누리> 기획전시실 등을 함께 운영하고 있다. 김유정은 아주 짧은 기간 동안만 작품 활동을 한 탓에 작품 수가 많지 않고, 육필 원고나 유품 등 문학관 자료도 많지 않은 편이다. 그런 연유에서인지 알 수는 없지만, 김유정문학촌은 건립 당시부터 김유정의 작품뿐만 아니라 작품의 배경인 실레마을과 '김유정의 문우들'도 함께 주목하고 있다. <김유정기념전시관>은 김유정의 생애나 김유정의 문학 작품뿐만 아니라 작품 배경지(실레 이야기 마을)와 김유정의 문우들을 함께 소개하는 방식으로 전시되어 있다.

---

60 나카무라 미노루, 『문학관을 생각한다』, 함태영 옮김, 소명출판, 2019, 20쪽.

61 "작가 기념관의 상설전은 해당 작가의 평생의 업적을 기리는 전시가 된다. 지역 문학관은 지역과 연고가 있는 문인들의 업적을 소개하는 것이 상설전이다. 상설전은 대상으로 하는 작가를 개론, 즉 일반론의 수준으로 전시하는 것이 보통인데, 대개 단조롭고 형식적이다. 이러한 상설전은 보통 5~10년이 지나도 전혀 전시 교체가 없다." (나카무라 미노루, 앞의 책, 123쪽)

김유정문학촌은 <김유정기념전시관> 외에 <김유정이야기집>를 따로 마련하여 김유정의 삶과 작품세계를 다차원의 매체로 구현해 내어 보여주는 작업을 진행해 왔다. <김유정이야기집>에서도 김유정의 생애와 작품 외에 '김유정을 말한다', '김유정과 이상 생애' 관련 영상, 구인회 문인들과 박녹주, 박봉자 등 김유정 관련 인물들에 대해 다양한 매체를 활용해 보여주고 있다[62]. 더불어 <낭만누리> 안에 있는 기획전시실은 미술·공예·도예·활자 등 다양한 예술장르의 융합을 통해 김유정의 문학을 확장하려는 하는 기획전시를 진행해 왔다. 특히 '김유정문학촌 개관 20주년 기념 특별전' <김유정의 사람들>은 김유정 문학을 1930년대 당대 문인들과의 관계망 속에서 조망하고자 하는 시도를 문학과 미술의 융합을 통해 드러내고 있다는 점에서 그 의미가 각별하다고 판단된다[63].

김유정문학촌은 2022년 3월 29일 김유정문학촌에서 열린 <김유정 선생 85주기 추모제>에서 회화 작품 「김유정의 사람들」(신대엽)을 공개하고, 김유정문학촌 '낭만누리' 전시관에서 '김유정문학촌 개관 20주년 기념 특별전' <김유정의 사람들>과 3월 29일부터 6월 12일까지 진행하였다. 이 특별전은 <구인회와 김유정>, <김유정에 대한 회고 1, 2, 3>으로 구성하여 김유정 문학 작품에 영향을 미쳤거나 교유했던 사람들에 대한 초상화와 작품을 소개하는 방식으로 구성되어 있다. 이 연장선에서 이상의 집에서 2022년 9월 1일부터 9월 30일까지 진행하기로 되어 있는 김유정문학촌 개관 20주년 '김유정 생애 특별전' <유정과 이상의 시

62 〈김유정 이야기집〉에 전시되어 있는 구인회 소개는 김유정 문학기념관에 있는 내용과 큰 틀에서 일치하지만, 세부 내용을 좀 더 구인회의 면모에 적절하게 수정하고 있다.

63 2022년 6월 17일부터 김유정문학촌 낭만누리동 기획전시실에서 열리는 〈(김유정 소설 삽화전) 틈새에 머무는 시선〉도 이런 맥락에서 주목을 요한다. 김유정 소설의 삽화를 작업했던 안석주, 정현웅, 이승만 등의 삽화를 통해 삽화와 글이 함께 그려내는 작품을 다시 한번 돌아보게 한다. 글만으로 되어 있는 작품이 아닌, 출판 당시의 작품이 지닌 의미를 다시 생각해보게 한다. 잡지에 연재된 작품, 글과 삽화가 통합된 것으로서의 작품의 의미를 되짚어볼 필요가 있다.

대>도 순회전의 하나로 기획된 것이다. 이는 김유정을 실레마을(춘천)의 작가로만 한정하는 것이 아니라 1930년대 문학의 지형도에서 파악하려는 시도라는 점에서 주목을 요한다. 이는 김유정 문학을 그 시대의 문인들과의 지형도에서 파악하려는 시도, 나아가 "문학을 통한 지역의 발견" 혹은 "지역을 발견하기 위한 문학관 사업"[64]이라는 지역 문학관이 지니는 한계를 넘어서려는 시도로 보인다.

'김유정문학촌 개관 20주년 기념 특별전'은 김유정 문학 연구뿐만 아니라 '구인회'에 대해서도 다시 한번 돌아보는 계기가 되었다는 점에서 의미가 있다. 김유정문학촌의 이러한 작업은 김유정 문학 연구에서 한 걸음 더 나아가 '구인회' 연구를 활발하게 할 수 있는 디딤돌로 작용하고 있다는 점에서도 그 의미가 있다. 지역 문학관이 "제한된 소수 독자를 위해 도서관 기능을 수행하는 것은 문학관 본래의 역할"[65]에 충실한 것이라 할 수 있다. 김유정문학촌의 이러한 시도는 왜곡된 채 확대 재생산되고 있는 구인회에 대한 풍문을 바로 잡고 구인회를 새롭게 조망하게 하는 의미 있는 작업이다. 나아가 이를 문학 교육에도 활용할 수 있는 또 다른 모색으로 볼 수 있다.

이 글은 구인회 연구의 구심점으로 작동할 구인회 문학관의 건립을 제언하는데 그 의의가 있다. 구인회 문학관(가칭)은 개인 문인 생애 발굴이나 작가 연구로는 충분히 해명할 수 없는 구인회의 "실체 없는" 실체를 조망할 물적 토대가 되어줄 것으로 판단된다. 구인회 문학관은 구인회 문인들에 관한 자료를 충분히 구축하고 확보하는 것만으로도 지식 기반을 구축하는 문학관의 역할을 충분히 할 수 있을 것이다. 구인회 문학관 건립을 제언하기 위해서는 구인회 문학관의 건립 방식 등에 대해 논의가 필수적이라고 생각된다. 하지만 이 글은 지면상의 한계와 게으름 등을 핑계로 이에 대해서는 이후 연구 과제로 남겨두고자 한다.

64 조정민, 앞의 책, 564쪽.
65 나카무라 미노루, 앞의 책, 14-15쪽.

▌참고문헌

1. 자료

『동아일보』, 『삼천리』, 『조선중앙일보』, 『강원도민일보』 등.

2. 논저

김민정, 「구인회의 존립양상과 미적 이데올로기의 상관성 연구」, 서울대 박사학위 논문, 2000.

김윤식, 『한국근대문예비평사연구』, 일지사, 1997.

김종우·윤학로, 「김유정문학촌과 이효석문학관의 운영현황과 전망」, 『비교문학』제41호, 2007.

문보영·이정원·이상미, 「문학관광객의 방문동기가 만족 및 재만족에 미치는 영향」, 『관광학연구』 제34권 제6호, 2010.

상허문학회, 『근대문학과 구인회』, 깊은샘, 1996.

안혜진·이승하, 「문화예술의 공간조성을 통한 장소마케팅 특성 연구: 국내 문학촌을 중심으로」, 『지역과 문화』 제8권 제2호, 2021.

오태영, 「문학관의 공간 조직화와 수행적 신체」, 『한국문학과 예술』 제20권, 2016.

이민호, 「근대 문학관 건립을 위한 공간 스토리텔링연구」, 『국제어문』 제58권, 2013.

이현주, 「이효석과 '구인회'」, 『박태원과 구인회』, 깊은샘, 1998.

이현주, 「이효석 문학의 배경에 대한 주석적 연구」, 연세대 박사학위 논문, 2009.

전윤경, 「문학관광자원으로 본 문학관 활성화 방안 연구」, 『문화콘텐츠연구』제13호, 2018.

조정민, 「발견된 '지역'과 만들어진 문학관, 그 이후를 사유하다」, 『동북아문화연구』 제27권, 2001.

한국문화관광연구원, 「지역문학관 활성화 정책 연구」, 문화관광체육부, 2009.

현순영, 『구인회의 안과 밖』, 소명출판, 2017.

나카무라 미노루, 『문학관을 생각한다』, 함태영 옮김, 소명출판, 2019.

3. 기타 자료

김유정문학촌 홈페이지 (http://www.kimyoujeong.org/)
김환태문학관 홈페이지 (https://tour.muju.go.kr/art/index.do)
목포문학관 홈페이지 (https://www.mokpo.go.kr/munhak/)
이효석문학관 홈페이지 (http://www.hyoseok.net/)
한국문학관협회 (http://www.munhakwan.com/)

한국어교육에서 문학작품을 활용한 문화교육
-김유정 소설의 '아내 팔기' 모티프를 중심으로

김승희

1. 머리말

목표 언어를 제대로 사용하기 위해서는 그 언어의 어휘적, 문법적, 화용적 지식뿐만 아니라 목표 언어 사용자들의 사고방식이나 가치관, 정서, 경험, 생활양식 즉, 문화를 잘 이해하여야 한다. 이러한 연유로 최근 들어 한국어교육에서 문화교육에 대한 필요성이 부각되고 있다. 그리고 그 문화교육의 중심에 문학작품의 활용이 논의되고 있다. 그것은 문학작품의 텍스트는 목표 언어를 사용하는 사람들의 사회, 역사, 관습, 정서, 가치 등을 내포하고 있을 뿐만 아니라 다양한 상황이나 맥락에서 사용되는 양상을 정제된 언어로 보여주기 때문이다.[1]

이러한 맥락에서 한국어교육 분야에서 문학작품을 활용한 교육은 학습자의 언어·지식적 능력뿐만 아니라 담화 구성 능력을 함양시킴으로써 한국 문화를 이해하는 가장 효과적인 방법이라고 할 수 있다.

이처럼 한국어교육에서 효용 가치가 큰 문학작품을 활용하는 방안에 대한 연구로는 우선 윤여탁(1999), 윤영(1999), 황인교(2001) 등이

1 윤여탁, 「문학 작품을 활용한 한국어 문화교육 연구」, 『한국언어문화학』 10권 2호, 국제한국언어문화학회, 2013, 157쪽.

있다. 이 연구에서는 한국어교육에서 문학의 위상과 그 교육적인 가치를 중점으로 논의를 하였다. 다음으로 윤여탁(2002), 주은정(2002), 신윤경(2008) 등에서는 한국어 교재에 수록할 수 있는 문학작품의 선정 기준과 현대 문학작품의 목록화를 마련하였다. 한편 양민정(2003), 오정미(2008), 이준영(2021) 등에서는 한국인의 전통적인 사고 방식과 문화의 원형을 파악할 수 있는 고전문학작품의 중요성에 대하여 논의하였다.

지금까지 살펴보았듯이, 한국어교육에서 문학작품을 활용한 교육이 필요하다는 논의가 여러 연구에서 이루었지만 그 활용 방안이나 교수에 이용할 문학작품의 구체적이고 체계적인 목록화는 아직 이루어지지 못한 듯하다. 이러한 까닭에 한국어교육 현장에서는 문학작품을 활용한 한국어교육이 충분하게 이루어지지 못하고 있는 실정이다.

김유정[2]은 일제 강점기라는 우리 민족의 비참한 현실을 해학적으로 표현한 대표적 작가이다. 김유정의 작품에 등장하는 가족은 가치관의 타락과 성윤리 의식의 붕괴 등으로 인해 가족 해체의 위기를 겪기도 하지만 결국은 해체가 아닌 가족관계의 존속과 유지로 귀결되고 있음을 볼 수 있다.[3] 김유정 소설에서는 가족의 형성과 가족의 존속, 붕괴와 해체의 과정을 재현하고 있으며 1930년대 일제 강점기의 상황과 가족이 가지는 의미를 이해할 수 있는 기제라는 평가를 받고 있다.[4] 따라서 김유정 소설에 드러난 1930년대의 지배적 가치관을 파악함으로써 그 시대를 살던 한국인의 정서를 이해할 수 있을

---

2 1930년대의 대표적인 작가로 손꼽히는 김유정은 만 29세에 생을 마감하였다. 1933년 처녀작인 「산골 나그네」를 시작으로 「총각과 맹꽁이」, 「소낙비」, 「금 따는 콩밭」, 「금」, 「떡」, 「만무방」, 「산골」, 「솥」, 「봄봄」, 「안해」, 「가을」, 「동백꽃」, 「야앵」, 「정조」, 「땡볕」, 「형」 등 30편 내외의 단편과 1편의 미완성 장편, 그리고 1편의 번역 소설을 남겼다.

3 홍순애, 「김유정 소설의 반가족주의와 가 형성 존속의 이데올로기」, 『서강인문논총』 43집, 서강대학교인문과학연구소, 2015, 460~461쪽

4 위의 책, 436쪽.

것이다. 김유정의 소설[5]은 한국 문화의 정수라고 할 수 있는 해학성과 한국의 생활을 보여주는 토속성을 학습할 수 있는 작품이라는 데서 그 가치가 있다.[6] 이와 같이 김유정 소설 작품에서 볼 수 있는 한국적인 미의식은 한국어 학습자들이 한국문화를 간접적으로 경험할 수 있는 기제로서 한국인의 기저에 흐르고 있는 정서와 세계관을 효율적으로 교수할 수 있는 자료이다. 특히 장편 소설에 비해 단편 소설은 작품의 유기적 구조나 사용된 어휘들의 경제성, 미적인 효과 등으로 언어교육의 효율적인 자료로 사용될 수 있다는 점에서 한국어 학습자들에게 훌륭한 교육적 기제로서 가치가 있다.

이러한 관점에서 본고에서는 '아내 팔기' 모티프로 대변할 수 있는 김유정의 작품 「산골 나그네」, 「소낙비」, 「솥」, 「안해」, 「가을」, 「정조」를 통해 한국사회의 기저에 뿌리박혀 있는 가부장적 이데올로기를 분석하고, 문학작품이 한국어 학습자가 한국 문화를 이해하는 데 어떤 방식으로 활용하는 것이 효율적인지 살펴보고자 한다.

5 한국어교육에서 김유정 소설을 활용한 교육에 대한 연구로는 신해홍(2012), 오은엽(2013), 왕명수(2017), 조수진(2017), 정이봉・김장선(2017) 이규정(2019), 김지혜(2020) 등이 있다. 김유정 소설 중 '동백꽃' 과 '봄봄' 을 대상으로 한 연구가 주를 이루고 있으며, 한국어교육 분야에서 이를 활용한 교육 방안에 대한 연구는 활발하지 않은 실정이다.

6 김지혜, 「한국어교육에서 김유정의 소설 교육의 지평」, 『우리말교육현장연구제』 14집 1호, 우리말교육현장학회, 2020, 212쪽.

2. 문학작품을 활용한 문화교육

2004년부터 'Study Korea Project'[7]를 통해 적극적으로 외국인 유학생을 유치해 온 정부의 정책에 힘입은 결과, 2022년을 기준으로 학위 과정 중인 외국인 유학생 수는 12만 4천여 명이고 어학 연수생 등 비학위 과정의 한국어 학습자를 합하면 약 16만 7천여 명에 이르고 있다. 최근에는 한국 대중문화에 대한 관심으로 단순히 한국 언어와 문화를 배우는 데에 그치지 않고 전문적인 지식을 쌓고자 하는 학문 목적의 외국인 유학생을 비롯하여 취업 목적의 외국인 노동자, 국제결혼으로 인한 결혼이민자, 해외에 거주하는 한국인 2세의 한국어 학습 등으로 한국어를 학습하는 목적이 다양해졌다.[8] 이와 같이 다양해진 한국어 학습자의 요구를 충족시키기 위하여 한국어 교육과정과 교육 방법, 교재 등도 다변화되고 있다.

국립국어원에서는 국내·외 한국어교육 기관의 상호 독립적이고 비표

---

7 교육부는 'Study Korea Project(2005~2012, 1기)' 추진을 통해 2004년 1만 6천 명에서 2012년 8만 7천 명으로 외국인 유학생 수를 확대해 왔다. 그러나 기존 양적인 외국인 유학생 유치에서 질적인 유학생 관리로 전환하고 이를 통해 한국 고등교육 브랜드 가치의 질적 제고를 도모하기 위하여 'Study Korea 2020 Project(2013~2020, 2기)'를 추진하였다.

8 교육부(2022) 자료에 따르면 2021년 국내 한국어 학습자 수는 152,281명으로 2020년(153,695명)에 비해 다소 줄기는 하였으나 학위 과정의 학습자 수는 2020년 113,003명에서 2021년 120,018명으로 늘어났음을 알 수 있다. COVID-19 영향으로 인하여 비학위 과정의 한국어 학습자 수는 다소 감소한 추세이나 학문 목적 학습자의 수는 지속적으로 증가하는 것으로 나타났다. 이에 반해 2020년 비학위 과정의 한국어 학습자 수는 40,692명에서 2021년에는 32,263명으로 감소하였다. 2019년 기준으로는 학위 과정 중인 외국인 유학생 수가 86,000여 명이고 어학 연수생 등 비학위 과정의 한국어 학습자를 합하면 약 16여 만 명에 이른 것에 비하면 2020년 COVID-19 펜데믹으로 인한 한국어 학습자 수는 다소 감소한 것으로 나타났다. 즉, 코로나19가 팬데믹으로 번진 2020년 3월 이후 사회적 거리두기가 강화되면서 외국인 학생들을 대상으로 한 한국어교육은 예전에 비해 다소 위축되기는 하였으나, 사회적 거리두기 단계가 약화되면서 다시 증가하는 추세를 보이고 있다.

준화된 교육과정에 대하여 국가 차원의 표준화된 한국어 교육과정을 마련하기 위하여 '국제 통용 한국어 표준 교육과정(2017)'을 개발하였다. 이를 통해 한국어교육의 전문성을 확대하고 국내·외 다변화된 한국어교육의 수요에 부응하며 양질의 교육을 제공함으로써 한국어교육 현장에서 유용하게 쓸 수 있도록 하였다.[9] '국제 통용 한국어 표준 교육과정(2017)'은 주제, 기능 및 과제, 언어 지식, 언어 기술, 텍스트, 문화, 평가 영역에서 다루어야 할 범주와 항목을 제시하였다.[10] 문화[11]의 세부 기술은 문화 지식, 문화 실행, 문화 관점의 3개 범주로 나누었는데, 한국인

---

9 국가 차원의 표준화된 한국어 교육과정 마련을 위해 개발된 '국제 통용 한국어 표준 교육과정' 을 보완하고 유형별 교육과정 및 지침, 다국어 요약본 등을 제공하여 국내외 한국어 교수 현장에서 유용하게 사용할 수 있도록 하는 것을 목적으로 한다. 국내·외 다변화된 한국어교육의 수요에 부응하며 양질의 한국어교육을 제공하기 위해서는 교육과정 개발에서부터 교수요목 설계, 교재 개발, 평가에 이르기까지 전체를 아우를 수 있는 표준화된 한국어 교육과정이 필요하였다. 이에 기개발된 '국제 통용 한국어 교육 표준모형(2010, 2011)' 과 '한국어 표준 교육과정 활용 점검 및 보완 연구(2016)' 을 수정 보완하여 '국제 통용 한국어 표준 교육과정(2017)' 을 마련하였다.

10 국제 통용 한국어 표준 교육과정(2017)에서 제시한 영역별 범주와 항목을 표로 정리하면 다음과 같다

주제		17개 범주 85개 항목 제시
기능 및 과제		5개 범주 52개 항목 제시
언어 지식	어휘	10,635개 제시 (1급 735개, 2급 1,100개, 3급 1,655개, 4급 2,200개, 5급 2,365개, 6급 2,580개
	문법	336개 제시 (1급 45개, 2급 45개, 3그 67개, 4급 67개, 5급 56개, 6급 56개)
	발음	5개 범주 72개 항목 제시
언어 기술		듣기, 말하기, 읽기, 쓰기(등급별로 항목과 내용 제시)
텍스트		4개 범주 144개 항목 제시
문화		4개 범주 77개 항목 제시
평가		등급별로 항목과 내용 제시

11 국립국어원(표준국어대사전)에 따르면 문화란 자연 상태에서 벗어나 일정한 목적 또는 생활 이상을 실현하고자 사회 구성원에 의하여 습득, 공유, 전달되는 행동 양식이나 생활양식의 과정 및 그 과정에서 이룩하여 낸 물질적·정신적 소득을 통틀어 이르는 말. 의식주를 비롯하여 언어, 풍습, 종교, 학문, 예술, 제도 따위를 모두 포함하는 것이다.

의 가치관과 사고방식을 이해할 수 있고 한국의 근·현대문화와 전통문화를 이해하고 즐길 수 있도록 한다는 문화교육[12]의 목표가 기술되어 있다. 문화지식이란 문화적 산물과 관련한 것으로 언어 문화, 생활 문화, 예술 문화, 제도 문화 등에 관한 지식이라고 할 수 있다. 문화 행동은 문화적 관습, 규범에 따른 행동 방식으로서 나타나는 문화적 실행이다. 이는 언어적 행위뿐만 아니라 비언어적 행위까지 포괄하는 부분이다. 문화 관점은 해당 문화 구성원들이 가지는 가치체계 즉, 정신문화에 해당하는 것인 사고와 함께 해당 가치체계를 자신의 문화와 비교해 보는 관점을 포함한다. 이처럼 최근 언어교육에서의 문화교육은 단순히 문화지식을 습득하는 데 그치는 것이 아니라 실행과 문화 간 비교가 이루어지는 것을 최종적인 목표로 하고 있다는 것을 알 수 있다.[13]

이상을 통해 알 수 있듯이, 목표 언어교육에서 문학작품의 활용은 문학 텍스트의 언어적 측면만을 교수하는 것이 아니라 문학작품을 통한 문화교육이 이루어져야 한다. 한국어 학습자가 문학작품을 통해 문자나 문장의 의미를 해독하는 것에 그치는 것이 아니라 문학적 의미를 이해하도록 하는 것이 언어학습의 궁극적인 지향점이 되어야 할 것이다.

문학작품의 언어는 함축적이고 정제된 것으로 목표 언어의 언어적 지식과 문화를 자연스럽게 이해하는 데 매우 효과적인 교수 자료라고 할 수 있다. 다시 말하면 문학작품은 외국인 학습자에게 목표 언어의 언어뿐만 아니라 언어를 통해 형상화된 문화를 동시에 학습할 수 있는 자료로서의 가치를 지닌 것이다. 특히 문학작품을 통한 문화학습은 작품 속 인

---

12 조항록(2005, 279~285)에 따르면 한국어교육에서 한국 문학이 주목을 받기 시작한 것은 외국어 의사소통능력의 완성도를 높이기 위해서는 문화 능력이 겸비되어야 한다는 의식이 대두되면서이다. 문화교육 내용은 성취 문화, 행동 문화, 관념문화로 나누었고, 한국어교육에서 이를 언어적 의사소통 능력 향상이라는 목표 달성에 적합한 콘텐츠로 구성하기 위한 방안을 모색하였다

13 국립국어원, 『국제통용표준교육과정』, 2017, 193쪽.

물들의 상황을 학습자가 간접적으로 생동감 있게 경험함으로써 한국인의 가치관과 한국 문화의 단면을 효과적으로 이해할 수 있는 기반이 될 수 있다. 또한 문학작품은 목표 언어의 어휘적, 문법적, 화용적 지식이나 지문과 대사를 통한 문어적·구어적 표현 등 여러 범주와 다양한 층위의 언어체계를 학습할 수 있다는 점에서 외국어 학습에 요긴한 자료라고 평가할 수 있다.[14]

외국어 학습에서 문화 간 이해가 중요한 것은 자국 문화와 다른 문화에 대한 차이를 올바로 인식하여 그 차이를 습득함으로써 목표 언어를 담화 상황에 맞게 완벽히 구사할 수 있는 능력이 생기기 때문이다. 따라서 언어교육의 목표인 유창한 언어 구사 능력을 학습자가 갖출 수 있도록 발음, 어휘, 문법 구사력 외에도 언어적 지식만으로는 이해하기 어려운 한국인의 사고방식이나 정서적, 지배적 가치관 등의 문화적 이해도 습득할 수 있도록 문학작품의 학습 기회를 넓혀 주는 것이 한국어교육에서 긴요한 과제라고 할 수 있다.[15]

이러한 인식으로 바탕으로 김유정의 분석 대상 작품에 내재되어 있는 한국문화의 한 단면인 가부장적 이데올로기 문화를 분석하고, 이를 한국어교육에서 어떤 방식으로 활용하여 교수하는 것이 효율적인지를 살펴보도록 하겠다.

---

14 김승희, 「한국어교사의 한국 문학교육에 대한 인식 제고」, 『한민족문화연구』 제55권, 한민족문화학회, 2016, 271~272쪽.

15 J. Collie & S. Slater(1987)에서 문학은 실제적이고 믿을 만한 자료이며, 문학작품은 외국어 학습자들이 작품 세계에 재현된 사상, 감정, 관습, 문물 등을 통해 목표어 사회의 문화를 접할 수 있게 한다고 하였다. 또한 다양한 언어적 표현을 제공하기 때문에 문학 독서 행위는 학습자들의 언어 능력을 고급 수준까지 이끌어 줄 것이라고도 하였다. 따라서 한국어교육에서 문학작품을 활용하는 것은 교육적 가치 및 효용성이 크다고 볼 수 있다.

3. 김유정 작품의 '아내 팔기' 모티프

1930년대는 총독부가 식민지 지배 체재를 더욱 공고히 하면서 중국에 대한 침략을 위해 시행했던 각종 수탈 정책이 절정에 이른 시기이다.[16] 당시 농민들은 일제의 억압과 수탈에 견딜 수 없어, 수많은 사람들이 이·농민으로 전락하거나 유리걸식하였다. 이는 도시의 하층민들도 마찬가지로 가난으로부터 벗어날 수 없는 실정이었다. 가난에 찌들수록 도시와 농촌 하층민들의 생존은 '돈'의 논리로 상징되는 자본주의 질서에 길들여지고 있었다. 이러한 극심한 가난은 도덕관념에도 영향을 주어서 생존 지향적 가치를 지향하게 되었다. 이들에게는 살기 위해서 도덕적 윤리보다는 생존 윤리가 우선시되는 것이었다. 생존을 위해 남편은 아내의 매춘을 적극적으로 조장하거나 묵인하는데, 이는 여성의 정조를 강조하였던 전통적 관념이 변화한 것으로 전통적으로 중요시했던 여성의 정조보다는 가족의 생존과 생계 유지가 우위를 가지는 가치의식이 나타났다고 볼 수 있다.[17] 이와 같이 1930년대는 식민지 군국주의 체제가 공고해지면서 소작농의 붕괴, 이농 인구의 증가, 가족해체로 인한 가족 이산 등의 사회적 문제가 심화되었고, 식민지 자본주의의 폐해가 극에 다다를수록 결과적으로 가족 공동체의 붕괴가 이어졌다.

---

16 1930년대는 일본이 본격적인 파시즘 체제로 전환하면서 식민지 조선에 대한 지배방식도 변하였다. 내선일체, 일선동조론, 황국신민화 등의 구호를 내걸고 민족말살정책을 펴기 시작하여 우리 말과 글의 사용을 금지하고 우리나라 역사를 배울 수 없게 하였으며, 신사참배, 창씨개명 등의 정책을 펼쳤다. 이와 같이 민족말살정책뿐만 아니라 경제적인 수탈도 강화하여, 병참기지화 정책에 따라 한반도를 전쟁물자 보급을 위한 인적·물적 조달기지화를 했다. 이러한 일제의 수탈로 궁핍해진 농민들은 소작쟁의 등의 형태로 반발하거나, 화전민이 되어 고향을 등지기도 하였고, 만주나 일본 등지로 이주하기도 하였다.

17 최용성·정혜경, 「한국 소설에 나타난 1930녀대 성·가족·모성의 윤리의식에 관한 연구」, 『한국시민윤리학회보』 제23집 1호, 한국시민윤리학회, 2010, 144쪽.

이러한 당대의 가족 공동체의 해체와 그로 인한 문제를 작품화한 작가로는 박태원, 이태준, 이효석 등이 있다. 1930년대를 대표하는 작가인 김유정의 작품에 등장하는 인물들은 폭력과 배신, 매춘과 아내 팔기 등의 비윤리적인 행위를 하는 모습으로 재현된다.

1930년대의 한국 소설에는 성의 상품화와 매춘, 그리고 전통적 정조 관념의 이탈이 두드러지게 나타난다.[18] 이는 여성의 정조를 강조했던 전통적 윤리 관념과는 상반되는 현상이다. 조선 시대 여성의 섹슈얼리티[19]는 가족과 가문을 위해 유교 이념이나 법에 의해 억압되고 규제되었을 뿐만 아니라 정절 이데올로기를 사회적으로 강제하도록 하였다. 정조 관념은 조선 시대뿐만 아니라 개화기에도 강조되었다. 신소설 「화세계」[20]의 수정은 사주단자가 오고 간 것만으로도 아내의 윤리를 고수하려는 여성이었고, 「화의 혈」의 선초는 기생첩의 자녀로 자신의 의지와 관계없이 기생이 될 수밖에 없는 운명이었으나 '수절'을 삶의 최고의 목표로 삼았다.[21] 이렇듯 정조 이데올로기는 여전히 개화기의 여성에게도 강조되었다. 그러나 1920년과 1930년대에 오면서 전통적 정조의 관념이 경제적 압박을 받는 식민지 현실에서 무너지는 것을 볼 수 있다. 식민지 체제 하에 많은 사람들이 토지를 잃고 소작농이나 빈농, 유랑민으로 전락하였고,

---

18 앞의 책, 148쪽.

19 이혜령(2007)에서 섹슈얼리티(sexuality) 또는 성(性)은 생물의 성별과 성적 행위 따위를 통틀어 일컫는 말로, 인간의 경우 성에 대해 가지고 있는 태도, 사고, 감정, 가치관 등을 의미하는 말이다.

20 이해조가 지은 신소설로 이 작품은 『매일신보』에 1910년 10월 12일부터 1911년 1월 17일까지 총 73회에 걸쳐 연재되었고, 1911년 동양서원(東洋書院)에서 활자본으로 간행하였다. 가사 「금자동 金紫洞」과 합철되어 있는 필사본이 국립중앙도서관에 소장되어 있기도 하다. 개화기를 시대 배경으로 하여 기구한 남녀의 만남과 이별을 소재로 다룬 작품이다.(한국민족문화대백과사전)

21 전미경, 『개화기 가족윤리의식의 변화와 가족갈등에 관한 연구: 신문과 신소설을 중심으로』, 동국대학교 박사학위논문, 1999, 146쪽, 275쪽.

빈궁한 가정에서는 생존의 수단으로써 딸과 아내의 성을 파는 등 여성의 성을 도구화하는 일이 성행하였다. 1930년대에는 생존을 위해 매춘을 택하는 여성층이 많이 나타났으며, 이는 소설에도 중요한 모티프가 되어 재현되었다.

김유정의 작품에서도 '아내 팔기' 모티프가 다수의 작품에서 등장한다. 이는 앞서 살펴보았듯이, 생존의 수단으로써 딸과 아내의 성을 파는 등 여성의 성을 도구화하는 일이 성행한 1930년대의 사회적 현상을 반영한 것으로 볼 수 있다. 식민지 시기 가족은 당대의 현실적 방향과 이데올로기적 속성들을 가장 전면화하는 특성을 갖는다. 김유정의 작품 중에 「산골 나그네」(1933), 「소낙비」(1935a), 「솥」(1935b), 「안해」(1935c), 「가을」(1936a), 「정조」(1936b)에 나타난 '아내 팔기' 모티프가 어떤 양상을 보이는지와 '아내 팔기'를 대하는 남편과 아내의 태도에 나타난 변화를 중심으로 하여 살펴볼 것이다. 이를 토대로 김유정 작품에서 나타나는 부부 관계의 윤리 및 가치관을 지배하는 이데올로기가 무엇인지와 그것이 발생한 사회적 배경과의 연관성에 대해 파악함으로써 당대의 지배적 가치관과 사고방식을 이해할 수 있을 것이다. 앞서 살펴보았듯이, 텍스트에 드러나는 이데올로기는 그 시대의 단면을 보여줄 수 있는 중요한 기제이다. 따라서 1930년대를 대표하는 김유정의 문학작품을 통해 그 시대 한국인의 정서와 가치관을 파악함으로써 한국 사회의 문화를 더 이해할 수 있을 것이다.

3 .1. 소극적 '아내 팔기'

분석 대상이 된 작품에서 아내의 성이 도구화될 때 드러나는 남편의 태도를 중심으로 분석해 본 결과는 다음과 같다. 「산골 나그네」, 「소낙비」, 「솥」에서는 남편이 아내의 매춘을 묵인, 동조하는 것으로 나타났으며, '아내의 성 팔기'에 비교적 소극적인 남편상을 볼 수 있다. 또한 아내들도 가난 등의 주변적 상황에 이끌려 자신의 성을 도구화하게 되는 소극적인 양상을 보인다는 것을 알 수 있다.

「산골 나그네」는 김유정의 처녀작으로 1933년에 발표되었다. 이 작품에서 '나그네'는 병든 남편과의 생존을 위해 작부 노릇도, 덕돌이와의 결혼에서도 수동적으로 이끌려가는 모습을 보인다. 그리고 건강한 남편과 시어머니의 사랑을 받으며 굶주림의 걱정이 필요 없는 삶을 포기한 채, 덕돌의 집에서 받은 예물과 병들고 무능력한 남편에게 줄 옷을 챙겨 남편에게로 다시 돌아간다.

> "벽이 확 나가고 네 기둥뿐인 그 속에 힘을 잃은 물방아는 을씨년궂게[22] 모로 누웠다. 거지도 고 옆에 홑이불 위에 거적을 덧쓰고 누웠다. 거푸진 신음이다. 으! 으! 으흥! 서까래 사이로 달빛은 쌀쌀히 흘러든다. 가끔 마른잎을 뿌리며
>
> "여보 자우? 일어나게유 얼핀!"
>
> 계집의 음성이 나자 그는 꾸물거리며 일어앉는다. 그리고 너털대는 홑적삼을 깃을 여며잡고는 덜덜 떤다.
>
> "인제 고만 떠날 테이야? 쿨룩......"
>
> 말라빠진 얼굴로 계집을 바라보며 그는 이렇게 물었다.

22 인용한 문학작품에 나온 내용을 그대로 제시하여 정서법에 어긋난 표현이 있을 수 있다.

십 분 가량 지났다. 거지는 호사하였다. 달빛에 번쩍거리는 겹옷을 입고서 지팡이를 끌며 물방앗간을 등졌다. 골골하는 그를 부축하여 계집은 뒤에따른다. 술집 며느리다.

"옷이 너무 커- 좀 적었으쭉......"
"잔말 말고 어여 갑시다 펄쩍......"[23]

병든 남편의 아내인 나그네는 빈곤과 생존이라는 극단적인 상황에서 조선 시대부터 이어진 지배적인 정조 이데올로기의 관념보다는 가족의 생계를 위해 자신이 처한 주변적 상황에 순응함으로써 소극적인 양상으로 성을 도구화하게 된다. 하지만 병들고 무능한 남편을 끝까지 지키는 모습에서 전통적 여성상, 즉 종부의 윤리를 충실하게 따르는 것을 볼 수 있다. 또한 나그네의 남편은 훔쳐온 옷이 작다며 불평을 하는데, 이는 생존의 극단적 상황에서도 남편의 권위를 드러내는 것으로 가부장적 이데올로기가 여전히 남아있음을 보여준다. 다음으로 「소낙비」[24]는 1935년 작품으로 삶의 안착을 찾지 못한 식민지시대의 유랑 농민의 삶을 해학적으로 다루었다.

그런 모욕과 수치는 난생 처음 당하는 봉변으로 지랄 중에도 몹쓸 지랄이었으나 성공은 성공이었다. 복을 받으려면 반드시 고생이 따르는 법이니 이까짓 거야 골백번 당한대도 남편에게 매나 안 맞고 의좋게 살 수만 있다면 그는 사양치 않을 것이다. 이주사를 하늘같이 은인같이 여겼다. 남편에게 부쳐먹을 농토를 줄테니 자기의 첩이 되라는 그말도 죄송하였으나, 더욱이 돈 이 원을 줄 게니 내일 이맘때 쇠돌네 집으로 넌지시 만나자는 그 말은 무엇보다도 고마웠고 벅찬 짐이나 푼 듯 마음이 홀가분하였다.[25]

---

23 김유정, 『김유정 단편선』, 문학과 지성사, 2005년, 27쪽

24 1935년 1월 『조선일보』 신춘문예에 1석으로 당선된 작품으로, 원명에는 '따라지 목숨' 이라는 부제가 붙어 있다.

「소낙비」는 생존권을 상실한 유랑 농민인 춘호의 아내가 남편의 구타에서 벗어나는 것과 동시에 생존을 위해서 정조를 포기하고 매춘을 하는 과정을 보여주고 있다. 매춘 후의 죄책감보다는 남편의 구타에서 벗어날 수 있고 남편과 행복하게 살 수 있다는 가족의 생계를 위한 수단적 도구로 생각함으로써 도덕적 윤리에 벗어난 매춘이라는 행위를 정당화시켜주는 일면을 보이기도 한다. 이전 작품인 「산골 나그네」에서 '나그네'의 수동적인 매춘에 비해서, '춘호 처'의 매춘은 생계를 위해 어쩔 수 없는 행위로 치부하며 더욱 적극적인 양상으로 나타나고 있다.

> 아내가 꼼지락거리는 것이 보기에 퍽이나 갑갑하였다. 남편은 아내 손에서 얼레빗을 쑥 뽑아들고는 시원스레 쭉쭉 내려 빗긴다. 다 빗긴 뒤 옆에 놓인 밥사발의 물을 손바닥에 연신 칠해가며 머리에다 번지르하게 발라놓았다. 그래놓고 위에서부터 머리칼을 재워가며 맵시 있게 쪽을 딱 찔러수더니 오늘 아침에 한사코 공을 들여 삼아 놓았던 집석이를 아내의 발에 신기고 주먹으로 자근자근 골을 내주었다.
> "인제 가봐!" 하다가
> "바루 곧 와, 응?"
> 하고 남편은 그 이 원을 고이 받고자 손색 없도록 실패 없도록 아내를 모양내어 보냈다.[26]

남편이 아내의 매춘을 묵인할 뿐 아니라 머리를 빗겨주고 새 신을 주는 등 아내의 치장을 도움으로써 아내의 매춘에 동조하는 모습을 볼 수 있다. 이는 도덕적 윤리에서 벗어난 매춘의 행위가 모욕과 수치보다는 돈으로 결부된다는 점에서 자본주의 체제에 지배되는 인간의 단상을 엿볼 수 있다. 또한 남편의 무능으로 인한 빈곤의 해결책으로 아내의 성이 상품화되어서 경제적 문제를 해결하여 가족관계를 더 공고하게 유지시키는 면모를 보인다.

---

25 김유정, 앞의 책, 52쪽.
26 김유정, 앞의 책, 58쪽.

마지막으로 「솥」은 1935년 작품으로 궁핍한 가정의 가장인 근식이 들병이[27]인 계숙과 도망가기 위해서 자신의 집에 남은 마지막 살림살이인 솥까지 들고 나가는 이야기이다.

> "이리 와, 아빠 여기 있다니까는"
> 아내의 부정을 현장에서 맞탁뜨린 남편의 분노이면 네남직 없이 다 일반이리라. 분김에 낫이라도 들어 찍으면 고대로 찍소리도 못하고 죽을 밖에 별도리 없다. (중략)
> 그는 더욱 부쩍부쩍 진땀만 흘렀다.
> 남편은 어청어청 등 뒤로 걸어오는 듯하더니 아이를 번쩍 들어 안은 모양이다.
> "이놈아, 왜 성가시게 굴어?"
> 이렇게 아이를 꾸짖고
> "어여들 편히 자게유!"
> 하여 쾌히 선심을 쓰고 윗목으로 도로 내려간다. 그 태도며 그 말씨가 매우 맘세 좋아 보였다.[28]

계숙의 남편은 아내의 매춘 현장을 보고도 묵인하며 매춘의 상대인 근식에게 자신의 가족과 같이 떠날 것을 제안한다. 이는 일부일처제의 전통적 가족 관계가 붕괴되어 가는 모습을 보여주며, 전통적 윤리의식이나 정조의 관념보다는 가족의 생계유지가 우선시된다는 것을 확인할 수 있다. 하지만 끝까지 남편을 떠나지 않는 계숙의 면모는 가족관계를 유지하려는 가족주의의 견고함을 보여줄 뿐만 아니라 무능력한 남편을 따르는 가부장적 이데올로기를 보여주는 것이다.

---

27 들병이란 들병장수의 속된 말로, 병에다 술을 가지고 다니면서 파는 사람을 의미한다. (표준국어대사전)

28 계숙은 남편과 아이가 있는 여자로 생계를 위해 동네 사람들에게 술과 몸을 판다. 근식은 계숙과 같이 떠나기로 하고 계숙의 방에서 같이 잠을 자다가 아내의 매춘 현장을 본계숙의 남편이 자신을 해칠 것이라 여기고 두려워한다. (김유정, 앞의 책, 80~81쪽)

3. 2. 적극적인 '아내 팔기'

매춘, 매처, 매매로 '아내 팔기'에 적극적인 태도를 보이는 남편상을 「안해」, 「가을」, 「정조」에서 찾아볼 수 있다. 이들 작품에서 나타나는 남편상은 아내의 성을 상품화하는 것에 매우 적극적인 면모를 보인다.

「안해」는 1935년 작품으로 아주 못생긴 아내는 남편의 눈치만 살핀다. 그러던 어느 날 아내가 들병이가 되어 돈을 벌겠다는 목적으로 소리를 배우겠다고 하여 남편이 아내에게 소리를 가르침으로써 아내가 들병이가 될 수 있게 협조한다.

> 년이 좀만 똑똑히 나왔더면 수가 나는걸. 멀뚱이 쳐다보고 쓴 입맛만 다시니까 년이 그 눈치를 채었는지
> "들병이가 얼굴만 이뻐서 되는 게 아니라던데, 얼굴은 박색이라도 수단이 있어야지"(중략)
> 내가 밤에 집에 돌아오면 년을 앞에 앉히고 소리를 가르치겠다.[29]

이 작품에서 주인공은 아내를 들병이로 만들어 돈을 벌어보겠다는 생각에 아내에게 창을 가르치며 들병이로서의 자격 요건을 갖추는 데 적극적으로 동조한다. 이는 남편이 아내의 성을 상품화하여 빈곤에서 탈피함으로써 가족의 생존을 유지하는 데 적극적인 양상을 보인다.

> 이년하고 들병이로 나갔다가는 넉넉히 나는 한옆에 재워놓고 딴서방 차고 달아날 년이야. 너는 들병이로 돈 벌 생각도 말고 그저 집 안에 가만히 앉았는 것이 옳겠다. 구구루 주는 밥이나 얻어먹고 몸 성히 있다가 연해 자식이나 쏟아라. 뭐 많이도 말고 굴 때 같은 아들로만 한 열다섯이면 족하지. 가만있자. 한 놈이 일 년에 벼 열 섬씩만 번다면 열다섯 섬이

[29] 김유정, 앞의 책, 221~222쪽.

니까 일백 오십 섬. 한 섬에 더도 말고 십 원 한 장씩만 받는다면 죄다 일천오백 원이지. 일천 오백 원, 일천 오백 원, 사실 일천 오백 원이면 이건 참 너무 많구나. 그런 줄 몰랐더니 이년이 뱃속에 일천 오백 원을 지니고 있으니까 아무렇게 따져도 나보담은 낫지 않은가.[30]

그러나 남편은 막상 들병이 일을 하는 아내의 모습을 보고는 화를 낸다. 이는 아내가 들병이 일을 하는 것보다는 자식을 많이 낳는 것이 더 생산적인 것이라고 여기기 때문이다. 또한 아내에 대한 사랑보다는 아내가 들병이로 나갔다가 자신을 버리고 도망갈지도 모른다는 걱정으로 인한 것이다. 결과적으로 남편이 아내의 성을 상품화하는 것에는 실패하였지만 농촌 사회에서 중요한 노동력이 되는 아들을 낳은 아내를 생산적 도구로 간주하고 자신에게 귀속시키는 이기적인 남성 중심적인 모습을 보인다. 이는 여성이 남성에게 종속되거나 지배되는 관계인 가부장 이데올로기의 한 단면으로 볼 수 있다.

다음으로 「가을」은 1936년 작품으로 주인공인 내가 복만의 아내를 소장수에게 파는 과정에서 계약서를 쓰는 것을 도와주면서 겪는 일에 대한 것이다.[31] 소장수에게 팔려간 복만의 아내가 며칠 후에 복만이와 같이 행적을 감춤으로써 소장수가 매매계약서를 작성한 주인공에게 일의 진위를 따지는 내용이다.

"저 물 건너 사는 소장사에게 팔기로 됐네. 재순네(술집)가 소개를 해서 지금 주막에 와 있는데 자꾸 기약서를 써야 한다구 그래. 그러나 누구 하나 쓸 줄 아는 사람이 있어야지. 그래 자네에게 써 가지고 올 테니 잠

30 김유정, 앞의 책, 228~229쪽.

31 복만은 한 해 동안 열심히 농사를 지었으나 추수 후에 남은 것은 빚밖에 없는데 결국 소장수에게 5살 된 자식이 있는 자신의 아내를 팔기로 한다.

깐 기다리라구 하고 왔어. 자넨 학교 좀 다녔으니까 쓸 줄 알겠지?"[32]

매매 계약서
일금 오십 원야라.
위 금은 내 아내의 대금으로써 정히 영수합니다.
갑술년 시월 이십일
조복만
황거풍 전[33]

이 작품에서 남편은 아내의 매춘을 묵인, 동조, 조장하던 이전 작품에서의 남편상보다 더 적극적으로 아내를 매매의 대상으로 여긴다. 이는 삶이 궁핍해질수록 아내의 성을 도구화, 상품화하는 것에 남편이 더욱 적극성을 띠는 것으로 볼 수 있겠다. 그러나 매매의 대상인 아내는 며칠 후에 남편과 같은 날에 사라지는데, 이는 돈을 위해 부부가 이 모든 일을 서로 계획하고 한 행위였음을 암시하는 것이다.

이와 같은 남편의 매처 행위는 빈곤과 굶주림이 극심해질수록 전통적 정조관념이나 윤리 의식보다는 생존이라는 가치가 우선시된 결과라고 할 수 있다. 또한 아내를 매매하는 것은 전통적 가족관계의 붕괴라고 볼 수도 있겠지만 성이 가족의 생계를 유지하는 도구화가 되었다는 것으로도 이해할 수 있다. 그리고 남편의 매처라는 반인륜적인 행위에도 불구하고 아내는 비교적 안락한 삶이 보장되어 있는 새로운 가정에 안주하지 않고, 자신을 상품화하여 매매한 남편에게로 되돌아가는 양상을 보인다. 이는 전통적으로 뿌리박힌 가부장 이데올로기가 견고함을 보여 주는 것이다. 즉, 아내의 매처, 매춘 행위는 가족의 생존과 가족관계의 유지를 위한 불

32 김유정, 앞의 책, 270쪽.
33 김유정, 앞의 책, 273쪽.

가피한 선택으로 간주할 수 있다.

이와 같이 아내의 매처, 매춘 행위가 가족의 해체가 아닌 가족이라는 집단의 유지를 위한 하나의 수단으로 여기면서, 가족의 생존을 위해서는 여성의 성이 적극적으로 도구화되어 가고 있음을 알 수 있다.

마지막으로 「정조」는 1936년 작품으로 행랑어멈은 성의 가치를 흥정까지 하는데, 여성이 자신의 성을 상품화하는 데 매우 적극적인 양상을 보인다. 또한 행랑어멈의 남편은 주인집 서방님과 하룻밤을 보낸 아내의 행실을 탓하는 것이 아니라 이를 빌미로 더 많은 돈을 뜯어내려고 흥정을 한다.

> "다시 생각해보니까 못 떠나겠어요. 어떻게 몸이나 풀구 한 두어 달 지나야 움지일 게 아냐요? 이 몸으로 어떻게 이사를 해요?"
> 하고 또라지게 딴청을 부리는 데는 아씨는 고만 가슴이 다시 달롱하였다. 이년이 필연코 행랑방에 나갔다가 서방놈의 훈수를 듣고 와서 이러는 것이 분명하였다.[34]
>
> "자네 또 행랑살이로 가나?"하고 물으니까
>
> "저는 뭐 행랑살이만 밤낮 하는 줄 아셔요?"하고 그전부터 눌려왔던 그 아씨에게 주짜를 뽑는 것이다.[35]

남편이 아내를 매매의 수단으로 보고 아내의 성을 상품으로 전락시킨다. 그리고 아내도 정조를 잃은 것에 대해 수치심을 갖기보다는 이를 계기로 자신의 성을 도구로써 상품화하려고 한다. 이처럼 아내의 성을 상품화하는 것은 더 많은 돈을 받기 위한 수단이라고 볼 수 있다.

돈이 도덕적 윤리보다 우선시되며, 전통적 여성다움이 가난과 궁핍이라는 극단적 상황에서는 적극적으로 자신의 성을 도구화, 상품화하여 가

---

34 김유정, 앞의 책, 342쪽.
35 김유정, 앞의 책, 344쪽.

족관계를 유지하게 된다. 하지만 이것은 남성 중심의 전통적 이데올로기의 파괴를 의미하는 것이 아니라 오히려 여성의 성이 도구화됨으로써 가족주의를 더욱 견고화하는 남성 중심의 가부장적 이데올로기가 작용하는 것으로 볼 수 있다.

4. '아내 팔기' 모티프에 나타난 지배적 이데올로기

지금까지 일제 강점기의 대표적인 작가인 김유정의 작품 중에 '아내 팔기' 모티프가 나타난 「산골 나그네」, 「소낙비」, 「솥」, 「안해」, 「가을」, 「정조」 등의 작품에서 연대순으로 부부 관계의 변화 양상과 '아내 팔기'를 대하는 남편의 태도 변화를 통해 드러나는 지배적인 이데올로기가 무엇인지를 살펴보았다.

위의 작품들이 1933년부터 1936년까지 비교적 짧은 기간에 쓰인 것으로 이를 연대별로 비교하여 이데올로기의 변화를 파악하는 것은 적합하지 않다고 생각할 수도 있다. 하지만 4년이라는 비교적 짧은 시간의 흐름 속에서 작품에 드러난 인물상의 변화를 통해 그 속에 감추어진 이데올로기가 어떻게 견고해지는지를 살펴보는 것은 의미가 있을 것이다. 이러한 맥락에서 앞서 분석한 작품들에서 '아내 팔기' 모티프에 대한 남편과 아내의 태도 변화를 정리하면 다음과 같다.

처녀작인 「산골 나그네」를 시작으로 김유정 소설에 나타난 '아내 팔기' 모티프의 양상에서 이를 대하는 남편과 아내의 태도 모두가 조금씩 달라짐을 알 수 있었다. 즉, 「산골 나그네」의 남편은 아내의 성이 상품화되는 것을 비교적 소극적으로 묵인하였다. 다음 작품인 「소낙비」의 남편인 춘

〈표 1〉 '아내 팔기' 모티프에 나타난 남편과 아내의 태도 변화

<table>
<tr><th>작품(연도)</th><th>남편의 태도</th><th colspan="2">아내의 태도</th></tr>
<tr><td>산골나그네(1933)</td><td>소극적 묵인</td><td colspan="2">소극적</td></tr>
<tr><td>소낙비(1935a)</td><td>묵인, 동조</td><td colspan="2">소극적</td></tr>
<tr><td>솥(1935b)</td><td>묵인, 동조</td><td colspan="2">소극적</td></tr>
<tr><td>안해(1935c)</td><td>매춘, 자신의 소유물로 여김</td><td>적극적</td><td>성을 상품화하는 데 자발적으로 나섬</td></tr>
<tr><td>가을(1936a)</td><td>매처</td><td>적극적</td><td>적극적으로 성을 상품화함</td></tr>
<tr><td>정조(1936b)</td><td>매매</td><td>적극적</td><td>성의 가치를 흥정함</td></tr>
</table>

호는 아내의 매춘을 묵인할 뿐만 아니라 매춘 행위에 동조함으로써 「산골 나그네」에서 나타난 남편의 태도보다 적극적이기는 하나 아내의 성을 상품화하는 구체적이고 적극적인 행위는 보이지 않았다. 그 다음 작품인 「솥」에서 계숙의 남편도 아내의 들병이 노릇을 묵인하고 동조하는 모습이 나타나기도 비교적 '아내 팔기'에 소극적인 양상을 보였다.

이에 반해 「안해」, 「가을」, 「정조」에 등장하는 남편들은 아내의 성을 상품화하여 직접 '매춘, 매매, 매처' 등을 하는 적극적인 '아내 팔기'의 양상을 보였다. 아내의 성이 가족의 생계 유지를 위한 도구적 수단으로 상품화되는 것에 대해 남편의 태도가 적극적인 양상을 보일수록 매춘에 대한 아내의 태도도 적극성을 띠었다. 이는 아내가 매춘이라는 도덕적 윤리에 위반된 행위에 수치심을 느끼기보다는 가족의 생계유지를 위한 하나의 수단으로 여기는 것으로 볼 수 있다. 이는 사회통념상 도덕적 윤리에 어긋난 행위에 정당성을 부여하고 있는 것으로 이해할 수 있다. 다시 말해 매춘 행위를 가족의 해체가 아니라 가족의 존속, 유지를 위한 불가피한 선택 내지 방책으로 간주함으로써 자신의 비윤리적인 행위에 정당성을 부여하는 것이다. 또한 전통적 정조의 관념을 파기한 아내의 변화된 모습을 통해 가난과 궁핍이 심해짐에 따라 도덕적 윤리나 관념보다는 돈에 지배되는 자본주의 체제의 단면을 보여 주는 것으로 파악할 수 있다.

이처럼 가족관계의 유지, 존속이라는 가부장적 이데올로기가 더욱 견고해졌음을 보여준다. 앞서 논의한 바와 같이 가부장적 사회에서 성과 사랑은 남성 지배 문화의 틀에서 벗어나지 못하는데, 이는 성불평등의 모순을 은폐하고 정당화하는 이데올로기들이 내포되어 있기 때문이다. 즉, 아내의 매처, 매춘 등의 행위는 가족관계를 존속, 유지하기 위한 수단으로 정당화시킴으로써 가부장적 사회 문화 구조가 재생산되어 결과적으로는 가부장적 이데올로기가 지배적인 문화였다는 것을 보여준다고 할 수 있다.

지금까지 김유정의 여러 작품 텍스트를 분석하면서 어휘나 표현, 묘사된 인물의 행위 등을 통하여 한국 사회의 전통적 가치관인 가부장적 이데올로기의 면모를 이해할 수 있었다. 딱딱한 교재가 아닌 흥미를 주는 문학작품을 활용한 문화교육을 통해 이를 이해한 한국어 학습자는 여러 세대 중 특히 가부장제의 문화를 일부 유지하고 있는 중년이나 노년 세대와의 담화 상황에서 가부장적인 정서가 담긴 담화 상황을 올바로 파악하고 그에 맞는 언어를 구사할 수 있을 것이다. 이러한 맥락에서 한국어 학습자에게 문학작품을 활용한 한국어교육은 효과적인 문화교육 기제라고 할 수 있다.[36]

---

36 문화교육은 학습자의 한국어 구사 능력에 따라 달리 적용하는 것이 학습의 효과를 증진시킬 수 있다. 한국어교육의 초급 단계에서는 문화 어휘나 표현에 대해 상세하게 설명하는 것보다는 시각적인 자료를 활용하는 것이 좋다. 예를 들어 사진, 그림, 동영상 자료 등을 활용하는 것이다. 또한 어휘 예측하기, 어휘를 등에 붙이기, 퍼즐 맞추기, 스무고개 등 다양한 게임을 활용하여 어휘를 교수하는 방법이 있다. 중급 단계에서는 문화 어휘를 비교, 대조하는 방법과 연어 관계, 관용구 등을 활용하여 교수하는 방법이 있다. 고급 단계에서는 가치관과 관련한 문화 어휘와 그에 해당하는 학습자의 모문화와 비교하여 발표나 토론 등으로 수업을 운영하는 방법이 있다.

5. 교수 방안

제2 언어 학습과 사용은 '입력－수용－습득－접근－산출'의 과정을 통해 이루어진다. 입력이란 교재, 교사의 설명, 기타 자료를 포함하는 것이다. 문화교육에서 입력 자료를 효율적으로 설계해야 언어 습득의 과정에서 학습자의 관심과 이해도를 높여 궁극적으로는 학습자가 목표어를 유창하게 구사할 수 있게 된다.[37]

한국어교육을 위한 문학작품은 텍스트 자체의 고유성보다는 교육적 목적 수행을 위한 재구성이 필요하다.[38] 즉, 효율적인 교수법이란 학습 대상자에 따라 교수 내용과 교수법을 적절히 변형하여 사용하는 것이라 할 수 있다. 따라서 문화교육은 학습자의 한국어 구사 능력에 따라 달리 적용하는 것이 교수－학습의 효과를 증진시킬 수 있을 것이다. 이러한 맥락에서 본고는 앞서 살펴본 김유정의 작품 중 식민지시대의 유랑 농민의 삶을 해학적으로 다룬 「소낙비」(1935a)의 텍스트를 활용하여 고급 학습자를 대상으로 한 교수 방안을 제시하고자 한다.

교수 방안으로서 먼저 학습 모형을 제시하면 다음과 같다.

단　　계 : 5급
목표어휘 : 본문의 어휘와 표현 이해
주　　제 : 한국인의 정서와 가치관 이해하기
학습목표 : ㉠ 어휘와 표현을 이해하여 문형 작성하기
㉡ 텍스트 이해하기
㉢ 발표·토론하기

37 이미혜, 「한국어 문법 교수 방법론의 재고찰」, 『한국어교육』 제18-2호, 국제한국어교육학회, 2007, 291~293 참조.

38 김중신, 「문학 텍스트의 교육적 목록화와 선정 기준에 관한 연구」, 『국어교육학연구』 48, 국어교육학회, 2013, 26쪽.

그런 모욕과 수치는 ①[39]난생처음 ②당하는 봉변으로 ③지랄 중에도 몹쓸 지랄이었으나 성공은 성공이었다. 복을 받으려면 반드시 고생이 따르는 법이니 이까짓 거야 ④골백번 당한대도 남편에게 매나 안 맞고 ⑤의좋게 살 수만 있다면 그는 ⑥사양치 않을 것이다. 이 ⑦주사를 하늘같이, 은인같이 여겼다. 남편에게 ⑧부쳐 먹을 농토를 줄 테니 자기의 ⑨첩이 되라는 그 말도 죄송하였다. 더욱이 돈 이 원을 줄 것이니 내일 ⑩이맘때 쇠돌네 집으로 넌지시 만나자는 그 말은 무엇보다도 고마웠고 ⑪벅찬 짐이나 푼 듯 마음이 ⑫홀가분하였다.[40]

본 고에서는 문학작품을 활용한 한국 문화교육의 효용성을 중점적으로 분석하고자 하였다. 따라서 학습 모형에서 제시한 어휘와 문법을 활용한 교수 방안의 일례와 주제 도입을 중점적으로 하여 '과제 전 활동- 과제 수행 단계과제 후 단계'의 TTT 모형인 하향식 접근 방식의 교수 모형을 변형하여 제시하고자 한다.[41]

39 ①~⑪은 학습 대상인 5급 한국어 학습자에게 교수할 어휘 · 표현 항목을 나타낸 것이며, 밑줄 친 '-는 법, -듯' 은 5급 학습 단계에서 기학습한 문법 항목을 구분하여 둔 것이다. 문학작품을 활용한 한국어교육에서는 학습자의 수준을 고려하여 문법 및 어휘 · 표현 항목 등을 한국어교육용 자료에 맞게 수정하여 제시하는 것이 효율적이다.

40 김유정, 앞의 책, 52쪽.

41 교수 모형은 정보 처리 과정에 따라 상향식 접근 방식(bottom-up-approa ch)과 하향식 접근 방식(top-down-approach)으로 나눌 수 있다. 한국어교육에서 활용하는 '도입-제시-연습-활용-마무리' 는 상향식 접근 방식의 수업 모형이고, '과제 전 활동- 과제 수행단계- 과제 후 단계' 는 하향식 접근 방식의 수업 모형이다. 한국어교육에서는 문법항목의 교수는 일반적으로 상향식 접근 방식의 수업 모형을 활용하고, 말하기 · 듣기 · 쓰기 · 읽기의 기능 교수는 하향식 접근 방식의 수업 모형을 활용하고 있다.

<교수 모형>[42]

<table>
<tr><th>대상</th><th colspan="2">5급</th><th>차시</th><th>1, 2차시(80~90분)</th><th>준비물</th></tr>
<tr><td rowspan="2">개요</td><td>주제</td><td colspan="3">문학작품을 통한 한국인의 정서와 가치관 이해하기</td><td rowspan="2">교재, 사진, 동영상, PPT 등</td></tr>
<tr><td>학습목표</td><td colspan="3">1. 주제와 관련된 글을 읽고 내용을 이해한다.
2. 새로 학습한 문형과 표현으로 내용을 구성하여 말한다.
3. 한국의 문화와 모문화를 비교하여 발표한다.</td></tr>
<tr><th>진행</th><th colspan="4">수업 내용</th><th>비고</th></tr>
<tr><td>개관</td><td colspan="5">한국의 가부장적 가치관을 이해하고 모국의 문화와 비교하여 발표한 후에 비교문을 작성하는 것을 목표로 삼는다. 이를 위해 [읽기 전]-[읽기]-[읽기 후]-[활용] 순으로 수업을 구성한다.

[읽기 전]
한국의 문학작품에 대해 학습자에게 질문하면서 단원 주제로 도입한다. 문학작품을 읽고 내용을 이해할 수 있게 전략적 읽기 및 어휘와 표현을 교수한다. 또한 한국의 가부장 문화를 주제로 도입을 하여 학습자에게 질문함으로써 흥미를 유발시킨다.
[읽기]
질문을 먼저 살펴본 후에 질문에 대한 답을 생각하면서 본문을 읽게 한다.
[읽기 후]
본문 내용을 잘 이해하였는지를 질문을 통해 확인한다. 그리고 본문에 나오는 새로 나온 표현이나 어휘를 설명한다. 어휘를 교수할 때 단어의 발음과 의미를 제시하고 상황에 맞게 대화하는지를 통해 확인한다. 학습자의 수준에 따라 어휘를 확장하여 가르친다.
[활용]
학습 주제와 관련된 한국과 모국의 문화를 비교하여 발표·토론을 진행한다. 그 다음에 한국과 모국의 문화를 비교하는 글을 작성하도록 한다.</td></tr>
<tr><td>과제 전+ 과제 수행 (50</td><td colspan="5">[읽기 전]
<주제 도입>
① 1930년대 한국에 대한 질문으로 학습자의 흥미를 유발하고 학습 목표로 이끈다. 기학습한 문법 항목이며 읽기 자료에 나오는 '-는 법이다, -듯이' 등을 활용하여 주제를 도입하고 문학작품의 배경이 되는 1930년대 한국</td></tr>
</table>

의 시대상을 학습자의 수준에 맞게 소개한다. 특히 사진, 동영상 등의 시각적인 자료를 통해 학습자의 흥미와 관심을 유발할 수 있는 내용으로 도입한다.

교:1930년대 한국이 어땠는지(/한국이 어떤 상황이었는지) 알고 있나요?

학: 일본이 정치했어요(/일본이 통치했어요). 등

(일제강점기의 사진이나 동영상 자료를 보여준다.)

교: 그래요. 1910년부터 1945년까지 일본이 한국을 지배했어요/(통치했어요). 한국은 일본에 나라를 빼앗겼어요. 한국은 일본의 식민지였어요. 이때 여러분 나라는 어땠어요? 다른 나라의 지배를 받았나요? 식민지였나요?

학: 네/아니요.

(1930년대 세계 정세를 보여주는 사진이나 동영상을 보여준다.)

교: 국가가 힘이 없으면 국민들이 살기 <u>힘든 법</u>이에요. 그래서 1930년대 한국 사람들은 여러분이 상상할 수 <u>있듯</u>, 가난하고 힘들게 살았어요.

② 한국의 가부장 문화를 주제로 도입을 하고 학습자가 스키마를 활용하여 전략적 읽기를 할 수 있도록 유도한다.

분)

교: 여러분 나라에서는 집안에서 아버지와 어머니 중 누가 중요한 일을 결정하는 편인가요?

학: 아버지요./ 어머니요.

교: 한국은 예전에 남자 즉, 아버지가 중요한 일을 결정했어요. 아버지가 집에서 가장 중요하고 강한 사람(/존재)라고 생각했어요. 그래서 예전에 한국 사회는 아버지의 의견을 아주 중요하게 생각하고 따랐어요.

(드라마나 관련 동영상을 보여준다.)

교: 여러분, 이 드라마(/동영상)에서 이 집에서 아버지는 어떤 존재인가요?

학: 아버지는 강하고 아버지의 의견이 절대적이에요. 등

교: 이 드라마(/동영상)처럼 집안의 가장인 아버지가 강한 책임과 힘을 가지고 가족을 이끌어가는 형태를 뭐라고 하는지 알아요?

학: 가장 중심요. 가부장이요. 등

교: 여러분, 사전에서 <가부장>의 의미가 무엇인지 찾아볼까요?

(학습자에게 시간을 준다.)

교: 00 씨, <가부장제>는 어떤 의미인가요?

학: 가부장은 가장이 강력한 책임과 권한을 가지고 가족을 통솔하는 가족

형태예요.

教: 네, 가부장이란 가장이 강력한 책임과 권한을 가지고 가족을 통솔하는 가족 형태를 말합니다. 한국은 남성 중심의 가부장 사회(/가부장 문화)였다고 할 수 있어요.

(관련 동영상이나 사진 등의 자료를 보여 준다.)

教: 지금 본 자료에서 아버지의 모습이 아까 본 자료와 어떻게 다른지 말해 볼까요?

學: 아버지보다 어머니의 의견을 더 중요하게 생각하는 것 같아요. 아직도 가부장 중심의 문화가 있는 것 같아요 등.

教: 네, 우리가 동영상(/사진)에서 보았듯, 지금은 가부장 문화가 많이 바뀌기는 했지만 아직도 한국 사회에서 가부장 문화가 남아 있기도 해요. 여러분 나라에도 가부장 문화가 있다면 예를 들어서 말해 주세요.

學: 한국처럼 가부장 사회였지만 지금은 아니에요. 등

<어휘·표현 학습>

목표 어휘·표현을 교수-학습할 때에는 학습자가 스키마를 활용하여 인지할 수 있도록 기학습한 내용을 전제로 목표 어휘·표현을 단계적으로 제시한다. 단순히 사전적 의미를 교수하기보다는 상황에 맞게 문형으로 구성하여 활용할 수 있도록 한다.

<학습어휘> '⑧농토를 부치다'

教: (농사를 짓는 사진이나 동영상 자료를 보여주며) **이 사람들은 지금 무엇을 하고 있나요?**

學: 농사요, 농사를 지어요. 등

教: 네, 예전에는 직업으로 농사를 지으면서 살았던 사람들이 많았어요. 농사 지을 때 뭐가 필요해요?

學: 땅이요 등

教: 사전에서 〈부치다〉를 찾아보세요.

(고급 학습자에게는 학습자가 직접 어휘의 중심 의미와 주변 의미 등을 찾아서 확인하게 하는 방법도 좋다.)

教: (농사를 짓는 사진이나 동영상 자료를 보여주며) **농사를 지을 때 땅을 이용하기 때문에 〈농사를 짓다〉라는 표현 대신에 〈땅을 부치다〉라고 말해요. 농사를 짓는 땅을 〈농토〉라고 말하니까 〈농사를 짓다〉를 〈땅을 부치**

	다> 또는 <농토를 부치다>라고 표현할 수 있어요. 여러분은 농사를 지은 적이 있나요? 땅을 부친 적이 있나요? 농토를 부친 적이 있나요? **학: 아니요, 농토(/땅)을 부친 적이 없어요. 등** <학습어휘> '⑫홀가분하다' **教: 여러분은 목표로 했던 일(/해야 할 일)을 끝내고 나면 어떤 기분이 들어요?** **학: 기분이 좋아요./가벼워요.** **教: 네, 우리가 해야 할 일을 끝내고 나면 마음이 가볍죠? 마음이 가볍고 편안하죠? 홀가분하죠? 여러분은 언제 홀가분하다고 느껴요(/생각해요)?** **학: 저는 시험이 끝난 후에 홀가분하다고 느껴요. 등** [읽기] 학습자의 수준에 따라 예습으로 읽어 오게 하는 것도 좋다. 질문을 먼저 살펴본 후에 질문에 대한 답을 생각하면서 본문을 읽게 한다. 학습자가 스키마를 활용하여 전략적 읽기를 할 수 있도록 한다. [읽기 후] 본문 내용을 이해했는지 학습자에게 질문을 한다. 본문에 나온 어휘·표현에 대한 부연 설명을 하고 학습자 대상이나 수준에 따라 이를 확장하여 교수한다. **教: 여러분은 가족을 위해 아내가 한 일에 대해 어떻게 생각하나요? 여러분이 남편(/아내)였다면 어떤 기분이 들었을까요?** **학: ~** **教: 여러분은 가족들을 먹여 살리기 위해서 어떤 일까지 할 수 있어요? 등** **학: ~**
과제 후 (활용, 30분)	① 문학작품을 읽고 느낀 점이나 한국 문화에 대한 자신의 의견을 발표하고 이를 작성하도록 한다. ② 한국과 모국의 문화를 비교하여 발표하고 이를 쓰기 과제로 작성하도록 한다.

문학작품을 활용하여 한국어를 교수할 때에는 학습자가 우선 새로운 어휘·표현을 익힌 후에 텍스트를 이해하도록 한다. 어휘·표현 항목의 교수-학습은 단순히 사전적인 의미를 이해하는 데 그치지 않고 맥락에서 이를 활용하여 실질적인 문형을 구성할 수 있도록 해야 한다. 또한 문법 표현을 익힐 수 있는 활동도 텍스트 이해와 더불어 이루어져야 한다. 단순히 학습자가 텍스트의 표면적인 내용에 한정하여 이해하는 것이 아니라, 그 기저에 뿌리박혀 있는 한국인의 정서와 가치관 등을 파악할 수 있도록 유도하는 것이 필요하다. 즉, 고급 학습자를 대상으로 문학작품을 교수할 때는 어휘·표현뿐만 아니라 텍스트를 이해하는 능력을 고취시킬 수 있도록 해야 하며 궁극적으로는 한국인의 정서와 가치관을 이해할 수 있도록 학습자를 이끌어야 할 것이다.

이처럼 문학작품을 활용한 한국 문화교육의 효과는 우선, 문학작품의 사건, 인물, 배경에 대한 교수를 함으로써 학습자가 세상을 이해하는 한국인의 정서와 사고에 대하여 간접 경험을 할 수 있게 된다. 이는 궁극적으로 한국어 학습자가 한국문화를 이해하는 데 도움을 줄 뿐만 아니라 고급의 한국어 능력을 함양시킬 수 있다. 다음으로 문학작품의 텍스트 학습을 통하여 읽기 능력이 향상되고 텍스트의 맥락과 흐름의 이해도를 높일 수 있게 된다. 그 다음으로 학습자가 스키마를 활용할 수 있도록 해주어 한국어학습에 도움을 준다. 마지막으로 딱딱하고 정형화된 텍스트가 아닌 실재적이고 역동적인 모습을 그린 문학작품의 텍스트 교수를 통하여 학습자의 흥미를 유발시킴으로써 학습 몰입도와 능동적 수업 참여도를 높일 수 있다.

42 본고에서 제시한 교수 방안인 교안 설계는 지면상 전체 교수 모형을 제시하는 데 한계가 있어 주제와 표현 어휘를 교수하는 데 필요한 일부 내용만을 중점적으로 보여주는 것으로 한다. 추후 논의에서 문학작품을 활용한 교수 방안에 대한 구체적인 교수-학습 모형을 제시하도록 하겠다.

6. 맺음말

외국어 교육의 궁극적인 목표는 의사소통 능력의 신장에 있다. 의사소통 능력의 신장은 어휘, 문법, 언어 구조 등의 언어적인 측면뿐만 아니라 목표 언어의 문화에 대한 이해의 개념도 포함된다. 문화란 그 사회의 생활방식, 사고방식 및 가치관 등이 긴밀하게 연결되어 있기 때문에 이를 이해하지 못한다면 의사소통이 원활하게 이루어지기 힘들 수 있다. 이로 인해 외국어 교육에서는 목표 언어의 사회, 역사, 정서, 관습 등의 문화 정보가 담겨 있는 문학작품을 활용하여 언어, 문화 그리고 문학을 통합하여 접근하는 방향으로 나가고 있다.[43] 이처럼 문학작품을 활용한 교육은 한국어 학습자가 한국어 표현 능력을 향상시킬 수 있을 뿐만 아니라 언어로 상징된 한국 사회의 사고방식과 생활 방식 등을 자연스럽게 체득함으로써 궁극적으로 한국 문화를 이해할 수 있도록 이끌어 줄 수 있다. 이러한 맥락에서 한국어교육에서 문학작품을 활용하는 것은 학습자의 언어 해석적 능력과 담화 능력을 향상시키고 한국 문화에 대한 이해를 함양할 수 있는 가장 효율적인 방법이라고 할 수 있다.

문학작품은 한국인의 전통적 사고방식과 가치관을 극명하게 보여주며 정제된 언어로 쓰였다는 점에서 언어자료로서의 가치를 지녔을 뿐 아니라 한국어 학습자가 한국의 문화를 경험하고 이해할 수 있는 훌륭한 자료라고 할 수 있다. 다시 말해서 문학작품은 한국어 학습자에게 목표 언어와 문화를 동시에 학습할 수 있는 자료로서의 가치를 지닌다고 할 수 있다. 이뿐만 아니라 문학작품은 작품 속 인물들이 특정한 상황을 대하는 사고방식이나 가치관, 작품에서 그려지는 사건이나 시대적 배경 등을 학습자가 간접적으로나마 경험함으로써 한국 문화의 이해도를 높일 수 있

43 윤여탁, 앞의 책, 151쪽.

는 토대를 제공한다고 할 수 있다. 따라서 한국어 학습자가 언어 사용의 능력뿐만 아니라 사회·문화적 능력을 향상시킬 수 있도록 문학작품을 활용한 교육-학습 기회를 충분히 얻을 수 있게 해주어야 한다.

이에 한국인의 정서를 대표하는 김유정 문학작품을 토대로 한국어교육에 활용한 정신 문화적 요소를 살펴보았다. 전통적인 가족주의에 내재된 성윤리는 빈곤과 생존이라는 극단적인 상황에서는 변형될 수 있는 것으로 나타났다. 김유정 소설에서 나타나는 '아내 팔기' 모티프는 아내의 성을 도구화, 상품화함으로써 생존을 위한 일종의 수단으로 비추어지고 있다. 전통적 윤리에서 강조되었던 여성의 정조 관념과 억압되었던 여성의 섹슈얼리티가 가족주의를 유지하기 위해 도구화된 것이다. 가난과 궁핍은 여성이 가진 성과 노동력을 상품화하고 이는 가족의 생계를 유지하기 위하여 매춘이라는 행위에 정당성을 부여하는 것이다. 이를 통해 '돈'과 밀접하게 결부되는 자본주의 체제가 빈곤과 궁핍한 인간의 삶을 특히, 여성을 도구화하여 지배한다는 것을 알 수 있다.

하지만 김유정 소설에서 나타난 부부의 모습에서 전통적인 부부 윤리의식은 붕괴된 양상을 보이나 결과적으로는 부부 관계의 존속과 유지, 즉 가족주의의 유지를 의미하는 것이다. 이는 아내의 성을 도구화하여 가족의 생계 유지와 가족관계의 존속은 전통적인 성 윤리나 정조 이데올로기가 변형된 것으로 볼 수 있다. 이와 같이 가족관계가 해체되는 것이 아니라 가족 공동체의 존속은 윤리나 정조 관념이 변할지라도 남성 중심의 가부장적 이데올로기는 여전히 남아 있으며 오히려 더욱 견고해진 것으로 파악된다. 김유정 작품에서는 가족은 끊임없이 해체 위기의 순간에도 매처, 매춘, 매매 등의 비윤리적이고 전통적 가족주의에 반하는 행위를 해서라도 가족의 붕괴가 아닌 유지와 존속을 이어가고 있다. 이는 위기의 가족을 통해 일제강점기라는 국가적 위기 상황을 재현함으로써 결과적으로는 국가 체제의 유지를 보여주고 있다고 볼 수 있다.

이상 살펴보았듯이, 1930년대 식민지 체제에서 수탈과 핍박으로 빈궁해진 생존환경 속에서 성·가족의 전통적 윤리는 절박한 현실에서 파괴되어 가는 모습을 보였다. 그리고 자본주의 체제의 도입과 더불어 '돈'이 인간을 지배하는 금전주의 이데올로기가 급속히 퍼져나갔다. 이와 더불어 가난과 굶주림을 해결하기 위한 생존의 수단으로 돈이 지배적인 이데올로기로 자리를 잡으면서 전통적 성 윤리보다 더 우선시되었으며, 이에 따라 전통적 성·가족의 관념은 해체될 수밖에 없었다. 이처럼 성·가족의 전통적 관념이나 윤리가 해체되어 갔지만 가족관계가 유지되었다는 것은 가부장적 이데올로기가 더욱 견고해졌다는 것을 의미한다. 가부장적인 가족윤리는 부부 관계에서도 위계적인 성격을 가지는데, 1930년대의 빈궁한 현실에서 남편의 경제적 무능함에 대응하는 방식으로 아내는 성을 통해 도구적, 생산적 성향을 발휘하였다. 이를 통해 가족의 생계를 유지하고 출산으로 가족관계를 존속시키려는 전통적 여성 역할의 이데올로기는 변하지 않은 것으로 파악할 수 있다.

문학작품은 다의적 해석이 가능한 응집도가 높은 언어의 결정체로 구성되기 때문에 비문학작품에서 이루어지는 교육과는 차별적 효과를 거둘 수 있다. 또한 문학작품에는 그 민족의 문화와 정서, 지배적인 가치관이 투영되어 있다. 따라서 한국어교육 분야에서 문학작품을 활용한 교육은 학습자로 하여금 언어·지식적 측면뿐만 아니라 언어 내적인 측면도 이해시킴으로써 한국어 의사소통 능력을 향상시킬 수 있는 효율적인 방법이라고 할 수 있다. 본고에서는 논의의 중점을 문학작품을 활용한 한국 문화교육의 효용성을 밝히는 데 두었다. 이로 인하여 한국어교육에서 문학작품을 활용할 수 있는 구체적인 방안에 대한 논의는 충분히 이루어지지 못한 한계가 있다. 이에 대한 보완은 추후 과제로 남긴다.

▌참고문헌

1. 자료

국립국어원, 국제통용표준교육과정, 2017.

2. 단행본

김유정, 『김유정 단편선, 문학과 지성사』, 2005(2010 초판 13쇄).

김유정학회, 『김유정과의 만남』, 소명출판, 2013.

김유정학회, 『김유정의 귀환』, 소명출판, 2013.

이혜령, 『한국 근대소설과 섹슈얼리티의 서사학』, 소명출판, 2007.

3. 논문

김승희, 「한국어교사의 한국 문학교육에 대한 인식 제고」, 한민족문화연구제 55권, 한민족문화학회, 2016.

김중신, 「문학 텍스트의 교육적 목록화와 선정 기준에 관한 연구」, 국어교육학연구 48, 국어교육학회, 2013.

김지혜, 「한국어교육에서 김유정의 소설 교육의 지평」, 우리말교육현장연구제 14집 1호, 우리말교육현장학회, 2020.

양민정, 「고전소설을 활용한 한국어교육 방법」, 국제지역연구 7권 2호, 한국외국어대학교 국제지역연구센터, 2003.

이준영, 「한국어 문화 교육 현장에서의 고전 문학 작품 활용 연구」, 역사와융합 9호, 바른역사학술원, 2021.

오정미, 한국어교육에서 문학작품 선정에 관한 문제」, 한말연구 22권, 한말연구학회, 2008.

윤여탁, 「문학 작품을 활용한 한국어 문화교육 연구」, 한국언어문화학 10권, 국제한국언어문화학회, 2013.

이미혜, 「한국어 문법 교수 방법론의 재고찰」, 한국어교육 제 18권 제2호, 국제한국어교육학회, 2007.

전미경, 「개화기 가족윤리의식의 변화와 가족갈등에 관한 연구: 신문과신소설을 중심으로」, 동국대학교 박사학위논문, 1999.

정이봉・김장선, 「문학작품을 활용한 한국어 교육 연구」, 겨레어문학 58권, 겨레어문학회, 2017.

조항록, 「한국어 학습자를 대상으로 하는 문화교육의 새로운 방향」, 한국어 교육 16권 2호, 국제한국어교육학회, 2005.
최용성·정혜경, 「한국 소설에 나타난 1930년대 성·가족·모성의 윤리의식에 관한 연구」, 한국시민윤리학회보 제23집 1호, 한국시민윤리학회, 2010.
홍순애, 「김유정 소설의 반가족주의와 가 형성 존속의 이데올로기」, 서강인문논총 43집, 서강대학교 인문학연구소, 2015.
J. Collie, & S. Slater, Literature in the Language Classroom: A Resource Book of Ideas and Activities, Cambridge: Cambridge Univ. Press, 1987.

4. 기타
표준국어대사전(https://stdict.korean.go.kr/main/main.do)
한민족문화대백과사전
(http://encykorea.aks.ac.kr/Contents/Item/E0064692)

김유정 소설의 일제 기생문화 이해 텍스트로서의 활용 가능성 모색

최희영

1. 들어가며

본 논문은 김유정(金裕貞, 1908~1937) 소설에 나타난 일제 기생 이미지를 다각도에서 분석하여 일제 기생문화 이해하기 텍스트로서의 활용 가치와 가능성을 탐색한 연구이다. 최근 문학 텍스트를 활용한 역사교육에 관심이 커지고 있다. 문학 작품은 학생들이 과거의 역사를 생생하게 느끼고 상상하도록 함으로써 흥미와 관심을 이끈다. 또한 역사적 인물 혹은 사건에 심도 있게 감정 이입하도록 유도함으로써 역사적 사고력 함양에 유용한 학습 자료가 될 수 있다는 점에서 그 효용성이 인정받고 있다.[1] 한편 기생의 다양한 활동에 관한 연구 또한 활발히 진행 중이다. 특히 김유정 소설이 발간된 1930년대에 기생은 극장 무대와 박람회에 배치되면서 공적 영역에서 활동할 기회가 많아지고,[2] 그로 인해 경제적인 이득을 취득할 수 있었을 뿐만 아니라 자신들의 권익을 신장시키고자 파

---

1 주경철, 『문학으로 역사 읽기, 역사로 문학 읽기』, 사계절, 2009; 연동원, 「독서를 활용한 역사교육 연구-신윤복에 관한 소설의 역사서술 특성을 중심으로-」, 『한민족문화연구』 34, 한민족문화학회, 2010; 노진서, 「소설과 영화를 활용한 역사교육 사례 연구」, 『역사와 실학』 66, 역사실학회, 2018; 강혜원, 「현대소설을 통한 문학-역사 교과의 융복합 교육 연구」, 이화여자대학교 교육대학원 석사학위논문, 2018.

2 권도희, 「19세기 여성음악계의 구도」, 『동양음악연구』 24, 서울대학교 동양음악연구소, 2002.

업을 벌이기도 했다.[3] 좀 더 이전 시기인 1920년대 후반에는 잡지 『장한』을 발간하기도 했다.[4] 김유정은 이러한 다채로운 활동사를 펼쳤던 기생 박녹주(朴綠珠, 1905~1979)를 짝사랑했던 이로 유명하다. 따라서 박녹주와의 관계를 바탕으로 한 자서전 격 소설을 중심으로 김유정 문학의 일제 기생문화 이해 텍스트로서의 잠재성을 확인하고자 한다.

교육계에서 활동 중인 교사와 연구진들에 의해 집필된 『한국 역사교육의 연구동향』[5]에 따르면 역사학의 새로운 흐름 중에 하나로 '젠더의 시각에서 역사를 다시 쓰려는 시도'를 들 수 있다. 여성사를 기존의 역사 교육과정에 추가하는 정도를 넘어서 젠더의 시각에서 역사 교육과정의 전반적인 성 관련 문제를 재고찰할 것을 제안한다. 근·현대사에서 여성의 활동과 사회적 위상, 그중에서도 일제강점기 기생에 관한 연구는 상기한 바와 같이 최근 역사학계에서 활발하게 진행되고 있다. 그러나 실제로 교육 현장에 활용되지 않고 있는 듯하다. 돈을 받고 성적 상대가 돼 주던 '창기'와 한국 전통예술 보존과 확산에 이바지한 관기는 엄연히 달랐음에도 불구하고 여전히 오늘날 우리 사회에는 기생이 '매춘 여성'이라는 인식이 존재하기 때문이다. 더구나 이러한 기생에 관한 잘못된 인식이 구한말 기생제도의 변화와 일제강점기 제국주의적 시각에 근간을 두고 있음을 알아차리는 경우는 드물다.[6] 이에 본고에서는 김유정 문학의 가치를

---

3 강소영, 「기생의 은유화 방식을 통해 본 기생의 현실과 그들의 욕망」, 『한국고전연구』 20, 한국고전연구학회, 2009; 신현규, 『꽃을 잡고』, 경덕출판사, 2005; 신현규, 『기생 이야기』, 살림, 2007; 신현규, 『기생, 조선을 사로잡다』, 어문학사, 2010; 최희영, 「1934년 三南 水災民을 위한 기생들의 구제 활동」, 『대동문화연구』 119, 대동문화연구원, 2022.

4 서지영, 「식민지 시대 기생연구 Ⅱ: 기생조합의 성격을 중심으로」, 『한국고전문학여성연구』 10, 한국고전여성문학회, 2005; 서지영, 「식민지 시대 기생 연구 III: 기생 잡지 〈장한〉을 중심으로」, 『대동문화연구』 53, 성균관대학교 대동문화연구원, 2006.

5 양호환 편, 『한국 역사교육의 연구동향』 책과함께, 2011.

6 이에 관하여는 서지영, 「표상, 젠더, 식민주의: 제국 남성이 본 조선 기생」, 『아시아여성연구』 48(2), 숙명여자대학교 아시아여성연구원, 2009 참조.

일제강점기 여성사 이해 확장과 함께 역사 교육학계의 새로운 흐름 수용이라는 측면에서 새롭게 제시하고자 하는 것이다.

김유정은 강원도 산골 마을을 배경으로 토속적이고 향토적인 이미지를 소설화한 작가이다.[7] 동시에 '식민지 조선의 현실과 모순, 근대적 가치의 이면을 예리하게 포착한 작가'로도 평가받고 있다.[8] 4년이라는 짧은 문단 활동 기간 동안 33여 편의 단편소설을 비롯하여 미완성된 장편, 번역소설, 그리고 몇 편의 수필을 집필하였다.[9] 식민지 근대 사회의 구조적 모순을 빈곤에 놓인 하층민 등장인물의 해학적 언어표현과 함께 반어적으로 그려낸 김유정 문학은 다양한 분야와 학계의 관심 속에서 활발하게 연구되어 오고 있다.[10]

그중에서도 김유정 소설 속 기생을 언급한 연구는 2000년대를 기점으로 활발히 나오고 있다. 특히 이영숙, 오미화, 유인순, 송주현, 권은 등의 연구가 눈에 띈다. 이영숙과 오미화는 김유정 소설 속 여성 인물 분석 연구[11]에서, 유인순은 술과 관련된 직업군을 다룬 연구[12]와 김유정 소설 속

---

7 김미영은 이러한 김유정 소설의 특징을 채색 한국화의 분위기와 색감을 닮은 것으로 정리하며 1930년대 중반 조선만의 향토성을 보여주는 문화 생산을 갈구했던 조선인 서양화가 그룹, '목일회' 와의 교류와 연결하여 해석하였다. 이에 관하여는 김미영, 「병상(病床)의 문학, 김유정 소설에 형상화된 육체적 존재로서의 인간」, 『인문논총』 71(4), 서울대학교 인문학연구원, 2014 참조.

8 김윤정, 「김유정 소설의 정동 연구—연애, 결혼 모티프를 중심으로—」, 『현대문학이론연구』 71, 현대문학이론학회, 2017, 102쪽.

9 박상준, 「일반논문: 반전과 통찰-김유정 도시 배경 소설의 비의」, 『현대문학의 연구』 53, 한국문학연구학회, 2014, 7쪽.

10 김유정 문학의 상반된 이중성은 '양가적 속성' 혹은 '양가성' 으로 불린다. 이에 관한 담론은 홍숙희, 「김유정 소설의 양가성 연구」, 제주대학교 석사학위논문, 2006; 홍혜원, 「폭력의 구조와 소설적 진실 -김유정 소설을 중심으로」, 『현대소설연구』 47, 한국현대소설학회, 2011; 표정옥, 「근대적 미의식의 양가적 충돌과 타자적 여성성에 대한 서로 다른 두 시선 연구 — 너새니얼 호손의 〈반점(The Birthmark)〉과 김유정의 〈안해〉를 중심으로」, 『비교한국학』 30(1), 국제비교한국학회, 2022 등 참조.

11 이영숙, 앞의 논문, 14-15면; 오미화, 「김유정 소설연구: 여성인물의 성격 분석을 중심으로」, 중앙대학교 석사학위논문, 2006, 40~46쪽.

12 유인순, 「김유정 문학의 부싯깃 - 술 · 여자 · 노래를 중심으로」, 『강원문화연구』 22, 강원대학교 강원문화연구소, 2003, 6쪽.

아리랑을 분석한 연구[13]에서, 송주현은 '사랑'의 의미를 해석하는 연구 중 「생의 반려」에 '몸 파는 여성들' 분석[14]에서, 권은은 식민지 도시 경성 내 기생촌이 존재했던 종로를 다룬 연구[15]에서 기생을 언급하였다. 그러나 이들은 대부분 소설 속 하층민 혹은 여성 집단을 다루는 연구에서 부분적으로만 기생을 다루고 있다. 본 연구는 이러한 기존 연구를 기반으로 김유정 소설[16] 속 기생의 삶을 집중적으로 분석하여 교육 환경에 활용 가능성을 살폈다는 점에서 차별성이 있다.

본문은 크게 두 부분으로 구성된다. 첫째, 김유정의 식민지 도시 배경 소설을 중심으로 기생이 어떻게 묘사되어 있는지 유형화한다. 둘째, 김유정 소설에 등장하는 다른 여성 인물군과의 비교를 통해 김유정의 기생 조직을 향한 구별된 혹은 공통된 서술을 고찰한 후, 동시대 남성 지식인층 작가들이 서술한 기생과 비교하여 김유정 소설 속 기생 서술의 특이성을 재확인한다. 김유정 문학 속 기생이 단순히 화류계 여성이 아닌 경제적 독립, 전문성, 인격체 등을 갖춘 여성군으로 등장하며 이는 김유정의 기생과 관련된 경험과 인식을 반영한 결과로 일제강점기 다층적인 기생의 삶을 이해하는 데에 유용하다는 논지를 펼칠 예정이다.

---

13 유인순, 「김유정과 아리랑」, 『비교한국학』 20(2), 국제비교한국학회, 2012, 208~210쪽.

14 송주현, 「김유정 소설에 나타난 사랑의 의미 연구」, 『한민족어문학』 77, 한민족어문학회, 2017, 251~252쪽.

15 권은, 「식민지 도시 경성과 김유정의 언어감각」, 『인문과학연구』 38, 성신여자대학교 인문과학연구소, 2018, 83~84쪽.

16 김유정, 전신재 엮음, 『원본 김유정 전집(개정판)』, 강, 2012의 원문을 활용하였다.

2. 김유정 소설에 투영된 기생 이미지

위에서 언급하였듯이 김유정 하면 떠오르는 여성 인물이 있으니 바로 기생 박녹주이다. 김유정은 그가 휘문고를 졸업 하던 해 목욕탕에서 나오는 박녹주를 보고 한눈에 반하여 연모하게 되었다. 그 후 박녹주에게 밤새워 편지를 쓰기도 하고 사랑의 혈서를 써서 전하는가 하면 그녀의 오라비를 통해 편지와 선물을 보내기도 하지만 번번이 되돌아왔다.[17] 김유정의 사랑은 직접 찾아가기도 하고 죽이겠다고 협박까지 하는 등 집착으로 변해갔고 끝내 거절당하고 말았다. 그가 1930년 춘천 고향으로 내려간 이유 중 하나도 박녹주에 대한 사랑이 이뤄지지 않은 후 괴로움을 달래기 위함이었다. 「두꺼비」의 강옥화와 「생의 반려」의 나명주가 박녹주를 향한 김유정 자신의 감정을 온전히 담아낸 인물이라고 보는 데에는 이의가 없을 것이다.[18]

김유정의 기생 박녹주와의 관계가 형성되던 시기에 전통 공연예술계는 큰 변화를 맞이하고 있었다. 식민지 시기 기생은 경찰청에 신고하여 허가증을 받고 경찰청 지시에 따라 기생조합 혹은 권번(이하 권번으로 통칭)[19]을 설립해야 하는 등 그 활동에 상당한 제한을 받았다. 그러나 권번이 일제 통치 수단의 하나로 받아들인 자본주의를 공연과 교육에 적용하여 1920년대 극장에서 전통 음악공연이 황금기를 맞는 시기이기도 하다. 특히 1930년대에 이르러 기생들의 공연 양상과 레퍼토리는 공연계 주식

---

17 이영숙, 「김유정 소설 연구 여성 인물을 중심으로」, 연세대학교 석사학위논문, 2004, 14쪽.

18 김종호, 「김유정의 고백소설 연구」, 『인문학연구』 18, 경희대학교 인문학연구원, 2010; 노지승, 「맹목과 위장, 김유정 소설에 나타난 자기(self)의 텍스트화 양상 -〈두꺼비〉와 〈생의 반려〉를 중심으로-」, 『현대소설연구』 54, 한국현대소설학회, 2013.

19 일제강점기 기생들의 활동을 중간에서 개입하고 조정하여 수수료를 받았던 일종의 상업 조직으로 1910년대 중반부터 일본식 표기법인 권번으로 불리었다.

회사의 효시라 할 수 있는 권번을 중심으로 다양화되었다. 권번에서도 소리를 가르치게 되면서 일부는 '여류 명창'으로 큰 인기를 끄는가 하면 또 다른 일부는 '기생 가수'로 대중가요 시장을 점령하기도 한다.[20] 물론 여전히 기생에 대한 편견은 존재했다. 기생과 얽힌 스캔들 관련 기사가 계속해서 나왔고, 기생과의 인터뷰가 자주 기사에 게재되었다. 기생을 향한 대중의 호기심과 경멸의 시선이 공존한 시기라고도 볼 수 있다.

본 장에서는 여류 명창의 대표적 인물인 박녹주를 중심으로 김유정과 긴밀한 연관을 맺고 있는 기생의 모습이 김유정 소설에 어떤 모습으로 형상화되었는지 그 양상을 유형화한다.

2-1. 화류계 여성으로서의 녹록지 않은 삶을 사는 기생

김유정 소설에서 가장 많이 상상할 수 있는 기생의 모습은 화류계 여성으로서의 녹록지 않은 삶을 사는 여성의 모습이다. 화류계는 유곽 또는 요릿집·기생집 등이 몰려 있는 지역 및 그곳에서 생활하는 집단을 의미한다. 경성을 배경으로 한 김유정 소설 중 요릿집이나 기생집에 살면서 고된 삶을 살아가고 있는 여성상으로 기생이 등장한 예는 단연 자서전 격 소설인 「두꺼비」, 「생의 반려」가 대표적이다. 두 소설에 기생은 경제적 이득에 집착하는 세속적 인물로 표현된다. 해당 부분을 인용하면 아래와 같다.

> 올롱한 낯짝에 그 두꺼비눈을 한 서너 번 끔뻑거리다 나에게 훈계가, 너는 학생이라서 아직 화류계를 모른다, 멀리 앉아서 편지만 자꾸 띄우면 그게 뭐냐고 톡톡히 나무라더니 기생은 여학생과 달라서 그저 맞붙잡고 주물러야 정을 쏟는데, 하고 사정이 딱한 듯이 입맛을 다신다. 첫사랑이

20 신현규, 앞의 책, 2010 참조.

무언지 무던히 후려맞은 몸이라 나는 귀가 번쩍 띄어 그럼 어떻게 좋은 도리가 없을까요, 하고 다가서서 물어보니까 잠시 입을 다물고 주저하더니 그럼 내 직접 인사를 시켜 줄 테니 우선 누님 마음에 드는 걸로 한 이 삼십원어치 선물을 하슈, 화류계 사랑이란 돈이 좀 듭니다, 하고 전일 기생을 사랑하던 저의 체험담을 좍 이야기한다. -- 「두꺼비」 중에서[21]

남자 주인공이 흠모하는 기생 연화와 오라버니가 주인공을 이용하며 연화의 환심을 사기 위해서는 돈이 필요하다고 채근하는 장면이다. 이때 기생집에서 일하는 연화는 표현 그대로 화류계 여성으로 요약되며 돈을 받아야만 사랑을 주는 인물로 그려지고 있다. 나아가 화류계에 종사하며 경제적 이득을 취하는 여성을 넘어서서 온갖 불미스러운 일에 연루된 인물군으로 묘사된다. 「두꺼비」에 등장하는 또 다른 여성 채선은 기생으로 키울 셈으로 입양한 연화의 수양딸인데 연화 남편과 불미스러운 관계로 발전하는 내용이 전개되어 기생 연화의 삶이 온갖 구설수에 얽히는 이들로 상세하게 묘사되어 있다. 옥화가 바람을 피운 남편과 채선에게 폭력을 가하는 모습을 서술하며 "그 담 일년이 썩 지난 뒤에야 알은 거지만 어느 날 신문에 옥화의 자살미수의 보도가 났고 그 까닭은 실연이라해서 보기 숭굴숭굴한 기사엿다."[22]라고 하는 부분이 그러하다. 약을 먹고 소란을 피운 예비 기생 채선과 그러한 채선을 폭력으로 대하는 기생 연화의 모습은 그야말로 아비규환의 절정을 보여주고 있다. 더구나 자살하기 위해 독약을 먹은 채선에 대해서 "먹긴 좀 먹은듯허나 그러나 온체 알깍쟁이가 돼서 죽지 않을만큼 먹었을테니까 염녀없어요."[23]라고 말하는 또 다른 기생의 대사는 기생을 중심으로 한 치정극이 얼마나 일상이 되어버렸는지 예상하게 해주는 대목이다.

---

21 김유정, 전신재 엮음, 앞의 책, 202~203쪽.
22 위의 책, 208쪽.
23 위의 책, 207쪽.

「생의 반려」에서 주인공이 동생을 시켜 기생인 척하고 답장을 쓰게 하는 내용에서도 기생은 "화류계에 떨어 진천한 몸"[24]으로 표현되어 있다. 화자인 '나'가 기생에게 끝끝내 집착하는 친구 명렬을 설득하기 위해 기생을 돈 많은 남자만 상대하는 여성으로 설명하는 부분에서도 마찬가지이다. 나아가 「생의 반려」에서도 기생은 온갖 풍파에 휘말리는 여성군으로 그려진다. 가령 명렬의 형은 집안으로 기생들을 들여 가족 앞에 드러내어 놓고 음탕한 장난을 치며 심지어 한 집으로 첩을 두셋씩 끌어들이어 풍파도 일으킨다. 이렇듯 기생은 가정 파탄의 온상이 되는 여성 이미지로 묘사되어 있다.

직접 기생이 나오지는 않으나 등장인물의 대화 속에 기생이 등장하여 치정극 주인공으로서의 기생 이미지를 서술한 예도 있다. 가령 「정조」 중에서 부인이 남편에게 "서방님! 제가 뭐 기생첩인가요, 색시첩인가요, 더 바라게?"라고 "앙큼스러운" 태도를 보이는 장면에서 물질을 바라며 첩으로 들어가는 여성을 기생의 정형화된 이미지로 인식하고 있음을 암시한다.[25] 이후 본처인 부인 말고도 수하동에 기생과 따로 살림을 차려 보살펴왔다는 내용에서도 첩 이미지와 관계지어지는 기생을 그리고 있다.[26] 그런가 하면 한 아기와 그 아기로 인해 벌어진 혼인과 관련된 얽힌 인연을 다룬 「애기」 중에서 첫날밤 남편 필수와 부인의 다툼에 기생이 등장한다. 주인공 필수가 이미 다른 남성과의 관계로 임신한 여성을 아내로 삼아 데릴사위로 들어온 자신을 함부로 대하는 부인을 나무라며 "애, 이건 바로 수작이 기생 외딴치는구나!"라고 말한다.[27] 부인의 부정적 이미지를 기생과 연결한 대목이다.

실제로 유정의 자전소설이 발간되었던 1930년대 기생에 관한 신문 기

---

24 위의 책, 271쪽.
25 위의 책, 286쪽.
26 위의 책, 287쪽.
27 위의 책, 395쪽.

사는 대부분 연애 혹은 연애에 기인한 자살과 도주, 치정극, 폭행, 사기 사건 등을 묘사하고 있다. 1925년과 1938년 사이의 『매일신보』와 『동아일보』에는 기생의 자살 관련 기사만 236건에 이를 정도로 상당한 증가 추세를 보였다.[28] 남성들에게 있어 기생은 가벼운 '연애'의 대상이지 심각한 '결혼'의 대상은 아니었다. 결국 자신의 지위를 비관한 기생들은 극단적인 선택을 하고 말았다.[29] 여성 직업인을 소개하는 1928년 기사문에도 기생은 "노래와 춤을 팔려고 하다가 몸을 희생"하고, "능라를 감고 금, 은으로 장식해도 마음은 거친 사막"과 같으며, "돈 벌자는 것이 유일의 표어"인 무리로 서술되는 등 부정적 이미지가 자리하고 있었다.[30] 김유정의 소설은 이러한 현실을 적나라하게 표현하고 있어 기생들의 파란만장한 삶을 이해할 수 있게 한다.

2-2. 경제적 능력을 갖춘 여성으로서의 기생

「두꺼비」와 「생의 반려」에 등장하는 강옥화와 나명주는 모두 여류 명창으로 큰 인기를 끌었던 소리 기생이다. 이들은 경제적인 밑받침을 해주는 후원자로 기둥서방을 두고 경제적 능력을 갖춘 여성 직업군이었다.[31] 소리 기생은 일정 기간 예술 교육을 받아야 했다. 권번에 등록되어 대기하고 있다가 호출을 받아 노름 즉 행사에 나가곤 했다. 여기서 주목할 점은 일부 기생이 다른 여성들과 달리 경제적 부를 축적할 수 있었던 사실을 추측하게 하는 대목이 김유정 소설에 등장한다는 부분이다.

---

28 김은정, 「일제강점기 여성 이미지의 시각화－기생과 여급을 중심으로」, 『세계문학비교연구』 39, 세계문학비교학회, 2012, 13쪽.

29 위의 논문, 위의 쪽.

30 「돈뻴이 하는 女子職業探訪記(十七)」, 『동아일보』, 1928.3.12(위의 논문, 12면 재인용).

31 유인순, 앞의 논문, 2003, 6쪽.

우선 기생집이 만연해 있음을 알리는 부분이 「생의 반려」에 등장한다. 법과까지 마치고 전당포를 경영하고 있었던 박인석을 고등학교 때부터도 기생집에 출입이 잦았던 청년이라고 표현한 부분에서 고등학교 학생들도 기생집에 드나들 수 있을 정도로 기생 문화가 만연하였음을 알 수 있다. 이후 기생집을 잘 다니냐는 질문에 박인석이 "어쩌다 친구와 어울리면 갈 적도 있지."라고 답하는 부분에서 요릿집에 가볍게 드나드는 지식인층 남성들의 모습을 엿볼 수 있다.[32] 이렇듯 지식인층 남성들의 집결지였던 기생집은 바로 기생들이 경제적 능력을 쌓을 수 있도록 해주는 공간이었다.

기생이 경제적 능력을 갖춘 여성임을 암시하는 부분은 「애기」에도 나타난다. 며느리가 가진 딸이 남 핏줄을 지닌 애기인 것을 알고 버릴까 하다가 건네는 두 노인의 대담 속에서 애기가 이후 기생이 되어 나중에 덕 좀 보게 해줄지 모른다는 표현을 한다. 또한, 어려운 형편에 버거워서 애기를 부잣집에 입양 보내려는 속셈으로 골목을 돌아보던 주인공이 다옥정 골목에 있는 기생촌을 기웃거리다가 이곳에서 애기가 '상팔자'로 자라났으면 하는 소망을 품는 장면이 있다.[33]

기생이 소비의 주체로서 경제적 자립을 갖춘 이들임을 암시하는 장면도 찾아볼 수 있다. 가령 「두꺼비」 중에서 자살 소동에 피 흘리는 채선을 옥화가 병원으로 데려가는 장면에서 어멈을 시키어 인력거를 부른다는 서술이 있다. 인력거는 요릿집에 불려가는 기생의 전용물로 기생하면 떠오르는 교통수단이었다. 대부분은 인력거를 타면 휘장을 내리나 기생은 휘장을 치지 않고 인력거를 타며 자신들의 존재를 과시하고자 했다. 인력거꾼들이 기생들을 요릿집으로 나르면서 기생 수입이 좋다는 것을 알고 자신들의 딸이 기생이 되길 바라는 경우도 많았다고 전한다.[34] 부의 축적

32 김유정, 전신재 엮음, 앞의 책, 269쪽.
33 위의 책, 406쪽.
34 신현규, 앞의 책, 2010, 63~64쪽.

가능성을 지닌 직업여성으로서의 기생과 이들의 경제 활동을 직, 간접적으로 상징하는 김유정 소설 속 기생 묘사는 당시 일부 기생의 삶을 이해하게 해준다.

2-3. 예능인으로서의 기생

앞서 서술하였듯이 「두꺼비」의 강옥화, 「생의 반려」의 나명주 모두 소리 기생, 즉 기예를 통해 경제적 이익을 취득하는 예능인으로 그녀들을 경제적으로 뒷받침해주는 기둥서방, 권번, 관객으로부터 자신들의 재능을 인정받았다. 인력거를 타고 놀음, 즉 요즘 말로 행사를 뛰러 가는 기생들의 모습을 상상하게 해주는 장면이 「생의 반려」에 자주 등장한다. 주인공 친구가 기생 명주를 찾아가서 "나명주 선생"을 찾자 "놀음 나가셨어요." 라고 매몰차게 말하는 장면이 두 번이나 등장하는 부분에서 그러하다.[35] 놀음의 장소는 보통 요릿집이나 규모가 큰 시내 음식점으로 지역 유지들의 환갑잔치 또는 관에서 개최하는 각종 행사의 뒤풀이 등에 나가서 놀음을 연행하여 화대를 받는 형식이었다. 요즘 시대로 치면 연예인이 공연을 마친 후 행사 주최 측이 소속사에 대금을 지불하면 소속사가 연예인과의 계약 내용에 따라 일정 부분을 떼어주는 식이다.

김유정이 기생을 공연 무대에 서기 위해 오랫동안 소리를 익히는 예술 집단으로 인식했음을 암시하는 장면이 「애기」에도 등장한다. 위에서 언급한 "혹 기생을 만들려면 나중에 덕 좀 볼는지 모르지요마는"이라는 노인들의 대화에 이어지는 문장은 "언제 그만큼 자라고 소리도 배우고 합니까."이다.[36] 경제적 축적을 가능케 해주는 놀음 즉 행사에 참여하기 위해 기생이 오랜 시간에 걸쳐 소리를 배워야 함을 시사해 주는 부분으로 이해할 수 있다.

---

[35] 김유정, 전신재 엮음, 앞의 책, 254쪽.
[36] 위의 책, 404쪽.

유인순은 아리랑[37]을 포함하여 시조, 민요 등의 가사가 인용된 김유정의 문학은 김유정의 우리 소리를 향한 관심을 시사하며 이는 그의 첫사랑, 기생 박녹주와의 관계에서 비롯되었음을 밝힌 바 있다.[38] 김유정 문학에 등장하는 음악적 표현의 배경적 정보 유추를 통해 박녹주와 같은 기생 일부가 소위 여류 명창이라 불리는 주요 예술 집단으로서 전통 소리를 지키는 데에 중요한 역할을 했음을 인식하게 유도할 수 있다.

2-4. 감정 교류 대상으로서의 기생

송주현의 연구에 따르면 김유정 소설에 등장하는 인물들은 고단한 삶에 내동댕이쳐진 이들로 이들에게 있어 사랑은 자신들의 존재 의미를 일깨워주는 이른바 존재론적 변환의 계기를 제공한다. 특히 다양한 하층민 직업군 여성을 향한 남성들, 혹은 작가의 시선이 반영되어 있는데 이 중 기생은 감정을 교류하는 인격체로 대하는 면모가 엿보인다.[39] 「두꺼비」와 「생의 반려」에 등장하는 주인공들의 기생 옥화, 명주를 대하는 자세는 조심스러운 동시에 강렬하다. 자연스레 박녹주를 향한 김유정의 감성과 그녀에게 구애한 경험을 상상하게 한다.[40]

먼저 「두꺼비」에서 옥화를 사모하는 주인공의 심경을 토로하는 하단의 인용 부분은 옥화를 단순히 유희의 상대가 아닌 학업에 방해가 될 정도로 마음을 빼앗긴 상대로 묘사하고 있다.

---

37 아리랑은 향토적인 감정을 불러일으키고 때로는 일제 만행을 고발하기 위한 장치뿐만 아니라 사설에 함축된 능청스러움과 해학을 체득하여 김유정 문학의 특징 가운데 하나로 정립시키는 역할을 했다. 이에 관하여는 이미림, 「김유정 문학의 로컬리티 연구」, 『배달말』 64, 배달말학회, 2019, 328면 참조.

38 유인순, 앞의 논문, 2012, 208쪽.

39 송주현, 앞의 논문, 251~252쪽.

40 박녹주의 회상에 따르면 김유정이 그녀에게 구애한 기간은 1926년에서 1930년으로 김유정이 기생에 관한 경험을 하고 관련된 소설을 실제로 집필한 것은 1920년대 후반 1930년대 초반으로 어림짐작할 수 있다. 박녹주, 「나의 이력서」, 『한국일보』 1974.1.25.~31. 참조.

시험은 급하고 과정낙제나 면할까 하야 눈을 까뒤집고 책을 뒤지자니 그렇게 똑똑하든 글자가 어느듯 먹줄로 변하니 글렀고, 게다 아련히 나타나는 옥화의 얼굴을 보면볼수록 속만 탈 뿐이다. 몇 번 고개를 흔들어 정신을 바루 잡아 가지고 드려다보나 아무 효과가 없음에는 이건 공부가 아니라, 생각하고 한구석으로 책을 내던진뒤 일어서서 들창을 열어 놓고 개운한 공기를 마셔 본다.[...]하여튼 양단간에 한시간후라고 시간까지 지정하고 갓을 때에는 되도록 나에게 좋은 기회를 줄랴는데 틀림이 없고 이렇게 내가 옥화를 얻는다면 학교쯤은 내일 집어처도 좋다 생각하고, 외투와 더부러 허룽허룽 거리로 나슨다.--「두꺼비」 중에서[41]

옥화를 향한 감정으로 학업에 집중하지 못하고 안절부절못하는 주인공의 모습이 영락없이 한 여성을 사모하는 한 남성의 모습이다. 실연의 상황에서도 화자의 순정은 변치 않는다. 오히려 타자 여성의 가치를 아름다움이나 젊음에 한정시키지 않고 만물을 아우르는 가치로 확대한다. 실연의 슬픔과 좌절을 긍정적 사유로 대치시키는 화자의 내면은 작가의 세계관을 엿보게 한다. 이루어지지 않은 옥화와의 사랑을 “광화문통 거리 한복판을 내려오며 늙어라, 늙어라, 고 만물이 늙기만 마음껏 기다린다.”라고 표현한 화자 ‘나’의 마지막 구절은 자신의 순정을 상상의 영역으로까지 극대화하며 희극적 순정으로 해결하려는 아이러니를 보여준다.[42]

「생의 반려」에서도 화자 ‘나’가 바라본 기생 명주를 향한 주인공 명렬의 마음은 지고지순하다. 주인공은 명렬을 지켜보며 명주가 명렬보다 다섯 살 연상으로 기생으로서는 늙은 나이이며 외모가 뛰어나지 않음에도 불구하고 명렬이 그토록 가슴 아파하는 상황을 해석해 보려 한다. 화자는 “사람은 아마 극히 슬펐을 때 가장 참된 사랑을 느끼는 것 같다.”라는 통찰과 함께 “요즘에 와서 명렬 군은 생의 절망, 따라서 우울의 절정을 걷

---

41 김유정, 전신재 엮음, 앞의 책, 204쪽.

42 위의 책, 211쪽; 이경, 「유혹과 오염의 서사-김유정의 「정조」론-」, 『현대소설연구』 68, 한국현대소설학회, 2017, 121~122쪽.

고 있었다."라고 표현하고 있다.[43] 이어서 기생의 순수한 사랑을 믿고 있는 명렬이 "지극히 존경하는 한 여성"으로 명주를 연모하고 있다는 표현이 등장한다.[44] 더불어 길에서 만난 또 다른 지식층 청년 박인석을 향해서 주인공이 기생을 "사랑을 먹고 살아가는 이"라고 표현하는 부분에서도 기생을 감정을 공유하는 인격체로 다룬 유정의 시선을 읽을 수 있다.[45] 명렬이 단순한 연애의 감정이 아니라 "어머니로서, 동무로서, 연인"으로서 명주를 여겼다는 문구는 작가 김유정이 실제로 경험한 기생 박녹주와의 인물사를 상기시키는 텍스트이다.[46]

박녹주는 실제로 1973년 문예지에 남긴 글을 통해 김유정과의 일화를 소개한 바 있다.[47] 이에 따르면 편지 끝에는 꼭 "녹주, 내 너를 사랑한다."라는 문구를 혈서로 썼고 녹주가 이 혈서를 볼 때면 진저리를 치며 아궁이에 쑤셔 넣곤 하였다. 편지는 매일 날아왔고 마지막 줄은 늘 "네가 나의 사랑을 받아주지 않는다면 나는 너를 죽이고야 말겠다."라는 혈서가 적혀 있었다고 전했다. 이러한 박녹주를 향한 감정을 소설 속 인물을 통해 표출한 김유정 소설은 김유정 개인 혹은 김유정과 같은 당시 지식인 청년들의 기생과의 감정 교류를 확인할 수 있는 대목을 포함하고 있다.

본 장에서 살펴본 김유정 소설 속 기생의 모습은 참으로 다양하며 이는 박녹수와의 관계 및 감정을 반영한 결과라 하겠다. 물론 박녹주를 '기생' 일반으로 등치시켜 해석할 수는 없다. 그러나 지식인 김유정을 냉대할 수 있었던 '성공한' 여류 명창으로서의 기생 박녹주의 존재를 반영한 김유정 소설은 일제강점기 격변하는 문화·경제적 흐름에 따라 여류 명창, 기생 가수, 창기로 혼용된 삼패 기생 등으로 다층화되는 활동 양상을 이해하는 데에 효과적인 텍스트로 여겨진다.

43 김유정, 전신재 엮음, 앞의 책, 253쪽.
44 위의 책, 256쪽.
45 위의 책, 269쪽.
46 위의 책, 263쪽.
47 박녹주, 「나 너를 사랑한다」, 『문학사상』, 1973.4.

3. 김유정 소설의 기생문화 이해하기: 텍스트로의 활용

본 장에서는 김유정 소설의 기생문화 이해하기 텍스트로의 활용 방법을 김유정 소설 속 다른 여성 집단과 비교 및 동시대 다른 작가들의 소설 속 기생과 비교하기로 나누어 제시한다.

3-1. 김유정 소설 속 다른 여성 집단과 비교

김유정 문학 속 여성을 분석한 연구[48]는 대부분 결혼이라는 전통적 체재 내 여성을 다룬 경우가 많다. 가족 구성원으로 기존 틀을 유지하며 현 상태라도 지속시키려 노력하는 여성 인물들을 묘사하는 데에 있어 김유정 소설은 남성 인물보다 여성 인물들을 통해 상대적으로 강한 생명력과 생활력을 드러내고 있다.[49] 또한 여성이 직업을 가질 수밖에 없게 만든 요인이 가난과 함께 무능력한 남편 등으로 형상화된 남성에게도 있다는 점을 암시한다. "내외적 악조건 속에서 홀로 분투하는 존재"로 그려진 김유정 소설 속 여성 인물은 식민지 백성이 감당해야 할 역사적이고 운명적인 상황 조건을 떠올리게 한다.[50]

김유정 소설 속 여성 인물들에게 놓인 현실은 식민지 시대의 모순된 경제 체제와 돈을 얻기 위해 여성들을 인간으로서가 아니라 생계의 수단으로 이용하게 하는 남성 중심의 가부장제 사회 체제이다. 소설에 등장하는 남성들 모두 아내를 한 인격체로 보지 않는다. 이들은 가부장적 의식

---

48 김유정 소설 속 여성에 초점을 맞춘 연구는 박혜경, 「김유정소설 속 여성인물이 구현한 성의 양상」, 『아시아문화연구』 32, 가천대학교 아시아문화연구소, 2013; 이영숙, 앞의 논문; 최성윤, 「김유정 소설의 여성 인물과 정조」, 『한국문학이론과 비평』 53, 한국문학이론과 비평학회, 2011; 한상무, 「김유정 소설에 나타난 강원도 여성상」, 『강원문화연구』 24, 강원대학교 강원문화연구소, 2005 등 참조.

49 최성윤, 앞의 논문, 277~278쪽.

50 위의 논문, 278쪽.

에 싸여 있으며 아내를 살림이 어려울 때 내다 팔아 돈과 바꿀 수 있고 그들의 외모와 성을 이용해 돈벌이를 할 수 있다고 믿는 인물이다.[51] 심지어 폭력과 폭언도 서슴지 않는다. 김유정 소설 속 여성들은 시대적 희생양으로 사회의식이나 윤리의식이 희박할 수밖에 없는 실정으로 그려지고 있다. 남편에 대한 신의를 저버리지 않는 순종적인 아내들로서 오직 가난을 벗어나기 위해 스스로 매춘에 나선다. 강한 생활력을 지닌 본능적이고 단순한 인물들이다.[52] 이렇듯 시대와 사회 구조의 희생자[53]로 그려진 김유정 소설 속 여성은 단순히 남성 간 거래 대상에 그치지 않는다. 오히려 현실과 마주하여 협상과 거래를 실현하는 주체인 동시에 "여성 거래를 균열하고 주인 권력을 희화화하는 가능성을 가진 주체"로 그려지고 있다.[54]

김유정이 한창 활동했던 1920~1930년대는 문화사적 뿐만 아니라 정지, 사회, 경제적으로 격동의 시대였다. 일본 식민지 치하의 어두운 현실에서 농촌의 농민들은 땅을 빼앗겨 삶의 터전을 잃고 유리걸식하는 신세였다. 도시 노동자들 역시 극심한 가난에 시달려야 했다. 일제 치하의 모순된 사회 구조 속에서 희생되어야 했던 여성들은 스스로 매춘을 하며 돈을 벌기 위해 들병이가 되기도 한다. 남편은 부인의 매춘을 묵인하고 심지어 조장하기도 한다. 농촌 주막에서 술이나 몸을 파는 유부녀를 일컫는 들병이는 「안해」, 「산골 나그네」, 「솥」에 등장하며 생존의 절박함으로부터 기인한 시골 사람들의 윤리의식 해체를 해학적으로 드러낸다.

인물의 대화 속에 등장하는 여성 공장 노동자 또한 가난의 사회적 구조 속에서 '억척스럽게' 살아가야만 하는 여성 직업군 중 하나이다. 「생의

---

51 이영숙, 앞의 논문, 57쪽.
52 위의 논문, 35쪽.
53 최성윤, 앞의 논문, 278쪽.
54 이경, 앞의 논문, 319~348면 참조.

반려」에서 주인공 화자 '나'가 공장 노동자로 일하고 있는 누나의 삶을 떠올리는 장면이 그 예이다. 주인공은 돈놀이를 일삼는 누나를 떠올리며 그녀가 공장의 월급으로는 생활비를 충당할 수 없어서 좁쌀을 팔고 손수 물도 길어 먹으며 때로는 바느질품까지 해가며 살아간다고 서술한다. 가뜩이나 병으로 몸이 날로 수척해진 누나는 억척스러운 여자로 표현되고 있다.

기생은 적극성과 강한 생활력을 지닌 점에서 김유정 소설에서 묘사되고 있는 다른 하층민 여성들과의 공통점을 지닌다. 반면에 공장 노동자 혹은 들병이와는 달리 전통적 가족 체제를 벗어나 도심 환경에서 경제 활동을 펼친 여성 직업군으로 근대적 시각의 장에 선봉에 있는 집단인 동시에 한국 전통문화를 보존하는 인물이자 남녀 간 감정 교류 대상으로 표상되어있는 점이 다르다. 이러한 토론을 유도할 수 있는 김유정 소설은 기생을 다른 여성군과의 비교를 통해 좀 더 섬세하게 이해하는 데에 유용하다.

3-2. 동시대 다른 작가들의 소설 속 기생과 비교

김유정이 활동한 동시대 다른 남성 지식인층 작품[55] 속 기생은 상당 부분 일부일처제, 남녀평등, 영속적 애정과 같은 근대적 삶의 대척점에 놓여있는 여성으로 묘사되어오고 있었다. 특히 기생이 겪는 비극적 삶 혹은 인간적 자질 결여로 표상된 기생의 삶은 1920, 30년대 소설에서 빈번하게 나타나는 특징이다.[56]

---

55 정혜영, 「2007년 근대의 성립과 기생의 몰락: 근대문학에 나타난 기생의 이미지를 중심」, 『한중인문학연구』 20, 한중인문학회, 2007 참조; 그 외에 이인직 외, 『1900-1930 한국 명작소설 1』, 애플북스, 2017; 이태준 외, 『1931-1940 한국 명작소설 2』, 애플북스, 2017에 수록된 소설을 분석함.

56 정혜영, 앞의 논문, 246쪽.

이러한 기생의 특징은 한국 근대 소설의 효시로 제시되는 이광수의 『무정』(1917)에서부터 나타난다. 『무정』은 신청년 이형식, 여학생 김선형, 기생 박영채가 등장하여 애정 관계를 형성해 간다. 영채가 기생이 된 것은 아버지를 살리기 위한 희생의 결과였으나 영채 아버지는 딸이 기생이 되었다는 소식에 절망하여 자살을 택한다. 당시 지역 권력가였던 김현수가 기생이 된 영채를 강간하고, 주변인들이 이러한 행위를 분노하지 않고 용인한 점, 이형식이 주저하면서도 못내 영채를 매몰차게 버린 점 등은 모두 기생을 향한 사회적 시선을 반영하고 있다. 영채뿐만 아니라 다른 작품에 등장하는 기생들은 대부분 인생의 나락을 경험하고 죽음을 선택하는 비극적 삶의 주인공으로 묘사된다. 가령 『무정』 속 영채의 삶을 여정을 통해 드러나는 기생의 비극은 김동인의 「눈을 겨우 뜰 때」(1921), 나도향의 『환희』(1922) 등에도 나타난다. 한 소시민 주인공 남자가 기생을 열렬히 사랑하여 그녀에게 헌신하나 결국 성병을 얻어 가정을 파멸로 이끌어 '타락자'가 된다는 줄거리를 지닌 현진건의 「타락자」(1922) 또한 기생을 향한 사랑이 결국 파멸로 연결되는 이야기로 마무리된다.[57]

1930년대 소설에서 기생은 인간적 면모를 상실함은 물론이거니와 상대 남성을 향한 사랑으로 죽음을 택하기까지 했던 비극적 로맨티스트 이미지를 보기 힘들다. 오히려 기생 및 기생과 연결된 이들이 돈과 탐욕을 바탕으로 남녀 관계를 형성해 나간다. 이는 전통예술 연행자 임무를 상실한 채 몸을 파는 창기와 다를 바 없게 되어버린 기생의 몰락을 시사한다. 박태원의 「우맹」(1938)에 등장하는 기생은 늙은 나이에도 불구하고 젊은 남성을 탐하며 「거리」(1936)에 묘사된 기생 자매는 누구든지 쉽게 부르는 속요만 부르고 외설적 대화를 즐긴다. 모두 창기와 비슷한 삶을 사는 여성들로 그려지고 있다.[58]

57 위의 논문, 246~247쪽.
58 위의 논문, 248쪽.

상기 소설들이 일제강점기 기생을 이해하는 데에 불필요하다고 주장할 의도는 없다. 실제로 상당수의 기생이 일자리를 잃고 예인이 아닌 창기와 다를 바 없는 삶을 살게 되었음은 분명한 사실이다. 다만, 김유정은 이러한 사실 외에도 공적 공간에서 활동한 전문 예인으로서의 기생의 존재를 그의 소설에 담아내었다. 더불어 짚고 넘어가야 할 점은 김유정을 제외한 모든 작가가 기생을 사리사욕이나 방탕함의 표상으로 그려낸 것은 아니었다는 사실이다. 그 예로 김동인의 「배따라기」(1921)를 들 수 있다. 김유정 단편들에 비해 조금 이른 시기에 발표되었으나 기생의 예술적 전문성을 묘사하고 있다는 공통점을 지닌다. 특히 "기생들의 노래와 함께 날아오는 조선 雅樂은 느리게, 길게, 유창하게, 부드럽게, 그러고 또 애처롭게" 대동강 봄날에 들린다는 표현이나 "웬만한 광대나 기생은 발꿈치에도 미치지 못하리만큼" 주인공이 노래를 잘 부른다는 표현, "아래 물에서 장고 소리와 함께 기생의 노래"가 들린다는 표현은 기생들이 참여한 공연의 시청각적 분위기를 잘 살려내고 있다.[59] 「배따라기」는 기생에 버금가는 노래 실력을 지닌 한 어촌 마을의 중년 남성을 중심으로 벌어지는 이야기로 기생이 예술적 기예를 뽐내는 전문 음악인으로 표현되어 있다.

「배따라기」와 같은 예외는 있으나 많은 지식인층 남성 작가들이 기생을 경제적 유흥이나 성적 방탕함의 여성상으로 표상하고 있었다. 이에 비해서 좀 더 다채로운 양상으로 변모하는 일제강점기 기생의 삶을 담은 김유정 소설은 문학을 통한 기생의 삶 이해하기에 꼭 필요한 텍스트로 여겨진다.

---

59 이인직 외, 앞의 책, 243~275쪽.

4. 나오며

본 연구는 김유정 소설에 나타난 기생의 모습을 유형화하여 일제 기생 문화 이해하기 텍스트로서의 활용 가능성을 탐색하였다. 본문에서 주지한 내용을 정리하면 아래와 같다.

김유정 소설은 화류계 여성으로서의 녹록지 않은 삶을 사는 기생, 경제력을 갖춘 여성으로서의 기생, 전통문화를 지키는 예능인으로서의 기생, 남녀 간 감정 교류 대상으로서의 기생 등 다양한 면모의 기생의 삶을 표상하고 있다. 성적인 대상으로 간주되어 왜곡된 방향으로 각인되었던 기생이 당시 급격히 변화하는 문화 경제·문화적 흐름에 적응해나간 신여성으로서의 면모를 표상하는 여성층을 포함하고 있었다는 사실을 이해하도록 한다.

둘째, 김유정 소설 속 기생은 적극성과 강한 생활력을 지닌 점에서 김유정 소설에서 묘사되고 있는 다른 하층민 여성들과의 공통점을 지닌다. 그러나 전통적 가족 체제를 벗어나 도심 환경에서 경제 활동을 펼친 여성 직업군으로 한민족 전통문화를 보존하는 인물이자 감정 교류의 인격체로 서술된 점이 다르다. 이러한 토론을 끌어낼 수 있는 김유정 소설은 기생 조직이 다른 여성군과 구별되는 특이성과 함께 당시 여성 삶의 보편성을 이해하는 데에 유용하다.

셋째, 동시대 지식인층 남성 작가들은 대부분 화류계 여성으로서의 녹록지 않은 삶을 사는 기생의 모습에 집중하여 서술하고 있다. 이에 비해 김유정 소설은 여류 명창으로 이름을 날린 박녹주와의 관계와 감정을 반영하여 좀 더 다층화된 양상의 일제강점기 기생 활동사를 담고 있다. 이러한 특이성이 기생사 이해 교육 텍스트로서의 김유정 문학의 가치를 새롭게 평가할 수 있는 이유 중 하나이다.

본 연구는 최근 교육 현장에서 주목받고 있는 융복합 교육의 가능성으로서 문학 텍스트를 활용하고 있는 현상을 반영한 연구라는 점에서 의의가 있다. 물론 문학 텍스트를 역사, 문화 텍스트 이해의 한 방편으로 활용하는 방식이 과연 타당한 것인가에 관하여 신중히 고민하고 접근할 필요가 있을 것이다. 문학이 문학인 이유의 독자적 자율성과 존재 이유는 어디서 찾을 것인가. 문학의 문학성은 문화 이해의 일반 수준에서 모두 이해 가능한가. 이해 불가능한 차원은 무엇인가 등의 문제가 함께 추구되어야 한다고 본다. 문학을 활용한 융복합 교육의 타당성을 입증하는 과제와 관련하여 본 연구는 몇 가지 한계점을 지니는 것이 사실이다. 실제로 교육 환경에 적용했을 때 얼마만큼 효용성이 있을지에 관하여 증명하지 못했다. 또한 일제강점기의 모든 문학을 다룬 것이 아니기에 「배따라기」 외에도 김유정 문학과 함께 기생 활동사 이해 텍스트로 활용할 수 있는 문학을 정리하고 그 안에서 각 작품만의 특징을 가려낼 수 있을 때 비로소 문학을 통한 역사 이해하기에 실례를 좀 더 뚜렷하게 보여줄 수 있을 것이다. 이러한 본 연구의 한계를 추가 자료 점검 및 실증적 분석을 통한 필자의 연구과제로 남기며 본 연구를 마친다.

참고문헌

강소영, 「기생의 은유화 방식을 통해 본 기생의 현실과 그들의 욕망」, 『한국고전연구』 20, 한국고전연구학회, 2009.

강혜원, 「현대소설을 통한 문학-역사 교과의 융복합 교육 연구」, 이화여자대학교 교육대학원 석사학위논문, 2018.

권도희, 「19세기 여성음악계의 구도」, 『동양음악연구』 24, 서울대학교 동양음악연구소, 2002.

______, 『한국 근대 음악 사회사』, 민속원, 2004.

권 은, 「식민지 도시 경성과 김유정의 언어감각」, 『인문과학연구』 38, 성신여자대학교 인문과학연구소, 2018.

김미영, 「병상(病床)의 문학, 김유정소설에 형상화된 육체적 존재로서의 인간」, 『인문논총』 71(4), 서울대학교 인문학연구원, 2014.

김유정, 전신재 엮음, 『원본 김유정 전집(개정판)』, 강, 2012.

김윤정, 「김유정 소설의 정동 연구―연애, 결혼 모티프를 중심으로―」, 『현대문학이론연구』 71, 현대문학이론학회, 2017.

김은정, 「일제강점기 여성 이미지의 시각화-기생과 여급을 중심으로」, 『세계문학비교연구』 39, 세계문학비교학회, 2012.

김종호, 「김유정의 고백소설 연구」, 『인문학연구』 18, 경희대학교 인문학연구원, 2010.

노지승, 「맹목과 위장, 김유정 소설에 나타난 자기(self)의 텍스트화 양상-<두꺼비>와 <생의 반려>를 중심으로-」, 『현대소설연구』 54, 한국현대소설학회, 2013.

노진서, 「소설과 영화를 활용한 역사교육 사례 연구」, 『역사와 실학』 66, 역사실학회, 2018.

박상준, 「일반논문: 반전과 통찰-김유정 도시 배경 소설의 비의」, 『현대문학의 연구』 53, 한국문학연구학회, 2014.

박혜경, 「김유정소설 속 여성인물이 구현한 성의 양상」, 『아시아문화연구』 32, 가천대학교 아시아문화연구소, 2013.

서지영, 「식민지 시대 기생연구 Ⅱ: 기생조합의 성격을 중심으로」, 『한국고전문학여성연구』 10, 한국고전여성문학회, 2005.

_____, 「식민지 시대 기생 연구 III: 기생 잡지 <장한>을 중심으로」, 『대동문화연구』 53, 성균관대학교 대동문화연구원, 2006.

_____, 「표상, 젠더, 식민주의: 제국 남성이 본 조선 기생」, 『아시아여성연구』 48(2), 숙명여자대학교 아시아여성연구원, 2009.

송주현, 「김유정 소설에 나타난 사랑의 의미 연구」, 『한민족어문학』 77, 한민족어문학회, 2017.

신현규, 『꽃을 잡고』, 경덕출판사, 2005.

_____, 『기생 이야기』, 살림, 2007.

_____, 『기생, 조선을 사로잡다』, 어문학사, 2010.

양호환 편, 『한국 역사교육의 연구동향』, 책과함께, 2011.

연동원, 「독서를 활용한 역사교육 연구–신윤복에 관한 소설의 역사서술 특성을 중심으로–」, 『한민족문화연구』 34, 한민족문화학회, 2010.

오미화, 「김유정 소설연구: 여성인물의 성격 분석을 중심으로」, 중앙대학교 석사학위논문, 2006.

유인순, 「김유정 문학의 부싯깃 – 술·여자·노래를 중심으로」, 『강원문화연구』 22, 강원대학교 강원문화연구소, 2003.

_____, 「김유정과 아리랑」, 『비교한국학』 20(2), 국제비교한국학회, 2012.

이경, 「유혹과 오염의 서사–김유정의 「정조」론–」, 『현대소설연구』 68, 한국현대소설학회, 2017.

이미림, 「김유정 문학의 로컬리티 연구」, 『배달말』 64, 배달말학회, 2019.

이영숙, 「김유정 소설 연구: 여성 인물을 중심으로」, 연세대학교 석사학위논문, 2004.

이인직 외, 『1900–1930 한국 명작소설 1』, 애플북스, 2017.

이태준 외, 『1931–1940 한국 명작소설 2』, 애플북스, 2017.

정혜영, 「2007년 근대의 성립과 기생의 몰락: 근대문학에 나타난 기생의 이미지를 중심」, 『한중인문학연구』 20, 한중인문학회, 2007.

주경철, 『문학으로 역사 읽기, 역사로 문학 읽기』, 사계절, 2009.

최성윤, 「김유정 소설의 여성 인물과 정조」, 『한국문학이론과 비평』 53, 한국문학이론과 비평학회, 2011.

최희영, 「1934년 三南 水災民을 위한 기생들의 구제 활동」, 『대동문화연구』 119, 대동문화연구원, 2022.

표정옥, 「근대적 미의식의 양가적 충돌과 타자적 여성성에 대한 서로 다른 두 시선 연구 — 너새니얼 호손의 <반점(The Birthmark)>과 김유정의 <안해>를 중심으로」, 『비교한국학』 30(1), 국제비교한국학회, 2022.
한상무, 「김유정 소설에 나타난 강원도 여성상」, 『강원문화연구』 24, 강원대학교 강원문화연구소, 2005.
홍숙희, 「김유정 소설의 양가성 연구」, 제주대학교 석사학위논문, 2006.
홍혜원, 「폭력의 구조와 소설적 진실 -김유정 소설을 중심으로」, 『현대소설연구』 47, 한국현대소설학회, 2011.

김유정 문학의
미학성과 현재성

3부

김유정 문학의 미학성 - 문체 전략과 서사 전략

김유정 단편소설에 드러난 페이소스의 문체와 양가적 문체 전략

-계량적 문체 지수를 중심으로-

김아름

1. 김유정 소설과 문체

김유정이 우리 문단에 머문 시간은 그리 길지 않다. 1933년 「산골나그네」, 「총각과 맹꽁이」를 발표하면서 문단에 첫발을 내디뎠고, 1935년 조선일보 신춘문예에 「소낙비」가 당선되면서 이름을 알렸으나, 불과 2년 뒤인 1937년 지병으로 생을 마감하고 말았기 때문이다. 그러나 작품 활동을 했던 5년 남짓한 시간 동안 그는 우리 문학사에서 가장 뚜렷한 족적을 남긴 작가 중 하나가 되었다. 그의 발자취가 높이 평가받는 이유는 그의 소설이 지닌 독보적인 작품 세계 덕분이다. 특히 1930년대 식민지 조선이 당면한 궁핍한 현실을 하층민들을 중심으로 핍진하게 그려냈다는 점에서 특기할 만하다. 뿐만 아니라 김유정이 추구한 형식과 관련된 측면은 주목을 요한다. 특히 김유정이 소설 안에서 사용한 강원도 사투리와 그를 토대로 하여 형성한 문체들은 주목할 만한 지점들을 뚜렷하게 내포하고 있다는 평가가 지배적이다.

그러나 실상을 들여다보면 김유정 문체에 대한 연구는 김유정의 문학적 입지에 비해 더딘 편이라고 할 수 있다. 김유정 문학에 관한 연구는 크게 작품의 미학적 측면에 관심을 둔 형식주의적 관점과 작품의 사회역사적 조건을 중시한 역사주의적 관점으로 진행되어 왔다. 역사주의적 관점에서 김유정을 논한 연구들은 크게 두 부류로 구분할 수 있다. 구인환[1]을 대표로 하여 김유정의 소설에는 역사의식에 대한 모럴의 제시나 행동성이 결여되어 있다고 보는 관점이 우선 언급될 수 있다. 김우종도 시간적인 흐름 속에서 좌표를 찾아내지 못하였다는 평가[2]를 내린 바 있다. 그러나 카프의 문사였던 안함광의 경우, 김유정의 소설에는 "현대농민 대중의 불안정된 생활과 그에서 연유되는 가지가지의 비극적 표정이 가장 뚜렷한 현실성을 갖고 부조적으로 그려져 있"으며, "평범한 제재를 갖고 그것을 입체적으로 살린 곳에 이 작품의 특색"[3]이 있다면서 김유정의 현실반영이 뛰어나다고 높이 평가를 내린 바 있다. 신동욱 또한 김유정이 개인의 문제를 사회 구조 안에서 발견하여 공적인 쟁점을 노출시켜 그것을 창의력 있게 보여준[4]작가라고 설명한다. 이러한 두 가지 관점이 공존하는 가운데, 김유정의 문학적 특징을 시대적 관점에서 재맥락화한 연구들도 등장하기 시작했다. 김양선[5], 나병철[6], 김종호[7]는 1930년대 중후반 우리 근대문학의 새로운 경향으로 등장한 전통이나 향토성, 토속성의 (재)발견이라는 맥락에서 김유정 문학이 차지하는 위치를 조명하고, 김유정 문학의 특성을 새로운 관점에서 살펴보는 흐름을 만들어냈다.

---

1 구인환, 「김유정 소설의 미학」, 『한국근대소설연구』, 삼영사, 1977, 332-335쪽.

2 김우종, 「토속의 리리씨즘」, 『한국현대소설사』, 성문각, 1978, 262쪽.

3 안함광, 「최근 창작평」, 『조선문단』 속간 4호, 1935.8, 102쪽.

4 신동욱, 「김유정고」, 『현대문학』 15호, 1969.1, 301쪽.

5 김양선, 「1930년대 소설과 식민지 무의식의 한 양상」, 『한국근대문학연구』 5권 2호, 한국근대문학회, 2004, 146-171쪽.

6 나병철, 「김유정 소설의 해학성과 현실인식」, 『비평문학』8권, 한국비평문학회, 1994, 155-182쪽.

7 김종호, 「1930년대 농촌소설의 농민의식 반영 양상」, 『비평문학』 24권, 한국비평문학회, 2006, 105-130쪽.

이러한 상반된 가치 평가가 내려지는 가운데, 형식주의적 관점에서 김유정을 연구한 내용들도 한 흐름을 형성하고 있다. 특히 이러한 부류들은 김유정의 소설 작법과 해학성을 연결 짓는 경향이 짙다. 한만수[8], 안미영[9] 등의 연구가 대표적이다. 특히 이들은 소설에 나타난 다양한 기법들 중에서도 아이러니에 주목했는데, 이 아이러니를 객관성을 확보하는 수단이자, 문명과 현실에 대한 균형 잡힌 시야라고 본 바 있다.

아쉬운 점은 이러한 형식에 대한 연구 대부분이 아이러니라는 소설 기법에 치우쳐 진행된 까닭에, 김유정 소설의 주요한 업적이라고 할 수 있는 문체에 대한 연구는 도외시된 경향이 있다는 점이다. 특히 기왕의 문체 연구는 대부분이 김유정의 소설 어휘가 지니는 다양성에 초점을 맞추고 있어 아쉬움이 남는다. 김유정 소설의 문체에 대해 본격적으로 언급한 초창기 연구로는 김문집의 연구가 있다. 김문집의 경우 "전통적 조선 어휘의 풍부한 언어 구사에서 오는 문장의 즐거움", "개체향을 넘칠 만큼 가진 작가"[10]라고 평가 내린 바 있다. 전상국도 김유정의 소설언어는 "만무방의 텃밭에서 맨발로 뛰는 열린 언어"[11]라고 칭하며 당대 서민의 언어를 문학어로 승화시켰다고 보았다. 이러한 연구는 기본적으로 김유정이 소설의 언어세계를 확장시키고 있다는 점에 공감하면서 이루어져 온 경향이 크다. 이후 진행된 문체 연구는 언어의 다양성을 보다 세분화된 형태로 접근하는 성과를 보여준다. 토속어에 집중한 송희복의 경우, 김유정의 문체는 정지용이나 이상과 다르다는 점을 지적하면서 청각적이고, 소리를 지향하는 측면이 뚜렷하며, 글투가 '말투'에 가까우므로, 광대나 전

8 한만수, 「김유정 소설(金裕貞 小說)의 아이러니 분석(分析)」, 『동악어문학』 21권, 동악어문학회, 1986, 231-270쪽.

9 안미영, 「아이러니스트의 봄의 수사학」, 『한국근대문학연구』 28호, 한국근대문학회, 2013, 301-331쪽.

10 김문집, 「이 김유정 군의 예술과 인간 비밀」, 『조광』, 1937, 108쪽.

11 전상국, 「김유정소설의 언어와 문체」, 전신재편, 『김유정문학의 전통성과 근대성』, 한림대학교 출판부, 1997, 296~301쪽.

기수에 가깝다고 분석한 바 있다.[12] 김유정 소설의 다성성에 집중하면서 문체적 분석을 시도한 김원희의 경우[13], 김유정의 은유구조를 짚어내면서도 의성어, 의태어, 의성의태어, 부사, 형용사, 첩어 등의 선택에 대해 언급한 바 있다.

이처럼 김유정의 소설 어휘에 초점을 맞추어 의성어, 의태어 사용의 측면에 집중하거나 토속어 및 사투리 사용에 집중하는 경향은 그간 김유정 문체를 이해하는 하나의 기준점이 되어 왔다. 김유정이 소설의 어휘 세계를 확장하는 데 기여했다는 점은 김유정 문학을 이해하는 데 있어서 반드시 언급했어야 할 지점임이 분명하다. 그러나 이 연구는 이 지점에서 두 가지 문제의식을 공유하고자 한다. 첫째, 김유정 문체 연구의 향방이 어휘의 다양성이라는 강렬한 지표에 함몰되어버리는 것은 경계해야 한다는 점이다. 어휘의 다양성만으로 김유정의 예민한 문체적 감각을 정의해버린다면, 김유정 문학이 가진 문체의 결에 대해서는 해석 지평이 좁아질 수밖에 없기 때문이다. 둘째, 김유정이라는 작가의 문체 요소에 집중하느라, 그것이 주는 문체 효과에 주목하지 못하는 것을 경계해야 한다. 문체 요소를 통한 언어학적 접근이 문학적 문체론으로 나아간다는 것은, 단순히 그 문체가 지니는 단어의 선택과 배열에 집중하는 것이 아니라, 그 선택과 배열의 효과에 집중하는 것이기 때문이다. 나아가 문체연구는 창작 원리와의 관련성을 고려해야 궁극적인 성취를 거둘 수 있음에도 김유정 소설 연구의 경우 문체와 창작 원리와의 친연성을 규명하려는 시도가 거의 없었다는 점은 아쉬움으로 남는다.

따라서 이 연구는 이러한 기왕의 연구사가 지닌 결절점을 매끄럽게 연결하기 위한 시도의 일환이다. 특히 이 글이 문제의식으로 삼고자 하는

12 송희복, 「청감(聽感)의 시학, 생동하는 토착어의 힘- 김유정과 이문구를 중심으로」, 『새국어교육』 77권, 한국국어교육학회, 2007, 760쪽.

13 김원희, 「다성적 경향과 서정성의 조율- 김유정 소설 문체의 역동성」, 『현대소설연구』 34권, 한국현대소설학회, 2007, 46쪽.

점은, 과연 김유정 소설의 문체적 특성이 주는 문체 효과가 무엇인가 하는 점이다. 따라서 문체적 특성과 김유정 소설의 창작 원리와 연결되는 지점을 살펴보기 위한 수단으로서, 이 연구는 계량적 문체론과 직관적 문체론이 융합된 연구 방법론을 지향한다. 주지하다시피, 계량적, 통계적 연구는 특정한 요소에 대한 대체적인 빈도나 그 밀도를 표시해줌으로써 작품 해석에 도움을 줄 수 있으며, 특히 통계적 수치에 의하여 문체적 요소의 이상분포를 뚜렷하게 제시해줌으로써 미학적 해석에 기여할 수 있다. 그러나 김유정의 경우, 계량적 문체 연구를 주된 연구방법론으로 삼은 연구가 거의 없는 실정이다.[14] 물론 울만(Uullman)에 따르면 통계적인 방법은 문체의 민감한 뉘앙스를 포착하기에 다소 거칠다는 위험요소를 안고 있다.[15] 따라서 이 연구는 계량적 문체연구만을 방법론으로 삼기보다는 조빈스키가 주장한 “예리한 안목을 가지고 있는 텍스트 전문가 Textkcnner에 의한 평가”[16]라는 직관적 방법을 혼용하여 융합적인 문체론을 진행하고자 한다.

이를 위해, 김유정의 소설 중에서 1936년의 작품들로 대상을 제한하였다. 1935년 등단한 김유정은 1937년 작고하기 전까지 총 31편의 소설을 남겼다. 1936년은 김유정의 작품 활동이 가장 안정적이고도 왕성했던 때이므로, 이 연구에서는 김유정이 발표한 1936년의 소설을 대상으로 삼는다. 김유정이 발표한 1936년의 소설 목록은 다음과 같다.[17]

---

14 기존 김유정 문체 연구에서 일부라도 계량적 접근을 포함한 경우로 범주를 넓히면, 이상과 김유정의 작품을 비교한 다음의 논문을 언급할 수 있다.
이규정, 「「날개」와 「봄봄」의 문체론적 비교 연구」, 『수련어문논집』 6권, 수련어문학회, 1978, 1-42쪽.

15 김상태, 『문체의 이론과 해석』, 집문당, 1982, 102-103쪽.

16 B. 조빈스키 지음, 이덕호 옮김, 『문체론』, 한신문화사, 1999, 48쪽.

17 김유정, 전신재 편, 『원본 김유정 전집』, 강, 2012. 앞으로 이 연구에서 소설을 인용할 때는 본문에 작품명과 쪽수만 밝혀 적는다.

<표 1> 김유정의 1936년 발표 소설 작품 목록

순번	제목	발표지	발표일
1	심청	중앙	1936.1
2	봄과 따라지	신인문학	1936.1
3	가을	사해공론	1936.1
4	두꺼비	시와 소설	1936.3
5	봄밤	여성	1936.4
6	이런음악회	중앙	1936.4
7	동백꽃	조광	1936.5
8	야앵	조광	1936.7
9	옥토끼	여성	1936.7
10	생의 반려	중앙	1936.8~9
11	정분	조광	1936.10
12	슬픈이야기	여성	1936.12

탈고일이 구체적으로 알려진 바 없는 작품도 있으나, 김유정이 1936년 정식으로 발표한 소설은 총 12편이다. 그러나 「심청」은 탈고일이 1932년 6월로, 김유정이 최초로 작성한 소설로 알려져 있기 때문에, 1936년 발표 작품들과의 시기적 차이를 고려하여 배제하는 것이 마땅하다고 판단했다. 따라서 이 연구에서는 「심청」을 제외한 11편을 김유정 소설 코퍼스의 분석 대상으로 삼았다.

이 연구는 김유정의 11개 작품을 정치하게 분석함으로써 통계학적 문체론 연구의 초석을 다지고자 한다. 따라서 1차적으로 김유정의 1936년 발표작에 드러난 코퍼스를 구축하는 데 초점을 맞추어 이 연구를 진행할 것이다. 즉, 김유정 소설의 문체 요소가 무엇인지를 우선적으로 파악할 예정이다. 그러나 이 연구의 궁극적인 목적은 계량적 통계를 이용하여 문체 요소를 파악하는 것에 머무르지는 않는다. 이 연구에서 지향하는 문체 연구는 문체 '요소'를 넘어서는 것이며, 그것의 '효과'를 해석하는 문학적 문체론이라고 할 수 있다. 이러한 문체들이 주는 효과를 분석할 때, 문체 연구의 종착지라고 할 수 있는 '작품의 주제 의식'에까지 도달할 수 있기 때문이다. 이를 통해 기존 연구사들이 검토해온 김유정 소설의 주된 창작 원리와 문체의 친연성을 규명해냄으로써 기왕의 연구사가 지닌 결절점을 매끄럽게 하는 것이 이 연구의 궁극적인 목적이다.

2. 어휘 통계와 고빈도어 '하고'의 양가적 속성

김유정의 소설 11편에 대해 21세기 세종기획에서 개발한 한마루2.0과 글잡이Ⅱ를 통해 코퍼스를 구축하였다. 그 절차는 다음과 같다. 첫째, 통계를 위한 전처리 작업의 일환으로 11편에 대한 원시 말뭉치를 구축하였다. 타이핑 작업과 원전 대조작업을 통해 부호 등을 전체적으로 수정하였다. 둘째, 원시말뭉치에 품사를 부착하였다. 셋째, 품사에 대한 보징직업을 거쳤다. 넷째, 각종 통계 결과를 추출하였다.

이러한 통계 수치들을 문체론적으로 활용할 수 있다는 측면에서 이것은 문체 지수라고 불리기도 하는데, 우선 첫 번째로 고려할 것은 각종 어휘와 관련된 통계 수치들이다. 특히 문체 연구자들에게 작가가 작품 속에서 어휘를 얼마나 풍부하게 구사하고 있는가의 문제는 오랜 관심사이기도 했다. 이 어휘 풍부성을 검토하기 위해서는 어휘 반복지수를 추출할 필요가 있다. 어휘 반복지수는 총 어휘수(Number of vocabularies)를 어종(word type)로 나눔으로써 구하는 값이다.[18] 이때 총 어휘수란 전체 텍스트에 반복 여부와 상관없이 등장하는 모든 어휘의 수를 이르는 개념이며, 중복되어 나타난 어휘를 1개로 처리하여 개별 어휘수(Vocabulary)를 추린 것이 어종수의 개념이다.[19]

일반적으로 이 어종수를 추릴 때는 3가지 방식 중 하나를 선택하게 된다. 굴절형, 어간형, 어근형이 그것이다. 굴절형은 형태적으로 굴절된 어휘를 각각 취급하는 형태다. 예를 들어 '밝는, 밝고, 밝아서'라는 단어를 3개의 어휘 구현으로 파악하는 것이다. 어간형은 활용할 때 변하지 않는 어간이라는 실질형태소를 따져 취급하는 형태다. '밝힌다'의 어간은 '밝히-'고, '짓밝힌다'의 어간은 '짓밝히-'이므로 이를 각각 측정한다. 어근형은 불규칙 활용 형태를 구분하지 않고, 실질적 의미를 나타내는 중심 부분으로 '밝-'이라는 어근을 추출하여 하나의 형태로 측정하는 방식이다.[20] 따라서 굴절형이 가장 다양한 어휘 유형을 만들어내며, 어근형은 가장 적은 어휘 유형을 만들어낸다. 이 연구에서는 '밝고'와 '밝아서', '밝으니' 등의 활용형 어미들이 문체에 영향을 미친다는 판단 하에, 좀 더 세세하게 구분하는 첫 번째 유형인 굴절형을 선택하여 어종을 구분하였다.[21] 그 결과 김유정 소설에 드러난 어휘 관련 통계는 다음과 같이 집계되었다.

---

18 배희숙, 「문체 지수를 찾아서: 통계언어학적 연구」, 『프랑스문화예술연구』 2권, 프랑스문화예술학회, 2000, 95쪽.

19 국어학 쪽에서는 주로 총 어휘수를 연어휘(N)로, 어종을 개별어휘(V)로 사용한다.
이 글에서는 박장례의 의견을 참고하여 문학 쪽에서의 용어를 사용하기로 한다.
박장례, 『박태원 소설의 문체 연구 1930년대 소설을 중심으로』, 한국학중앙연구원 박사학위논문, 2011, 34쪽.

20 3가지 방식과 관련하여서는 다음 논문을 참고하였다.
남주연, 김영주, 「한국어 학습자의 구어에 나타난 어휘 다양성 측정 -D값을 중심으로-」, 『한국어 의미학』 45권, 한국어의미학회, 2014, 83쪽 참조.

21 다른 코퍼스와의 비교 등을 위해 필요시에는 어간형도 따로 산출해 참고한다.

<표 2> 김유정 소설 코퍼스 어휘 통계

순번	제목	발표지	발표일	분량	어휘수 (어종수) V	총 어휘수 N	어휘 반복 지수 f=N/V	반복 어휘 비율 f2=(N-V)/N*100
1	봄과 따라지	신인문학	1936.1	6130자	1324	1696	1.28	21.93%
2	가을	사해공론	1936.1	7595자	1504	1924	1.27	21.82%
3	두꺼비	시와소설	1936.3	10910자	2010	2742	1.36	26.69%
4	봄밤	여성	1936.4	730자	158	172	1.08	8.13%
5	이런음악회	중앙	1936.4	3449자	691	843	1.21	18.03%
6	동백꽃	조광	1936.5	6799자	1274	1857	1.45	31.39%
7	야앵	조광	1936.7	12011자	2181	3188	1.46	31.58%
8	옥토끼	여성	1936.7	3598자	726	975	1.34	25.53%
9	생의 반려	중앙	1936.8~9	27063자	4227	6671	1.57	36.63%
10	정분	조광	1936.10	8456자	1546	1722	1.11	10.22%
11	슬픈이야기	여성	1936.12	9041자	1734	2429	1.40	28.61%
평균				8707자	1580	2202	-	-
합계				95782자	12931	24219	1.87	-

이상에서 정리한 어절 통계에 의하면 김유정은 11편의 소설에 대해 편당 8707자 분량으로 소설을 작성하였으며, 11편을 쓰는 동안 편당 1580개의 어절을 평균적으로 사용하였다. 이 도표에서 김유정의 어절 통계와 관련하여 가장 주목해야 할 점은 김유정의 어휘 반복지수이다. 어휘 반복지수 f는 총 어휘수 N을 어휘수(어종수) V로 나눔으로써 구하는 값이므로, f값이 작

아질수록, 어휘수(어종수)가 많아진다. 이는 좀 더 다양한 어휘를 활용한 작품이라는 의미가 된다. 그만큼 반복된 어휘를 사용한 경향도 적어진다는 것을 의미하는데, 예를 들어 「봄밤」은 1.08의 반복지수를, 「생의 반려」는 1.57의 반복지수를 갖는다. 이것은 「봄밤」이 「생의 반려」에 비해 어휘를 반복적으로 사용하는 경향이 낮았다는 것을 의미한다. 역으로 「생의 반려」는 어휘 다양성이 상대적으로 떨어지는 작품이 된다.

이를 좀 더 직관적으로 확인하기 위해, 이 연구에서는 반복어휘 비율이라는 새로운 문체 지수를 산출해보았다. 이 비율은 1회 이상 사용된 어종은 반복어휘로 집계하여 이것을 총 어휘수로 나눈 다음에 백분율을 구한 값이다. 이것의 산출식은 다음과 같다.

반복어휘 비율 f2 = (N−V)/N*100

이 산출식에 대입해보면, 「생의 반려」에 등장하는 반복어휘 비율은 36.63%, 「봄밤」의 반복어휘 비율은 8.13%로 「봄밤」이 동일 어휘를 반복하는 경향이 4배 가량 낮다는 것을 확인할 수 있다.[22] 이상, 두 개의 문체 지수로 모두 확인해본 결과, 「생의 반려」가 가장 반복되는 어휘가 많은 것으로 나타났다. 이 연구에서 활용한 어휘 반복지수는 작가가 얼마나 같은 어휘를 반복해서 사용했는지를 파악하는 데 있어서 중요한 참고자료가 될 수 있기 때문에, 작가의 개별작품 간의 어휘 다양성을 논하는 데 있어서 유효하다. 특히 이 어휘 반복지수는 다른 작가와의 비교를 통해 더욱 유의미한 결론을 도출해낼 수 있도록 도와준다. 따라서 김유정의 어휘 다양성을 검토하기 위해, 박태원이라는 비교 대상을 상정해보는 것은 유의미한 결과를 줄 수 있다. 박태원은 김유정과 함께 구인회에서 활

22 작품의 길이가 짧을수록 반복지수가 낮아진다는 것이 우세한 견해이다. 실제로 「봄밤」은 「생의 반려」에 비해 훨씬 짧다.

동했고, 『시와 소설』이라는 동인지에 함께 소설을 발표했던 작가이기 때문이다. 둘을 비교한 결과 다음과 같은 반복지수를 산출할 수 있었다.

〈표 3〉 김유정과 박태원의 어휘 반복지수

김유정 소설	총 어휘수	어휘수 (어종수)	어휘 반복지수	박태원 소설	총 어휘수	어휘수 (어종수)	어휘 반복지수
봄과따라지	1696	1324	1.28	딱한 사람들	3754	2242	1.67
슬픈이야기	2429	1734	1.40	거리	3982	2239	1.77
두꺼비	2742	2010	1.36				
옥토끼	975	726	1.34				
합계	7842	4971	1.57	합계	7736	4017	1.92

위의 표는 총 어휘수를 기준으로 김유정의 소설과 박태원의 소설을 선별하여 비교해 본 결과다. 반복지수에서 가장 중요한 산출기준이 되는 것이 총 어휘수이기 때문에, 총 어휘수를 각각 김유정 7842개, 박태원 7736개 분량으로 비슷하게 맞추어 둘의 소설을 선별해보았다. 그 결과 김유정의 소설은 4편, 박태원의 소설은 2편이 선별되었다. 이 소설 어휘들의 반복지수를 산출한 결과, 김유정은 1.57의 반복지수를 가지는 반면, 박태원은 1.92의 반복지수를 가지는 것을 확인할 수 있다. f의 값, 즉 반복지수가 클수록 단 한 번 나오는 어휘(vocable hapax)의 수는 적어진다는 점을 상기했을 때, 김유정이 박태원에 비해 단 한 번 나오는 어휘를 더 많이 사용하고 있는 것을 확인할 수 있다. 이는 김유정이 박태원에 비해 어휘를 더 풍부하게 사용했다는 의미이며, 박태원이 더 반복적으로 어휘를 구사했음을 의미하는 것이기도 하다. 그러나 어휘를 다양하게 사용했는지의 여부가 어휘를 반복해서 사용했는지의 여부보다 미학적으로 가치가 있다고 속단할 수는 없다. 어휘를 반복적으로 사용하거나 형식을 반복적으로 사용하는 것만으로도 미학적 효과를 꾀할 수 있는 작품들도 존

재하기 때문이다.

따라서 이 글은 김유정이 가지는 소설 어휘의 다양성을 감안했을 때, 역설적으로 김유정이 잦은 빈도로 사용한 어휘들은 그 의미가 더욱 커진다는 점에 주목하고자 한다. 김유정 소설 어휘의 고빈도어에 주목할 필요성은 여기에서 생겨난다. 일반적으로 언어 통계학에서 가장 기본이 되는 것은 빈도이다. 빈도가 높은 어휘는 빈도가 낮은 어휘에 비해 기억효과가 높다고 알려져 있다. 이를 빈도효과(frequency effect)라고 부른다.[23] 따라서 고빈도어는 독자들이 그 소설을 기억하는 데 있어서 매우 중요한 역할을 하는 문체 지수라고 할 수 있을 것이다. 김유정은 다음과 같은 어휘를 빈도 높게 사용한 것으로 집계되었다.

<표 4> 김유정 소설 어휘 고빈도어와 현대소설 고빈도어 순위 비교

빈도 순위	김유정 소설 코퍼스			빈도 순위	한국현대소설 코퍼스	단편소설 코퍼스
	어휘[24]	빈도	사용률[25]		어휘	어휘
1	이다/vc	1415	5.84%	1	이다/vc	이다/계사
2	하다01/vv	586	2.14%	2	나03/np	것01/nb
3	나03/np	370	1.53%	3	것01/nb	하다
4	것01/nb	304	1.26%	4	있다01	나03/np
5	그01/np	303	1.25%	5	하다01/vv	그01/np
6	그01/mm	290	1.20%	6	그01/np	그01/mm
7	없다01/va	222	0.92%	7	그01/mm	있다
8	한01/mm	171	0.70%	8	있다01/va	없다01/va
9	이렇다/va	144	0.59%	9	않다/vx	있다01/vx
10	않다/vx	140	0.58%	10	없다01/va	아니하다/vx

23 김동성, 『언어 자료 분석을 위한 통계학』, 한국어국어대학교출판부, 2010, 23-45쪽.

24 표준국어대사전을 기준으로 어휘를 구분하였으며, 세종기획의 품사 집합 기호에 따라 약호를 표기하였다.

<표 4>는 다른 작가와의 비교를 위해 어근형으로 어휘를 산출했을 때, 김유정의 총 어휘에서 추출할 수 있는 고빈도어 상위 10개이다. 비교를 위해 오른쪽에 함께 제시한 자료는 한국현대소설, 근현대소설을 대상으로 구축한 코퍼스의 고빈도어 상위 10개다.[26] 한국현대소설 코퍼스나 단편소설 코퍼스와 비교했을 때에 김유정 소설 어휘에서 '이다'라는 지정사가 최고빈도어로 자리한 것은 자연스러운 현상이라고 할 수 있다. 그러나 주목할 만한 요소도 있다. 고빈도어 "하다01"이다.[27] 한국현대소설이나 근현대소설과 비교했을 때, 김유정이 '하다'를 잦은 빈도로 사용하고 있다는 사실은 특기할 만하다. 김유정 소설에 사용된 "하다01"의 활용형 중 가장 높은 빈도를 보이는 활용형은 '하고'이다. 굴절형으로 빈도수를 집계했을 때에도 '하고'는 총 363번 등장했으며, 사용률은 1.46%다. '하고'의 용례를 뽑아보면 다음과 같이 주로 대화문의 다음에 등장하는 것을 확인할 수 있다.

> "이놈의 계집애! 남의닭 알 못나라구 그러니?"<u>하고</u> 소리를 빽 질렀다.
> (「동백꽃」, 222쪽, 강조-인용자)
> "누길 찾으서요?"
> <u>하고</u> 묻는 것이다. 걸걸한 목소리가 이집의안잠재긴 듯 싶었다.
> 이런때
> "명주 있나?"
> <u>하고</u> 어줍댔드면 혹 통했을지도 모른다. (「생의 반려」, 254쪽, 강조-인용자)

---

25 이때의 사용률은 빈도수를 전체 어절수로 나눈 다음에 백분율로 계산한 것이다.

26 한국현대소설 코퍼스는 국립국어원, 「한국 현대소설의 어휘 조사 연구」, 2003를, 단편소설 코퍼스는 김희찬, 「한국어 말뭉치의 계량적 처리 절차 연구」, 서울대대학원 석사학위논문, 2000을 이용하였다. 선행연구자들의 노고에 감사드린다.

27 "하-" 를 어근으로 삼는 어근형으로 집계한 결과이나, 굴정형으로 집계해도 최고빈도어로 '하고' 가 집계되었다.

위의 용례처럼 '하고'는 문장과 문장을 이어주는 역할을 하는 데 사용된 어휘로, 주로 조사 '라고'를 대체하는 경향을 보인다. 선행 문장에는 대부분 구어체의 대화문이 등장하고, 그 이후 '하고'가 사용된 것을 용례에서도 확인할 수 있기 때문이다. 주지하다시피 김유정은 대화문뿐만 아니라 텍스트 전체에 걸쳐 구어체를 많이 사용한 작가 중 하나이다. 이러한 김유정의 구어체적 서술 방식에 대해서는, 부정적인 평가가 있었으나, 차츰 토속어, 방언, 비속어 등을 다양하게 활용한 점이 높이 평가받아왔다고 알려져 있다.[28] 특히 텍스트를 전개하는 과정에서 서술자가 등장인물과 다름없는 개인 언어적 서술을 하는 장면들을 더러 발견할 수 있는데, 박기범은 이와 관련하여 "순박하고 어리석은 인물과 비슷한 말을 쓰면서 그들처럼 말하는 방식으로 인물과 서술자와 독자 사이의 결속을 강화하고자 하였다"[29]고 분석한 바 있다. 이러한 평가는 대화문의 사용에도 유효하게 적용 가능하다. 김유정의 대화문은 대개 인물의 발화를 순수하게 모방하여 보여주고 있기 때문에 인물들의 생동감 있는 어휘를 가감없이 독자들에게 전달하는 효과를 거둔다. 뿐만 아니라 이러한 구어적 문체는 인물들의 성격을 실감나게 형상화하는 기여하고 있다고 할 수 있다.

그러나 중요한 것은 또 다른 한 편에서, 이 '하고'가 인물과 서술자의 거리를 강조하는 양가적인 문체 효과를 줄 수 있다는 점이다. 선행 서술의 구어적 문체가 순수하게 인물을 모방한다는 점에 있어서 인물과 서술자, 독자의 결속은 강화되겠지만 「가을」에 사용된 용례들을 살펴보면 그 문체는 새로운 문체 효과를 낳는다.

28 양문규, 『한국근대 소설의 구어전통과 문체 형성』, 소명출판, 2013, 314-350쪽.
29 박기범, 「구어체 소설의 문학교육적 가치」, 『문학교육학』 51권, 한국문학교육학회, 2016, 215쪽.

> 그리고 한참 나를 의심스리 바라보며 뭘 생각하드니 "끄거면 고만이유 만일 내중에 조상이 돈을 해가주와서 물러달라면 어떻거우?"하고 **눈이 둥그래서 나를 책망하는 것이다. 이놈이 소장에서 하든 버릇을 여기서 하는 것이 아닌가 하도어이가 없어서 나도 벙벙히 쳐다만보았으나** 옆에서 복만이가 그대루 써주라 하니까(…중략…) (195쪽, 강조-인용자)
>
> "친구! 신세 많이졌수 이담 갚으리다"하고 **썩 멋떨어지게 인사를 한다.** (196쪽, 강조-인용자)
>
> "아니 일텀 말이지 내가- 복만이면 즈안해가 어디간것쯤은 알게아니유?"
>
> 하고 **꾸중맞난 어린애처럼 어리광쪼로 빌붙는다.** 이것도 사랑병인지 아까는 큰체를 하든 놈이 이제와서는 나에게 끽소리도 못한다. (199쪽, 강조-인용자)

「가을」은 복만이가 아내를 소장사에게 팔기 위해 매매계약서를 쓰는 것에서부터 출발하는 1인칭 관찰자 시점의 소설이다. 관찰자인 '나'는 복만으로부터 부탁을 받고 매매계약서 대필에 관여하는 인물인데, 주로 '나'의 시점에서 이야기가 서술된다. 위에서 언급한 용례를 살펴보면, 김유정은 주로 '하고'를 대부분 등장 인물의 대화문과 지문을 이어주는 역할을 하는 데 사용하고 있다. '하고' 사용 이전의 선행 문장인 대화문은 인물의 입장이나 성격을 나타내는 생동감 있는 구어적 문체로서의 특성을 잘 빌휘하고 있지만, 그 이후의 후행 서술에 주목해야 할 필요가 있다. '하고' 이후의 후행 서술인 지문이 이어지는 부분은 대개 대화문의 중심에 있는 인물에 대한 거리두기가 이어지고 있기 때문이다. "이놈이 소장에서 하든 버릇을 여기서 하는 것이 아닌가 하도어이가 없어서", "썩 멋떨어지게", "꾸중맞난 어린애처럼 어리광쪼로 빌붙는다" 등등 인물을 향한 가치 평가가 담긴 서술을 이어감으로써 '나'의 관점에서 소장수를 바라보는 시각을 독자에게 비판적으로 부연하는 기능을 한다. 즉, 독자가 구어체로 생생하게 말하던 소장수보다 소장수를 가치 평가한 '나'의 서술에 더 의존하는 효과를 성취하는 것이다. 이를 가시적인 문장부호 큰따옴표를 사용하여 구분함으로써 김유정은 독자로 하여금, 등장인물의 대화와 그것을 관찰하는 서술자의 입장 차이에 주목하게 만든다. 즉, 이 '하고'는 인물에 대한 인식의 전환점 역할을 하는 것이다. 이러한 용례는 「가을」뿐만 아니라 김유정 소설 전반에 걸쳐 미만해 있다.

<표 5> 김유정 소설의 '하고' 용례와 문체 효과

용례	문체 효과
그는 터진 머리에 약을 발라주며 "너 이담부터 그런 손버르쟁이 허지말아" 하고 **멀쑤룩해진** 자기의 낯을 그렁저렁 세웠다. (「생의 반려」, 274쪽)	당당한 대화문과 대조되는 "멀쑤룩해지다" 라는 어휘를 통해 지문을 연결함.
"사람이 일을 해야지 놀면 쓰나!" 하고 **제법 점잖이** 훈계를 하는것이다.(「생의 반려」, 268쪽)	대화문에 "제법 점잖다" 는 역설적인 지문을 연결함.
"어째서 제가 난 아이가 보구싶지 않으냐? 넌 아즉 애를 못나봐서그래" 하고 영애는 바루 제일같이 펄쩍 뛰었으나 앞뒤좌우에 빽빽이 사람들이매 혹시누가 듣지 않었나, 하고 **좀 무안스러웠다**. (「야앵」, 229쪽)	"제일같이 펄쩍 뛰" 었다는 상황이 제시된 대화문에 "무안스러웠다" 는 대조적인 지문이 연결됨.
"만일 친구들에게 이런걸 발설한다면 내가 이 낯을들고 문밖엘 못나슬 터이니 당신이 잘 생각해서 해주" 하고 **풀이 죽어서 빌붙는** 이마당에는(…중략) (「정조」, 287쪽)	부탁하는 어조의 대화문에 "빌붙는다" 는 가치판단이 들어간 지문이 연결됨.

서술된 용례들처럼, 김유정은 표면적으로는 대화문을 통해 등장인물처럼 말하는 방식을 취함으로써, 인물과 서술자와 독자 사이의 거리감을 없애고, 이를 통해 결속을 강화하는 모양새를 취하고 있다. 이것은 구어체라는 문체가 가진 힘이기도 할 것이다. 그러나 이것의 문체 효과에 주목하기

위해서는 후행 서술에 주목할 필요가 있다. '하고'를 통해 선행 문장인 대화문과 후행 문장인 지문이 연결되는 전환점에서 인물에 대한 인식의 전환을 꾀함으로써, 후행 서술을 더욱 강화하는 형태를 취하는 것이다. 즉, 이는 독자가 서술자가 제시한 지문대로 등장 인물에 대한 '부정적' 가치 판단을 하도록 기여함으로써, 서술자와 등장인물을 분리시키는 문체 효과를 거둔다. 등장인물에 대한 감정이입과 동시에 등장인물에 대한 거리두기를 시행하는 이 '하고'는 그런 측면에서 양가적인 문체 전략이라고 할 수 있다.

3. 품사 통계와 형용사 '이렇다'의 양가적 속성

일반적으로 어휘 분석에서 가장 많이 사용하는 문체 지수는 고빈도어와 반복지수이다. 하지만 단일 문체 지수의 특징만으로 문체론적 접근을 시도한다면, 통계론적 오류에 빠질 위험이 있다. 따라서 다각도로 문체 지수를 활용할 필요가 있는데, 이때 접근 가능한 방식 중 하나가 품사에 의한 접근이다. 주지하다시피 동사는 소설 속 인물의 행위와 밀접한 연관을 맺으며, 형용사는 인물에 대한 묘사나 가치판단과 밀접한 연관을 맺는다. 부사는 이들 용언을 수식해주는 요인으로 작동한다. 따라서 명사나 대명사 등의 체언보다는 동사, 형용사 등의 용언, 부사가 속한 수식언이 더 효과적으로 서사와 문체의 상관성을 파악할 수 있도록 도와줄 수 있다.[30] 이러한 기준점을 토대로 김유정 소설의 동사, 형용사, 부사 사용 양상을 집계해보면, 다음과 같은 결과를 도출할 수 있다.

30 일반적으로 명사 등의 체언은 작품의 소재와 연관을 맺는 경우가 많다.

<표 6> 김유정 소설 품사 통계와 1930년대 소설 품사 통계

(김유정 전체 소설 총 어휘 수 24219개, 어종수 12931개 기준)

	김유정 소설						1930년대 소설 평균[31]		
	동사		형용사		부사		동사	형용사	부사
해당 품사 빈도	4813번	19.87%	1270번	5.24%	2384번	9.84%	23.56 %	6.77 %	10.23%
해당 품사 어종	897개	6.93%	250개	1.93%	661개	5.11%	-	-	-
반복 지수	5.36	-	5.80	-	3.60	-			

김유정 소설의 품사 사용 통계 결과를 보면, 우측에 함께 제시한 1930년대 소설 평균과 큰 편차가 없음을 확인할 수 있다. 다만 김유정 소설의 총 어휘수 24219개에 대한 어휘 반복지수 통계가 1.87이었던 것을 상기해보면, 김유정의 동사, 형용사, 부사의 반복지수는 5.36, 5.80, 3.60으로 매우 높은 편이라는 것을 확인할 수 있다. 반복지수는 어휘의 반복된 양상을 가리키는 것이므로 동사, 형용사, 부사 사용에 있어서 김유정 소설의 어휘 다양성은 김유정 소설 전체 평균보다 다소 떨어지는 편이라고 할 수 있다. 특히 김유정은 형용사를 가장 많이 반복하는 경향이 있었으

31 1930년대 작가의 품사 사용 양상에 관해서는 문한별의 논문을 참고하였다. 문한별은 이 연구에서 계용묵, 이효석, 이태준, 유진오, 김유정의 작품을 5편씩 선별하여 계량적 문체 연구를 시도하고 있다. 문한별이 선별한 김유정의 작품은 1935년 작품으로, 이 연구의 연구대상인 1936년 작품과는 차이가 있다. 이 연구에서는 다섯 명 작가의 평균만 발췌하여 사용하였음을 밝힌다. 아울러 선행연구자의 노고에 감사드린다.
문한별, 「한국 현대소설의 기계적 문체 분석 가능성을 위한 계량적 방법론-1930년대 작가를 중심으로」, 『국어국문학』 170권, 국어국문학회, 2015.3, 434-439쪽 참조.

며, 동사, 부사 순으로 동일한 어휘를 반복하고 있었다. 이러한 결과를 토대로 각 품사별 사용 양상을 검토하는 데 있어서 좀 더 유의미한 결과를 도출할 수 있도록 품사별 상위 고빈도어를 집계해보았다.

<표 7> 김유정 소설 품사별 고빈도어 순위

(음영: 전체 고빈도어10 포함 어휘)

빈도순위	동사		형용사		부사	
	어휘	빈도	어휘	빈도	어휘	빈도
1	하다	586	없다	222	다	82
2	되다	97	이렇다	144	좀	82
3	가다	92	있다	106	또	74
4	보다	90	그렇다	97	다시	60
5	나다	84	좋다	54	더	45
6	들다	83	어떻다	37	왜	42
7	모르다	83	같다	36	못	41
8	먹다	77	크다	34	그대로	36
9	알다	68	다르다	18	안	34
10	나오다	58	싫다	14	잘	34

<표 7>에서 확인할 수 있는 흥미로운 지점은 김유정 소설 전체 어휘의 고빈도어 10위 안에 드는 어휘가 총 3개 등장한다는 점이다. 동사 '하다', 형용사 '없다', '이렇다'[32]가 그것이다. 김유정 소설 고빈도어와 비교 대상으로 삼았던 한국현대소설 코퍼스나 단편소설 코퍼스에 '하다'와 '없다'가 10위 안에 들어 있는 것을 보면 이들의 상위권 진입은 일견 자연스러운 현상처럼 보인다. 그러나 형용사 '이렇다'가 높은 순위에 올라있다는 점은 특기할 만하다.

32 고려대한국어대사전에서는 '이렇게'를 부사로 서술하고 있으나, 표준국어대사전에 따라 형용사로 집계한다.

특히 형용사 '이렇다'가 144회 사용되는 동안, 86.8%인 125번은 '이렇게'라는 부사어의 역할을 하는 활용형으로 사용되었다는 점을 기억해야 한다. 이 부사어로서의 '이렇게'는 단편소설 코퍼스에서도 순위가 87위에 불과하다. 따라서 김유정 전체에서 9위를 차지한 '이렇다'의 사용 빈도는 좀 더 정밀하게 들여다 볼 필요가 있는 것이다. 주지하다시피 유어(類語)라고 할 수 있는 명사, 형용사, 동사야말로 주제어로 연관될 가능성이 크다는 점을 상기했을 때, '이렇다'의 용례는 검토될 필요가 있다. 이를 위해 우선적으로 '이렇-'의 활용형 중 가장 높은 빈도를 차지하는 '이렇게'의 사전적 의미를 찾아보면 다음과 같다.

<표 8> '이렇게'의 사전적 의미

	의미	예문
표준국어대사전	'이러하게' 가 줄어든 말.	그는 웃으며 이렇게 말했다. 이렇게 값비싼 것을 저에게 주신다고요.
고려대한국어대사전	1) 이러한 정도로. 2) 앞의 내용을 받거나 뒤에서 말할 내용을 지시하여 가리킬 때 쓰는 말. 3) 이러한 모양으로. 또는 이러한 방식으로. 4) 가까이에 있는 사람이나 물건을 직접 가리킬 때 쓰는 말.	1) 저도 선생님의 빈자리가 이렇게 클 줄은 몰랐습니다. 2) 카프카는 〈집으로 가는 길〉에서 이렇게 적었다. 3) 일이 이렇게 된 이상 속전속결로 끝을 봐야겠소. 4) 아주머니, 저희 가게에서는 야채도 이렇게 준비했습니다.

<표 8>에서 파악할 수 있는 것처럼, '이렇게'는 형용사 '이러하다'의 준말인 '이렇다'가 활용된 형태다. 상태, 모양, 성질 따위가 이러하다는 의미의 형용사 '이렇-'과 부사형 전성어미 '-게'가 결합된 형태이므로, 문장 성분 내에서 부사어로서 역할을 할 수 있다. 특히 선행 문장이나 후행 문장에 대한 부연으로 사용하는 경우가 많다는 점을 상기하면서 김유정 소설에서 '이렇게'가 사용된 주요 용례를 추출해보면 다음과 같다.

(1) 나리 나리 한푼주세요, 하고 거듭재우치다 그래도 괘가 그르매 나리 그럼 사과나좀, 모어 이자슥아 남먹는 사과를줌. 혀 꼬부라진 소리가 이렇게 중얼거리자 정작 사과는 땅으로 가고 긴치않는 주먹이 뒤통수를 딱. (「봄과 따라지」, 187쪽, 강조-인용자)

(2) 대뜸 손을 내밀고 아씨 한 푼 줍쇼. 얘 지금 돈 한 푼 없다. 이렇게 한마디 하고는 이것도 돌아다보는 법 없다.(「봄과 따라지」, 189쪽, 강조-인용자)

(3) "넌 아주 모르는구나., 아마 교양이 없어서 그런가부다, 꽃은 이렇게 맡아보고야 비로소 존줄 아는거야!"하면서 경자는 짓꾸지 아까의 그 꽃송이를 두 손바닥으로 으깨여 가지고는 다시 맡아보고(…중략…)(「야앵」, 228쪽, 강조-인용자)

(4) 마는 그보다도 더욱 놀라운 것은 자식도 모르는 폐인인줄알았드니 그래도 제지식이라고 몰래 훔쳐다가 이렇게 데리고 다니는 것을 생각하면 그속은 암만해도 하눌땅이나 알듯싶다.(「야앵」, 238쪽, 강조-인용자)

용례 (1)과 (2)는 선행 서술의 내용을 받거나 후행 서술의 내용을 지시하여 가리키는 상황에서 사용되었음을 확인할 수 있다. 주로 선행 서술로는 대화체의 문장이 제시되고, 그 이후, '이렇게'가 이어 사용되는 형태로, 앞장에서 살펴본 '하고'와 비슷한 사용 양상을 보인다. 특히 이 용례에서의 '이렇게'는 '이', '그', '저'를 대상으로 계열화할 수 있는 지시어의 일종인 지시형용사가 된다. 일반적으로 '이', '그', '저'로 대표되는 지시어는 두 가지 쓰임을 갖는다고 알려져 있다. 조응적 지시와 화시적 지시가 그것이다.[33] 용례 (1), (2)는 이 구분에 따르면 조응적 지시에 해당한다.

33 이를 지칭하는 용어는 학자마다 다르다. 장경희(1980)는 각각 실재적 지시와 기호적 지시로, 장석진(1984)는 화시적 지시와 조응적 지시로, 양명희(1996)는 현장 대용과 문맥 대용이라는 용어로 사용하였다. 이 연구에서는 장석진의 논의를 따른다. 이와 관련해서는 다음을 참고하였다.

조응적(anaphoric) 지시는 선행하는 지시 대상을 대신해서 쓰이는 전술 언급 기능을 이르는 말이다. 물론 후술 언급 기능도 가능하다. 그러나 용례 (3), (4)는 그 사용 방식이 조금 다르다. 화시적 지시로 활용되었기 때문이다. 화시적(deictic) 지시는 가리키는 지시 대상이 발화 장면에 따라 달라지는 것을 의미한다. 이때, 화시적 지시에는 기본적으로 시간 화시, 공간 화시, 인칭 화시 등이 있다. 발화상 시간, 장소, 사람이 바뀌는 특징을 지닌다.[34] 특히, 이 화시적 지시는 화자와 청자와 지시대상 사이의 원근 개념을 나타내는 말로, 화자와 가까우면 '이'를, 청자와 가까우면 '그'를, 모두와 멀면 '저'를 사용하는 특징이 있다. 따라서 지시형용사 '이렇다'의 문체적 특징을 올바르게 이해하기 위해서는 같은 계열의 어휘인 '그렇다'와 '저렇다'를 모두 포함 시켜서 살펴볼 필요가 있다.

<표 9> 김유정 소설의 지시형용사 어휘 통계

빈도순위	어휘	빈도	사용률
2	이렇다	144	0.59%
4	그렇다	97	0.40%
16	저렇다	9	0.03%
	합계	250	1.03%

<표 9>처럼 지시형용사의 범위를 넓히고 나면, 김유정 소설 전체 어휘에서 지시형용사의 사용률은 1.03%에 달한다. 이는 전체 고빈도어 중 7위에 해당하는 사용률이다. 이러한 지시형용사가 김유정 소설에서 어떠한 문체적 효과를 거두는지를 살펴보는 데 있어서 「야앵」이 좋은 사례가 될 수 있다.

신지연, 『문법 연구와 자료』, 태학사, 1998, 669쪽.

34 김천학, 안혜정, 「관형사 '한' 과 지시어 '이, 그, 저' 의 쓰임을 통한 화 · 청자와 지시 대상 사이의 관계」, 『한국어학』 93권, 2021, 181쪽.

<표 10> 김유정 소설 「야앵」의 지시형용사 용례와 문체 효과

용례	발화 상황	문체 효과
경자는 호박같이 뚱뚱한 영애의 몸집을 한번 훔쳐보고 속으로 저렇게 뒤룩뒤룩하니까 코청도 아마, 하고는…(중략) (228쪽)	경자의 생각	저렇게+ 뒤룩뒤룩하다 -〉 부정적 서술어와 결합
정숙이는 그렇게 맘 좁은 사람은 아닐 텐데 ―' 하고 경자는 아리송한 생각을 하다가…(중략) (229쪽)	경자의 생각	그렇게+ 마음이 좁다 -〉 부정적 서술어와 결합
"그럼 개아버지가 누군질 정숙이도 모르겠구면?" "넌줄 아니, 모르게?" 영애가 이렇게 사박스리 단마디로 쏘아붙이는 통에 경자는 암말 못하고 고만 얼굴이 빨개졌다.(230쪽)	화자: 영애 청자: 경자	이렇게+ 쏘아붙이다 -〉 부정적 서술어와 결합
경자는 눈을 째긋이 감아보며 아까부터 해오든 저의 궁리에 다시 취하다가 "그럼 말이야, 그애를 개아비지가 집어가지 않었을까?" 이렇게 아주 큰 의견이나 된 듯이 우좌스리 눈을 히번덕인다.(231쪽)	화자: 경자 청자: 영애	이렇게+ 우좌스리 눈을 히번덕인다 -〉 부정적 서술어와 결합
"(생략) 그게 나 교양이 없이서 그래―" 이렇게 뱉을 긁는데는 큰 무안이나 당한 듯 싶어서 얼굴이 빨개지며 짜증 눈에 눈물이 핑 돌지않을수가 없다. (233쪽)	화자: 경자 청자: 영애	이렇게+ 뱉을 긁는다 -〉 부정적 서술어와 결합

「야앵」은 카페 여급으로 일하고 있는 등장인물들, 경자, 영애, 정숙이 창경원으로 꽃 구경 간 일화를 그리고 있는 소설이다. 이 소설은 전지적 작가 시점이자 복합플롯으로 구성되어 있다. 경자가 영애에게 정숙의 과거 이야기를 듣는 플롯과 정숙이 잃어버린 딸과 전남편을 만나는 플롯이 교차하다가 작품의 후반부로 가서 이 두 개의 플롯은 결합된다. 주된 서

술을 맡은 경자는 "교양"을 부르짖는 인물이고, 영애는 그러한 경자를 고까워하는 인물이다. 김유정은 꽃 구경에 대한 입장 차이를 통해 둘의 대립을 선명하게 그려내고 있다. 둘에게 공통점이 있다면 정숙에게 동정심을 느낀다는 것이다. 위의 용례 (3), (4), (5)를 살펴보면, 이 두 등장인물이 화자와 청자로서의 역할을 번갈아가며 수행하는 장면이 서로의 대화를 통해 서술되고 있음을 확인할 수 있다. (1), (2)는 담화의 상황은 아니지만, 경자가 서술자가 되어 마음속의 말을 혼잣말로 발화하는 경우에 해당한다. 모두 화자의 대화를 통해 상황이나 사건을 서술하고 있다는 점에서 김유정의 구어적 문체와 밀접하게 연관이 있다는 것을 확인할 수 있다.

특히 주목할 만한 점은, 이러한 구어적 담화 상황이 인물에 완전히 밀착된 형태로 제시됨으로써 김유정 특유의 문체적 효과를 거두고 있다는 점이다. 주로 지시형용사를 사용하는 위의 담화 상황에서 서술자가 인물에 완벽하게 밀착한 상태로 서술하거나, 인물의 속마음을 혼잣말로 이야기하는 문체 전략을 채택함으로써 인물이 가지고 있는 순수한 형태의 생각이나 행동이 고스란히 독자에게 전달되는 효과를 거둔다. 그래서 「야앵」을 읽는 독자들은 도시 하층민인 경자나 영애나 정숙이의 삶에 대해 동정 어린 시선을 가진 채 소설을 읽어나가게 되는 것이다. 뿐만 아니라, 김유정은 지시형용사를 이렇다>그렇다>저렇다 순으로 사용함으로써 '이렇다'의 빈도를 가장 잦게 등장시키고 있는데, 이는 조응적 지시 상황에서 화자의 친근성이 어느 정도인지를 결정하는 요인이 되기도 한다. '이렇다'가 '그렇다'보다 더 청자에게 친숙한 상황에서 사용된다는 점에서 그러하다. 따라서 김유정이 지시형용사들 중에서도 '이렇다'를 가장 빈번하게, 또 반복적으로 사용했다는 점은 등장인물들 간의 담화를 지켜보는 독자에게 등장인물에 대한 친밀감을 유발 시키는 의도적인 문체 전략이라고 할 수 있는 것이다.

그러나 김유정 소설에 등장하는 지시형용사가 인물에 대한 감정이입을 돕는 방향으로만 서술되지는 않는다는 점을 주목해야 한다. 김유정은 지나치게 원시적이고 순수한 날것의 어휘를 구사하는 등장인물들을 전면에 내세운 뒤, 그들의 행동이나 생각을 '이렇다' 등의 지시형용사를 통해 표현함으로써 '이렇다'의 해석을 독자에게 맡겨버린다. 즉, 독자가 의미 해석에 개입할 여지를 열어주는 것이다. 이는 대개의 지시어들이 가지는 모호성과 연관이 깊다. 예를 들어 "이렇게 쏘아붙인다."와 "표독스럽게 쏘아붙인다."라는 두 개의 문장을 비교했을 때, 독자들은 후자보다 전자에 좀 더 많은 시간을 할애해 '이렇게'의 맥락을 해석해야 한다. '이렇게'의 모호성은 "이렇게 쏘아붙인다."라는 문장에서는 해결할 수 없으며, 선행 서술이나 후행 서술의 맥락을 통해 해결해야 하기 때문이다. 만약 선행 서술이나 후행 서술에 '이렇게'에 대한 단서가 포함되어 있지 않다면, 여러 가지 사전적 의미를 고려하여 맥락을 이해하기 위한 해석을 시도할 것이다. 따라서 김유정은 직접적인 형용사나 부사를 사용하여 서술하는 것보다 불분명하고 모호한 지시형용사의 서술을 제시함으로써, 독자에게 판단을 지연시키는 문체 전략을 선택하고 있는 것이다. 특히 등장인물에 대한 판단을 지연시키면서도 후행하는 구절에 "뒤룩뒤룩하다", "마음이 좁다", "쏘아붙이다", "우좌스리 눈을 히번덕인다", "밸을 긁는다" 등의 부정적인 서술어를 등장시켜, '이렇게'의 의미를 종국에는 부정적인 이미지로 해석하도록 만들게 되면, 그 부정적인 이미지는 더욱 강조되는 효과를 지닌다. 즉, 김유정은 형용사를 통해서 독자에게 등장인물이 친숙하다는 가치평가를 내리게 하면서도, 동시에 등장인물의 실상을 부정적으로 묘사하는 양가적인 문체 전략을 취하고 있다고 할 수 있다.

4. 페이소스의 문체와 거리두기

전술한 바대로, '하다' /'하고', '이렇다' /'이렇게'는 모두 양가적인 해석이 가능하게 만드는 어휘들이다. 두 개의 어휘는 선행 문장과 후행 문장을 연결하면서 등장인물에 대한 감정이입과 동시에 등장인물에 대한 거리두기를 시행하는 양가적인 문체 전략을 취한다. 이때 김유정이 취하는 문체 전략은 인물에 대한 페이소스를 전제 조건으로 한다. 주지하다시피 페이소스, 즉 파토스(pathos)는 동정과 연민의 감정, 비애감, 애상감 등을 뜻하는 그리스어이다. 김유정은 독자들이 인물에 대해 페이소스를 갖게 하기 위해, 구어적 문체를 활용하는 방식이나 인물에 밀착하여 인물을 서술하는 방식을 활용한다. 이때 김유정에 의해 묘사된 인물들은 도시와 농촌을 막론하고 모두가 페이소스를 갖는 인물들이 된다. 남편이 바보인데다가 딸까지 잃은 불쌍한 카페여급(「야앵」), 남의 아내를 돈 주고 샀으나 그 아내가 도망가버린 우둔한 소장수(「가을」), 기생을 짝사랑하는 나약한 학생(「생의 반려」, 「두꺼비」), 고집이 센 거지(「봄과 따라지」), 빈곤하지만 남을 돕고자 하는 백수(「슬픈 이야기」)는 모두 김유정 소설이 그려낸 인물들이다. 김유정의 작품에서 이러한 등장인물들은 구어적 문체를 통해 자신들의 사고와 행동을 가감없이 독자에게 전달한다. 이들이 원시적이고 순진무구한 행동과 생각이 서술자를 통해 독자에게 전달되는 순간, 독자들은 인물에 대한 페이소스를 느끼게 된다. 독자들이 '하고'나 '이렇게' 등의 구어적 문체를 선행 문장에서 읽어냄으로써 등장 인물에게 감정이입하게 만드는 방식이야말로 페이소스 문체라고 명명할 수 있는 것이다.

주지하다시피 김유정의 구어체가 독자와의 거리를 좁히는 데 기여했다는 평가를 내리는 연구는 기왕에도 있어 왔다. 이러한 논의들은 "구어의 세계에서 독자는 주인공들이 겪는 세계와 일체감을 갖게 된다"[35]거나 판소리 작법과의 유사성을 토대로 "인간 본연의 천진성에 대한 신뢰"[36]를 보인다는 해석을 도출해왔다. 그러나 이 연구는 김유정이 독자가 인물에게 페이소스나 친근감을 느끼는 방향으로만 문체 전략을 채택하고 있지 않음을 강조하고자 한다. 바보스럽거나 어리숙한 인물의 날것은 해학적인 웃음을 유발하기에 충분하기 때문이다. 따라서 김유정은 페이소스의 문체 이면에 양가적인 기법을 제시한다. 후행 문장을 통해 인물에 대해 부정적으로 서술하거나 인물에 대한 가치 평가를 하는 덧붙이는 문체 전략으로 거리두기를 시행하기 때문이다. 이 거리두기는 시점에 구애를 받지 않는 특징을 보이며, 1인칭 시점에서 활용되기도 한다. 서술자와 인물 사이의 거리를 의도적으로 멀어지게 하는 문체 전략을 채택함으로써 독자가 인물과 자신 사이의 거리를 환기하게 만드는 것이다. 「생의 반려」나 「가을」 같은 텍스트가 대표적이다. 1인칭 관찰자 시점으로 작품을 서술하면서 인물들에 대해 거리두기를 시행함으로써 독자로 하여금 인물에 대한 양가적인 판단을 내리게 만드는 전략을 취하고 있는 것이다. 김유정은 창작 과정에서 인물의 시점을 옮기거나, 서술자를 바꾸는 방식, 서술자를 모호하게 만드는 방식을 채택하여 자유간접문체를 일부 활용하면서 인물들이 처한 상황으로부터 독자의 거리를 조정한다. 특히 선행 문장과 후행 문장을 통해 인물에 대한 페이소스와 인물에 대한 거리두기를 나란히 병치시킴으로써, 선행 문장과 후행 문장에서 오는 간극을 고스란히 독자에게 전달하고 있는 것이다. 이는 등장인물에 대한 해학성마저 느끼게 만드는 양가적인 문체적 효과를 누리게 된다.

이 연구에서는 이러한 양가적인 문체 효과를 김유정 소설에 드러난 어

35 양문규, 「한국근대소설에 나타난 구어전통과 서구의 상호작용」, 『배달말』38집, 배달말학회, 2006, 356쪽.

36 전신재, 「속이고 속는 이야기의 두 유형 -판소리와 김유정 소설」, 『도남학보』 22집, 도남학회, 2008, 199쪽.

절 통계와 품사 통계의 기본적인 사항을 통해 살펴보았다. 특히 계량적 문체 지수들을 바탕으로, 두 사례의 문체 전략과 효과에 대해 살펴보았다. 그 결과 어절 통계 안에서의 고빈도어라고 할 수 있는 '하다' /'하고'의 문체, 품사 통계 안에서 형용사라고 할 수 있는 '이렇다' /'이렇게'의 문체가 지니는 양가성이 김유정 소설담론이 지닌 해학성과 연결되는 지점을 발견하였으며, 이것은 독자의 해석 지평에 영향을 미친다는 점을 주장하였다. 따라서 이 연구는 김유정 소설의 계량적 문체론을 김유정 소설의 주요한 창작 원리와 연결시켰다는 점에서 의의가 있다. 특히 계량적 문체론과 직관적 문체론을 혼용함으로써 김유정 소설의 문체 연구에 대한 외연을 넓혔다는 점에서 의의를 찾을 수 있다. 물론, 이 연구는 김유정이 1936년 작성한 11편의 소설을 대상으로 하였기 때문에 두 가지 방향에서 보완되어야 한다. 첫째, 논외로 하고 있는 작품이 있다는 것, 둘째, 많은 편수의 소설을 다루다 보니 전체 작품을 세부적으로 다루지 못하였다는 것이다. 따라서 후속 연구에서는 이 연구결과를 활용하여 좀 더 세밀하게 개별 작품에 대한 분석을 시행할 예정임을 밝힌다.

참고문헌

단행본

구인환, 「김유정 소설의 미학」, 『한국근대소설연구』, 삼영사, 1977.

김우종, 「토속의 리리씨즘」, 『한국현대소설사』, 성문각, 1978.

전신재편, 『김유정문학의 전통성과 근대성』, 한림대학교 출판부, 1997.

김상태, 『문체의 이론과 해석』, 집문당, 1982.

김유정, 전신재 편, 『원본 김유정 전집』, 강, 2012.

김동성, 『언어 자료 분석을 위한 통계학』, 한국어국어대학교출판부, 2010.

양문규, 『한국근대 소설의 구어전통과 문체 형성』, 소명출판, 2013.

신지연, 『문법 연구와 자료』, 태학사, 1998.

B. 조빈스키 지음, 이덕호 옮김, 『문체론』, 한신문화사, 1999.

논문

국립국어원, 「한국 현대소설의 어휘 조사 연구」, 2003.

김문집, 「이 김유정 군의 예술과 인간 비밀」, 『조광』, 1937.

김양선, 「1930년대 소설과 식민지 무의식의 한 양상」, 『한국근대문학연구』 5권2호, 한국근대문학회, 2004.

김원희, 「다성적 경향과 서정성의 조율- 김유정 소설 문체의 역동성」, 『현대소설연구』 34권, 한국현대소설학회, 2007.

김종호, 「1930년대 농촌소설의 농민의식 반영 양상」, 『비평문학』 24권, 한국비평문학회, 2006.

김천학, 안혜정, 「관형사 '한'과 지시어 '이, 그, 저'의 쓰임을 통한 화·청자와 지시 대상 사이의 관계」, 『한국어학』 93권, 2021.

김희찬, 「한국어 말뭉치의 계량적 처리 절차 연구」, 서울대대학원 석사학위논문, 2000.

나병철, 「김유정 소설의 해학성과 현실인식」, 『비평문학』 8권, 한국비평문학회, 1994.

남주연, 김영주, 「한국어 학습자의 구어에 나타난 어휘 다양성 측정 -D값을 중심으로-」, 『한국어 의미학』 45권, 한국어의미학회, 2014.

문한별, 「한국 현대소설의 기계적 문체 분석 가능성을 위한 계량적 방법론- 1930년대 작가를 중심으로」, 『국어국문학』 170권, 국어국문학회, 2015.3.

박기범, 「구어체 소설의 문학교육적 가치」, 『문학교육학』 51권, 한국문학교육학회, 2016.

박장례, 「박태원 소설의 문체 연구 1930년대 소설을 중심으로」, 한국학중앙연구원 박사학위논문, 2011.

배희숙, 「문체 지수를 찾아서: 통계언어학적 연구」, 『프랑스문화예술연구』 2권, 프랑스문화예술학회, 2000.

송희복, 「청감(聽感)의 시학, 생동하는 토착어의 힘- 김유정과 이문구를 중심으로」, 『새국어교육』 77권, 한국국어교육학회, 2007.

신동욱, 「김유정고」, 『현대문학』 15호, 1969.1.

안미영, 「아이러니스트의 봄의 수사학」, 『한국근대문학연구』 28호, 한국근대문학회, 2013.

안함광, 「최근 창작평」, 『조선문단』 속간 4호, 1935.8.

양문규, 「한국근대소설에 나타난 구어전통과 서구의 상호작용」, 『배달말』 38집, 배달말학회, 2006.

이규정, 「「날개」와 「봄봄」의 문체론적 비교 연구」, 『수련어문논집』 6권, 수련어문학회, 1978.

전신재, 「속이고 속는 이야기의 두 유형 -판소리와 김유정 소설」, 『도남학보』 22집, 도남학회, 2008.

한만수. 「김유정 소설(金裕貞 小說)의 아이러니 분석(分析)」, 『동악어문학』 21권, 동악어문학회, 1986.

기타 자료

고려대한국어대사전, 표준국어대사전

김유정 소설의 서사 전략 연구
-그레마스의 기호 사변형을 활용하여

남궁정

1. 들어가며

김유정의 소설 중에는 순박함과 해학을 다룬 대표작품들 외에도 돈과 성에 대한 대립적 욕망을 드러내는 작품들이 다수 존재한다. 순박함과 해학을 주제로 한 소설들은 이미 수많은 논문에서 다뤄진바, 본고에서는 하나의 대상 내에 포함된 대립적 가치 관계를 두고 인물들이 갈등하는 양상을 드러내는 소설들에 주목하고자 한다. 특히 물질적인 대상에 대한 대립적 욕망과 가치를 다룬 소설에는 「노다지」, 「金따는 콩밧」, 「금」, 「연기」, 「소낙비」, 「산ㅅ골나그내」 등이 있다.

금 모티프의 소설 「노다지」, 「金따는 콩밧」, 「금」, 「연기」는 '금'을 '가질 수 없다'와 '가질 수 있다' 사이에서 벌어지는 내면적 갈등을 보여주고 있으며, 금전적인 것을 이유로 유사 매음 행위를 보이는 「소낙비」와 「산ㅅ골나그내」는 '명령 지시된' 관계와 '금지된' 관계에서 드러나는 내면적 갈등을 보여주고 있다.

인물 내면의 '가질 수 없다'와 '가질 수 있다'라는 갈등은 양태성을 지닌 기술적 발화체로 볼 수 있으니, 기호학적 분석이 가능하다. '명령 지시된'과 '금지된'도 사회 규칙과 사회적 규범에 대한 양태성으로 볼 수 있으니, 그 역시 기호학적 접근이 가능하다. 따라서 본 연구는 하나의 대상

또는 어떤 개념 내부에서 서로 대립하고 있는 의미 관계의 동적인 작용을 파악하는 데에 유용한 그레마스의 기호 사변형을 활용하여 김유정의 소설들에 등장하는 인물들의 갈등을 분석하고자 한다.

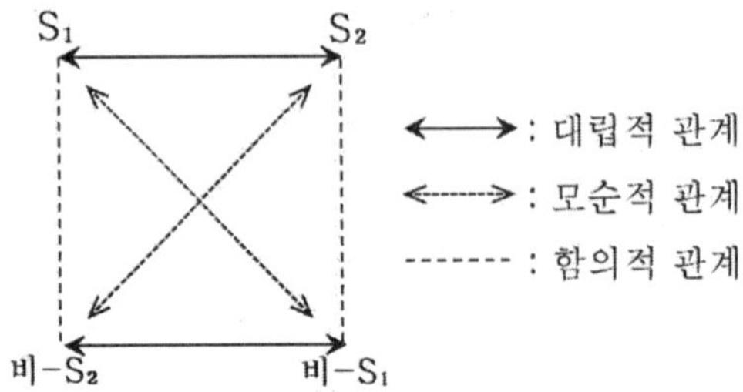

<그림 1> 그레마스의 기호 사변형(Semiotic rectangle)

<그림 1>에서 보이듯, 그레마스의 기호 사변형(Semiotic rectangle)은 기술(記述)적 가치를 지니는 모델로 어떤 개념을 파악하고자 할 때, 그 개념에 대립하는 개념들과 관련하여 이해하고 설명하는 데 유용하게 활용될 수 있다. 그레마스의 기호 사변형은 '모든 의미 범주의 논리적 분절을 시각적으로 재현한 것'으로 바꾸어 말하면 모든 의미화의 기본 구조를 밝히는 방식이다. 의미화의 기본 구조가 최소한 두 개 항목 사이의 관계로 정의될 때, 그것은 계열체의 축을 특징으로 하는 대립적 구별을 토대로 한다. 따라서 그 기본 구조는 이항 대립에서 출발한다. 그림에서 대립적 의미소는 각각 S_1과 S_2로 상호대립적이다. S_1과 비-S_1, S_2와 비-S_2는 함의적인 관계에 놓이며, S_1과 비-S_2, S_2와 비-S_1은 서로 모순적인 관계로 설명된다.[1] 김유정의 소설 중 금 모티프의 소설과 유사 매음 행위의 소설은 물질이라는 대상에 잠식당하느냐, 잠식당하지 않느냐라는

1 Greimas, A. J., 유기환·최용호·신정아 역, 『정념의 기호학』, 도서출판 강, 2014, 16~20쪽.

대립적 가치 관계를 두고 인물들이 갈등하는 양상을 보여준다. 그레마스의 기호 사변형을 활용한다면 인물의 대상에 대한 대립적 욕망과 물질적 가치에 대한 윤리의식의 문제를 다소 선명하게 드러낼 수 있다.

본고에서 논의하려는 금 모티프의 소설인 「노다지」, 「金따는 콩밧」, 「금」, 「연기」는 류종렬(1998), 최경아(2009), 오은엽(2015)에서 논의된 바 있는 소설들이다. 류종렬과 최경아는 1930년대의 시대적 상황과 금 모티프의 소설의 상관성을 밝히고자 하였고, 오은엽은 '분노'라는 정념이 주제화되며 '실망감 → 불만족 → 공격성'이라는 통합적 시퀀스의 단계를 따라 전개되는데, 1935년 발표작이자, 광산 소설에 해당하는 「노다지」, 「金따는 콩밧」, 「금」이 그러한 양상을 보인다고 설명한다.

유사 매음 행위를 다루고 있는 「소낙비」와 「산ㅅ골나그내」는 주로 인물의 윤리의식에 대한 논의가 이루어졌다. 이혜영(1986)은 「소낙비」, 「산ㅅ골나그내」, 「안해」에 등장하는 인물들의 행태가 윤리의식에 의한 것이 아니라며, 절대 빈곤과 절박한 시대 상황에서 행태의 원인을 찾아야 한다고 보았다. 이재복(1993)은 「소낙비」에서 아내의 행위를 윤리적 타락으로 문제 삼지 못하도록 서술자가 개입한다는 의견을 내놓았고, 장소진(2001)은 「소낙비」와 「안해」를 묶어 가부장의 노녁직 권위 방기와 여성 육체의 물화 양상을 설명하였다. 연남경(2011)은 농촌사회의 몰락상을 전달하며, 해석적 코드에 따른 연쇄적 질문 방식을 통해 유랑인과 범죄자를 양산하는 원인을 지목하였다.

김유정 소설의 결말에 나타난 반전에 주목한 연구들도 있다. 반전은 이전과 다른 결과에서 빚어지는 대칭성에서 비롯되므로 이항 대립을 방법론으로 삼을 본고의 관점과 일면 유사한 점이 있다. 김미경(1991)은 김유정의 단편소설이 모든 소설의 귀결에서 '콩트와 같은 반전을 주어 인생의 한 단면을 탁월하게 보여준다'고 평가하였다. 「봄봄」, 「동백꽃」, 「소낙비」, 「산ㅅ골나그내」 등의 해학성을 보이는 작품을 모두 분석의 대상으로 삼아 김유정 작품이 보이는 결말의 공통점에 주목하였다. 김승준(2013)은 김유정 소설이 열린 결말을 통해 '등장인물의 윤리적 규범에서 벗어난 일탈행위를 당 시대의 본질적 모순과의 연관성 속에서 파악'하게 된다고 보았다. 박상준(2014)은 도시를 배경으로 한 김유정의 소설들에도 심정적 역전이라는 반전 효과가 있다고 보았다. 앞의 반전에 관한 연구들은 작품의 결말에만 방점을 찍고 인물들이 어떤 대상에 대하여 대립적인 가치를 보였는지에 대해 고민하거나 유형화하지 않은 한계가 있다. 김유정 소설의 반전은 대립적 가치에 갈등하던 인물들의 선택에서 야기되기 때문이다.

본고와 가장 유사한 논리를 보인 연구는 김근호(2017)의 연구이다. 김근호(2017)는 김유정 소설의 반전이 갖는 주요 골격이 '믿음에 따른 행동과 현실 논리에 따른 배반의 대칭 구조'라고 말한다. 「산ㅅ골나그네」, 「총각과 맹꽁이」, 「金따는 콩밧」, 「만무방」, 「솟」, 「봄봄」, 「동백꽃」, 「정조」, 「땡볕」 등 총 9편에서 반전이 나타난다고 보고 이 작품들을 분석의 대상으로 삼았다. 이들 작품의 공통점이 속임을 당한 인물이 반전에 이르러 속았다는 사실을 깨닫고, 마침내 진짜 현실을 맞닥뜨리게 된다는 데에 있다는 것이다. 작품의 골격이 대칭 구조를 이룬다는 김근호의 주장은 본고와 비슷하다. 하지만 물질적인 욕망을 이항 대립의 기준으로 삼은 본고와 달리, 김근호는 대칭의 기준을 배반의 행동에 두었다. 김근호의 연구가 「산ㅅ골나그네」, 「金따는 콩밧」에 관심을 보인 점은 본고와 동일하다. 하지만 본고는 김근호의 논의에서 더 나아가 금 모티프의 소설인 「노다지」, 「금」, 「연기」와 유사 매음 행위를 보이는 소설인 「소낙비」까지, 아울러 살펴볼 계획이다.

연구사 검토를 통해 살펴본 바와 같이, 김유정 소설에 대한 인물의 내면적 갈등에 대한 논의가 없었던 것은 아니다. 또한 대립적 구조에 관한 연구가 없었던 것도 아니다. 그러나 그 인물의 내면에 자리한 갈등이 하나의 대상 내에 포함된 대립적 가치를 두고 이항 대립하고 있음을 직접적으로 거론한 연구는 찾지 못하였다.

따라서 본고는 그레마스의 '기호 사변형'을 활용하여, 물질적인 대상에 대한 인물의 내면적 갈등과 행동을 분석하고자 한다. 이에 '금' 모티프 소설이 '가질 수 있다'와 '가질 수 없다'의 대립을 활용한 서사 전략을 사용하고 있고, 유사 매음 행위가 드러난 소설은 '명령 지시된'과 '금지된'의 대립을 활용한 서사 전략을 활용하고 있음을 설명하고자 한다. 분석의 과정을 통해 김유정 소설에서 인간의 내면과 욕망을 드러내는 서사 전략의 양상을 살펴보겠다.

2. '가질 수 있다'와 '가질 수 없다'의 서사 전략

김유정의 소설 중 금을 모티프로 한 작품에는 「노다지」, 「金따는 콩밧」, 「금」, 「연기」가 있다. 「노다지」, 「金따는 콩밧」, 「금」은 1935년 작품이고, 「연기」는 1937년 작품으로 모두 1930년대 작품이다. 1931년 만주사변을 일으킨 일본은 전쟁 자금 조달을 위하여 산금장려정책을 펼쳤고, 덕분에 한반도 전역이 금광 개발 열풍에 휩싸이기 시작했다. 이러한 연유로 1932년 이후 금을 모티프로 하여 궁핍한 식민지의 현실을 드러내는 소설들이 다수 발표되었다.[2] 금을 모티프로 한 김유정의 소설들 역시 이러한 배경에서 발표되었으리라 짐작된다. 「노다지」와 「금」은 금 광산을 배경으로 한 소설이지만, 「金따는 콩밧」, 「연기」는 금에 대한 인간의 욕망을 다룬 작품이다. 가질 수 없는 금을 가질 수 있기 위해 고군분투하며 일련의 배신도 불사하는 인간의 본성, 그러한 인간의 본성이 드러나게 만드는 궁핍한 현실을 다루고 있다. 즉 금을 소재로 '가질 수 있다'

2 류종렬, 「일제 강점기의 '금 모티프' 소설 연구(1): 김유정 소설을 중심으로」, 『外大語文論集』 제13권, 釜山外國語大學校 語文學研究所, 1998, 1-2쪽.

와 '가질 수 없다'가 대립하고 있는데, 이는 '…을 할 수 있다'는 하나의 기술적 발화체에 대한 논의로부터 출발할 수 있다.

양태성의 이론에서 '…을 할 수 있다'는 하나의 기술적 발화체로 간주되며 일종의 기본형으로 취급된다. '할 수 있다'는 그것 자체로는 정의가 불가능한 개념으로 본다. 하지만 공식화된 양태성들의 체계 속에서 상호 정의될 수 있다.[3] 이를 그레마스의 기호 사변형에 투사하면 <그림 2>와 같다.

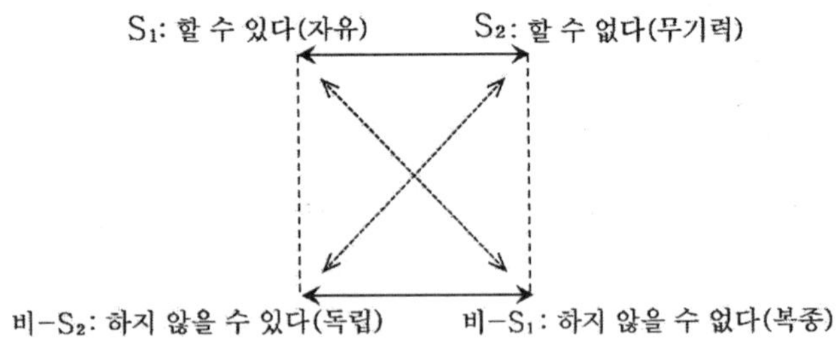

<그림 2> '할 수 있다'에 대한 기호 사변형

'… 할 수 있다'라는 기술적 발화체는 '가지다'라는 동사를 활용하여 '…을 가질 수 있다'는 기술적 발화체로 변형시킬 수 있다. '가질 수 있다'라는 기술적 발화체는 금을 모티프로 한 김유정의 소설에서 양태성들의 상호 체계를 드러낸다. 「노다지」, 「金따는 콩밧」, 「금」, 「연기」의 공통점은 금을 '가질 수 없다'에서 시작하여 금을 '가질 수 있다'로 끝난다는 것, 즉 서사가 전개되는 내내 '가질 수 있다'와 '가질 수 없다'가 대립한다는 점이다. 이를 그레마스의 기호 사변형으로 도식화하면 <그림 3>과 같다.

3 김성도, 『구조에서 감성으로: 그레마스의 기호학 및 일반 의미론의 연구』, 고려대학교 출판부, 2003, 297-300쪽.

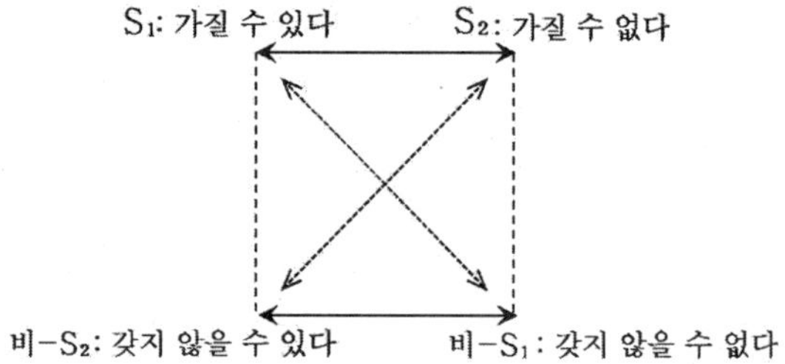

<그림 3> '가질 수 있다'에 대한 기호 사변형

<그림 3>을 바탕으로 금을 모티프로 한 「노다지」, 「金따는 콩밧」, 「금」, 「연기」의 서사 전략을 앞서 나열한 순으로 살펴보면 다음과 같다. 「노다지」는 다른 사람의 금점에서 몰래 감을 잠채하는 꽁보와 더펄이의 이야기다. 꽁보와 더펄이는 '일년이면 열두달 줄청 돌아만다니는 신세'이지만 '네가노다지를만나든내가만나든 둘이똑가티나놔가지고 집을사고 계집을엇고 술도먹고 편히살자고'라는 나름의 청사진을 가진 인물들이다.

「노다지」에서 꽁보와 더펄이는 금을 'S_1: 가질 수 있다'는 꿈이 있다. 그러나 서사의 시작에서 이들은 금을 'S_2: 가질 수 없다'는 현실에 처해 있다. 금을 가진다면 '게집하나맛나 살림'을 할 수 있지만 현실은 나올지 말지 모를 금을 잠채하러 떠도는 상황이다. 금전적인 여건을 이유로 이들의 심리는 매우 무기력하다. 그러나 '계집을엇고 술도먹고 편히' 살려면 금은 '비-S_1: 갖지 않을 수 없'는 대상이다. 즉 금이라는 물질적인 요건에 심리적으로 복종하고 있는 상태이다.

그런데 꽁보의 눈앞에 노다지가 나타난다. 금을 'S_1: 가질 수 있'는 상황이 가능해진 것이다. 하지만 꽁보는 더펄이라는 존재에 대하여 부담을 느낀다. 더펄이는 힘이 세서 꽁보의 목숨을 구한 이력도 있고, 꽁보를 업고 산길을 넘을 만큼의 체력을 지닌 인물이다. 그런 더펄이가 꽁보에게

'이것봐 자네가튼건 골백와야 소용업네'라며 노다지를 '세쪽'이나 딴 것이다. 꽁보는 비로소 'S_1: 가질 수 있다'의 상황에 도달했는데, 더펄이가 금을 모두 독차지하여 'S_2: 가질 수 없다'로 돌아갈지도 모른다는 두려움을 느끼게 된 것이다.

바로 그때 동발이 헐리어 더펄이를 덮치게 된다. 윤리의식에 따른다면, 꽁보는 당연히 더펄이의 목숨을 구하고 더펄이와 금을 반씩 나눠야 할 것이다. 하지만 힘이 센 더펄이를 구하는 행위는 꽁보가 금을 '비-S_2: 갖지 않을 수 있'게 되는 상황을 초래하는 것이다. 그런데 꽁보의 입장은 '게집하나맛나 살림'을 하려면 금을 '비-S_1: 갖지 않을 수 없'는 복종의 상황이기도 하다. 꽁보는 금의 일부를 포기할 수도 있지만, 조금도 포기할 수 없다, 양보할 수 없다는 갈등에 부딪힌다. 결국 꽁보는 죽음을 맞이하는 더펄이를 뒤로 하고 노다지만 챙겨 떠난다. 꽁보는 비윤리적인 선택을 통해 더펄이의 생명 대신에 금을 획득하는 S_1을 달성하는 것이다.

「金따는 콩밧」은 농사밖에 모르고 살아온 영식에게 금으로 재미를 봤다는 수재가 찾아와, 콩밭에서 금줄을 찾자고 들쑤시는 데에서 시작한다. 영식은 '농사만 짓고잇다간 결국 빌엉뱅이'가 되는 처지에 놓여 있다. 농사꾼인 영식에게 금은 애초에 'S_2: 가질 수 없'는 대상이었다. 그런 영식에게 나타난 수재는 '자네 돈버리좀 안할려나 이밭에 금이 묻혔네'라면서 'S_1: 가질 수 있다'는 청사진을 제시한 것이다.

수재의 제안을 듣고 보니 영식은 금을 '비-S_1: 갖지 않을 수 없'는 상황이다. '이산넘어 큰골에 광산'이 있고, '얼마 안잇으면 산이고 논이고 밭이고 할것없이 다 금쟁이 손에 구멍이 뚤리고 뒤집히고 뒤죽박죽'이 될 것이니 '비-S_1: 갖지 않을 수 없다'는 욕망이 생길 수밖에 없다. 한편 영식처는 금을 'S_1: 가질 수 있다'면 '코다리를 짜증 먹어 보겠구나'라는 소박한 꿈을 가지고 있다. 그래서 영식처는 콩밭을 유지하느냐, 아니면 금을 찾아 콩밭을 파헤치느냐, 즉 '비-S_1: 갖지 않을 수 없다'와 '비-S_2:

갖지 않을 수 있다' 사이에서 갈등하는 영식을 수재와 함께 부추긴다.

그런데 '열흘이썩 넘어도 산신은 깡깜 무소식'으로 콩밭에서는 금줄이 나오질 않는다. 게다가 마름이 영식에게 찾아와 '밭을 망첬으니 자칫하면 징역을 갈는지도 모른다'고 엄포를 놓는다. 영식의 처지는 여전히 금을 'S_2: 가질 수 없다'는 현실에 처해 있다. 하지만 '비-S_2: 갖지 않을 수 있다'라고 농사꾼의 마음을 되찾고 'S_1: 가질 수 있다'를 포기할 수 있는 상황이기도 하다. 그러나 '비-S_1: 갖지 않을 수 없다'는 욕망이 '비-S_2: 갖지 않을 수 있다'는 선택지에 관여하면서 금줄을 찾아 돈을 벌겠다는 'S_1: 가질 수 있다'의 희망과 그렇기 때문에 'S_2: 가질 수 없다'의 무기력함, 갖지 못한 자의 절망의 간극은 더욱 벌어지게 된다.

포기할 수 있지만 포기할 수 없는 상황에서 수재는 영식에게 거짓으로 가상의 'S_1: 가질 수 있다'를 제시한다. 수재가 '터젓네, 터저'라고 말하는 순간, S_1의 상황에 영식은 가상으로나마 도달한다. 그러나 수재는 지금의 상황이 'S_2: 가질 수 없다'에 놓여 있음을 알고 있다. 「노나시」에서 디펄이가 S_2의 상황이 도래할 줄 모르고 S_1의 상황에 놓여 기뻐했던 것처럼, 「金따는 콩밧」의 영식도 찰나에 지나지 않을 S_1의 상황에 기뻐하는 것이다. 「金따는 콩밧」의 수재는 「노다지」의 꽁보처럼 금을 챙기진 못했지만 꽁보처럼 달아날 것을 꿈꾼다. 꽁보는 더펄이를 죽음에 몰아넣었지만, 아마도 수재는 영식을 죽음에 비할 징역에 몰아넣을 것이다.

「금」도 「노다지」, 「金따는 콩밧」과 유사한 양상을 보인다. 「금」은 금점에서 광부들이 몰래 금을 소지하고 나왔는지를 확인하는 감독들의 수색 장면으로 시작한다. 금점의 광부들은 눈앞에 금이 있지만 금을 'S_2: 가질 수 없다'는 현실에 있다. S_2의 현실은 '금점에 사람 죽는것은 도수장 소 죽엄에 짐배없이 예사'인 상황이다. 그러나 금이 코앞에 있기에, 광부들은 'S_1: 가질 수 있'길 간절히 희망한다. '비-S_1: 갖지 않을 수 없다'는 욕망을 '비-S_2: 갖지 않을 수 있다'는 의무감으로 끊임없이 대체한다.

금점의 광부로 일하는 이덕순도 다른 광부들과 다르지 않다. 이덕순은 '쓰러저가는 납작한 낡은 초가집, 고자리 쑤시듯풍풍 뚤어진 방문, 저방에서 두자식을 데리고 계집을 데리고 고생만 무진히'하고 있는 처지이다. 그런 이덕순에게 금을 'S_1: 가질 수 있다'는 상황은 몹시도 간절한 것이다. 그래서 '비-S_1: 갖지 않을 수 없다'는 욕망은 더욱 간절해진다. 결국 이덕순은 자신의 '바른편발'을 내려찍고 감독의 눈을 피해 몰래 감석을 지니고 나온다. 물질적인 욕망에 복종하여 자신을 자해하고 'S_1: 가질 수 있다'는 목표에 도달한 것이다.

그 순간, 갈등에 처하게 된 인물이 하나 더 등장한다. 바로 이덕순을 업고 나온 동무이다. 동무의 눈앞에 이덕순의 금이 나타난 것이다. 잘하면 금을 'S_1: 가질 수 있'을지도 모를 상황에 놓인 것이다. 동무는 '비-S_1: 갖지 않을 수 없다'와 '비-S_2: 갖지 않을 수 있다' 사이에서 갈등했지만 차마 금을 갖기 위해 자해할 용기까지는 없던 인물이다. 이덕순의 노고와 탐욕을 생각한다면 동무는 '비-S_2: 갖지 않을 수 있'어야 한다는 것쯤은 잘 알고 있다. 그러나 '비-S_2: 갖지 않을 수 있'어야만 하는 상황에도 불구하고 '비-S_1: 갖지 않을 수 없'는 동무의 욕망이 간절해진다.

결국 욕망에 복종한 동무는 금을 대신 팔아오겠다며 이덕순을 설득한다. '허둥거리며 땅바닥에다 거츠르게 침을 퇴, 뱉고 또 퇴'하며 나가는 동무의 모습에서 이덕순은 동무가 물질적인 갈등에 굴복하여 자신을 배신했다는 것을 직감한다. 동무가 'S_1: 가질 수 있다'를 선택했다는 절망감에 이덕순은 '낯을 흐린다'. 이덕순은 자해라는 비윤리적인 선택을 통해 S_1을 달성했고, 동무도 이런 이덕순을 배신하는 비윤리적인 선택을 통해 인간을 저버리고 물질을 획득하는 S_1을 달성한다.

「노다지」, 「金따는 콩밧」, 「금」은 'S_1: 가질 수 있다'는 목표를 지향하지만 배신을 하는 주변 인물들 덕분에 결국 S_1에 도달하지 못하는 인물의 이야기들이다. 반면 「연기」는 'S_1: 가질 수 있다'는 목표를 지향하지만 꿈에서 깨는 바람에 S_1에 도달하지 못하는 인물의 이야기다.

「연기」의 '나'는 누님에게 '취직 자리 좀얻어봤니'라고 늘상 타박을 듣는 처지이다. 늘 이불 속에 있는 상황이니 금을 'S_2: 가질 수 없'음은 자명하다. 하지만 '나'는 누님의 타박 때문에 금을 'S_2: 가질 수 없'지만 또는 누님의 타박에서 벗어나기 위해 '비−S_1: 갖지 않을 수 없'는 상황이다. 그때 '나'는 꿈을 꾼다. 꿈에서 '나'는 '공동변소에서 일을 마치고 엉거주침 나오다' '벽께로 와서' 금을 발견한다. 마침내 꿈에서나마 S_1에 도달하게 된 것이다. 물론 공동변소의 벽에 박힌 금이니 임자가 따로 있을지도 모를 금이다. 그러나 꿈속의 '나'는 비−S_1과 비−S_2 사이에서 그다지 갈등하지 않는다. 그저 S_1의 상황을 만끽할 뿐이다. 누님의 '그코밑에다' 금덩어리를 보여주고 '누님밥은 맛이 없어서—' 나가겠다고 적당히 허세도 부린다. 그러다 잠에서 깨어보니 누님이 '칼날' 같은 눈으로 '나'를 째리고 있는 것이다. 결국 '나'는 다시 'S_2: 가질 수 없다'는 처지에 놓이게 된 것이다. 앞서 설명한 작품들과 달리, 「연기」의 '나'는 '비−S_1: 갖지 않을 수 없다'와 '비−S_2: 갖지 않을 수 있다' 사이에서 갈등하는 면모가 다른 작품들에 비해 비교적 적은 편이다. 하지만 꿈을 통해 'S_1: 가질 수 있다'와 'S_2: 가질 수 없다'의 간극을 잘 드러내고 있는 것만은 틀림없다. 비록 「연기」에서 배신하는 인물은 없지만 '나'가 꾸는 꿈이 배신하는 인물의 역할을 대신 수행한다.

다만 「金따는 콩밧」과 「연기」는 「노다지」, 「금」과는 일부 다른 서사적 양상을 보인다. 「金따는 콩밧」에서 수재가 배신을 하고 떠난 행위까지는 「노다지」의 꽁보나 「금」의 동무와 비슷하다. 하지만 「金따는 콩밧」의 영식은 「노다지」의 더펄이나 「금」의 이덕순과는 달리 금에 욕심이 없던 소박한 농민이었다. 하지만 영식처가 금에 대한 욕심이 있었다는 차이가 있다. 「연기」는 현실과 연계되지 않은, 어느 젊은 실업자의 금에 대한 환상을 그리고 있다. 이러한 환상을 부추기는 역할을 하는 것이 바로 누님이다. 금을 모티프로 한 작품에서 주인공, 또는 주인공과 정서를 공유하는 가족들은 주인공으로 하여금 궁핍한 현실을 직시하게 하고 희망과 불안을 오가게 만드는 역할을 한다.

지금까지 살펴본 바와 같이 금을 모티프로 한 작품의 서사 전략은 인물들이 'S_2: 가질 수 없다'는 궁핍한 현실과 달리 'S_1: 가질 수 있다'는 무리한 꿈과 희망을 이루려는 데에서 드러난다. '비-S_1: 갖지 않을 수 없다'는 각자의 욕망이 S_1과 S_2의 간극을 더 선명히 보여준다. 그런 인물들 앞에 S_1의 상황이 벌어진다. 흥미로운 점은 인물들이 타자를 배려하게 될 경우, '비-S_2: 갖지 않을 수 있다'는 상황도 함께 도래한다는 점이다. '비-S_1: 갖지 않을 수 없다'와 '비-S_2: 갖지 않을 수 있다' 사이에서 갈등하던 인물들은 결국 'S_1: 가질 수 있다'는 목표를 달성하기 위해 배신을 행해야만 한다. '비-S_2: 갖지 않을 수 있다'는 선택지 및 인간적 윤리에 '비-S_1: 갖지 않을 수 없다'는 인물의 욕망이 관여하면서 인물들은 무리하게 S_1에 도달한다. 따라서 김유정은 금 모티프의 서사에서 금을 좇는 자들이 '갖지 않을 수 없다'와 '갖지 않을 수 있다'에서 갈등하다가 결국 비윤리적인 선택을 하는 순간을 보여주는 것을 통해 인간이 물질로 치환되는 결말을 보여준다.

3. '명령 지시된'과 '금지된'의 서사 전략

사회는 '명령 지시된' 규칙과 '금지된' 규칙들의 상호성을 보여준다.[4] 다른 말로 하면 사회에는 '명령 지시된' 것으로 일종의 사회의 규칙으로 허락된 것과 '금지된' 것으로 사회의 규칙으로 허락되지 않은 것이 존재한다. 이를 도식화하면 아래의 <그림 4>와 같다.

---

4 김성도, 앞의 책, 159쪽.

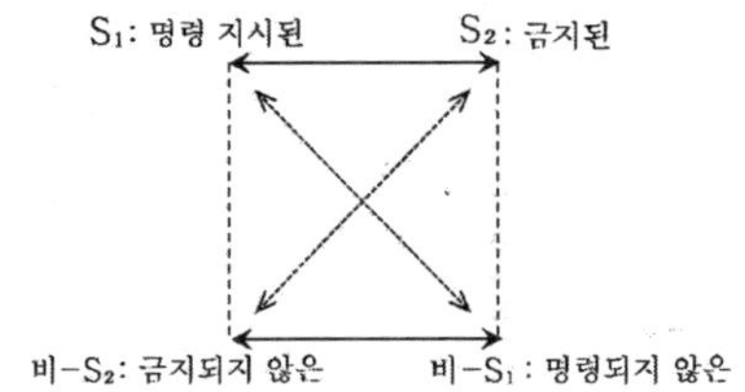

<그림 4> '명령 지시된'과 '금지된'에 대한 기호 사변형

혼인 제도는 사회의 규칙 중 하나이다. 특히 일부일처제는 혼인 제도로 '명령 지시된' 것이다. 1920년대 초부터 근대적 법률이 도입되면서 일부일처제가 법적으로 정착되기 시작했고, 1933년 이후에는 첩을 두는 남편의 행위에 대한 본처의 권한을 강화하는 법의 개정까지 이루어졌다.[5] 따라서 김유정이 작품 활동을 했던 때는 이미 일부일처세가 익숙하게 받아들여졌을 시기이다. 따라서 당대의 '일부일처제'가 아닌 행위는 '비-S_1: 명령되지 않은', 바로 'S_2: 금지된' 것이다.

「소낙비」에서 춘호처와 「산ㅅ골나그내」의 니그내는 애초에 '명령 지시된' 것을 따르는 인물들이다. 일부일처제에 따라 춘호처는 고향을 등진 채 춘호를 따라나섰다. 나그내도 정처 없이 떠도는 신세지만 사내의 곁을 지키려 한다. 비록 「소낙비」의 춘호는 도박판에 미쳐있고, 「산ㅅ골나그내」의 사내는 거지에 단단히 골병까지 든 신세이지만 춘호처와 나그내에게는 그저 'S_1: 명령 지시된' 대상이다. 어떠한 상황에서도 계속 유지되어야 하고 회귀해야 하는 대상인 것이다. 작품의 발표 순서에 따라 「산ㅅ골나그내」, 「소낙비」의 순으로 살펴보겠다.

5 정지영, 「근대 일부일처제의 법제화와 '첩' 의 문제: 1920~1930년대 동아일보 사건기사 분석을 중심으로」, 『여성과 역사』 제9권, 한국여성사학회, 2008, 86쪽.

1933년에 발표된 「산ㅅ골나그내」는 '남편업고 몸부칠곳업다는' 나그내가 선채금 30원이 없어 혼인을 못했던 덕돌이와 대례를 치룬 후, 덕돌의 새 옷을 훔쳐 사내(남편)에게 입히고 도망치는 이야기이다. 나그내는 남편이 없다고 했지만, 그녀의 남편은 덕돌 모자의 술집에서 좀 떨어져 있는 '물방아ㅅ간'에서 골병을 앓고 있다. 아마도 나그내는 그저 살아남기 위해 그 산골 술집에 우연히 들렀던 것일 게다. 이때까지만 해도 나그내는 'S_1: 명령 지시된' 것을 따르는 인물이었다.

하지만 덕돌이의 어머니인 주인이 붙드는 덕에 나그내는 당초의 생각보다 더 오래 머무르게 된다. 이 과정에서 나그내는 주인을 도와 '비-S_2: 금지되지 않은' 술집 일을 돕기 시작한다. 그러나 '술ㅅ꾼'이 몰려들어 나그내를 갈보 취급하면서 나그내의 처지는 '비-S_2: 금지되지 않은' 것과 '비-S_1: 명령되지 않은' 것의 경계에 놓이게 된다. 그런데 나그내는 결국 '나그내가 온지나흘되든날'에 그녀에게 매달리는 덕돌이에게 몸을 허락하고 만다. 여기에서 나그내는 '비-S_1: 명령되지 않은' 상태가 된다. 당대 사회 일반에서 보면 혼인 제도를 어긴 것까지는 아니니 'S_2: 금지된' 것은 아니지만 적어도 '비-S_1: 명령되지 않은' 이탈을 하게 된 것이다. 여기에는 나그내의 의지보다는 덕돌이라는 인물의 타의가 크게 작용하고 있다.

우연히 나그내와 덕돌이의 관계를 엿듣게 된 주인은 나그내에게 '나의 며누리가되여줌이 어쩌켔느냐고' 묻는다. 여기에서 나그내는 주인의 말을 거절하고 나그내를 기다리고 있는 남편에게 돌아가도 되었을 것이다. 그러나 나그내는 '치마끈을 깨물며 이마를썰어트린다', '두볼이 밝애진다'는 무언의 응낙을 하고 만다. '금시로 날을밧아서 대례'를 치르며 나그내는 이제 'S_2: 금지된' 상황에 놓이게 된다. 남편이 있는 상황에서 덕돌과 혼인까지 하게 된 것이다.

그런데 돌연 나그내는 'S_1: 명령 지시된' 상태로 회귀하고 만다. 골병을 앓는 사내(남편)를 위해 덕돌의 '인조견족기저고리 새하얀옥당목겹바지'는 훔치지만, 딴에는 덕돌과 주인을 생각하는 마음에 혼수로 받은 은비녀는 두고 간다. 타의에 의해 일시적으로 'S_2: 금지된' 상황에 몰리긴 했으나 결국에는 'S_1: 명령 지시된' 상황을 선택한 것이다. 게다가 은비녀를 두고 갈 정도로 나그내는 꽤 양심적이다. 이는 나그내가 심리적으로는 'S_1: 명령 지시된' 상태를 지향하고 있다는 것을 보여주는 부분이다.

1935년에 발표된 「소낙비」는 큰 노름판에서 '한목볼려고' 하는 춘호의 성화에 리주사에게 몸을 허락하고 '돈이원'을 약속받는 춘호처의 이야기이다. 춘호처는 산의 '정히못기여오를그런험한곳'에서 '츩덩굴에 매여' 캔 도라지와 더덕을 '주막거리에가서 그걸 내주고 보리쌀과 사발바꿈'을 하는 성실한 인물이다. 이때의 춘호처는 'S_1: 명령 지시된' 것을 철저히 따르는 인물이다. 그러나 춘호는 '안해는 나히 젊고 얼골 똑똑하겠다 돈이 원쯤이야 어떠케라도 될수있겟기에'라며 성실한 아내에게 '비-S_1: 명령되지 않은' 행위를 하라고 매질까지 하는 인물이다.

춘호처의 입장에서 '돈이원'은 '목을딴대도' 구할 수가 없는 돈이다. 춘호처가 그나마 돈을 융통할 수 있는 곳은 쇠돌엄마인데, 그 쇠돌엄마는 '친한 농부의 계집이련만 어쩌다 하늘이 도아동리의 부자양반 리주사와 은근히 배가 맞은' 인물이다. 융통이 가능한 곳이지만 춘호처가 쇠돌엄마에게 '죽어도 아니갈랴는그속까닭'은 춘호처를 노리고 춘호네까지 들이닥쳤던 리주사의 행태 때문이다. 이러한 상황에서 춘호처가 쇠돌엄마에게 찾아가게 되는 상황은 '비-S_2: 금지되지 않은' 상황이다. 리주사에게 찾아가는 것이 아닌 쇠돌엄마를 찾아가는 것이기 때문에 사회적으로나 춘호에게나 춘호처 자신에게나 어느 정도 용납을 할 수 있는 상황이다. 다만 리주사와 쇠돌엄마와의 관계를 생각한다면 썩 내키지 않는 상황일 따름이다.

그런데 춘호처가 쇠돌엄마를 기다리는 와중에 리주사가 등장한다. 그러자 춘호처는 갈등에 빠진다. '자기도 잘만햇드면 하는 턱업는 희망과 후회가 전보다 몃갑절 쓰린맛'으로 다가오며 리주사에게 몸을 허락해보겠다고 결심한다. 이 시점에서 춘호처는 '비-S_2: 금지되지 않은' 상황과 '비-S_1: 명령되지 않은' 상황의 경계에 놓이게 된다. 리주사는 춘호처의 예상대로 흑심을 드러내고 리주사의 성화에 못이기는 척 몸을 허락한다. 결국 춘호처도 「산ㅅ골나그내」의 나그내처럼 '비-S_1: 명령되지 않은' 상태가 된다. 춘호처가 딱히 혼인 제도를 어긴 것은 아니다. 춘호 역시 돈 나올 곳이 없다는 걸 알면서도, 혼인 관계가 결렬되지 않길 바라면서도 '나히 젊고 얼골 똑똑'한 춘호처가 돈을 융통해오길 바라고 있었다. 따라서 춘호처가 'S_2: 금지된' 것은 아니지만 '비-S_1: 명령되지 않은' 상황에 놓이는 것은 이미 예견되었던 바이다. 즉 춘호처가 이러한 상황에 놓이게 된 것은 춘호처의 의지가 아닌 춘호와 리주사라는 인물들의 타의 때문이다.

비-S_1: 명령되지 않은' 상황의 춘호처에게 리주사는 '남편에게 부쳐먹을 농토를 줄테니 자기의 첩'이 되라고 한다. 리주사가 춘호처에게 요구하는 상황은 사회 제도가 명령 지시하지 않은 'S_2: 금지된' 상황이다. 그래서 춘호처는 춘호가 구해달라는 '돈이원'만 리주사에게 받을 생각이다. 리주사에게 '죄송하였스나' 리주사의 첩은 되고 싶지 않은 마음이다. 왜냐하면 춘호처는 '매나안맛고 의조케 살수만잇다면', 남편과 '얼른 이고생을 벗어나 살기조흔 서울로 가고십흔' 인물이기 때문이다. 춘호에 의해 '비-S_1: 명령되지 않은' 상황에 놓였고, 리주사에게 'S_2: 금지된' 상황을 제안받았지만 춘호처는 기본적으로 'S_1: 명령 지시된' 것을 지향하는 인물인 것이다. 타의에 의해 일시적으로 'S_2: 금지된' 상황에 몰리긴 했으나 사실상 내내 'S_1: 명령 지시된' 상황의 회귀를 꿈꾸고 있었던 것이다.

본격적인 분석에서는 주인공의 성별과 매음 행위의 정도가 달라 제외하였지만, 1935년에 발표한 「안해」도 「소낙비」, 「산ㅅ골나그내」와 유사한 서사 전략을 보여준다. 순박한 남편인 '나'는 'S_1: 명령 지시된' 상태를 추구하는 인물이다. 그런데 생활고에 시달리던 마누라는 '나'에게 들병장수를 하겠다고 선언한다. '나'는 아내에게 들병장수에 써먹을 소리를 가르치며, 내키지는 않지만 '비-S_2: 금지되지 않은' 상황과 '비-S_1: 명령되지 않은' 상황의 경계에 놓이게 된다. 하지만 '나'는 마누라와 뭉태놈이 수작을 부리는 걸 보고, 다시 'S_1: 명령 지시된' 상태로 회귀하리라는 마음을 먹는다.

「소낙비」, 「산ㅅ골나그내」의 서사가 갖는 공통점은 아내가 매음 아닌, 유사 매음 행위를 할 수밖에 없는 상황이다. 두 소설에서 아내들은 언제나 'S_1: 명령 지시된' 상태에 놓이길 희망하는 인물이다. 그러나 사회적인 여건을 이유로 '비-S_2: 금지되지 않은'에 발을 들이게 된다. 그리고 남편들의 암묵적인 동의 아래, '비-S_1: 명령되지 않은' 상황에 놓이게 된다. 이때 벌어지는 유사 매음 행위는 자의적으로 보일 수 있으나, 사실은 타의적이다. 사회의 규칙인 혼인 제도를 딱히 어겼다고 할 수는 없지만, 그렇다고 사회적으로 허용된 상황은 아니다. 성을 탐하는 인물들은 '비-S_1: 명령되지 않은' 상황에 놓인 아내들을 'S_2: 금지된' 상황으로 유인한다. 그러나 결국 아내들은 'S_1: 명령 지시된' 상태로 회귀한다. 그동안의 '비-S_2: 금지되지 않은' 행위와 '비-S_1: 명령되지 않은' 행위가 사실은 'S_1: 명령 지시된' 상태를 지향했던 것임을 보여준다.

이처럼 김유정의 서사에서 유사 매음 행위가 등장하는 경우, '명령 지시된' 규칙과 '금지된' 규칙들의 상호성이 드러난다. 사회의 규칙으로 '명령 지시된' 것과 '금지된' 것이 존재함을 드러내고 인물들이 그 사이에서 갈등하는 것을 보여주어, 당대의 부조리한 현실에도 불구하고 '명령 지시된' 규칙을 끝내 지켜내는 서사 전략을 사용하고 있다.

본고에서는 「산ㅅ골나그내」와 「소낙비」를 혼인 제도에 대한 '명령 지시된'과 '금지된'이라고 분석했지만 이 작품들도 <그림 3>의 '가질 수 있다'와 '가질 수 없다'의 서사 전략으로도 분석할 수 있다. 금처럼 돈도 물질적인 욕망의 대상이다. 따라서 「산ㅅ골나그내」와 「소낙비」도 돈을 '가질 수 있다'와 '가질 수 없다'는 심층적 대립을 기반하여 '명령 지시된' 규칙과 '금지된' 규칙 사이의 표면적 갈등이 드러난다고 볼 수 있다. 다만 유사 매음 행위가 등장하는 소설은 금 모티프의 소설과 달리 인간 자체가 물질로 치환되지 않는다. 하지만 「산ㅅ골나그내」와 「소낙비」는 남편을 위해 금전을 얻는 과정에서 덕돌이나 리주사의 구애와 정조가 물질적인 것을 얻기 위한 수단으로 전락한다는 특징을 보인다. 따라서 유사 매음 행위가 등장하는 소설도 결국 금 모티프의 소설처럼 도덕적 관념이 물질적 가치에 일시적으로 전복되는 욕망을 드러내는 서사 전략을 사용한다고 볼 수 있다.

4. 나가며

김유정의 소설 중 금을 모티프로 한 작품인 「노다지」, 「金따는 콩밧」, 「금」, 「연기」는 금을 소재로 '가질 수 있다'와 '가질 수 없다'가 대립하고 있는 서사이다. 따라서 '…을 가질 수 있다'를 기술적 발화체로 본 기호 사변형을 통해 김유정의 금 모티프 소설이 갖는 서사 전략을 짐작해 보았다. '비-S_2: 갖지 않을 수 있다'는 선택지에 '비-S_1: 갖지 않을 수 없다'는 욕망이 관여하면서 'S_1: 가질 수 있다'에 무리하게 도달하려는 장면들을 통해, 김유정은 인간의 물질적 욕망이 인간을 금보다 못한 물질로 둔갑시켜버리는 서사 전략을 사용하고 있다.

김유정의 소설 중 유사 매음 행위가 등장하는 작품으로는 「소낙비」, 「산ㅅ골나그내」가 있다. 혼인 제도가 '명령 지시된'과 '금지된' 규칙들의 상호성에서 논의될 수 있음에 착안하여, 그에 대한 기호 사변형으로 두 작품을 분석하였다. 분석에 따르면 두 작품의 아내들은 'S_1: 명령 지시된' 상태를 지향하지만 궁핍한 처지를 해소하기 위해 '비-S_2: 금지되지 않은'에 발을 들이고 남편들의 암묵적인 동의 아래, '비-S_1: 명령되지 않은' 상황에 놓이게 된다. 성을 탐하는 인물들은 비-S_1의 아내들을 'S_2: 금지된' 상황으로 유인하지만 아내들은 'S_1: 명령 지시된' 상태로 회귀하길 희망한다. '명령 지시된'을 희망하지만 '금지된' 상황으로 내몰리는 인물들을 통해 김유정은 인물의 도덕적 관념이 물질적 가치에 일시적으로 전복될 수 있음을 보여주는 서사 전략을 사용한다.

물론 유사 매음 행위가 등장하는 작품들도 <그림 3>의 기호 사변형의 'S_1: 가질 수 있다'와 'S_2: 가질 수 없다'로 분석이 가능하다. 금을 모티프로 한 작품들은 금을 통해 윤리의식과 대립하는 물질적인 욕망을 보여주고, 「산ㅅ골나그내」와 「소낙비」는 유사 매음 행위를 택하는 과정을 통해 윤리의식과 대립하는 물질적인 욕망을 드러내고 있기 때문이다. 아마도 유사 매음 행위에 대한 갈등이 돈을 '가질 수 있다'와 '가질 수 없다'에서 연유되었기 때문일 것이다.

또한 <그림 4>의 기호 사변형의 'S_1: 명령 지시된'과 'S_2: 금지된'을 통해 유사 매음 행위가 등장하는 작품들뿐만 아니라 금 모티프의 소설들도 분석이 가능하다. 「연기」를 제외한 다른 세 작품의 인물들에게 금은 '명령 지시된' 것이 아니다. 다른 사람의 소유인 '금지된' 금을 탐하고 있는 것이다. 따라서 '금지된' 것을 탐하는 데에서 갈등이 시작된다는 점에서 유사 매음 행위가 등장하는 작품들과 금을 모티프로 한 작품들의 유사성이 드러난다.

분명한 것은 김유정의 소설 중에는 하나의 대상에 대립하는 개념들이 있으며, 그 때문에 인물들이 갈등하고 있음을 보여준다는 것이다. 즉 하나의 대상 내에 포함된 대립적 가치를 두고 인물들이 물질적인 대상에 갈등하고 대립적인 갈등을 기반하여 행동한다. 또한 대립적인 내면적 갈

등의 종국에 인간을 물질로 치환해버리는 서사 전략을 사용하고 있다. 이처럼 김유정은 대립적 가치의 간극을 드러내는 서사 전략을 통해 문제의 원인이 당대의 현실에서 기인한 인물의 윤리의식에 있음을 의미심장하게 드러내고 있다. 일반적으로 김유정의 소설은 순박함과 해학, 웃음으로 알려져 있다. 하지만 금 모티프의 소설과 유사 매음 행위가 등장하는 소설들만큼은 해학적 면모 뒤에 윤리의식을 저버리는 물질적 욕망의 저변이 숨어 있다.

다만 본 연구는 그레마스의 기호 사변형을 활용하여 기계적으로 소설을 분석했다는 한계가 있다. 이에 추후의 연구에서 금 모티프의 소설과 유사 매음 행위가 등장하는 소설을 <그림 3>과 <그림 4>로 함께 엮어 분석한 후, 해당 작품들의 서사 전략이 갖는 관련성 및 당대의 현실이 인물의 욕망에 관여하는 바를 선명하게 규명하도록 하겠다. 또한 김유정의 다른 소설들에도 이와 유사한 서사 전략이 드러나는지에 대하여 다음의 연구에서 지속적으로 논의하겠다.

참고문헌

1. 자료

김유정, 전신재 엮음, 『원본 김유정 전집』, 도서출판 강, 2012.

2. 논저

김근호, 「김유정 소설에서의 반전과 감정의 정치학」, 『한중인문학연구』 55, 한중인문학회, 2017.

김미경, 「김유정의 작품 연구 : 형식적 특질의 면에서」, 석사학위논문, 전남대학교 대학원, 1991.

김성도, 『구조에서 감성으로: 그레마스의 기호학 및 일반 의미론의 연구』, 고려대학교 출판부, 2003.

김승종, 「김유정 소설의 "열린 결말" 연구」, 『現代文學理論研究』 53, 현대문학이론학회, 2013.

류종렬, 「일제 강점기의 '금 모티프' 소설 연구(1): 김유정 소설을 중심으로」, 『外大語文論集』 13, 釜山外國語大學校 語文學硏究所, 1998.

박상균, 「반전과 통찰-김유정 도시 배경 소설의 비의」, 『현대문학의 연구』 53, 한국문학연구학회, 2014.

연남경, 「김유정 소설의 추리 서사적 기법 연구」, 『한중인문학연구』 34, 한중인문학회, 2011.

오은엽, 「김유정 소설에 나타난 정념의 기호학적 연구: <金따는 콩밭>, <금>, <노다지>를 중심으로」, 『한중인문학연구』 47, 한중인문학회, 2015.

이재복, 「김유정 <소낙비>의 담론 고찰」, 『한국언어문화』 11, 한국언어문화학회, 1993.

이혜영, 「김유정의 성을 통해서 본 사회의식: 소낙비·산골나그네·안해를 중심으로」, 『우석어문』 3, 우석대학교 국어국문학연구회, 1986.

장소진, 「김유정의 소설 <소낙비>와 <안해>의 연구」, 『한국문학이론과 비평』 11, 한국문학이론과비평학회, 2001.

전봉관, 「1930년대 금광풍경과 '황금광시대'의 문학」. 『한국현대문학연구』 7, 한국현대문학회, 1999.

정지영, 「근대 일부일처제의 법제화와 '첩'의 문제: 1920-1930년대 동아일보 사건기사 분석을 중심으로」, 『여성과 역사』 9, 한국여성사학회, 2008.

최경아, 「김유정 '금 모티프' 소설 연구」, 석사학위논문, 경기대학교 교육대학원, 2008.

Greimas, A. K., *Du sens; essais semiotiques*, 김성도 역, 『의미에 관하여』, 인간사랑, 1997.

Greimas, A. K., *Semiotiques des passions :des etats de choses aux etats d'ame*, 유기환·최용호·신정아 역, 『정념의 기호학』, 도서출판 강, 2014.

김유정문학촌 개촌 이전, 김유정 선양사업에 대해*

이현준

1. 김유정 키워드가 싹트다

김유정 사후, '김유정'이란 단어는 보통 요절한 작가, 그리고 이 사실을 안타까워하는 동료 문인들의 회고담[1] 등에서 많이 언급되었다. 해방 이후에도 김유정에 대한 언론의 언급은 일제강점기 문학, 혹은 문인과 관련된 일화 등에서 단편적으로 거론되는 것이 보통이었다.

그나마 '김유정'이라는 키워드를 가장 많이 다룬 신문사는 『조선일보』였다. 자사의 신춘문예가 배출한 작가의 근황이나 이력을 다루면서 간간이 다루는 정도였다. 인상적인 전환은 1958년 1월 『경향신문』, 『조선일보』, 『동아일보』 등에서 동시에 내보낸 기사에서 확인할 수 있다. 해외에 소개할만한 22편의 한국 작품을 예술원이 선정했다는 기사에서 김유정의 「봄·봄」을 다루고 있다. 한국전쟁의 상흔에서 점차 벗어나 문화예술에도 조금씩 시선을 돌리던 시기에 김유정은 이미 한국 현대문학사에 중요한 작가, 혹은 중요한 작품을 쓴 인물로 평가받고 있었다.

---

* 이 글은 필자가 쓴 저서 『김유정문학촌, 지난 20년을 이야기하다』 중 〈김유정문학촌〉 개촌 이전의 선양사업 역사 부분을 재편집한 것임을 밝힌다.

1 김유정문학촌 소식지 『김유정문학촌』 2016년 겨울호부터 2017년 가을호까지 「문우들이 말하는 김유정」이라는 특집 연재 기사에서 이석훈, 이상 등이 쓴 김유정에 대한 회고담이 잘 정리되어 있다.

1960년 2월 19일자 『조선일보』 를 보면 동덕여대 국문학과에서 졸업 기념 연구발표회를 하였는데, 졸업생 '조경자'가 「김유정론」이라는 제목의 글을 발표했다는 기사를 볼 수 있다. 학부생이 김유정에 관심을 보이고 '김유정론'을 쓸 수 있었던 것은, 이미 1950년대에 정창범, 백철, 정태용, 이어령, 윤병로와 같은 연구자들이 김유정에 관심을 보인 덕이었다.

이후 중앙지에서 김유정이란 키워드를 살펴보는 것은 어렵지 않다. 1960년 11월 6일자 『조선일보』 에는 민중서관의 『한국문학전집』 이 완성되었다고 알리면서 특별히 김유정을 언급하고 있다. 김유정의 작품이 단행본으로 나온 적이 없어서 이번 수록이 매우 의미 있다는 평가였다. 수록 작품들로는 「동백꽃」, 「아내」, 「산골」과 같은 작품들이다. 이외에도 『조선일보』 는 1962년 「한국소설의 계보」[2]라는 글에서 당연한 듯 김유정을 문학사의 중요한 인물로 다루고 있다. 특히 「봄·봄」은 그의 대표작으로 대중의 관심과 사랑을 받았는데, 1963년 동아방송의 방송극으로 각색되어 전파에 실리기도 했다. 당시 방송극은 청취율이 꽤 높았던 시절이라 김유정과 「봄·봄」이 대중적으로 알려지는 데 큰 역할을 했을 것으로 보인다.

1965년 동아일보의 신춘문예 당선작 발표에서는 임중빈[3]이 「닫힌 사회의 캐리커추어-김유정연구(抄)」로 문학평론 부문에서 당선되었음을 알리고 있다. 당선작은 1965년 1월 5일, 7일, 9일, 12일 4회에 걸쳐 평론 전문이 실리기도 했다. 이는 평론의 대상으로 김유정이 언급되기 시작한 의미 있는 기록으로, 1972년 『김유정론-닫힌 사회의 희화』 [4]란 제목으로 한얼문고에서 출간되기도 한다. 이외에도 1967년 프랑크푸르트 대

---

2 「한국소설의 계보」, 『조선일보』 , 1962.11.28.

3 임중빈(任重彬, 1939-2005): 사회 · 문학평론가. 참여문학론자로서 '통혁당 사건' 등에 휘말려 고초를 당하기도 했다. 이후 평론보다 출판 활동에 더 매진하였다.

4 이는 현재 김유정문학촌 소장자료로 보관되어 있다.

학에서 독문학을 전공한 이장범이 『꽃산』 이라는 한국단편집을 번역·출간하였는데, 15편 중에 김유정의 「동백꽃」이 실리기도 했다.[5]

또한 문인들이 김유정을 바라보는 시각을 살펴볼 수 있는 기사도 눈에 띄는데, 1967년 7월 29일자 동아일보엔 이광수의 『무정』 연재 50주년을 기념으로 문학사적인 의의와 가치가 있는 문제작 11편과 작가 10명을 41명의 평론가, 작가에게 투표로 뽑게 했다는 기사가 확인된다. 여기서 김유정의 「동백꽃」은 총 12표를 얻어 김승옥의 「서울, 1964년 겨울」과 함께 공동 10위를 차지한다. 이러한 정황들을 통해 그 시절 김유정의 문학사적 위치가 어떠했는지 확인할 수 있다.

김유정 작품에 대한 대중적인 관심을 확인할 수 있는 지표로 영화 제작도 살펴볼 수 있다. 1968년 1월 16일자 『조선일보』 기사에는 김유정의 단편 「봄·봄」이 신필름이 제작 중인 역사드라마 <대원군>에 이어 한국 영화사상 두 번째로 올 동시녹음 작품이 되어 2월 18일에 크랭크인 한다는 소식을 전하고 있다. 특히 <대원군>의 공개가 늦어질 경우 <봄·봄>이 동시녹음 제1호가 될 수도 있다고 의미를 부여하고 있다. 『경향신문』 도 유사한 시기에 이 영화를 올해 가장 기대되는 영화로 소개하고 있다. 하지만 아쉽게도 <대원군>이 1968년 4월 11일에 개봉되면서 동시녹음 '최초'의 타이틀은 무산되었다.

이후 김유정의 작품은 1969년 제목 <봄·봄>으로 개봉되었으며, 개봉 당해에 대중적인 인기는 물론 각종 수상을 통해 예술성도 인정받았다. 당시 천재 감독이라 불렸던 김수용[6]이 감독을 맡고, 신영균, 남정임, 허장강 등 당대 최고의 배우들이 주연을 맡았던 이 영화는 제7회 청룡상 남우조연상, 각본상, 촬영상은 물론 제6회 백상예술대상 작품상을 받았다.

---

5 「서독에 소개된 한국단편집」, 『동아일보』, 1967.03.28.

6 김수용(金洙容, 1929-2023): 안성 출생. 영화감독. 은퇴할 때까지 작품 수가 100편이 넘는 다작 감독이었다. 특히 작품 수에 비해 작품들의 수준이 높다는 평가를 받고 있다.

당시 춘천 시민들은 영화 <봄·봄>의 원작소설을 쓴 김유정이 춘천 작가라는 것에 놀라면서도 뿌듯해했다고 한다. 또한 1968년 김유정의 문인비가 완공되면서 춘천에서는 김유정이 서서히 '우리 지역 작가'라는 인식이 퍼져가기 시작했다.

2. 김유정 문인비 건립(1968)

중앙지와 문단, 그리고 학계에서 꾸준히 다루어지던 키워드 '김유정'이 춘천에서 본격적으로 다루어진 시기는 1968년 이후라고 할 수 있다. 1960년 화가 허남헌이 춘천고등학교 교지에 「김유정론」을 쓸 정도였지만 당시를 기억하는 소설가 전상국은 친구 허남헌이 김유정론을 썼다는 것을 수십년 후에야 인식할 정도로 춘천에서는 아직 주목받는 키워드는 아니었다. 허남헌 조차도 훗날 소식지 『김유정문학촌』 2011년 여름호에서 「김유정과 나」라는 수필을 통해 스스로도 자신이 김유정을 일찍이 언급했다는 것이 놀랍다고 회고하고 있기 때문이다.

이런 분위기는 1968년 5월 29일, '김유정 문인비'가 건립되면서 전환점을 맞았다. 당시 건립에 앞서 도지사였던 박경원이 명예회장을 맡고, 예총 강원도 지부장이었던 변희천이 회장을 맡은 <김유정 문인비 건립 추진위원회>가 발족하였다. 당시 춘천고 교사였던 조각가 이운식[7]에 의해 도안된 펜촉 모양의 문인비 모형도도 준비되었다. 이 모형도는 1967년 11월 21일 『동아일보』에 실리기도 하였으며 춘천 지역의 기사가 전국일간지에 실리면서 춘천 시민들의 관심이 높아졌다.

당시 문인비를 만든다고 하면 디자인보다는 새겨지는 글귀를 더 중요

7 이운식(李雲植, 1937-): 조각가. 강원대학교 명예교수. 서울대학교 조각과를 졸업하고, 춘천고, 용산고 교사를 거쳐 1974년부터 강원대학교 미술교육과 교수를 역임했다.

시하던 시대였다. '디자인'이 지금과는 달리 그리 중요한 선택 요소가 아니었기에, 어석(語石) 형태의 비석을 만드는 것이 일반적인 경향이었다. 실제로 1960년대 후반부터 70년대 초반까지 열풍처럼 번져나갔던 문인비 조성도 이러한 어석 형태가 많았다. 그런 의미에서 조형물에 예술성을 추구해서 만든 최초의 문인비가 김유정 문인비였던 셈이다.

예총강원지부가 문인비를 건립할 자리로 선정한 곳은 김유정과 관련이 깊은 곳[8]이었다. 그가 광주(廣州)로 떠날 때 "춘천아 잘 있거라!"라는 문구를 새긴 바위 근처이기도 하고, 그가 자주 낚시를 하러 찾았던 곳으로 알려졌다. 김유정이 자란 증리가 한눈에 보이고, 춘천을 오고 가는 객들이 반드시 거쳐야 하는 춘천의 관문에 위치했다는 점에서도 그 의미를 찾을 수 있다. 또한 문인비 건립은 1948년 2월 대구 달성공원에 세워진 이상화의 시비가 건립된 이후 20여 년 만에 전국에서 두 번째[9]로 세워진다는 점에서도 자부심을 가질만한 일이었다. 또한 당시 김유정은 문인들이나 학자, 문학에 관심 있는 이들에게는 상식이있지만 춘천 일반 시민들에게는 아직 낯선 이름이었던 것이 사실이었다. 그런 의미에서 1968년 김유정 문인비의 건립은 춘천 사람들에게 김유정을 알리는 중요한 이벤트였다.

이는 작은 걸음이었을지 모르지만 <김유정문학촌>을 있게한 의미있는 시작이었다. 문인비 건립에 헌신했던 많은 이들도 수십 년 후 그들의 시작이 강원도 1호 공립문학관이자, 해마다 수백만 명의 관광객이 찾는 가장 성공적인 문학촌을 탄생시킬 것임을 예견하지는 못했을 것이다. 당

---

8 춘천과 서울을 오가던 김유정이 잘난 척하는 서울 글쟁이들이 있는 곳에는 다시 가지 않겠다며 서울 방향을 향해 오줌을 싼 바위 근처에 문인비를 세웠다고도 한다.(「시비 찾아 30년··· '문인의 혼' 한눈에」, 『조선일보』, 1997.02.11.)

9 1964년 6월 6일, 구상 시인 등이 모인 공초시비건립위원회가 『공초시선』의 인세 등을 기금으로 〈공초 오상순 시비〉를 세운 것이 두 번째이나 시비 형식 면에서 제대로 된 시비라고 할 수는 없다.

시의 관련 인사들은 벌써 대부분 고인이 된 지 오래지만, 그들의 발자취가 <김유정문학촌>의 시작이었음은 주지의 사실이다.

3. 김유정기념사업회 발족 및 김유정 전집 발간(1968)

김유정문인비 건립 이후, 사람들은 지속적인 선양사업이 필요하다는 것에 공감했다. 이러한 바람에 따라 '김유정문인비 건립추진위원회'가 자연스럽게 '김유정기념사업회'로 명칭을 바꾸고 개편되었다.[10] 초대 이사장은 김병렬(도교육감)이 맡았고, 부이사장은 강표원, 상무이사는 이형근, 이사는 남규옥, 송재룡, 최태호, 신철균, 이수억이 맡게 되었다.[11] 『강원일보』 편집국장이었던 강표원이 부이사장을 맡았다는 것에서 『강원일보』가 중요한 위치에서 역할을 하고 있었음을 알 수 있으며, 이후 강원일보 사장이 김유정기념사업회의 회장을 당연직으로 맡았던 시발점이기도 했다.

<김유정기념사업회>가 결성되고 이뤄낸 가장 큰 업적은 바로 『김유정 전집』의 발간이었다. <김유정기념사업회>는 발족하는 즉시 '김유정 전집 편찬위원회'[12]를 두고 전집 발간에 속도를 붙였다. 『김유정 전집』의 발간은 애초에 '김유정 문인비' 건립이 계획되는 과정에서 함께 진행된 사업 중 하나였으며, 문인비 건립만큼이나 의미 있는 작업이었다. 문인비가 김유정이라는 인물을 선양할지는 모르지만, 그가 쓴 작품을 대중들이 접할 수 없다면 의미나 효과가 반감될 수 밖에 없기 때문이다. 발간

10 실제로 김유정기념사업회는 공식적으로 설립일을 1968년 5월 29일로 정리하고 있다.

11 1968년 11월 29일 강원일보사 회의실에서 기념사업회 총회가 열렸으며, 이때 정관을 제정하는 등 조직의 틀을 정비하였던 것으로 보인다.

12 〈김유정전집 편찬위원회〉의 편찬 고문은 조연현, 최태호였으며, 편찬위원은 이덕성, 이형근, 김영기, 편집 · 제작은 김수명이 맡았다.

된『김유정 전집』 뒷 표지에 문인비 도안이 그려져 있는 것이 확인되며, 이를 통해 두 사업은 거의 동시에 진행되었음을 확인할 수 있다.

1968년 12월 21일『동아일보』, 12월 29일『조선일보』가『김유정 전집』 발간 소식을 전하고 있는데, 김유정의 단편 26편과 수필, 서간, 그리고 작가론을 모아 천재 작가를 결산했다고 밝히고 있다. 전집은 476쪽이었으며, 가격은 천 원이었다. 당시 전집류 발간이 유행이었기 때문에『김유정 전집』발간은 다른 작가들의 전집 발간의 소식과 함께 묶여 단신으로 보도되고 있다. 다만 전집이 출간되고 많은 관심은 받았지만 생각보다 판매가 많이 되지는 않았던 것으로 보인다.[13]

그럼에도 문인비의 건립과 전집의 발간은 지금의 <김유정문학촌>이 존재하게 한 주춧돌들이었다고 해도 과언이 아니다. 또한 김유정 문인비는 춘천의 문인들에게 일종의 상징적인 장소로서 제 역할을 다하였다. 문학과 관련된 행사의 단골 장소가 되기도 하였고, 춘천 문인들에겐 마음을 다잡는 장소가 되어주기도 하였다.

현재 <김유정문학촌> 촌장인 시인 원태경은 결혼 후 김유정 문인비를 찾아 문학에 대한 다짐을 했다고 밝혔으며, <김유정학회>를 창립한 유인순 교수는 대학생들을 데리고 수업의 연장으로 문인비를 찾곤 했다고 말한다.[14] 또한 춘천을 찾았던 수많은 문인이 춘천의 관문인 문인비 앞에 차를 세우고 김유정에게 예를 다하는 모습은 흔하고 당연한 풍경이었다. 심지어 가족과 함께 춘천으로 봄나들이를 왔던 박정희 대통령도 소양댐에 들렀다가 서울로 돌아가는 길에 김유정 문인비 앞에 차를 세우고

13 당시 '김유정기념사업회' 초대 상무이사를 맡았던 이형근의 아들인 소설가 이병욱은, 당시를 기억하며 팔리지 않은 전집이 춘천 교동에 있던 자택에 한가득 쌓여있다고 증언한 바 있다.

14 유인순은 교수 시절, 김유정 문인비 앞에서 3월 29일 추모제를 하면 학생들과 강원대에서 문인비까지 수십 리가 넘는 거리를 걸어갔다고 회고하며 이 모두가 김유정을 향한 여정이었다고 말한다. 이러한 풍경 역시 김유정 문인비가 지금의 자리에 있었기 때문에 가능한 일이었다.

낚시를 해서 화제가 되기도 하였다.[15]

소설가 故 이외수 역시 2017년 6월 2일자 『경향신문』에 실린 기사에서 "춘천여성회관에서 결혼하는 날 김유정 문인비 앞에서 선배님에게 부끄럽지 않게 평생 문학에 목숨을 바치겠다고 선서했다"는 오랜 비밀을 토하기도 했다. 하지만 이런 예화의 나열은 의미 없는 서술일지도 모른다. 당시 춘천에 사는 작가, 문학 지망생이라면 당연한 듯 비슷한 경험이 있었을 테니 말이다. 이러한 풍성한 이야깃거리는 바로 지금 그곳에 변함없이 서 있는 김유정 문인비의 존재 덕이라는 건 의심의 여지가 없다.

또한 『김유정 전집』의 발간은 대중에게 김유정의 작품을 쉽게 접할 수 있게 만들었다는 점에서 큰 의미를 지녔다. 전집이 발간되고 춘천 지역 각 학교와 도서관에 유·무상으로 제공되면서 읽을거리가 많지 않던 춘천 시민들에게 좋은 선물이 되었고, 김유정이란 존재를 조금은 더 친근하게 느낄 수 있는 기회를 제공했다. 이와 더불어 김유정을 연구하고자 하는 연구자들에게 전집은 좋은 기초자료가 되어주었다. 이후 김유정 연구가 조금씩이나마 활기를 띠었고, 2010년 김유정 학회가 설립되고 활동하는 데 있어서도 전집의 발간은 의미 있는 첫걸음이었다.

4. 유정의 밤 개최(1969-1986)

<김유정문학촌>이 생기기까지 그 과도기를 지켜낸 의미있는 이벤트들이 있었다. 문인비 설립과 『김유정 전집』 발간, 그리고 <김유정문학촌> 개관이라는 두 큰 꼭짓점을 잇는 선에 대한 이야기이다. 그 중에 대표적인 것이 1969년에 시작해 1986년까지 이어졌던 <유정의 밤>이었다. <김유정기념사업회>가 꾸준히 진행한 매년 가장 큰 행사로, 매년

15 「소양강댐 나들이 관광객과 어울려 기념 촬영」, 『경향신문』, 1974.06.08.

김유정의 기일인 3월 29일에 진행되었다. <김유정기념사업회>라는 단어가 중앙일간지에서 처음 확인되는 것은 1972년 봄이었다.

당시 3월 29일 전후로 『조선일보』, 『동아일보』, 『매일경제 』 등 일간지에서 <유정의 밤>이라 불리는 행사 소식을 일제히 전하고 있다. 김유정 서거 34주기를 맞아 <김유정기념사업회>가 강연과 추도 모임을 가졌다는 내용이었다. 이 <유정의 밤>이 중앙지의 관심을 끈 것은 72년의 일이지만, 제1회 행사는 문인비 건립 바로 직후인 1969년부터 이루어졌다.

1969년 3월 29일, 대영예식장에서 <유정의 밤>을 열고, 김유정 선생 추모 글짓기대회도 개최하면서 선양사업의 서막을 알렸다. 이후 지속된 행사와 관련된 기사를 보면 1973년 3월 29일 저녁 7시에는 춘천시 도립여성회관에서 김유정의 35주기를 맞아 기념 강연과 문학 업적을 추도하는 <유정의 밤>을 개최했고,[16] 1974년에는 <유정의 밤>에서는 강표원 춘천 MBC문화방송 사장, 최승순 강원대학교 교수, 김영기 『강원일보』 논설위원이 강사로 참여했다[17]는 사실이 확인된다. <유정의 밤>은 이처럼 1969년부터 1986년까지 매년 3월 29일마다 꾸준히 열렸고, 1년에 단 한 번이지만 매해 봄 적극적으로 선양사업에 임했던 『강원일보』의 도움[18]으로 김유정은 조금씩 춘천 사람들에게 각인되기 시작했다. 이 행사는 1975년까지는 <김유정기념사업회>가 주최하였지만, 1976년부터는 <김유정기념사업회>가 주관하고, 문인협회 춘천지부[19]가 주최하

16 「유정의 밤」, 『경향신문』 1973.03.27.

17 「裕貞의 밤」, 『경향신문』 1974.03.29.

18 전국 대부분의 선양 사업의 시작은 언론과의 밀접한 연계로 시작되는 경우가 많다. 행사 등을 홍보해주는 언론의 중요성 때문이다. 이로 인해, 많은 경우 다양한 기념사업회의 회장, 혹은 중요 직책을 언론사에서 맡는 경우가 많았다.

19 춘천문인협회의 출범은 1962년으로 알려졌지만, 이는 춘천이 강원도청 소재지였던 탓에, 문인협회 강원지부가 춘천지부를 겸했기 때문이다. 실제로 춘천지부가 한국문인협회의 인준을 받아 실질적으로 독립한 것은 1992년의 일이었으므로, 이때 〈유정의 밤〉을 주관했던 것은 정확히 표현하면 '문인협회 강원

였다. 이 두 단체는 서로 밀접한 관계에 있었다. 춘천문협은 춘천 유일의 문인단체였던 만큼, <김유정기념사업회> 소속의 문인들 대부분은 춘천문인협회 회원이었기 때문이다. 행사와 관련된 구체적인 내용은 2002년 8월 <김유정기념사업회>가 발행한 『김유정문학』 제9집의 내용을 보면 확인이 가능하다.

특히 <유정의 밤>과 관련된 흥미로운 일화로 박녹주의 춘천 방문을 들 수 있다. 『조선일보』 1973년 4월 26일자 기사를 보면 당시 KBS의 인기 프로였던 「명작의 고향」에서 전광용 소설가, 김유정의 셋째 누이 김유경, 명창 박녹주의 대화로 엮어지는 「김유정 편」을 방송한다는 기사가 실린다. 이 기사에서 김영기는 『강원일보』 논설위원이자 김유정연구가로 등장하는데, 실제로 박녹주는 1973년 <유정의 밤> 행사에 참석해서 김영기의 강연을 듣게 된다. 『조선일보 』 기사로 추측하건대 당시 그녀의 방문은 방송 프로그램의 일환이었던 걸로 보인다. 하지만 삶의 마지막을 향해가던 그녀의 방문은 자의도 있었을 것이다. 그녀가 말년에 쓴 여러 편의 회고글[20]을 통해 그녀가 김유정에 대한 복잡한 심경을 드러낸 것이 확인되기 때문이다. 이러한 역사적 한 컷이 가능했던 것은 춘천의 문인들이 1년에 한 번이라도 김유정 선양사업을 진행했기에 가능했다는 것은 의심의 여지가 없다.

이처럼 <유정의 밤>은 매년 꾸준히 열렸지만, 아쉽게도 이 행사 이외에 이 기간 당시 김유정을 선양하는 사업은 전무하다시피했던 게 사실이다. 당시를 기억하는 문인들도 딱히 <유정의 밤>을 제외한 김유정 기념사업을 떠올리지 못했다. 행사를 주도했던 『강원일보』 에서도 신문사에서 진행하는 수많은 연중행사의 하나로 여겼을 확률이 크다. 하지만 김유

도지부' 였다.

20 대표적인 것으로 『뿌리 깊은 나무』 1976년 6월호에 실린 박녹주의 「여보 도련님, 날 데려가오」와 『문학사상』 1973년 4월호에 쓴 「녹주, 내 너를 사랑한다」 등을 꼽을 수 있다.

정에 대한 선양사업이 본격적으로 이루어지기 전의 십수년 간의 공백을 <유정의 밤>이 채우고 있었음은 실로 다행스러운 일이었다.

5. 김유정기적비(1978)와 『원본 김유정 전집』 발간(1987)

1978년 <유정의 밤>은 기존 행사를 열었던 도립문화관이나 시립문화관이 아닌 특별 이벤트로 실레마을에서 이루어졌다. 3월 29일 하오 6시 30분 김유정이 출생한 춘성군 신동면 증1리 마을회관 앞에서 '김유정 기적비' 제막식이 열렸기 때문이다. 이 기적비는 펜촉 모양의 자연석 위에 '金裕貞紀績碑'라고 한자로 쓰인 모양이었는데, 이 글씨는 소설가 김동리의 것이었다. 김동리는 당시 한국을 대표하는 소설가이기도 했지만 김유정과의 인연도 깊은 작가였다. 1934년『조선일보』 신춘문예에 시「백로」가 입선하면서 등단하였으니, 1935년『조선일보』 신춘문예에「소낙비」로 당선한 김유정과의 인연은 심상치 않았던 셈이다. 동시대를 살았던 두 젊은이가, 한 명은 요절한 작가로, 한 명은 당대 최고의 작가로 만나 그의 기적비에 글씨를 썼다는 점은 기념할만한 일이었다.

이 기적비는 실레 마을 주민들이 자신의 마을 출신인 소설가 김유정을 선양하자고 의기투합한 데서 이루어졌다. 지역 유지들 몇몇이 돈 20만원을 모아 당시 면장이었던 이흥섭에게 전달하여 자연석비라도 만들자고 했던 것이, <김유정기념사업회> 회장이자『강원일보』 사장이었던 강표원에게도 전달되어 '김유정 기적비'의 건립까지 이어졌다. '김유정 문인비'가 문인 및 지식인에 의해 주도되었다면 '김유정 기적비'는 실레마을 주민들이 중심이 되어 세웠다는 점에서 그 의의를 찾을 수 있다.

1987년은 다른 의미에서의 중요한 이벤트가 있었던 한해였다. 바로 한림대학교 전신재[21] 교수가『원본김유정전집』을 출간했기 때문이다. 김유정의 작품집은 1938년 삼문사에서 나온 『동백꽃』과 1952년 왕문사에서 나온 『동백꽃』이 대표적이다. 하지만 이 역시 김유정의 작품 일부만 수록되었을 뿐이다. 이후 1960년대 전후, 전집류가 출판계에 유행처럼 번지면서 김유정의 작품이 일부 수록된 경우가 있었으며, 앞서 정리했듯이 1968년에야 현대문학사에서 『김유정 전집』이 나올 수 있었다. 하지만 이때도 완벽한 원본이 아니었으며, 누락된 김유정 작품들이 다수 있었다는 점에서 진정한 의미의 전집은 아니었다.

반면 전신재 교수의 『원본김유정전집』은 소설 31편, 번역소설 2편, 수필과 서한 18편, 설문과 좌담 등의 글까지 합쳐 발간되었다는 점에서 최초의 원본 전집이라는 평가를 받았다. 특히 '원본'이라는 표현에서 알 수 있듯이 이 전집은 김유정의 소설이 발표되었던 1930년대 한글 표기 그대로를 담았다는 점에서 큰 의미가 있었다. 김유정을 연구하려면 원본을 봐야한다는 측면에서 이는 2차 연구로의 확장성을 넓힌 기념비적인 출판이었다. 더구나 전신재는 '원본'이라는 단어가 주는 막중한 책임으로, 1997년, 2007년, 2012년 3차례에 걸쳐 개정판을 내며 부족한 부분을 채우는 것에도 게을리하지 않았다.

이러한 공로로 故 전신재 교수는 2020년 제정된 <김유정 학술상>의 운영위원회가 선정한 '김유정 학술상 제정기념 특별상'을 수상하였다. 그가 별세하며 <김유정문학촌>을 떠난 지 5년 만의 일이었다. <김유정문학촌>의 초석을 다지는 데 많은 기여를 한 것으로 평가받는 그에 대한 예우이자, 과거와 미래를 잇는 좋은 선례가 되었다.

---

21 전신재(全信宰, 1939-2015): 춘천 출생. 한림대 국문과 교수. 〈김유정문학촌〉 운영 초기부터 전상국, 유인순과 함께 문학촌을 이끈 인물로 평가받고 있다.

6. 문화체육부 선정 3월의 인물, 김유정(1994)

1994년은 김유정 선양사업의 전환점이 되었던 시기였다. 1994년을 전후로 많은 선양 사업들이 펼쳐졌기 때문이다. 1992년 노사갈등으로 『강원일보』 일부 기자들이 주축이 되어 창간된 『강원도민일보』는 1993년 10월 9일 제1회 김유정백일장을 개최하였고, 1995년에는 제1회 김유정 소설문학상[22]을 개최하였다. 이는 지역 문인인 김유정 선양사업으로 신문사의 존재 가치를 높이려는 일환의 하나였다. 반면 오랫동안 <김유정기념사업회>를 이끌었던 『강원일보』도 1994년 <김유정 기억하기, 전국문예작품공모>를 시행하기도 했다.

이런 상황속에서 1994년 문화체육부는 3월의 문화 인물로 김유정을 선정[23]했다. 이는 춘천시가 김유정 기념사업에 적극적으로 참여하는 명분을 제공하는 계기가 되었다. 김유정이 국가차원의 문화 인물로 선정되면서 문체부, 한국문인협회, 한국문화예술진흥원 등의 관련 단체들이 3월 한 달간 김유정을 조명하는 다양한 행사를 주최하였다. 기존에 있었던 기념사업과 연계되면서 이전보다 훨씬 풍성한 사업이 진행되었다.

여기서 주목할만한 것은 김유정이라는 인물이 춘천 지역에 국한되지 않고 전국 단위의 행사의 주인공이 되었다는 점이다. 3월 한 달간 국립중앙도서관 로비에서 열렸던 김유정 관련 전시회는 많은 사람들에게 천재 작가 김유정을 알리는 데 일조하였다. 한편 전문 연구자들이 '김유정'이라는 주제로 한자리에 모여 세미나를 연 것도 의미 있는 일이었다. 당시

---

22 '김유정 소설문학상'은 상금 300만 원을 내건 신인 등용문이었다. 기성 작가도 지원할 수 있었으나 신인을 뽑는 성격이 강했다. 1995년 1회부터 2011년 17회까지 진행되었으며, 2012년 명칭을 '김유정 신인문학상'으로 바꾸고, 응모 분야도 소설, 시, 동화부문으로 확대하였다.

23 당시 31대 문화체육부장관이었던 인물이 춘천시 남산면 출신의 정치인 이민섭이었다는 점도 영향을 미쳤으며, 그가 고향의 인물인 김유정을 인식할 수 있도록 한 그간의 노력의 산물이기도 했다.

한림대 아시아문화연구소가 주최한 학술 세미나 <김유정 문학의 재조명>이 그것이다. 이 세미나에서는 서울대 김윤식의 「김유정소설의 문학사적 의미」, 강원대 전상국의 「김유정소설의 언어와 문체」, 인하대 홍정선의 「김유정소설의 구조」, 한림대 전신재의 「김유정소설의 정서」 등의 주제발표가 있었으며, 서준섭(평론가), 유인순(강원대), 정덕준(한림대), 김철(한국교원대) 등이 토론자로 참여하며 세미나의 격을 높였다.[24] 또한 문인협회도 춘천 리오관광호텔에서 <김유정 문학으로 모색해 보는 한국문학의 세계화>라는 주제로 학술 세미나를 열어, 전남대 박양호 교수, 동국대 홍기삼 교수 등이 참석해 김유정 문학의 토착성을 중심으로 주제발표를 하였다.[25]

이와 함께 『월간문학』 등 여러 문예지도 김유정의 문학세계를 재조명하는 특집 기사를 실었던 시기이기도 하다. 특히 1994년 선정된 이달의 인물들의 면면[26]을 보면 김유정을 제외하면 문학인은 전무했기에, 1994년은 춘천 지역뿐만 아니라 중앙일간지 및 문예지들이 김유정에 주목할 수 있는 좋은 분위기가 조성되었던 해였다. 이는 훗날 <김유정문학촌> 건립에 긍정적인 여론을 형성하는 데 큰 역할을 하였다.

7. 김유정 동상 및 김유정 문학비 건립(1994)

춘천시는 시 주도의 선양사업을 진행하기 시작한다. 대표적인 사업으로 '김유정 자료방 운영'과 '김유정 조형물 건립', 그리고 '김유정 문학의 터 조성사업' 등을 들 수 있다.

---

24 「30년대 대표 소설가 金裕貞 기리는 행사 다채」, 『연합뉴스』, 1994.02.15.

25 「이달의 문화인물 金裕貞」, 『경향신문』, 1994.03.02.

26 1994년도 이달의 문화 인물은 1월 우륵, 2월 황희, 3월 김유정, 4월 홍대용, 5월 강소천, 6월 이상백, 7월 안견, 8월 박은식, 9월 박승희, 10월 이희승, 11월 정도전, 12월 신채호였다.

‘김유정 자료방’은 1994년 4월 1일 춘천시립도서관에 만들어져서 일반에 공개되었다. 김유정의 작품집과 연구논문 등 150여 종의 자료가 전시되었다. 이전 국립중앙도서관의 전시가 접근성이 떨어졌던 상황에서, 춘천시립도서관의 ‘김유정 자료방’은 나름 의미가 있는 이벤트였다.

한편 김유정 조형물은 동상, 문학비, 행장비 제작 등 3개의 트랙으로 준비되었다. 춘천시 회의록 자료를 보면, 김유정이 3월의 문화 인물로 선정되기 전에 문화체육부와 춘천시 간에 조율이 이뤄졌음이 확인된다. 당시 정부에서 지원한 예산은 김유정 동상 제작에 1억 원, 김유정 문학비가 3천만 원이었다.

당시 김유정 동상의 터로 거론된 곳은 공지공원과 문화예술회관이었다. 당시엔 춘천시와 춘천군이 통·폐합(1995년) 되기 이전이어서 예산 집행 관할 구역이 달라 부득이하게 춘천시 안에서 장소를 물색했던 것으로 보인다. 실제로 현재 <김유정문학촌>에 위치한 김유정 동상은 1994년 10월 건립 당시에는 춘천문화예술회관 앞에 자리를 잡았으며, 같은 시기에 건립된 김유정 문학비는 처음부터 지금까지 춘천시 삼천동 조각공원에 자리하였다. 당시 <김유정기념사업회> 등의 민간단체를 지원하는 형식을 통해서라도 실레마을에 동상을 세우고자 했지만, 여건이 되지 않았던 것으로 보인다.

이러한 건립 장소 선정의 어려움 속에서도 ‘김유정 동상’과 ‘김유정 문학비’, ‘김유정 행장비’ 제작은 순조롭게 이루어졌다. 이들 조형물 제작도 자연스럽게 1968년 ‘김유정 문인비’를 디자인한 강원대 미술교육과 교수였던 이운식에게 맡겨졌다. 이운식은 당시 동상을 디자인하며 아침에 깨어나서 두루마기를 입고 책을 보며 실레마을을 거니는 상상 속 김유정의 모습을 그려내고자 노력했음을 밝혔다. 특히 동상의 발을 보면 시대상을 반영하듯 고무신을 신고 있는데, 조각가 이운식의 고심이 느껴지는 대목이다. 문학비의 디자인은 1968년 제작되었던 ‘김유정 문인비’와 마찬가지로 펜촉의 모양으로 디자인했다. 다른 점이 있다면 1960년대 중반 사용하던 펜촉과 1990년대 사용하는 펜촉의 차이를 살렸다는 것이다. 실제로 보면 1994년에 제작된 '김유정 문학비'는 둥그런 형태의 펜촉이 잘 형상화되어 있음을 알 수 있다.

한편 1994년에 제작된 3개의 조형물에는 동일한 인물의 글씨체가 새겨져 있다. 바로 서예가 황재국[27]의 작품이다. 그는 김유정 조형물의 글씨를 정자체로 쓴 이유를 밝히고 있는데, 이는 김유정을 존중하는 의미였다고 한다. 서예가들에게 정자체 쓰기가 가장 어렵다는 건 상식이다. 정자체는 아무리 잘 써도 그것을 보는 일반인들이 행서나 초서를 볼 때처럼 감탄하거나 잘 썼다고 느끼기 힘들기 때문이다. 그럼에도 불구하고 황재국은 김유정 선생을 예우하는 차원에서 무게감 있는 정자로 한 자 한 자 썼다고 증언한다. 그리고 이를 파내는 작업도 혹시나 하는 마음에 서울권에서 이름있는 석공들을 데려와서 직접 관리·감독을 할 정도로 심혈을 기울였다.[28]

황재국이 3개의 조형물에 글을 쓰게 된 계기는 이운식의 직접적인 의뢰가 있었기 때문이었다. 보통 동상이나 기념비 등은 제작을 맡은 작가가 글씨를 쓸 사람을 선정하는 것이 관행이었고, 같은 대학에 근무하고 있던 황재국에게 의뢰를 했던 것이다. 조형물에 한 번 새겨진 글씨는 되돌릴 수 없기에 그 어느 때보다도 최선을 다했던 작품이었다. 그렇게 이운식 제작, 황재국 글씨의 조형물은 순탄하게 제작이 되었고, 1994년 10월

27 황재국(黃在國, 1941-): 서예가, 강원대학교 한문교육과 명예교수. 경희대 중국문학과를 졸업하고, 동대학원에서 국문학 박사를 받았다. 온지학회 회장, 한국서예가협회 부회장 등을 역임했다.

28 당시 황재국은 훗날 회자될 만한 에피소드를 겪게 된다. 김유정 동상의 '김(金)' 자와 관련된 것으로, 그는 동상에 새긴 '김유정상(金裕貞像)' 이란 글자를 옛날 스타일의 예서로 썼는데, '金'자의 점 두 개의 위치가, 아래쪽이 아니라 위쪽에 있는 모양이었다. 그러다 보니 담당 직원이 완성된 동상을 보고는 잘못 제작되었다고 판단하여 한바탕 소동이 있었다고 한다.

25일 제막식이 열렸다.

김유정 동상 제막식 날에는 춘천 문인 뿐만 아니라, 일찍이 김유정에 지대한 관심을 보여주었던 한국문인협회 이사장 황명[29]을 비롯해 춘천시와 문화체육부 인사들까지 참석하여 성대하게 치뤄졌다. 문학비와 행장비 제막식은 다른 날에 진행되었는데, 이때도 많은 이들이 몰려들어 1968년 김유정 문인비 제막식과 비교해 김유정이라는 인물의 위상이 30여 년이라는 시간 동안 비약적으로 커졌음을 실감할 수 있었다.

8. 생가 복원과 〈김유정문학촌〉 개관으로 향하는 첫걸음

> 김유정 선생의 생가 복원은 단기간 내에 처리하기보다는 당시의 충분한 고증과 〈김유정기념사업회〉, 문인협회 등을 비롯한 각계의 의견을 최대한 수렴하여 장기적인 안목에서 신중하게 추진되어야 할 것으로 사료되므로 앞으로 선생의 업적을 선양하는 다각적인 방안을 지속적으로 강구하여 나가도록 하겠습니다.

이명섭 당시 춘천시청 기획실장은 1995년 10월 19일, 제80회 춘천시의회 본회의에서 위와 같이 김유정 생가터 복원 사업 상황을 설명했다. 이러한 논의가 가능했던 것은 그 이전에 김유정의 생가 복원과 관련해서 민간 차원에서의 논의와 제안이 있었기 때문이었다.

우선 1990년 초 '김유정 문학정신 구현을 위한 청소년 심신수련장 조성위원회'라는 낯선 이름의 모임에서 생가 복원 논의가 제일 먼저 시작되었다고 보는 시각도 있다. 이들은 김유정의 생애와 문학정신을 기리는 일이 곧 우리 고장의 정체성 찾는 일이라는 데 동의하는 이들로 구성되어 있었으며 실제로 금병산 자락 산국농장에서 처음 모임을 가지고 의기투

29 황명(黃命, 1931-1998): 시인. 한국문인협회 이사장으로 있을 때 문학 심포지엄을 개최해 김유정 문학을 재조명하는 등 김유정에게 각별한 관심을 보였다.

합하였다. 이때 <김유정 문학의 터> 조성사업 추진위원으로 기꺼이 이름을 올린 지역 예술인들은 60명이었다. 이들은 산국농장의 주인이자 시인인 김희목[30]이 자신의 농장 3천 평을 문학의 터 조성사업에 희사하겠다고 하자 크게 고무되었다. 산국농장은 김유정의 생가터와도 멀지 않았고, 실레마을에 있다는 것만으로도 큰 의미를 부여할 수 있었기 때문이다. 하지만 이때만 해도 지자체가 앞장서서 지역 문화예술계 인사의 생가 복원이나 기념관 건립에 대해 무관심할 때여서 그 뜻을 이루지는 못했다.[31] 특히 산국농장은 그린벨트로 묶여 있어 개발에 제한이 있다는 현실적인 문제도 있었다. 하지만 김유정이 문화체육부의 문화 인물로 선정되고 서서히 분위기가 반전되었던 것으로 보인다.

그즈음 김정명[32] 춘천문화원장과 강원대학교 전상국 교수, 그리고 한림대학교 전신재 교수 등이 모여서 김유정 생가 복원을 논의하기 시작했고, 춘천시와 춘천군이 통·폐합 되기 전인 1993년에 춘천군의 김유정 생가 복원 시도로 연계되었다. 한편 1994년 김유정이 3월의 문화 인물로 선정되면서 춘천시도 진지하게 생가 복원에 임했던 것으로 보인다. 1995년 12월 20일 열린 제82회 춘천시의회 제5차 예결산특별위원회 회의에서는 김유정 생가 복원을 위한 예산이 4억 원 상정되었지만 삭감되었고,

---

30 김희목은 전상국 소설가의 오랜 친구로 시인이기도 하다. 그의 산국농장은 공식적으로는 〈김유정문학촌〉과 관련은 없지만 김유정문학촌을 들르는 이들의 필수 코스로 여겨지기도 했다. 현재 인근엔 전상국 소설가의 〈문학의 뜰〉이란 문학관이 운영되고 있다.

31 전상국은 소식지 『김유정문학촌』 2011년 가을호에서 이같이 회고하며, 실제로 김희목이 기증하기로 한 땅에 김유정기념관, 야외공연장, 문인비, 김유정 동상은 물론 자연학습 탐구장까지 건설하고 이를 운용할 다양한 프로그램까지 구상했다고 밝히고 있다. 특히 강원도 문화체육과장과 춘천군 공보실장까지 대동하고 춘천 출신 문화체육부 장관이었던 이민섭 장관을 찾아가 사업계획을 설명하고 실현이 가능하다는 긍정적인 답변까지 받았다고 회고했다.

32 김정명(金正明, 1922-2006): 공직자. 양구태생으로 강릉시장과 양구군수, 춘천문화원장(제9대~12대)을 역임했다. 현 『강원도민일보』 김중석 사장이 김정명의 아들이기도 하다.

춘천시청은 이듬해 1996년 다소 축소한 예산을 다시 상정하여 통과시켰다. 결과적으로 김유정 생가 복원사업은 1996년부터 1998년까지 3년차 계획공사로 진행될 예정이었으며, 총사업비는 20억 8천만 원으로 기록되어 있다.

1996년 4월 22일, 제84회 춘천시의회 예산심사특별위원회 회의록에는 당시 홍강인 문화예술과장이 생가터 복원 사업에 대한, 시의 입장을 자세히 이야기하고 있다. 시에서는 우선 1,300여 평의 부지를 매입하고, 생가 복원과 전시관 건립을 한 후, 시 곳곳에 흩어져 있는 동상과 기념비 등을 생가터에 모으겠다는 계획을 하고 있었음이 확인된다. 또한 사업을 진행하는 데 있어서, <김유정기념사업회>와 문인협회 춘천지부 등을 통한 민간사업으로까지 생각하고 있었던 것으로 보인다.

실제로 이 사업이 민간주도사업으로 진행되지는 않았지만, 진행 과정에서 김유정에 대한 전문가 집단이라고 할 수 있는 <김유정기념사업회>와 문인협회 춘천지부의 역할이 꽤 중요하게 작용했다. 결과적으로 민관이 합쳐진 '김유정 사업 추진위원회'를 별도로 구성해 추진되게 되었다. 이때 이 추진위원회의 위원장은 김정명, 부위원장이 전상국이었으며 이 위원회를 지원했던 건 당시 문화관광과 과장 정용기와 예술 계장 김용백[33]이었다. 특히 김용백은 춘천시청에서 유일했던 학예직 공무원이어서 위원회의 간사를 맡아 실무적인 다양한 역할을 했던 것으로 알려진다.

1996년부터 김유정 생가 복원은 시의 계획대로 진행되었다. 또한 그 과정에서 이 사업은 호재를 만나게 된다. 강원도청의 <강원의 얼 선양사업>[34]과 연계되어 그 규모가 더 커지게 되었다. 단순히 생가 복원이 아

---

33 춘천시청 예술 계장으로 〈김유정문학촌〉 개관까지 실무적인 일을 담당하였던 중요 인물이었다.

34 강원의 얼 선양사업은 강원도의 선양인물을 선정하여 역사와 문화의 가치를 재확인하는 데 목적이 있다. 더불어 강원도민의 자긍심과 정체성을 확립하고, 지역발전의 원동력을 제공할 수 있는 지역문화 활성화 토대를 마련하는 것을

니라 '김유정 유적지 조성사업'으로 확대가 되면서 지금의 <김유정문학촌> 형성의 기틀을 마련하게 된다.

춘천시는 김유정 유적지 조성사업으로 생가 복원, 전시관 건립, 문화마을 조성 등을 계획했으며, 1996년 착공하여 1999년 완공을 목표로 사업을 시작하였다. 당시 국비와 도비, 시비 합쳐서 총 25억 5,800여 만원의 사업비가 책정되어 있었다. 하지만 이 계획은 부지확보의 어려움으로 2001년까지 연장되었으며, 최종적으로 6년에 걸친 프로젝트가 되고 말았다.

당시 '김유정 사업 추진위원회'에서 간사를 맡았던 김용백은 당시 부지확보의 어려움을 증언하고 있다. 그는 김유정 생가터의 소유주에게 보상하고 수용을 해야 하는데, 의견이 서로 맞지 않아 많은 어려움이 있었다고 회고했다. 뒤늦게 부지가 확보되었고, 사업의 실제 착공은 1999년 늦가을의 일이었다. 1999년 11월 29일 1차 사업을 진행하여, 기반 공사, 생가복원, 전시관 건립, 부속시설 건립, 조경 등의 과정을 통해서 2001년 마무리가 되었으며, <김유정문학촌>은 2002년에야 개관하게 되었다.

이처럼 <김유정문학촌>이 개관되기까지 춘천 지역에서는 그 기틀을 닦았던 많은 선양사업이 존재했다. 그 과정은 결코 순탄하지 않았으며 꽤나 오랜 세월이 걸렸다. 하지만 그 과정에서 많은 이들과 단체들이 김유정 선양사업에 그들의 한때와 열정을 바쳤음을 확인할 수 있으며, 실제로는 이 짧은 글이 담지 못한 더 많은 열정이 존재했을 것이다. 비록 완벽하지는 않지만 이를 확인하고 정리하는 데에 이 글의 의미가 있다. <김유정문학촌>의 개관과 운영과정에 대한 정리는 다음 글을 기약하고자 한다.

목적으로 1997년에 시작된 사업이다.

참고문헌

1. 인터뷰 자료

한승태 인터뷰(면담자: 송지영) - 2021.09.29.

원태경 인터뷰(면담자: 송지영) - 2021.10.08.

유인순 인터뷰(면담자: 송지영) - 2021.10.08.

황재국 인터뷰(면담자: 송지영) - 2021.10.26.

김용백 인터뷰(면담자: 송지영) - 2021.10.26.

이운식 인터뷰(면담자: 송지영) - 2021.10.27.

이병욱 인터뷰(면담자: 송지영) - 2021.11.05.

이병욱 추가 인터뷰(면담자: 이현준) -2022.08.08.

김진웅 부부 인터뷰(면담자: 송지영) - 2021.11.04.

2. 춘천시의회 회의록

춘천시의회 회의록 시스템: https://kms.chuncheon.go.kr

3. 신문 및 잡지

김유정문학촌 소식지, 『김유정문학촌』 1호(2010년 봄호)-제48호(2021년 겨울호).

키워드 '김유정', '김유정문학촌'과 관련된 1950년대부터 2022년까지의 신문기사(각 주를 참조 바람)

4. 단행본

김유정문학촌 편. 『김유정 문학의 재조명』. 소명출판, 2008.

전신재 편. 『김유정전집-원본(개정증보판)』. 도서출판강, 2012.

유인순. 『김유정과의 동행』. 소명출판, 2014.

5. 일반 논문

김종우·윤학로. 「김유정문학촌과 이효석문학관의 운영현황과 전망」. 『한국비교문학회』 Vol.41. 한국비교문학회, 2007.

조창현·김옥분·유평준. 「지역혁신으로서 책마을 만들기 사례연구: 실레마을 김유정 문학촌 어메니티를 중심으로」. 『창조와혁신』 Vol.6 No.1. 피터드러커소사이어티, 2013.

6. 학위논문

서진선. 「문학관 발전 방안에 대한 연구: 김유정 문학촌을 중심으로」. 한국외국어대학교 대학원 석사학위 논문, 2009.

안혜진. 「한국대표 문학촌의 위상에 대한 연구: 김유정문학촌·이효석문화예술촌·황순원소나기마을을 중심으로」. 중앙대학교 석사학위논문, 2020.

7. 참고 사이트

김유정문학촌 홈페이지: http://www.kimyoujeong.org

네이버 뉴스 라이브러리: https://newslibrary.naver.com

대한민국 신문 아카이브: https://www.nl.go.kr/newspaper

빅카인즈: https://www.bigkinds.or.kr

(사)김유정기념사업회 홈페이지: https://www.yjkim.co.kr

춘천시 공식블로그: https://blog.naver.com/chuncheon_go

춘천디지털기록관: http://cc-archives.or.kr

춘천문화원 홈페이지: https://www.cccc.or.kr

춘천 시정지 『봄내』 홈페이지: https://bomnae.chuncheon.go.kr

춘천시의회 홈페이지: http://council.chuncheon.go.kr/index.php

필자소개 (수록순)

석형락 (石亨洛, Seok, Hyeongrak)

아주대학교 다산학부대학 강의교수. 아주대학교에서 국어국문학을, 고려대학교 대학원에서 한국현대문학을 공부했다. 2012년 『세계일보』 신춘문예에서 평론이 당선되어 등단했다. 2022년 제2회 <김유정 학술상>을 신진연구자 부문을 수상했다. 비평집 『기어코 문제는 듣기다』 가 있다.

임보람 (林보람, Im Boram)

강원대학교 인문과학연구소 전임연구원. 주요 논문으로 「생태회복 수기와 돌봄의 윤리-김유정 작품을 중심으로」(2023), 「쓰레기로의 전회 가능성과 생태학적 상상력」(2022), 「영화 〈광대: 소리꾼〉 에 나타난 '판소리 풍경'과 소리공동체」(2022) 등이 있다. 언어로 타자들과 다양하게 관계 맺는 방식을 연구하고 있다.

허진혁(許珍赫, Heo Jinhyuk)

한양대학교 창의융합교육원 강사. 「이상 소설의 '희극성' 연구」(2022)로 박사학위를 받았다. 「박태원의 「적멸」에 나타난 '광기'의 재해석」(2019), 「이효석 문학의 '봉합'과 불가능성-『벽공무한』 을 중심으로」(2021) 등의 논문이 있다.

안아름 (安娥凜, AN A-Reum)

한밭대학교 강사. 논문「박완서 소설의 자전적 텍스트성 연구」으로 박사학위를 받았다. 현재 한밭대학교, 부산가톨릭대학교에서 스토리텔링, 한국문학 강의를 하고 있다. 작가의 삶과 문학 작품 사이의 관계성, 자기서사 글쓰기에 관심을 갖고 있다.

우신영(禹臣映, Woo Shinyoung)

인천대학교 국어교육과 교수. 전 명지대학교 교육대학원 교수. 대표 논저로 『소설 해석 교육론』, 『진로와 문학』, 『근대, 삶 그리고 서사교육』(공저) 등이 있다.

이현주(李賢珠, Lee hyunju)

연세대학교 강사. 「이효석 문학의 배경에 대한 주석적 연구」(2009)로 박사학위를 받았다. 「1920년대 후반 식민지 문학에 나타난 '북국' 표상 연구」(2014), 「고향의 발견, 호명된 '영서'」(2020) 등의 논문이 있다. 현재 연세대, 명지대, 한세대에서 글쓰기, 창의와 소통 등의 교과목을 강의하고 있다.

김승희(金承嬉, Kim Seunghee)

성균관대학교 학부대학 초빙교수. 「한국어 연결어미 '-는데'의 교육 방안 연구」(2015), 「한국어교사의 한국 문학교육에 대한 인식 제고」(2016), 「재외국민 대학생의 글쓰기 관련 요구와 자료 분석」(2017), 「한국어교육에서 문학작품을 활용한 문화교육」(2022) 등 다수의 논문이 있다. 현재 대학에서 글쓰기, 한국어 문법 등의 인문 교양 강의와 한국어교육학과에서 전공 강의를 담당하고 있다.

최희영(崔喜英, Choi Heeyoung)

노던일리노이대학 객원연구원. 서울대학교와 한국학중앙연구원 한국학대학원에서 한국음악 이론과 음악사를, 노던일리노이대학에서 역사학을 공부하였다. 음악문화사, 동아시아 및 미국이민 역사, 민족음악학 방법론을 접목하여 20세기 초 미주 한인 디아스포라의 공연 예술이 문화 소통과 정체성 확립에 끼치는 영향을 밝히는 데에 주목해 왔다. 그 밖에도 근현대 한국 전통음악, 여성학, 아시아계 미국 문화 등에 관심을 가지고 다양한 연구와 프로젝트를 진행하고 있다.

김아름(金아름, Kim A-rum)

신한대학교 리나시타교양대학 교수. 동국대에서 「문학적 글쓰기와 미적 문체 연구- 1930년대 중반 박태원 중단편 소설을 중심으로」(2016)로 박사학위를 받았다. 이후에도 「박태원 소설에 드러난 산책자의 문체 표상」(2018), 「이태준 소설에 드러난 문체적 특징」(2019) 등의 논문이 있다. 근현대소설을 문체론적으로 분석하는 데 관심을 두고 있다.

남궁정(南宮晶), Namkung Jung)

성균관대학교 학부대학 초빙교수. 「문화지리학을 통한 문학공간 이해 교육: 탈북 디아스포라 소설을 중심으로」(2022), 「다매체 환경에서의 문화기호학 기반 서사교육론 연구」(2019), 「이청준의 <소리의 빛>에 대한 대학 1학년 학습자의 서사구조 해석 능력 연구」(2015) 등의 논문이 있다. 현재 대학에서 교양 국어 및 한국어 교육 강의를 담당하고 있다.

이현준(李賢俊, Lee, Hyunjoon)

소설가. 한림대학교 강사. 『평화신문』 신춘문예로 등단하였으며, <제1회 인터파크 K-오서 어워즈> 대상 등을 수상했다. 대학에서 글쓰기 및 문학 관련 과목을 강의하고 있으며, 최근 차상찬 선생 선양사업에 힘쓰고 있다. 저서로는 『묘중후군』, 『김유정문학촌, 지난 20년을 이야기하다』, 『이야기로 마시는 강원의 술』 등이 있다.

김유정 문학의 미학성과 현재성

초판 발행 | 2023년 12월 29일
엮 은 이 | 김유정학회 **편 저 자** | 석형락 외 10인
발 행 인 | 최 양 희
발 행 처 | 한림대학교 지식미디어센터
(24252) 강원특별자치도 춘천시 한림대학길1 (옥천동 1-1)
출판등록 제48호(1983.3.10.)
전화번호 033) 248-2875 팩스 033) 248-2809
전자우편 press@hallym.ac.kr
홈페이지 https://press.hallym.ac.kr/press
인 쇄 처 | 경희에듀케이션

값 35,000원 **ISBN** ISBN 978-89-6402-091-3